# 舰船腐蚀防护技术

主编　肖千云　吴晓光

哈尔滨工程大学出版社

## 内 容 简 介

本书是我国首部系统地介绍舰船腐蚀及其防护的专业技术专著。该书将防腐基础理论与工程防腐应用相结合、综述性与专述性相结合，全面阐述了水面舰船与潜艇的腐蚀原理、腐蚀特征、防腐技术、防腐材料体系、防腐选材原则、涂料与涂装工艺、金属镀层与热喷涂、电化学防腐、牺牲阳极和外加电流阴极保护、防腐工艺要求、防腐设计等技术领域的专业知识和研究、设计实践经验。

本书可作为高等学校船舶类专业研究生的教材，对舰船研究设计院所从事腐蚀防护技术研究和设计人员在防腐设计中具有指导作用。同时，可供舰船建造厂、修理厂有关人员和海军驻厂、所军代表参考。

**图书在版编目(CIP)数据**

舰船腐蚀防护技术/肖千云，吴晓光主编. —哈尔滨：哈尔滨工程大学出版社，2011.2
ISBN 978-7-81133-826-3

Ⅰ. ①舰… Ⅱ. ①肖… ②吴… Ⅲ. ①船舶-防腐 Ⅳ. ①U672.7

中国版本图书馆 CIP 数据核字(2011)第015305号

出版发行 哈尔滨工程大学出版社
社　　址 哈尔滨市南岗区东大直街124号
邮政编码 150001
发行电话 0451-82519328
传　　真 0451-82519699
经　　销 新华书店
印　　刷 黑龙江省教育厅印刷厂印刷
开　　本 787mm×1 092mm　1/16
印　　张 19.25
插　　页 4
字　　数 499千字
版　　次 2011年2月第1版
印　　次 2011年2月第1次印刷
定　　价 120.00元
http://press.hrbeu.edu.cn
E-mail:heupress@hrbeu.edu.cn

照片 1
**20 世纪 70 年代后期建成的×××潜艇服役 8 年多中修时的上层建筑腐蚀状况**

照片 2
**20 世纪 70 年代后期建成的×××潜艇服役 8 年多中修时的上层建筑结构腐蚀状况**

照片 3

20 世纪 70 年代期建成的 × × × 潜艇服役 8 年多中修时上层建筑内的结构腐蚀状况

照片 4

20 世纪 70 年代后期建成的 × × × 潜艇服役 8 年多中修时空气瓶和艏部的结构腐蚀状况

照片 5
20 世纪 70 年代后期建成的 × × ×潜艇服役 8 年多中修时排气管的腐蚀状况

照片 6
20 世纪 70 年代后期建成的 × × ×潜艇服役 8 年多中修时管系的腐蚀状况

照片 7

20 世纪 80 年代 × × × 猎潜艇服役三年多推进器污损腐蚀状况

照片 8

20 世纪 80 年代 × × × 猎潜艇服役三年多舵叶海生物污损状况

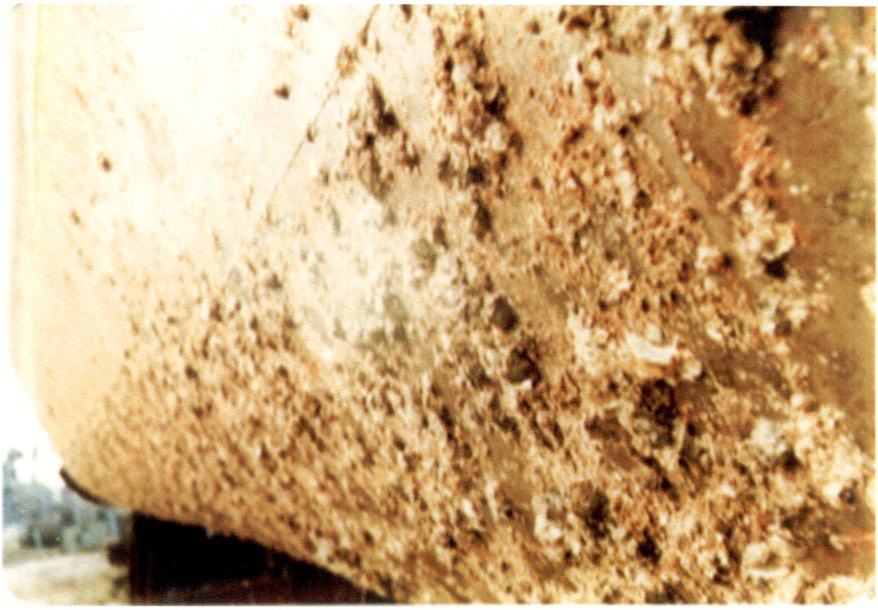

照片 9

20 世纪 80 年代 × × ×猎潜艇服役三年多舵叶腐蚀状况

照片 10

20 世纪 80 年代 × × ×猎潜艇服役三年多推进器轴包托架海生物污损状况

照片 11

20 世纪 80 年代 × × ×猎潜艇服役三年多船底海生物污损及腐蚀状况

照片 12

20 世纪 80 年代 × × ×猎潜艇服役三年多船体腐蚀状况

# 前　言

舰船（包括水面舰艇和潜艇）是海军的作战装备。由于舰船处于海水中，其构件（含有关设备、阀件、管件等）易发生严重腐蚀，成为影响舰船总体性能、安全、战斗力和寿命周期的重要因素。据有关资料介绍，因舰船腐蚀而造成的腐蚀损失占海军整个修理费用的1/3 ~ 1/2。可以说，金属腐蚀一直是舰船研究设计者和使用部门所面临的一个重要而必须解决的问题。因此，舰船设计部门和使用部门对舰船的腐蚀防护十分重视，也一直在为减轻或消除舰船腐蚀而作出不懈努力。

人们在舰船腐蚀防护的长期工作实践中，不断探索舰船产生腐蚀的机理和原因、腐蚀规律和特征、腐蚀危害及评价、防腐途径和技术等，并由此逐步导引出由舰船腐蚀基础理论、腐蚀特征、评价方法、防腐技术、防腐设计、防腐涂装工艺等构成的“舰船腐蚀防护技术”，使其成为一门独立的舰船工程专业学科，成为“舰船工程学”的重要分支和舰船设计的重要组成部分。在我国舰船设计中，虽然随着人们对腐蚀问题严重性的认识不断深入，日益注重了防腐技术研究和防腐设计，但至今尚未形成系统的、完整的“舰船腐蚀防护技术”专业学科，没有一本系统阐述舰船腐蚀防护技术的专著。为了促进相互交流，推进我国舰船腐蚀防护技术持续发展，提高舰船的防腐能力，加速舰船防腐技术人才培养，尽快形成舰船腐蚀防护技术专业学科，我们根据舰船防腐技术的发展历程和趋势，参考有关文件和资料，汇集各方面从事舰船防腐技术研究和设计专家的丰富知识和实践经验，注入防腐技术的最新研究成果，编著出版了我国第一部全面阐述舰船腐蚀及其防护技术的专著——《舰船腐蚀防护技术》。

本书以舰船为主，将防腐基础理论与工程防腐应用相结合、综述性与专述性相结合，全面阐述了舰船的腐蚀原理、腐蚀特征、防腐技术、防腐设计、防腐材料体系、防腐选材原则、防腐涂装工艺等技术领域的专业知识和研究、设计实践经验。以期读者通过阅读本书，建立起较完整的舰船腐蚀及其防护等方面的概念，更好地开展该技术领域的研发和设计工作。

本书虽然对舰船防腐蚀设计具有指导性作用，但不能代替设计规范、规定或设计手册使用。

本书共7章，各章名目请阅本书章节目录。本书可配套提供教学课件资源。

本书由肖千云、吴晓光、高新华、王晓红编著，由肖千云、吴晓光主编。本书的编写，得到了研究生部主任谢平、王允明老师的积极相助。还得到了上海船舶工艺研究所洪栋煌、武汉材料保护研究所刘秀生、武汉理工大学程旭东、肖红彦诸位先生、725所青岛分部魏琼女士的帮助。在本书面世之际，编著者对所有关心、支持和帮助过本书编著的女士和先生们表示衷心地感谢。

由于本书涉及内容广、防腐技术复杂，加之现代舰船防腐技术发展迅速，编著者水平有限，因而书中的观点和方法等难免存在一定的局限性和错误、疏漏之处，敬请读者和专家们指正。

编著者

2009年8月

# 目　　录

# 第1章 绪 言

20世纪50年代以前,腐蚀的定义局限于金属的化学和电化学损坏。随着非金属,尤其是合成材料的迅速发展,使人们对非金属的损坏也重视起来。由此腐蚀的定义已扩大为“所有物质因环境引起的损坏”,即腐蚀除化学、电化学之外,还包括机械、生物、物理和它们的联合损坏,例如金属在应力作用下腐蚀,塑料、橡胶的老化,木材的腐烂,混凝土、砖石的浸蚀、风化等。均可统属于腐蚀的范畴。

金属腐蚀是人们面临的一个十分严重的问题。粗略估计,每年因腐蚀而造成的金属结构、设备材料的损失量,大约相当于当年金属产量的20%~40%,全世界每年因腐蚀而报废的金属达1亿吨以上,经济损失占国民经济总产值的1.5%~3.5%,我国占2%~4%。例如,美国在1995年统计的腐蚀损失为8 000亿美元,占国民生产总值的4.2%,我国1995年的腐蚀损失估计为2 000亿元人民币,2005年的腐蚀损失达5 000亿元人民币。这些腐蚀损失费用尚未包括由腐蚀导致的寿命损失而造成的经济影响以及因腐蚀引起灾难性后果的处理等间接损失费用。

舰船的腐蚀也不例外,钢质船体及钢质构件、舰船管路系统、舰船设备等在海洋大气环境中,其腐蚀程度比一般环境要严重得多,其腐蚀性损失也是相当大的。重视舰船的腐蚀防护,防止或减轻舰船的腐蚀,将会有明显的经济效益和重要的军事效益。

## 1.1 舰船腐蚀防护的重要性

舰船是指军用战斗舰艇(水面舰艇及潜艇)和军用非战斗舰艇(军辅船),通常统称为舰船;其船体结构以及各种舰船设施,大部分由钢材建造,少数由有色金属和某些非金属材料建造,处在海水和海洋大气的恶劣环境中,腐蚀防护设计就成为舰船设计的一个重要组成部分。舰船的钢结构虽是腐蚀防护的重点,但各种舰船设备的腐蚀防护也是应充分重视的。海军装备无论是水面舰艇还是潜艇,无论是港口码头设施还是岸基仓库内的设备,它们的腐蚀远比其他军种装备的腐蚀要严重得多。如20世纪80年代某部装备仓库内发现大批开关、轴、外露元器件严重腐蚀,几乎不到一年时间就全部不能使用了;某舰上的10米液压天线,在海上通信联络调试时,因天线筒生锈,天线无法降下,后来只好锯掉;某鱼雷快艇发射鱼雷时出现故障,经检查发现是因锈蚀而导致自动发射装置失灵等等,这些例子都说明腐蚀问题对舰艇战斗力的破坏性。腐蚀除了会缩短舰船装备的使用寿命外,还会降低装备的技术性能和战术性能乃至贻误战机,严重影响到战斗任务的完成。这也充分说明了舰船腐蚀防护的重要性。但我国在舰船及其设备的防腐蚀与电子、武备、通信、机电设备等的所处地位的重要性相比较,以往由于受到经济的制约,在舰船设计中处于比较次要地位,和美、英、日等发达国家对防腐的重视程度相比有较大差距。据报导,美国海军舰船因腐蚀而导致的维修费用占其整个修理费用的三分之一,我国海军舰船因腐蚀而导致的维修费用占整个维修费用的二分之一。在舰船的全寿命设计中，钢结构及各设备的腐蚀寿命未被纳入舰船全寿命设计管理，以致一艘驱逐舰级的舰船在一个中修过程中，船体换板量甚至高达 1 000 ~ 2 000 平方米。根据现在腐蚀防护技术的水平，防腐蚀设计保护年限可达 10 年以上甚至 20 ~ 30 年。而在新舰设计时，为了减轻舰艇的重量，船体钢结构有些部位的钢板未考虑按腐蚀寿命留有足够的腐蚀余量；为了控制新舰的建造费用，腐蚀防护措施不足，不能与时俱进采用快速发展的表面防护技术、新的涂料和新材料，以致舰艇钢结构、管系、阀件等腐蚀防护处于相对落后的状态，使得船体及管系、阀件等在很短时期内严重锈蚀甚至穿孔。低性能的或者不符合要求的防污漆使水下船壳部分在新造舰船交舰不到半年就大量附着海洋生物，不仅加快船体的腐蚀，而且使船速严重下降。据“八五”期间调查资料，我国海军有的舰艇服役仅三年零三个月，航速由 28 海里/小时降至 10.5 海里/小时。经实验证明，在青岛中港一个海生物生长旺季 6 ~ 10 个月，海生物附着可达 20 $kg/m^2$ 以上。由于防腐蚀寿命短，有的舰艇艇体钢板腐蚀达每年 0.7 mm。舰艇声呐罩上海生物不断附着，使其透声性能不断下降。这些可从本书扉页的一组照片看出舰艇腐蚀和污损的严重程度。该组照片是 1987 年国家舰船涂料科技攻关组调研我国在役舰船腐蚀、污损现状时在船厂修理现场拍摄的。由此可见，低水平、低性能的腐蚀防护技术所带来的不仅仅是高额的维修费用，还造成油料消耗量的增加。据统计，一艘大型舰艇因腐蚀造成的维修费用占总维修费用的一半以上。有资料介绍，美国海军因海生物污损造成每年增加 10% ~ 15% 的油料消耗量。更重要的是这些损害对战斗舰艇来说，是无法用经济价值来计算的。由于观念和经费方面的原因，以往我国军船的防腐蚀不仅落后于发达国家的舰船腐蚀防护，甚至落后于国内民用船舶的腐蚀防护。新造舰艇的腐蚀防护研究与设计，也落后于在役舰艇的腐蚀防护研究与综合治理。现在海军和设计部门、承制厂都已开始重视这一问题。作为舰船研究设计部门和海军主管部门，应把国内腐蚀防护研究的新材料、新涂料、新技术、新工艺等新的科研成果适时应用到新的舰船设计与建造和在役舰船维修、管理方面，把舰船的腐蚀防护寿命提高到一个新的水平。

## 1.2 舰船防腐蚀的任务和内容

### 1.2.1 国内外舰船腐蚀防护概况

舰船腐蚀防护是构成舰船设计的重要组成部分之一，舰船的腐蚀防护采用的是多方面、综合性的防腐蚀措施，包含选用耐腐蚀性好的材料、非金属涂层、金属涂（镀）层、电化学保护、防蚀工艺、及时维修等等。因此，国内外海军部门、舰船科研设计部门、舰船材料和工艺研究部门都相当重视，都投入了大量时间、人力、物力研制新的涂料、新的材料、新的腐蚀防护工艺。在上世纪中后期，我国舰船腐蚀防护水平和世界先进国家（主要是美、英、日、丹麦、挪威等）及民用船舶相比有较大差距。民用船舶可进口高档涂料，但是舰船所用的防腐涂料则是低档次的。20 世纪 70 年代发达国家就有专门机构对舰船热喷涂及热喷涂材料进行了试验研究，并进行了长期跟踪，制定了相应规范。

20 世纪 60 年代以来，我国在舰船涂料和舰船热喷涂这两方面，特别是舰船涂料方面，无

1 海里 = 1 852 米

论是在产品品种方面还是在产品质量方面，都与发达国家有很大差距。为了缩小和发达国家的差距，从上世纪中期起，国家拨出了专项资金，组建了专门的攻关班子，在五个五年计划期间进行了长达20多年的舰船涂料攻关，研制出了一批国外有的而我们没有的既有防腐功能又具有舰船特殊需求的特种性能涂料，如直升机起降甲板和航空母舰舰载机飞行甲板的防滑涂料、太阳热反射甲板和船壳涂料、抗沾污涂料、耐导弹发射烧蚀及高速气流冲刷涂料、带油涂装涂料、雷达波隐身涂料、声呐波隐身涂料、电磁波屏蔽涂料、无锡防污涂料、橡胶面防污涂料、环氧沥青云母鳞片重防腐涂料、环氧沥青玻璃鳞片重防腐涂料，并对长效防腐涂料和长效防污涂料的测试方法立项进行了研究和对国内主要涂料厂家（含合资企业）相同品种的高性能涂料的性能进行了对比。在防污涂料方面，由于国际海事机构规定，在2008年以后全面禁止含有机锡的防污涂料在新造船舶上使用，近些年来，国内外对环保型防污涂料都在从多方面、多种途径进行开发研制和探索性研究。国内一些涂料研制单位也跟踪国外先进国家的研究成果，从多种途径进行了探索性研究，取得了一定成果。如低表面能防污涂料、仿生防污涂料、生物防污涂料、病毒防污涂料、无机硅酸盐防污涂料、导电防污涂料、辣椒素防污涂料等等，但这些研究成果都还未进展到能实际应用的阶段。此外，还研制了一批高性能常规舰船涂料，如长效超黏附涂料、高性能滑油舱涂料、航空燃油舱浅色导静电涂料、防结露涂料、聚氨酯甲板涂料、聚氨酯船壳漆、丙烯酸聚氨酯船壳漆、无溶剂舱室地板漆、耐高电压击穿蓄电池舱涂料等等。有的单位还对水性舰船舱室涂料、高氯化聚乙烯不锈钢鳞片重防腐涂料、氟碳涂料、纳米涂料等进行了研制。到现在为止，除少数涂料品种（如双组分无溶剂环氧重防腐涂料、舰船用纳米涂料、激光诱导改善表面甲板防滑涂料、以及用二氧化铝、无定形玻璃、霞石响岩、硫酸钡、滑石、硅灰石之类的耐磨填料或铝、碳黑之类防火花的导电颗粒作填料的具有高摩擦系数、高耐磨性能、高抗冲击性能、无火花、易成型的航空母舰飞行甲板防滑涂料等）外，我国已基本形成了较为完整的舰船涂料配套体系。不过好多涂料在性能方面与发达国家相比还有一定的差距。如鳞片涂料用的玻璃鳞片，由于在鳞片的厚度、片径、表面处理技术等方面还有差距，成为影响重防腐涂料长效防腐性能的关键因素。在舰船涂料攻关项目中，曾对国产的环氧沥青玻璃鳞片涂料与相同质量的环氧沥青涂料，按照完全相同的涂装要素、相同的试验标准和试验方法、相同的考核时间进行防腐性能质量对比考核评分，玻璃鳞片涂料在长效防腐性能上并无优势，而其价格却贵好多。又如双组分水性聚氨酯涂料，其涂膜的光泽度、耐化学性以及机械性能等可与双组分溶剂型聚氨酯涂料相当，但目前国内的水性涂料产品，还存在着适用期短、干燥速度慢、在舰船舱室内甚至很长时间不能固化、施工不便、耐水性不佳、龟裂等问题，严重影响了其在舰船上推广应用。国外航空母舰飞行甲板已有100%固体含量的无溶剂型聚氨酯防滑涂料、水性防滑涂料、粉末防滑涂料等，国内的航空母舰飞行甲板防滑涂料的研制还在起步阶段。

舰船外加电流阴极保护技术在不断发展进步，国外已在大型舰船上已普遍应用现代数值分析计算方法和以计算机作为工具进行阴极保护系统设计的现代设计方法。国内在这方面的技术研究起步较晚，存在较大的差距。

我国海军在舰船热喷涂方面，从20世纪80年代以来，进行了多次试用试验。采用喷涂铝长效防护涂层在数艘舰船上进行实用考核。提出了喷铝涂层+WRL9028复合型封闭剂+高阻抗无机微片掺入的中间层和面层涂料+低电位或仿生涂料防污面层配套体系，以达到增加涂层体系的电绝缘性和增强其抗海水渗透性、耐磨性及海水冲刷能力。

在舰船热喷涂材料方面也进行了多种新的材料研制，如舰船热喷涂多种丝材、粉材合金材料等。新开发研制的电弧喷涂 Al + 10%（质量）$Al_2O_3$ 复合线材已用于舰船甲板耐磨耐蚀防滑涂层。

在舰船船体和舰船设备方面也不断研制出新的高耐蚀性材料并得到实际应用。近年来新造舰船的海水系统采用了涂塑管材、B10 管、B30 管、钛管、双相不锈钢管、蒙乃尔（Monel）合金海水阀的阀盘、阀杆等。在国外，Monel 合金在各行业的应用已有很久的历史，在舰船上应用也较广。英国有些舰艇的螺旋桨、关键的轴及泵的部分零部件均由 Monel 合金制造；法国"戴高乐"航母的不少设备和系统都应用了 Monel 材料。由于 Monel 合金价格较贵，我国在舰船上大范围使用有一定的困难，但在某些关键的零部件上使用 Monel 材料可起到良好的效果。我们采用了 B10 合金管，使用寿命可达到紫铜管的三倍以上，但腐蚀和漏泄问题仍还存在一些问题；采用双相不锈钢管可明显提高防腐效果，但由于焊缝处不能保证双相，其实际使用效果还不够理想，这些都还需要进一步研究和改进。我国某新型舰在建造过程中，海水阀的阀盘、阀杆均采用 Monel 合金制造，该舰服役后的实际使用证明，海水系统的阀门腐蚀泄漏现象得到了满意的解决。

舰船防腐除船体以外，舰船动力、电站和各种辅助系统的管系是防腐的另一个重点。我国海军自 20 世纪 80 年代以来对舰船防腐和防漏以及防蚀工艺进行了大量研究工作，制定了一系列有关防腐、防漏的文件，对舰船的防腐防漏特别是防腐方面在设计、建造、设备制造、维修、维护保养等起到了重要作用。

### 1.2.2 舰船防腐蚀的任务和内容

舰船金属结构的腐蚀除导致巨额腐蚀维修费用外，更重要的是影响到舰船的在航率和作战任务的执行，严重的情况甚至会带来灾难性的事故。防污效果差的舰船，除影响到舰船的腐蚀防护效果外，还会浪费宝贵的能源，造成经济上的损失。污损造成航速下降，将使战斗任务的完成受到影响。如果采取适当的防腐蚀和防污措施，舰船的防腐蚀寿命和防污损是可以达到一个新的台阶的，也是可以提高经济和军事效益的。因此，研究舰船的腐蚀防护技术和有效的防污措施，推广应用舰船腐蚀防护新产品、新技术、新工艺、新成果，是设计人员、研究和使用部门的一项十分重要的任务。

但是，在推广应用时，有一个难题，就是没有一个专门对舰船腐蚀防护进行综合应用研究的部门和经费支持，来对这些新产品、新技术、新工艺、新成果，综合进行实船试验、试用、扩大应用、结果跟踪、发布权威性的应用结论、制定相应的规范、标准。舰船研究设计部门从可靠性要求出发，没有可在实船推广应用的结论，是不会贸然自行在新设计的舰船上应用的。这就是为什么会出现"旧船用新漆，新船用老漆"的问题。也是很多新研制的具有优异性能的新涂料、耐腐蚀好的新材料尚未得到大量推广应用的原因。因此要使舰船腐蚀防护再上一个新台阶，一方面海军和舰船研究设计部门不断跟踪国外舰船防护方面新的动态，另一方面海军装备部门对舰船腐蚀防护研制出的新产品、新技术、新工艺、新成果投入一定经费和人力进行综合性应用研究，总结出可推广应用的成果。舰船研究设计部门大力推广其研究成果，是舰船研究设计部门、建造和修理部门、海军使用部门义不容辞的责任和任务。

舰船的腐蚀防护或者说控制金属的腐蚀所包含的内容是多方面的，如选材、结构设计、涂料保护、金属涂（镀）层保护、热喷涂保护、电化学保护、合适的防蚀工艺等等，应根据舰船不同部位、所处的不同环境、所选用不同材料、不同的工况，提出不同的防腐蚀要求，采用相应的防腐蚀技术措施和良好的工艺，达到合理的最佳的腐蚀防护状态。本书将对相关的防腐蚀技术措施予以系统介绍。

## 1.3 舰船与民船防腐蚀的异同

舰船与民船一样,船体是腐蚀防护的一个重要部分,而船体所采用的主要是钢质、铝质、玻璃钢材料,这些材料的常规防腐蚀原理和方法、施工工艺大致相同,但有的问题值得重视。比如,在对船体钢板的表面处理方面,由于民船的主船体和上层建筑钢板大都等于和大于6 mm,而舰船的主船体和上层建筑钢板厚度相当一部分为3 ~5 mm,船厂对前者按厚钢板在流水线上喷砂、喷丸进行表面处理,对后者有的船厂往往怕钢板变形,只采用手工除锈而不在流水线上进行喷砂表面预处理,其表面处理的质量就难以达到涂装要求而影响到涂装质量,最终也就影响到防腐蚀效果。海军经实践证明,3 mm 厚的钢板用喷砂除锈是也完全可行的,既未变形又能达到涂装表面预处理要求。

舰船和民船的防腐方法都主要是采用船舶涂料、外加电流阴极保护和牺牲阳极保护、热喷涂、其他电化学保护方法等。其中大量采用的是船舶涂料防腐,但舰船采用了很多既具有防腐功能又具有舰船特殊功能要求的特种涂料,如各类隐身涂料、航空母舰舰载机甲板防滑涂料、红外热反射涂料、耐烧蚀耐高速气流冲刷涂料、阻尼涂料、特种防污涂料、抗沾污涂料、耐核辐射涂料等等。因此舰船的涂料配套体系要比民船复杂得多了,所选用的涂料品种也多得多了。水面舰船的油水舱、底舱、隔离舱等部位低矮、狭小、结构复杂,施工难度比排水量相当的民船大。舰船的使用要求和环境条件与民船相比大不相同。比如,在舰艇舱室狭小、通风不良的环境中,水性涂料难以固化,特别是在5 ℃以下就不能施工,这在我国北方的船厂,冬季将有几个月不能施工,这就会严重影响施工进度;舰船比民船的航速高,航停比也大大低于民船,因此,对所选用的防污涂料性能要求与民船也有所不同;排烟管涂料除要求耐高温外,有的还要具有耐干湿交替、耐冷热骤变的性能;防火涂料除要求有更高的防火性能外,还要求耐水、耐油、低烟、低毒的性能,这样的特殊要求是一般的防火涂料无法达到的;航空母舰舰载飞机起降甲板的防滑涂料要求具有高磨擦系数、高耐磨性、高耐冲击性、无火花、耐化学性、耐油、耐水、耐火、耐喷气爆炸冲击波性能强、易成型、易修补、形变量小、使用寿命长等高性能,是普通的或直升机甲板防滑涂料不可替代的。除特种涂料外,有的部位还采用热喷涂层。军船还要求采用某些高耐腐蚀性的合金材料和非金属材料,如铝合金、铜合金、双相不锈钢、钛合金、蒙乃尔合金和高强玻璃钢等等。

由于铝合金材料密度小、强度高,船用铝合金在军用舰艇上的应用也占有一定的地位。铝合金舰船的板材通常采用 Al - Mg 系合金,型材则多用 Al - Mg - Si 系合金。Al - Mg 系合金管材也可用于铝合金舰船的淡水、燃油和滑油系统,但不能用于海水冷却系统。如果考虑到成本因素,油污水系统、生活用海水系统、喷淋装置也可采用铝合金管材,但在设计中要注重防蚀设计和采取特别的腐蚀防护措施。铝合金活性强、耐海水能力较差,在海水或盐雾环境中,氯离子对铝材起主要腐蚀破坏作用。铝合金除不耐海水外,抗海水冲刷性能也比较差,特别是在有湍流的部位会很快产生腐蚀穿孔。很显然,与民船和钢质舰船相比,铝合金舰船的腐蚀防护就具有不同的技术特点和要求。

由于舰船的作战使命不同,其设备的复杂性、管系和电缆的复杂与密集性、舱内设备的特殊性,特种涂料的多样性,潜艇与水面舰艇所处的环境因素不同性等,是民用船舶无可比拟的，因而防腐技术要求也就不一样。如潜艇在压力动态变化状态下的防腐要求与水面舰船和民船的要求不一样，登陆舰内快艇的船坞登陆舱的腐蚀防护就与其他内舱防腐要求不一样，登陆舰内履带式武器和轮式装甲战斗车的储藏舱甲板和通道内甲板的防滑要求与普通甲板的防滑设计要求也不一样。舰船舱内管路和电缆的排列间距、吊架高度、吊架材料、基座高度、基座间的距离等根据腐蚀防护的需要都是受限制的乃至结构形式都是有要求的。

由于舰船管系比民用船舶的管系要复杂密集得多，其腐蚀防护难度比民船大。舰船管系及其连接件、阀件的防腐也是舰船腐蚀防护的一个重要方面，

由于海洋环境是一个特定的极为复杂的腐蚀环境，特别是潜艇，结构复杂，空间有限，使用环境严酷度高，潜艇处于动态变化的压力环境对防腐材料和涂料所造成的影响，这些因素都会导致潜艇发生腐蚀的概率远超过一般的船舶和其他类舰艇。潜艇的综合防腐是一项复杂的系统工程，它与专项课题研究、防腐蚀设计（研究成果的应用）、防腐蚀材料的质量检验、施工工艺、质量控制、及时有效的维护等各环节均有十分密切的关系。

由于舰船的武器系统、航空系统、通信指挥系统、消磁系统等的设备是民用船舶所不具有的，对这些系统设备与舰船接口的防腐要求、防腐措施都是舰船防腐要特别考虑的。此外，核动力舰艇的核动力部位的防腐以及某些设备关键件的磨损与腐蚀防护也是有特别要求的。

军船和民船的腐蚀防护比较起来，考虑的防腐措施要更复杂些、更细致些。要从根本上解决好舰船的腐蚀防护问题，关键在于科学的综合防腐蚀设计以及严格控制防腐蚀施工质量，结合有效的维护保养，使舰船的腐蚀得到全面有效的控制。

舰船的综合防腐蚀设计涉及到很多方面，主要包括耐腐蚀材料的选用、长效防腐涂料保护、阴极保护（含电解防污）、结构防腐优化设计、电绝缘设计、隔离海水密封、防积水设计等。除此以外，有些腐蚀防护技术是潜艇特有的，如隔离海水密封技术、排烟管防腐蚀设计、消声防腐蚀设计等等。在防腐蚀寿命要求方面，如对防腐涂料，水面舰船的重防腐部位、潜艇都要求其防腐保护期效达到 10 年以上等。

从以上可以看出，军船和民用船舶的防腐蚀要求、措施，防腐蚀结构设计、选材等既有相同之处，也有不同之处，既要考虑到经济效益的合理性，也要考虑到军事效益的重要性。

# 第2章　金属的腐蚀与防腐蚀技术概述

## 2.1　金属的腐蚀

金属材料和环境介质自发地发生化学和电化学反应，生成金属化合物，使金属材料遭到损坏，称之为金属材料的腐蚀。这种损坏性腐蚀过程遍及所有使用金属的地方。航行或停泊于海洋上的舰船既受到强烈阳光的照射，又长期处在含有盐分的大气和海水包围中，并且始终处于干湿交替的作用之下，其钢结构的腐蚀问题就显得更为突出。这里是仅指金属材料的腐蚀，没包含非金属材料的腐蚀。

### 2.1.1　金属腐蚀的分类

#### 2.1.1.1　按金属表面与介质发生的作用分类

按金属表面与介质发生的作用分类，一般可分为化学腐蚀和电化学腐蚀两大类：

1. 化学腐蚀

化学腐蚀是由金属表面与介质直接发生化学作用而引起的，它的特点是在化学作用过程中没有电流产生。

化学腐蚀可分为如下两类：

(1)气体腐蚀

金属在干燥气体中(表面上没有湿气冷凝)发生的腐蚀。气体腐蚀一般是指在高温时金属的腐蚀，例如轧钢时生成厚的氧化皮、内燃机活塞烧坏等。

(2)在非电解质溶液中的腐蚀

金属在不导电的液体中发生的腐蚀。例如金属在有机液体中的腐蚀。

2. 电化学腐蚀

电化学腐蚀是由金属表面与介质发生电化学作用构成腐蚀电池而引起的，在电化学作用过程中有阴极区和阳极区，在金属与介质中有电流流动。

电化学腐蚀电池分为宏观电池和微电池。

(1)宏观电池

宏观电池是一类肉眼可以看到电极的腐蚀电池。包括异金属电偶电池和浓差电池等。

①电偶电池　是由不同的金属在同一种电解质中相互接触而构成的腐蚀电池。在电偶电池中，总是电位较低的金属成为阳极而受到腐蚀。

②浓差电池　是同一种金属与相同的电解质溶液相接触，如果电解质溶液的浓度不同，将形成所谓的浓差电池而使金属受到腐蚀。在浓差电池腐蚀中最有实际意义的是氧浓差电池。所谓氧浓差电池，是由金属与含氧量不同的溶液相接触而形成的。溶液中氧的浓度愈大，氧电极电位愈高。因此，如果溶液中的各部分的含氧量不同，在氧浓度较小的地方，金属的电位较低，成为阳极，在这里的金属常常遭受腐蚀。舰船的水线区域特别容易受到腐蚀，

其原因之一就是水线区域形成氧浓差电池的缘故。

(2)微电池

微电池是因为金属的化学、物理、力学不均匀性等产生的许多极微小的阴极和阳极而构成的许多微小的电化学腐蚀电池。从理论上讲，单一金属在电解质溶液里只能形成双电层，不具有阴极和阳极，不会产生腐蚀。但实际上除金、铂等少数特别惰性的金属外，几乎所有的金属单独置于电解质溶液里，都会由于这种微电池作用发生电化学腐蚀。

下列腐蚀都属于电化学腐蚀：

①大气腐蚀　金属在潮湿的气体(包括海洋大气)中发生的腐蚀。

②在电解质溶液中的腐蚀　这是极其广泛的一类腐蚀。天然水及大部分水溶液对金属结构的腐蚀(例如在海水和酸、碱、盐的水溶液中所发生的腐蚀等)。

③在熔融盐中的腐蚀　金属在熔融盐中发生的腐蚀，如热处理车间中，熔盐加热炉中电极和被处理金属等发生的腐蚀。

④接触腐蚀　是由于浸在电介质中的不同金属所组成的电偶电池作用所引起的腐蚀。如在舰船结构上，铜合金螺旋桨与钢制船体接触时、船体及安装在船体上的牺牲阳极、舰船设备安装时异种金属直接接触等都会发生这种腐蚀。

⑤微生物腐蚀　某些微生物或细菌的生命活动，能够促进阳极区或阴极区的电化学反应，或能削弱金属表面膜的耐蚀作用，或能产生腐蚀性物质，从而加速电化学腐蚀。如硫酸盐还原菌和铁细菌对金属的腐蚀。

⑥海洋生物腐蚀　不少海洋生物(动物或植物)能够黏附在金属表面并且不断繁殖，其新陈代谢过程中能产生腐蚀性的物质，或由于其在金属表面覆盖不均匀而造成氧浓差电池，从而加速电化学腐蚀。

电化学作用有时单独造成腐蚀，有时和机械作用、生物作用共同产生腐蚀。如下列几种形式的腐蚀：

①应力腐蚀开裂　是在拉伸应力和腐蚀介质作用下的金属腐蚀破坏。应力来自冷热加工过程中的残余应力或外应力。开裂的裂纹和拉应力垂直，有时沿晶界开裂，有时穿晶开裂。

②腐蚀疲劳　是在交变应力(或脉冲应力)和腐蚀介质共同作用下，金属的疲劳极限大大降低而导致过早地破裂(如螺旋桨轴、泵轴)的腐蚀。

③磨损腐蚀(磨蚀)　同时存在腐蚀作用和机械磨损，两者相互加速。磨损的形式有多种，如：

(a)冲击腐蚀(冲蚀)　是由于液体湍流或冲击所造成的。

(b)空泡腐蚀(空蚀)　高速流动的液体，因不规则的流动，产生了所谓空泡。这种空泡内只有一点水汽或低压的空气，由于压力和流动条件经常变化，空泡会周期性地产生和消失，当它消失时由于周围高压形成很大的压力差，在靠近空泡的金属表面产生所谓“水锤作用”，常常破坏金属表面的保护膜，使腐蚀作用继续深入。舰船的螺旋桨桨叶和舵板上会出现这种腐蚀。

(c)微振磨损腐蚀　是由两个紧贴着的表面相互产生振动引起的磨损，破坏了金属的保护膜，使腐蚀加速。

此外由杂散电流作用造成的电腐蚀(通常在造船和修船时焊接供电线路不正确时发生)和埋设在地下的金属构筑物(如管道、电缆等)所产生的土壤腐蚀也属于电化学腐蚀。

2.1.1.2　按腐蚀环境分类

按腐蚀环境分类，一般可分为大气中的腐蚀、海洋飞溅区的腐蚀、海水中的腐蚀、土壤中的腐蚀四大类。

1. 大气中的腐蚀

金属在潮湿的气体（例如空气）中发生的腐蚀，称为大气腐蚀。

在舰船上，这种腐蚀发生在船体水线以上部位及船体内部结构上，特别易于发生在低温下由海水或空气从外部冷却的表面上。

大气腐蚀是金属腐蚀中最普通的形式之一，如果空气中的相对湿度达到100%，或者在雨水中，或者金属表面温度低于露点时，水分会在钢铁表面形成液滴凝聚，肉眼可见水膜，这种情况下发生的腐蚀，我们称其为可见液膜下的大气腐蚀。

金属材料在大气中的腐蚀机制主要是受大气中所含的水分、氧气和腐蚀性介质（如二氧化硫气体、氯化物盐类的粒子、雨水的杂质）、表面沉积物等的联合作用而引起的破坏。大部分情况下是电化学腐蚀。大气环境中的电化学腐蚀是金属表面电解液膜下的电化学腐蚀。这个过程的特点是氧气特别容易到达金属表面，金属腐蚀受到氧去极化——依靠氧来吸收阴极电子，消除阴极极化——过程的控制。

大气的相对湿度是影响大气腐蚀最主要的原因之一。大气腐蚀实质上是一种水膜下的电化学反应。空气中水分在金属表面凝聚生成的水膜和空气中氧气通过水膜进入金属表面是发生大气腐蚀的最基本的条件。物体表面形成水膜与物体本身特性有着密切的联系。

相对湿度达到某一临界点时，水分在金属表面形成水膜，从而促进了电化学过程的发展，表现出腐蚀速度迅速增加。当金属表面状态不同时，临界相对湿度也有所不同。表面越粗糙，其临界相对湿度越低，金属表面上沾有易于吸湿的盐类或灰尘等，临界湿度也会降低。干净的钢铁表面在干净的空气中，临界湿度接近100%；在潮湿的大气中，其临界湿度为65%；在水中轻微腐蚀过的表面为65%；在含有0.01%二氧化硫的空气中为70%；在3%的氯化钠溶液中腐蚀过的表面的临界湿度为55%；铜的临界湿度接近100%。

当相对湿度低于金属临界相对湿度时，温度对大气的腐蚀影响较小；当相对湿度达到金属临界相对湿度时，温度的影响十分明显。湿热带或雨季气温高则腐蚀严重。温度的变化还会引起结露。比如，白天温度高，空气中相对湿度较低，夜晚和清晨温度下降后，大气的水分就会在金属表面形成结露。

大气环境腐蚀分级与分类见表2－1。

**表2－1　大气环境腐蚀性分类**

| 腐蚀类型[1] | | 腐蚀速度/($mm \cdot a^{-1}$) | 腐蚀环境 | | |
|---|---|---|---|---|---|
| 等级 | 名称 | | 环境气体类型 | 相对湿度（年平均）/% | 大气环境 |
| Ⅰ | 无腐蚀 | <0.001 | A | <6 | 乡村大气 |
| Ⅱ | 弱腐蚀 | 0.001～0.025 | A | 60～75 | 乡村大气 |
| | | | B | <60 | 城市大气 |
| Ⅲ | 轻腐蚀 | 0.025～0.050 | A | >70 | 乡村大气 |
| | | | B | 60～75 | 城市大气和 |
| | | | C | <60 | 工业大气 |

表 2-1(续)

| 腐蚀类型[1)] | | 腐蚀速度/($mm \cdot a^{-1}$) | 腐蚀环境 | | |
|---|---|---|---|---|---|
| 等级 | 名称 | | 环境气体类型 | 相对湿度(年平均)/% | 大气环境 |
| Ⅳ | 中腐蚀 | 0.05~0.20 | B<br>C<br>D | >70<br>60~75<br><60 | 城市大气<br>工业大气和<br>海洋大气 |
| Ⅴ | 较强腐蚀 | 0.02~1.00 | C<br>D | >70<br>60~75 | 工业大气 |
| Ⅵ | 强腐蚀 | 1~5 | D | >75 | 工业大气 |

注:1)在特殊场合与额外腐蚀负荷作用下,应将腐蚀类型提高等级,如:

[1] 机械负荷:①风沙大的地区因风携带颗粒(沙子等)使钢结构发生腐蚀的情况。

②钢结构上用于人或车辆等有机械重负载并定期移动的表面。

[2] 经常有吸潮性物质沉积于钢结构表面的情况。

金属和合金在常温的干燥空气中与氧化合,形成一层薄而致密的氧化膜,其阻碍金属与氧的进一步作用,从而抑制金属的腐蚀过程。

在潮湿的空气中,当在金属表面形成薄水膜时,金属氧化膜与水作用,变成多孔组织的锈。这种锈不能使金属与氧完全隔绝。由于这种原因,在潮湿的空气中,腐蚀的过程就可能发展。

金属表面形成引起腐蚀的水膜与空气的相对湿度有关。当空气的相对湿度达到100%,或者金属表面温度低于露点时,潮气就会在金属表面凝结;但是当金属表面存在疏松的腐蚀产物或易吸湿的固体粒子时,即使不满足上述条件,只要空气的相对湿度超过某一临界值,金属的腐蚀速度也会急剧地增加。表2-2列出了在不同条件下引起铁的腐蚀速度剧增的临界相对湿度值。

表 2-2 引起铁腐蚀速度剧增的临界相对湿度

| 表面状态 | 临界湿度/% |
|---|---|
| 干净表面在干净的空气中 | 接近100 |
| 干净表面在含0.01%二氧化硫的空气中 | 70 |
| 在水中预先轻微腐蚀的表面 | 65 |
| 在3%氯化钠溶液中预先腐蚀的表面 | 55 |

海洋性大气环境的相对湿度大,大气中含有海盐粒子。沉降在金属表面上的海盐粒子,或者表面上原有的具有很强吸湿性的盐分与金属腐蚀物,会溶于水膜中形成强腐蚀介质,而且海盐粒子为氯化物,渗透腐蚀性强,可以渗进钝化膜,腐蚀底材,即使是不锈钢也会因其而产生点蚀。对于舰船钢结构来说,无论是在甲板结构上,还是在舱内结构上,空气的相对湿度都高于它的临界值。因此,在金属表面上很容易形成引起金属腐蚀的水膜。

空气中所含杂质对大气腐蚀速度的影响很大。海洋大气含有大量的海盐粒子;在工业区,空气被二氧化硫所污染;在某些化工区域,空气中甚至含有强腐蚀性的酸性介质。这样,空气中的杂质溶于金属表面的水膜中,使这层液膜变为腐蚀性很强的电解质,加速了金属的腐蚀。例如,与干净大气的冷凝水膜相比,被0.1%的二氧化硫所污染的空气能使钢的腐蚀速度增加5倍;而被海雾周期饱和的空气使钢的腐蚀速度增加8倍。

不同大气条件下,金属的腐蚀速度相差很大。英国钢铁学会提供的数据表明:低碳钢在热带海洋气候条件下,腐蚀速度最快。表2-3列出了低碳钢在不同大气条件下的腐蚀速度。

表2-3 低碳钢在不同大气条件下的腐蚀速度

| 大气特点 | 腐蚀速度/[g/($m^2$·a)] | 大气特点 | 腐蚀速度/[g/($m^2$·a)] |
|---|---|---|---|
| 低湿度 | 10.13 | 中等工业 | 401.5 |
| 炎热干燥 | 80.3 | 大工业 | 1 003.8 |
| 乡　村 | 200.8 | 热带海洋近岸处 | 5 018.8 |
| 海　洋 | 301.1 | | |

2.海洋环境中飞溅区的腐蚀

海洋环境通常划分为五个区域,即海洋大气区、海洋飞溅区、潮差区、海水全浸区、海泥区。实践表明,钢铁在飞溅区和潮差区的腐蚀最为严重。

在海洋环境中,钢结构物的飞溅区系指受潮汐和波浪作用而干湿交替的区域。对于海上固定式钢结构来说,我国《海上固定平台入级与建造规范》规定,其范围为从设计高潮位以上波高(为50年一遇的平均波高)的2/3,至设计低潮位以下这个波高的1/3。各海区的海况不同,飞溅区的范围也不同。例如,在渤海,飞溅区的范围约为5~7 m,而在莺歌海则为8~9 m。就水面舰船而言,遭到海水间浸作用的正常排水量与最大排水量水线之间的船壳部位,所处环境条件也类似于海洋固定钢结构物的飞溅区。

飞溅区是一个特殊的腐蚀环境。在这一区域,钢结构物表面由于受到海水的周期润湿、风浪冲击,所以经常处于干湿交替状态。由于腐蚀介质层的厚度较小以及在蒸发过程中加强了介质的混合,因此向金属表面供氧的速度大大加快,从而加速了金属腐蚀的阴极过程。另外,在飞溅区的钢结构上,或在舰船间浸部位形成的腐蚀产物二价铁在海水薄膜下的空气中进行强烈氧化,变成三价铁。这样,这个部位的腐蚀产物不仅不能抑制腐蚀过程,反而由于三价铁的还原而导致阴极过程的去极化,从而对腐蚀过程起了促进作用。这些原因致使钢结构物在飞溅区腐蚀特别严重。

在飞溅区的不同部位,钢结构的腐蚀速度也是不同的。腐蚀最严重的部位,往往位于高潮位以上1~2 m的范围内。在平均中潮位附近,因为充气不同所造成的氧浓差电池的作用,这个部位的钢结构受到充气差的全浸区的阴极保护,因而腐蚀速度较低。相反,低潮位稍下部位,却又遭到严重的腐蚀。

3.海水中的腐蚀

金属在海水中的腐蚀比在大气和淡水中严重。海水是具有多种盐类的天然电解质溶液,其中还含有生物、悬浮泥沙、溶解的气体、腐败的有机物等。影响海水腐蚀性的,既有化学因素,又有物理因素和生物因素,因而它比单纯的盐溶液也要复杂得多。

(1)盐度

海水的特性首先在于它的含盐量相当大。海水中盐的种类很多。从表2-4可以看出,其中氯化钠的含量最多,占总盐量的77.8%。

海水的含盐总量通常以盐度来表示。盐度系指1 000 g海水中溶解的固体物质的总克数。一般来说,在公海的表层海水中,正常盐度变化在32%~37.5%。

海水的盐度直接影响到海水的电导率。从侵蚀性的观点来看,海水的电导率是影响金属腐蚀速度的重要因素之一。随着电导率的增高,宏观电池的腐蚀电流强度增大。

**表 2-4 海水中主要盐类的含量**

| 成分 | 100 g 海水中盐的克数 | 占总盐量百分比/% |
|---|---|---|
| 氯化钠(NaCl) | 2.712 3 | 77.8 |
| 氯化镁($MgCl_2$) | 0.380 7 | 10.9 |
| 硫酸镁($MgSO_4$) | 0.165 8 | 4.7 |
| 硫酸钙($CaSO_4$) | 0.126 0 | 3.6 |
| 硫酸钾($K_2SO_4$) | 0.086 3 | 2.4 |
| 碳酸钙($CaCO_3$) | 0.012 3 | 0.3 |
| 溴化镁($MgBr_2$) | 0.007 6 | 0.2 |
| 其　他 | | 余量 |

另外,海水中含有的大量氯离子会防碍或破坏金属的钝化,也促进金属的腐蚀,特别是容易引起某些不锈钢和合金的点蚀。

(2)溶解氧

海水中溶解的氧是影响腐蚀性的另一个重要因素,因为金属在海水中的腐蚀过程主要是受阴极氧去极化过程所控制。

海水中氧含量与盐度和温度密切相关。随着盐度增大和温度升高,溶解氧量会有所降低。表 2-5 为常压下海水的溶解氧量。

**表 2-5 常压下海水溶解氧量/(ml/L)**

| 盐度/% \ 温度/℃ | 0 | 10 | 20 | 30 |
|---|---|---|---|---|
| 1.0 | 9.32 | 7.21 | 5.85 | 4.92 |
| 2.0 | 8.73 | 6.77 | 5.52 | 4.70 |
| 3.0 | 8.14 | 6.34 | 5.18 | 4.41 |
| 3.5 | 7.85 | 6.12 | 5.02 | 4.27 |
| 4.0 | 7.55 | 5.90 | 4.85 | 4.17 |

由于水生物的光合作用,上层海水的剧烈混合,实际上海水中的氧浓度,在水深 50 m 左右的范围内都保持稳定,并且相当于该盐度和该温度下的饱和状态。溶解氧随着海水深度增加含量逐渐降低。

水的侵蚀性随着盐度的增加而增强,同时又随着氧浓度的降低而减弱;因此溶液的侵蚀性就有一个最大值。海水盐度正好在侵蚀性最大值相对应的范围内波动(图 2-1)。

(3)温度

金属在海水中的腐蚀速度随着温度的升高而迅速增大。一般认为,海水温度每上升

10 ℃，金属腐蚀速度将增加 1 倍。海水温度是随纬度、季节和深度不同而变化的，我国海域辽阔，南海和渤海的水温相差就很大，所以金属腐蚀速度也相差很大。

（4）流速

海水的流动可使空气中的氧扩散到金属表面的速度加快，同时，它还促使从金属表面冲刷掉由腐蚀产物所形成的各种保护膜。因此，随着海水运动速度的增加，腐蚀速度也随之增大，如图 2－2 所示。

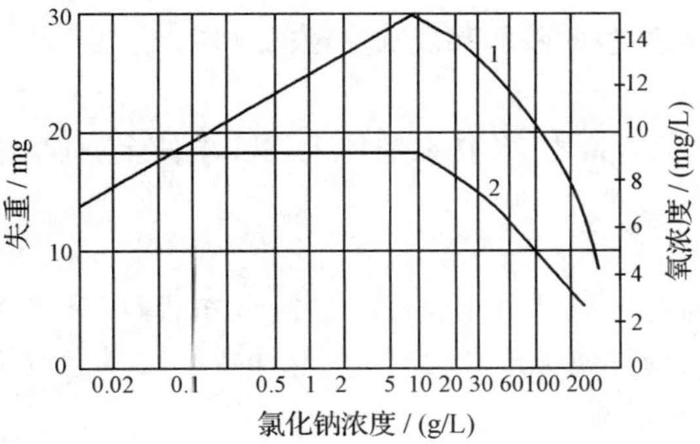


**图 2－1　水的盐度和氧浓度对钢的腐蚀速度的影响**
曲线 1—腐蚀；曲线 2—氧浓度

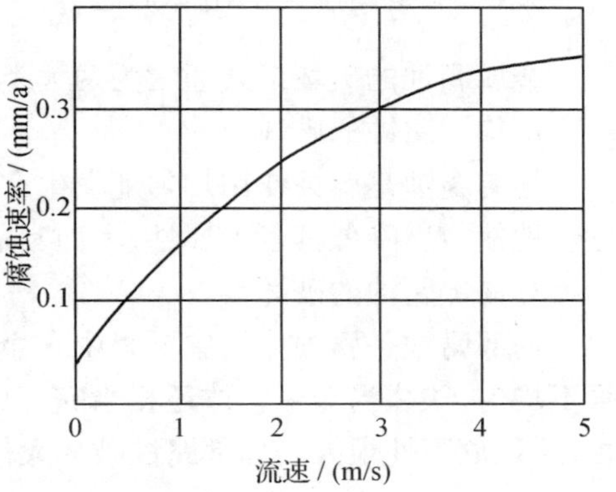


**图 2－2　海水流速对腐蚀速率的影响**

有些特殊的腐蚀形式，也与海水的流速有关。例如“磨蚀”是由于夹带泥沙的海水高速流动对金属表面冲刷而产生的。当流速很大时，在腐蚀过程中还要加上金属的空泡腐蚀破坏。

（5）海洋生物

海水中各种附着在金属表面上的海洋生物，如藤壶、贻贝、苔藓等以及在海水中存在的微生物对海水中的金属结构会发生腐蚀作用。

当附着生物均匀密布于金属表面时，金属腐蚀速度会明显降低。但是当这些生物局部附着时，由于金属表面被附着的部位难以与氧气接触，产生氧浓差电池。浓差电池会引起海洋附着生物下面的金属强烈腐蚀。

从微生物对腐蚀过程的影响来看，生活在海水里的微生物可以分为亲氧微生物和厌氧微生物。

亲氧细菌通常在金属上均匀地覆盖一层，它对腐蚀的影响在于氧的大量消耗，从而降低水中氧的浓度，导致钢的腐蚀速度有所减慢。另外，某些细菌还能使由氧化镁和氧化钙的水合物所组成的石灰质膜在金属表面上沉积，此膜具有一定的保护作用。

厌氧微生物，如硫酸盐还原菌可以在较深的没有氧的海水中生长。钢在硫酸盐还原菌的作用下，腐蚀速度加快达 50% ~60%。在硫酸盐还原菌作用下的典型腐蚀特征是腐蚀产物的外貌呈沾污的黑色糊覆盖在钢上。船体的水下部分有时也会受到硫酸盐还原菌的作用而发生剧烈腐蚀。

通过对我国青岛、舟山、厦门和海南榆林 4 个海水试验站进行曝露腐蚀试验结果分析，四个试验站海水环境因素以及碳钢（Q235）和低合金钢在四个试验站曝露腐蚀结果进行统计分析，结果表明，在诸多的环境因素中，对碳钢、低合金钢腐蚀影响有重要作用的环境因素及其影响大小顺序是：

海水温度 > 海生物附着 > 海水 pH 值 > 海水盐度 > 海水溶氧量 > 海水流速。

4. 土壤中的腐蚀

影响土壤腐蚀性的因素很多，其中主要有土壤的孔隙度、导电性、溶解的盐类、含水情况、酸碱性及细菌等。海洋钻井平台、海港码头等工程会涉及到这类问题，可参考其他书籍，本书不作介绍。

### 2.1.2 金属腐蚀的破坏形态

金属腐蚀的破坏形式通常为两大类，即均匀腐蚀的破坏和局部腐蚀的破坏。

1. 均匀腐蚀的破坏

均匀腐蚀是腐蚀作用均匀地发生在整个金属表面上，并将在整体上逐步地使金属腐蚀，逐步地使金属降低其各种属性，因而其危害性不太严重（见图 2-3(a)）。

2. 局部腐蚀的破坏

局部腐蚀是腐蚀作用主要集中在金属的局部区域。由于这些腐蚀的分布、深度和发展很不均匀，往往当金属整体还相当完好的时候，局部腐蚀已相当严重，会导致严重事故或灾害，所以危害性很大。局部腐蚀破坏大体有以下形式：

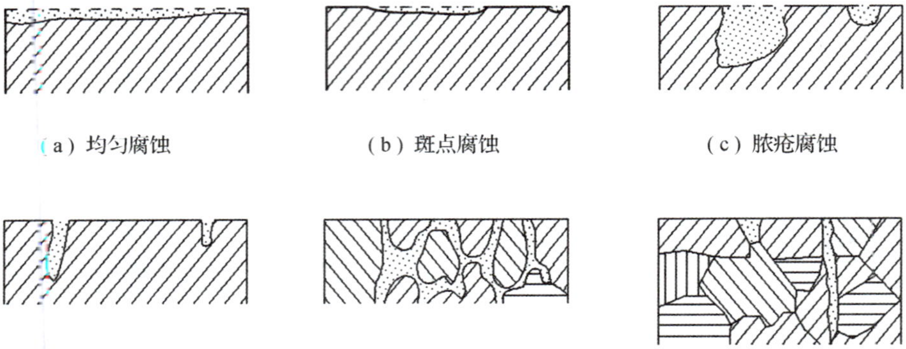

(a) 均匀腐蚀　(b) 斑点腐蚀　(c) 脓疮腐蚀

(d) 孔腐蚀　(e) 晶间腐蚀　(f) 穿晶腐蚀

**图 2-3　腐蚀破坏的各种形式**

(1) 斑点腐蚀

腐蚀像斑点一样分布在金属表面上，所占面积较大，但不很深（见图 2-3(b)）。

(2) 脓疮腐蚀

金属被腐蚀破坏的情形好像人身上长的脓疮，被损坏的部分较深较大（见图 2-3(c)）。

(3) 孔腐蚀（又称坑蚀或点腐蚀）

在金属某些部分被腐蚀成为一些小而深的圆孔，有时甚至发生穿孔（见图 2-3(d)）。若坑口直径小于点穴深度时，称为点蚀；若坑口直径大于坑的深度时，又称坑蚀。实际上，点蚀和坑蚀没有严格的界限。铝和不锈钢在含氯化物的水溶液中所发生的腐蚀就是点蚀的典型例子。

(4) 晶间腐蚀

这种腐蚀发生在金属晶体的边缘上。金属遭受晶间腐蚀时，它的晶粒间的结合力显著减小，内部组织变得很松弛，从而机械强度大大降低（见图 2-3(e)）。

(5)穿晶(粒)腐蚀

是沿最大应力线发生破坏的一种局部腐蚀,其特征是腐蚀往往贯穿金属晶粒本体。应力腐蚀开裂亦是其中之一(见图2-3(f))。

(6)选择腐蚀

多元合金中某一组分溶解到腐蚀介质中去,从而造成另一组分富集在合金的表面上,这将改变合金的性能。这种腐蚀也称为脱成分腐蚀。如黄铜脱锌、铝青铜脱铝、铜镍合金脱镍等均属此类腐蚀。

### 2.1.3 评定金属腐蚀程度的方法

评定金属腐蚀程度的方法很多,其主要方法有腐蚀重量评定方法、腐蚀深度评定方法和机械强度损失评定方法等。

均匀腐蚀或全面腐蚀程度一般采用平均腐蚀速率表示。平均腐蚀速率又有腐蚀率和侵蚀率两种表达方法。单位时间内单位面积上的腐蚀失重量称为腐蚀率;单位时间内侵入的深度称为侵蚀率。腐蚀率对于同种金属的比较是很方便的,但对不同的金属,尽管腐蚀率相同,轻金属密度金属的侵蚀率要大得多。因此,异种金属的比较以侵蚀率为好。局部腐蚀程度评定较为复杂,没有统一的定量评定标准。

1. 均匀腐蚀程度的评定方法

(1)按腐蚀重量变化表示的腐蚀率评定

金属的腐蚀率可用单位时间内、单位面积的金属失重量大小来评定

$$K_w = \frac{W_0 - W_1}{S \cdot t} \tag{2-1}$$

式中　$K_w$——金属的腐蚀率,g/($m^2$·h);

$W_0$——腐蚀前金属试片的质量,g;

$W_1$——腐蚀后金属试片(清除掉腐蚀产物后)的质量,g;

$S$——与腐蚀介质相接触的试片表面积,$m^2$;

$t$——腐蚀作用的时间,h。

(2)按腐蚀深度(即厚度变化)表示的侵蚀率评定

金属的侵蚀率常称年腐蚀深度。最常用的单位是毫米/年(mm/a)。

根据金属的密度$D$,由以质量变化表示的腐蚀率可以换算成年侵蚀深度$K_d$

$$K_d(\text{mm/a}) = \frac{24 \times 365}{1\,000} \times \frac{1}{D} = \frac{8.76}{D}[\text{g}/(\text{m}^2 \cdot \text{h})] \tag{2-2}$$

表2-6中列出了换算系数。

**表2-6　平均腐蚀速率的表示方法**

| a. 腐蚀率($D$为金属密度/(g/$cm^3$)) | | |
|---|---|---|
| $K_w$ 单位 | 简略号 | 折成mm/a换算系数 |
| 克/(米$^2$·时)[g/($m^2$·h)] | gmh | ×8.76/$D$ |
| 克/(厘米$^2$·时)[g/($cm^2$·h)] | | ×87 600/$D$ |
| 克/(米$^2$·日)[g/($m^2$·d)] | gmd | ×0.365/$D$ |

表 2－6(续)

| a. 腐蚀率($D$ 为金属密度/($g/cm^3$)) | | |
|---|---|---|
| $K_w$ 单位 | 简略号 | 折成 mm/a 换算系数 |
| 毫克/(分米$^2$·日)[mg/(dm$^2$/·d)] | mdd | ×0.036 5/$D$ |
| 毫克/(米$^2$·日)[mg/(m$^2$·d)] | mmd | ×0.000 365/$D$ |
| b. 侵蚀率 | | |
| $K_d$ 单位 | 简略号 | 换算系数 |
| 毫米/年(mm /a) | mmpa | 1 |
| 微米/年(μm /a) | | 1 000 |

上述的腐蚀重量评定法和腐蚀深度评定法评定金属的腐蚀速度时，只有在均匀腐蚀的情况下才有价值，对于局部腐蚀的腐蚀速度应采用其他方法评定。

(3)由腐蚀电流换算成腐蚀速率

采用电化学方法测出腐蚀电流的数值后，根据法拉第定律即可换算成腐蚀率：

$$K_w = \frac{Mi_c}{nF}[g/(cm^2 \cdot h)] \tag{2-3}$$

式中 $K_w$——腐蚀率，$g/(cm^2 \cdot h)$；

$i_c$——腐蚀电流，$A/cm^2$；

$M$——金属的克原子量，g；

$n$——金属离子的价数；

$F$——法拉第常数，26.8 A·h。

2. 局部腐蚀程度的评定方法

金属的局部腐蚀形式很多，反映在物理和机械性能方面的变化也各不相同，因而局部腐蚀程度没有统一的定量评定标准。例如小孔腐蚀，只在小孔处反映出腐蚀深度的变化，而其他部位并无明显改变。又如晶间腐蚀，虽然金属的重量和外形尺寸并没有发生多大变化，但其机械强度却下降很大。由此可见，评价局部腐蚀不能用简单的重量变化或外形尺寸的变化来进行评定，需要根据腐蚀形式采用合适的物理、机械性能变化指标来进行评定。目前对点蚀的评价采用点蚀密度、平均点蚀深度、最大点蚀深度等指标进行综合评价。晶间腐蚀和应力腐蚀则采用腐蚀前后机械强度的损失来进行评定。由于腐蚀将导致金属的机械性能的下降，因此可用对腐蚀前后的金属进行机械性能试验的方法，根据其机械性能的变化来评定金属的腐蚀速度(或程度)。该方法既适合于局部腐蚀的情况，也适合于均匀腐蚀的情况。评定时通常可采用强度极限的变化或延伸率的变化来表示：

$$K_\sigma = \frac{\sigma - \sigma'}{\sigma} \times 100\% \tag{2-4}$$

或

$$K_\delta = \frac{\delta - \delta'}{\delta} \times 100\% \tag{2-5}$$

式中 $K_\sigma$——强度变化的腐蚀速度；

$K_\delta$——延伸率变化的腐蚀速度；

$\sigma$——腐蚀前金属的强度极限，$kg/cm^2$；

$\sigma'$——腐蚀后金属的强度极限，$kg/cm^2$；

$\delta$——腐蚀前金属的延伸率，%；

$\delta'$——腐蚀后金属的延伸率，%。

## 2.2　防腐蚀技术

防腐蚀的方法很多，适合各行各业的归纳起来主要有以下一些：

- 防腐蚀技术
  - 1. 合理选材
    - 合理选用各类金属材料
    - 合理选用各类非金属材料
  - 2. 表面保护技术
    - 金属镀层
      - 电镀
      - 热浸镀
      - 喷镀
      - 扩散镀
      - 化学镀
      - 离子注入
      - 金属衬里
    - 非金属涂层
      - 化学转化涂膜
        - 氧化处理
        - 磷化处理
        - 铬酸盐处理
      - 有机涂层
        - 油漆
        - 塑料
        - 橡胶
        - 防锈油
      - 无机涂层
        - 石墨
        - 混凝土
        - 陶瓷
        - 玻璃
        - 搪瓷
  - 3. 环境（介质）处理
    - 除去环境中的有害成分
      - 干燥（除潮）
      - 脱气
      - 脱盐
    - 添加缓蚀剂
      - 有机类缓蚀剂
      - 无机类缓蚀剂
  - 4. 电化学保护技术
    - 阴极保护
    - 阳极保护
  - 5. 防腐设计

舰船腐蚀防护技术主要是合理选用材料、表面涂层和镀层保护、阳极和阴极保护、合适的防腐蚀设计等。

### 2.2.1　合理选用材料

防腐蚀设计首先从合理选材开始 。各种舰用材料、管系和设备及其零部件除考虑其力学性能、机械性能、工艺性能、使用性、经济性等因素外，还要考虑其工作环境中的耐腐蚀性。

考虑耐腐蚀性能要了解所选用的材料在所处环境介质中的腐蚀速率；对各种局部腐蚀类型的敏感性（如点蚀、缝隙腐蚀、晶间腐蚀、应力腐蚀、电偶腐蚀、选择性腐蚀、高温氧化及高温腐蚀等）；材料在电位序或电偶序中的位置等。

### 2.2.2 表面涂层和镀层保护

舰船及舰船设备的表面涂层和镀层有非金属涂层和金属镀层。

非金属涂层分为有机涂层和无机涂层。舰船上主要是有机涂层，包括舰船涂料、防锈油、塑料等，其中舰船涂料是舰船最主要的表面防护手段。无机涂层主要包括化学转化涂层、陶瓷、混凝土、搪瓷或玻璃涂层等。氧化处理、磷化处理、铬酸盐处理都属于化学转化涂层。搪瓷又称珐琅，是类似玻璃的物质，可用于高温防腐。日本有的船舶采用搪瓷铝箔作舱室内装材料的表面防护材料。

金属镀层分为阳极性镀层和阴极性镀层。锌镀层就是一种阳极性镀层，锡镀层就是一种阴极性镀层。金属镀层的方法主要有热镀、渗镀、电镀、喷镀等。热镀又称为热浸镀，喷镀又称热喷涂。

### 2.2.3 电化学保护

电化学保护分为阴极保护和阳极保护。

阴极保护是在金属表面上通入足够的阴极电流，使阳极溶解速度减小，从而达到防止腐蚀的方法。这种方法又分为牺牲阳极保护和外加电流阴极保护。

阴极保护方法除用于舰船船体水下部分外，还可防止某些金属的局部腐蚀，如点蚀、应力腐蚀断裂、腐蚀疲劳等。

阴极保护方法较为简便，效果良好，但不适用于酸性介质及非电解质中。

阳极保护是在金属表面上通入较小的阳极电流，使金属电位达到并保持在钝化区内，达到减缓腐蚀的方法。

### 2.2.4 电绝缘与介质隔离密封保护

舰船长期处在海水和海洋大气环境中，舰船上的构件、设备和管路极易受到腐蚀而导致破坏。在舰船上使用的金属材料品种繁多，当不同金属连接在一起时，由不同材质的金属制成的零件和结构相互连接并浸在海水里时，就形成了原电池，如果不能很好地绝缘，会加速腐蚀，从而使腐蚀破坏速率加剧。

潜艇上接触腐蚀的防护方法主要有：

(1)异金属构成的零件和结构电绝缘隔离，即断开阴极和阳极金属之间的电路；

(2)用密封材料把异质金属的连接同海水隔离绝缘；

(3)某些情况下，上述方法结合使用。

目前常规潜艇上的异金属与船体的连接，可以归结为两类，一类是焊接件，一类是螺栓连接件。

异金属与船体的焊接，通常为刚性结构，中间接触面处除了涂装船体保护涂料外，基本无其他措施。如果此接触部位的涂层完好无损，应该说，涂在船体表面及舷间的油漆涂层具有电绝缘作用，当异质金属构成的船体结构及设备与船体接触时，油漆涂层是防止电化腐蚀的有效屏障。但前提是，施工过程中要防止油漆涂层的破损，保持漆膜的完整性。

异金属与船体结构(通常是基座)之间的螺栓连接,采取的电绝缘隔离措施较多,通常是非金属垫片、绝缘衬套、环氧腻子绝缘层、密封胶等,具体的分为管路、法兰等与船体结构的连接。

管路元件和船体结构的电气隔离,是通过采用绝缘材料制成的垫片、套筒和垫圈来实现的。这些绝缘垫片、套筒由玻璃钢、橡胶、硬质工程塑料制成。

涂有电绝缘覆层的金属零件(垫圈、销、螺栓、圆环等)在连接中可起到电绝缘作用。

在某些情况下,管路部件法兰连接中的电隔离绝缘,是通过在异质金属法兰之间安放电隔离环来达到目的。

### 2.2.5　合适的防腐蚀设计

舰船的防腐蚀设计包括船体、管系、自制件、设备及基座等。如果设计时未能充分考虑腐蚀防护和腐蚀管理的措施,轻则缩短有效使用周期,重则影响使用寿命或造成事故。因此设计工作者和设计部门在结构设计和工艺设计中就要重视,甚至有必要将腐蚀防护寿命预计纳入舰船的全寿命设计管理。因此从事舰船设计的专业人员,应该掌握一定的材料腐蚀与防腐蚀方面的有关知识。

舰船的防腐蚀设计,就是在海洋环境的腐蚀条件下,为预防和减轻舰船及其设施的腐蚀破坏与降低维修费用的设计。主要应考虑以下几个方面:

(1)腐蚀控制或腐蚀寿命预计;

(2)选材;

(3)不同环境、不同部位的防腐方法选择;

(4)防腐结构设计;

(5)防腐强度设计;

(6)考虑符合防腐要求的施工方法与工艺;

(7)考虑到腐蚀防护施工与维修的可行性和可达性。

# 第3章 舰船船体结构和潜艇的腐蚀特征

## 3.1 舰船外部船体结构的腐蚀

舰船外部船体结构的腐蚀情况随船体各部位所处的腐蚀环境、舰船执行任务的海域、船龄以及维护保养不同而有很大差别。

### 3.1.1 船体水线以下部位的腐蚀

船体水线以下钢板长期处在海水介质中,它的腐蚀要比在大气和淡水中严重。据有关资料介绍,民船这个部位的平均腐蚀量在0.1 mm/a左右,局部的孔蚀可达0.5 mm/a。另外,由于船底龙骨、螺旋桨等与船体钢板不同材质的金属相互接触及海水污染而产生的硫化物所引起的电化学腐蚀,还有船底海生物的大量附着,不仅会使能源消耗增高和航行效率降低,而且还会破坏漆膜,加速钢板腐蚀。这些都构成了船底腐蚀的特点。

船体水线以下部分,根据腐蚀介质的作用条件,可分为船首部、船尾部、船舷和船底四部分。

1. 船体的首部

海水对壳体产生较大的流体动力作用,特别是对速度高的军舰而言,该部位涂层的工作条件变得十分苛刻。在船首部泡沫翻滚的波浪区,涂层首先遭到破坏。另外,船首部的涂层还经常受到锚链和漂浮物的撞击。对运输船和工程船而言,航行速度为10~20 kn时,船体首部的水被空气泡所饱和。这里的腐蚀过程不受供氧的扩散控制。

2. 船体的尾部

在螺旋桨所产生的强烈水流的作用下,船尾部壳板和舵叶上遭到明显的局部流体动力的作用。在许多情况下,这会引起结构的冲刷腐蚀破坏。由于船体与由铜合金制成的螺旋桨接触,船尾,特别是在端部,所发生的阳极极化是引起腐蚀破坏的重要因素。氧向桨叶(阴极)的充分供给增加了这个腐蚀电池的工作效率。

3. 船体中部的船舷

外壳表面受到比船首部小的流体动力作用,但是这个区域的涂层在舰船靠码头时特别容易遭到破坏。

4. 船底部位

由于附着海生物,故易产生氧浓差电池而引起坑蚀。同时,海生物的排泄物除了助长腐蚀之外,随其积累还会侵入船底涂膜中,从而将涂膜破坏,也会造成严重后果。此外,由于船体与水翼、不锈钢声呐罩等结构接触,局部的阳极极化也是可能的。

### 3.1.2 船体水线区的腐蚀

水线区的船体外壳处于特别苛刻的条件之下。在这个区域,涂层破损的可能性最大。

除了波浪、各种漂浮物和系泊条件破坏涂层之外，在港口的水面上经常存在的石油产物层或渔港附近漂浮的鱼油都会促使漆膜软化失去应有的物理性能致使涂层破坏。船体这个区域所用的许多涂料都对石油产物不稳定，如氯化橡胶即是，对鱼油更为敏感。这个区域由于装载状态的经常变化，船壳处于干湿交替条件下，遭到水和空气的交变作用，在露出海面时，受到日光暴晒及紫外线的照射，则会使漆膜粉化，有时还会有海生物附着。这些都说明，水线部位处于最苛刻的条件中。这大大增强了腐蚀介质的侵蚀性。

船体结构的水下部分，焊缝部位常常发生严重的腐蚀。当焊缝金属的电位低于船体壳板的电位时，焊缝金属成为腐蚀电池的阳极，而面积较大的外壳板成为有效的阴极，这导致焊缝金属的腐蚀速度比外壳大。在许多情况下，由于这种原因，进坞时发现焊缝的加强处低于外壳表面。但是，随着焊条性能的改进，从材质本身来说，多数情况是焊缝金属并不比母材更容易腐蚀。这时，焊接的热影响、残余应力是诱导腐蚀的重要原因。特别是埋弧焊等自动焊接部位，与手工焊接比较，其输入热量大，母材热影响区耐蚀性明显降低。如我国民用客船"长锦"号客货轮，航行仅两年的新造船舶，进坞时检查发现，其船底部位的焊缝周围腐蚀深度竟达 1 ~ 2 mm。

不同类型船舶壳体的腐蚀损耗在一定程度上与它的使用条件有关。表 3 - 1 援引了前苏联建造的不同类型船舶船体水下部分壳体和焊接接头的最大腐蚀速度的调查结果。

大量的调查数据还表明，腐蚀最大值通常在交变水线区。腐蚀速度平均值一般与船舶类型的关系不大，大致为 0.1 ~ 0.15 mm/a。

**表 3 - 1 船体水下部分腐蚀状况**

| 船舶类型 | 使用时间/月 | 被调查的船舶数量 | 最大腐蚀速度/(mm/a) | |
|---|---|---|---|---|
| | | | 母材 | 焊缝部位 |
| 油船 | 18 ~ 44 | 15 | 0.27 ~ 1.0 | 0.77 ~ 1.3 |
| 冷藏船 | 18 ~ 47 | 6 | 0.45 ~ 0.7 | 0.9 ~ 1.0 |
| 客船 | 20 ~ 37 | 8 | 0.52 ~ 1.07 | 0.1 ~ 0.2 |
| 大型冷藏拖网渔船 | 24 ~ 48 | 15 | 0.25 ~ 0.4 | 0.5 ~ 0.9 |
| 蟹肉罐头加工船 | 21 ~ 28 | 4 | 0.11 ~ 0.27 | 0.4 ~ 0.8 |
| 干货船 | 20 ~ 30 | 8 | 0.4 ~ 0.6 | 0.5 ~ 1.0 |
| 矿砂船和木材运输船 | 24 ~ 42 | 8 | 0.2 ~ 0.4 | 0.3 |

### 3.1.3 船体水线区以上部分的结构腐蚀

船体水线区以上部分，包括干舷、甲板、上层建筑、桅杆、甲板设施、火炮、导弹发射设备、海上补给接收设备、天线设备等，主要受到海洋大气、海水飞沫、雨雪、盐雾、冲洗甲板时所用的海水以及凝结水的侵蚀、机械擦伤等。水在各种难以维护的地方聚集并长期存在，也是船体水线区以上部位结构和设施局部腐蚀破坏的重要原因。

海洋大气中存在大量氯化物，这就加剧了凝结水对结构的侵蚀性。海水飞溅到船体水线区以上结构并干燥之后，在表面留下一层吸水的薄盐层，它使结构表面保持潮湿状态，并促使结构腐蚀。

甲板的形状会影响水在甲板上的集散。在平坦的甲板上，很容易形成难于排水的死角；在具有斜坡的甲板上，当用来排除流水的排水孔布置不合理时，会使水聚集在最低部位。甲板在没有排水沟的部位因集水而造成的腐蚀，通常比排水通畅的部位高三倍以上。

甲板上的个别区域，如在机舱锅炉的上面，温度较高，加大了聚集在这些区域水的侵蚀性。如在木质覆板下面，直接敷设在钢甲板上的蒸汽管道附近的甲板，腐蚀速度达到0.38 mm/a，而在没有蒸汽管道的地方，甲板腐蚀速度要小一半。

当甲板表面敷有甲板敷料时，如果敷料是易脆或易老化开裂的，或者甲板敷料的敷设工艺不当，使用过程中，甲板敷料会发生开裂，或与甲板表面发生剥离。这会导致敷料下面的钢甲板发生严重的腐蚀破坏。以往的防滑甲板和直升机起降防滑甲板都出现过防滑涂层开裂和脱落现象。

船体结构在装配制作过程中，通常对钢板采用氧炔焰加热继之以水冷的方式来校正钢结构的焊接变形。特别是在舰船的上层建筑部位，这种火工校正最为频繁。试验和实践表明，火工校正部位的金属组织结构发生了变化，其耐蚀性比其他部位要大大降低。因此，即使表面涂装的涂层膜厚一样，火工校正部位的涂膜破坏比一般部位早，腐蚀速度快。

### 3.1.4 舰船的异常腐蚀——电腐蚀

船体外壳水下部分最大腐蚀损耗和最严重的溃疡状腐蚀，往往是由经船体外壳流往水中的电流作用而产生的电腐蚀引起的。

电腐蚀是由外来电流引起的腐蚀。在舰船建造和修船过程中，这种外来电流引起腐蚀的程度是十分严重的，必须给予足够的重视。

电腐蚀的特点是：

(1)腐蚀破坏速度快，腐蚀集中，形成深度不同的腐蚀坑和腐蚀麻点或穿孔，腐蚀坑内往往有黑色粉末状铁锈。电腐蚀与船体钢种的好坏关系不大。例如，在某些情况下，水下船体实际的局部电流密度可达5 $A/m^2$，这时腐蚀速度约为6 mm/a，也就是说，比钢在海水中的自然腐蚀速度高40～50倍。在引起船体严重腐蚀的原因中，没有一个能造成这样高的腐蚀速度。

(2)电腐蚀破坏往往发生在船体水下涂料破损脱落部位、涂料漏涂部位以及船壳突出部位，即电阻较小部位易产生电腐蚀，其腐蚀破坏往往具有锐利边缘和与涂层破损相同的外形。

(3)这种外来的电流及所谓杂散电流往往是很大的，阴极保护也无法阻止这种电腐蚀。

电腐蚀的实例很多。例如我国海军某运输艇，1968年7月建成交付使用，同年9月就发现船体向一侧倾斜，12月发现漏水，不得不上排观察。经仔细检查，发现船体水下部分到处都是深度不等的腐蚀坑和麻点，有十多处已腐蚀穿孔。尤其是距水线300 mm以下的壳板破坏更为严重，有的焊缝已整条烂穿。很显然，在正常情况下，半年之内是不可能腐蚀到如此程度的。经分析，这种破坏是由电腐蚀引起的。

产生电腐蚀的主要原因在于舰船在码头安装或修理时，供电线路接线不正确，或在舰船停泊的水域内有杂散电流的作用，造成船体严重的电腐蚀。其防止措施将在5.3.3节介绍。

# 3.2 舰船内部船体结构的腐蚀

根据使用条件不同,舰船内部舱室船体结构的腐蚀有很大差异。

## 3.2.1 居住舱、工作舱和储藏舱部位

居住舱、工作舱和储藏舱部位,通常可以有效地限制水和水气对船体结构的长期作用,所以一般看不到船体结构的明显腐蚀破坏。但是,如果发生淤水排泄不畅,如清洗水进入甲板敷层的下面或舱室绝缘层内、舱室绝缘层内热桥导致的结露、舷侧纵向加强结构安装不当又无疏水措施等,这些都会导致甲板结构或舱壁及舱壁壁脚的严重腐蚀。

## 3.2.2 潮湿舱室部位

潮湿舱室部位,包括淋浴室、盥洗室、厕所,洗衣机室、厨房、开水间、锚链舱、舱底容易积水的舱室如泵舱等,这里的侵蚀条件比较严重,经常被100%湿度的空气、凝结水和冲洗水作用。在基座座板处、围板和其他长期有水作用的舱壁表面上易发生早期腐蚀损坏,腐蚀速度为0.095~0.3 mm/a。锚链舱因锚链夹带泥土和海水,且因其拖入拖出时的磨损作用以及对涂层的破坏,所以腐蚀会相当严重。

机舱内底板,在高温高湿作用的同时,主机、辅机振动和冲击所产生的应力作用,致使其腐蚀加剧。特别是在锅炉下部,腐蚀更为严重。

## 3.2.3 液舱部位

液舱部位,一般指油舱(包括燃油舱、航空油舱、滑油舱)、水舱(包括压载水舱、淡水舱和饮用水舱、锅炉水舱、水柜)、液货舱(包括石油制品、化学制品等)。液舱往往受到货物里的硫、酸、盐及挥发气体的侵蚀作用。洗舱时用海水,更加速了它的腐蚀。对于装载各种侵蚀介质的液舱,其腐蚀和防护问题为造船和使用部门最为关注。早期建造的船舶,由于没有良好的防腐措施,这些液舱的腐蚀特别严重。

水舱以往曾采用涂刷水泥浆的方式进行保护。由于水泥涂层的不稳定性,水舱舱壁在海水和淡水作用下会受到电化学腐蚀。水舱舱壁在液面部位由于氧浓差的作用,腐蚀更为严重。水舱顶部,由于经常湿润和供氧充足、腐蚀亦很大。此外,由于船舶摇摆而引起水的晃动,对围壁也有很大冲击,常会引起疲劳腐蚀。

油舱内表面的腐蚀,根据载油种类、航线、压载和清洗方法不同而有很大差异。

对于某些成品油,如煤油、轻油、挥发油、润滑油等,虽然其纯制品腐蚀性并不严重,但因在精制过程中,一般都含有硫酸和水分,在洗涤硫酸时,又以氢氧化钠中和而生成硫酸钠。这些都是强电解质,腐蚀作用颇大,因而造成装载成品油的油舱内表面严重的腐蚀。

除了油品本身的腐蚀之外,军辅船有的油舱常常是荷油和压载交替进行,舰艇具有油水代换功能的油舱,压载水与油品交替作用,都可造成很大腐蚀。如果是装载过重质油的油舱,当其空载时,由于钢板表面残留有油的薄膜,这层膜对舱壁还有一定的保护作用。但是如再装载汽油或轻质油,则会将舱壁上的油膜完全除去。卸载后,由于汽油挥发,油舱露出洁净的表面,如果此时注入压载水,钢质舱壁就会受到严重腐蚀。

即使是未曾装载压载水的油舱，由于白天阳光照射，可使舱内温度达到 70 ℃以上，从而使内部水蒸气含量增加。夜间冷却后，钢板表面就可结露。此种凝滴为强电解质，从而引起钢板的点蚀。在油舱内底板和水平加强板的上表面常可见到较深的腐蚀坑，即是由于这种原因造成的。表 3－2 为油舱内凝滴水的成分分析，其 pH 值达 1.5 之惊人的酸度。

表 3－2　油舱内凝滴水分析实例（%）

| Fe | Cu | Mg | S | $H_2SO_4$ | Na | Cl | NaCl |
|---|---|---|---|---|---|---|---|
| 0.033 43 | 0.040 18 | 0.081 75 | 0.074 | 0.022 7 | 1.213 3 | 1.871 4 | 3.084 7 |

此外，舱壁加强材等由于在构造上应力不均匀，同时在航行中，波浪冲击造成船体的振动、扭曲，增加了应变。这样，在应力最大的部位则容易产生局部的应力腐蚀。

油舱内表面的腐蚀，一般约为 0.2～0.4 mm/a。与通常海水中钢的腐蚀速度 0.1 mm/a 相比，约为其 2～4 倍，与货舱相比，腐蚀速度为其 3 倍。

随着腐蚀防护和涂装技术的进步，高性能防腐涂料的飞速发展，船舶液舱的腐蚀，特别是油舱的腐蚀，在很大程度上得到了抑制。舰船油舱的腐蚀主要在舱室顶部和舱壁上部，可望随着腐蚀防护技术的继续提高得到进一步解决。

### 3.2.4　底舱和隔离舱及难于防腐蚀维护的部位

底舱和隔离舱及难于防腐蚀维护的部位，这些部位经常有舱底积水、舱壁结露、平时维护保养又很困难，也是腐蚀严重的部位。从抗蚀性的观点来看，最可能产生腐蚀损坏的部位是难于维护保养的船体内部结构，如艏尖舱、艉尖舱，机舱、锅炉舱、泵舱、污水井、锚链舱等部位。

在艏尖舱和艉尖舱中，早期的防腐措施往往是刷涂水泥浆，金属往往在水泥下面被腐蚀，速度达 0.4 mm/a。如果不采取合适的防腐措施，也会产生严重腐蚀。

将这些舱室部位作为重防腐部位，采用长效重防腐涂料可以达到十年以上防腐期效。如果采用热喷涂和长效重防腐涂料联合防腐，其防腐期效可达二十年以上以至达到舰船的设计寿命。

### 3.2.5　烟道及烟管部位

烟道及烟管部位，由于工作温度高，烟气中又含有多种化学腐蚀成分，若该部位采用水喷淋进行红外抑制，则成为特别的高温高湿部位。排烟管除高温高湿外，还处于冷热交变的环境中，是腐蚀特别严重的部位。

上述各部位的腐蚀环境和条件各不相同，应采用相应的防腐措施实施有效防护。

## 3.3　潜艇腐蚀的基本特征

海军舰船装备的服役环境覆盖各海洋区带和领域，舰艇发生腐蚀的概率远超过一般的海洋船舶。其中潜艇由于服役的海洋环境、使用环境的严酷性及结构的复杂性和特殊性等因素，导致潜艇的腐蚀问题在海军舰船装备中更为突出。任何安装到艇上的设备和系统设计时,应考虑在海洋环境下使用的防腐性能。

### 3.3.1　影响潜艇腐蚀的特殊因素

尽管影响潜艇腐蚀的每种环境因素都随地域(包括海域)和空域(包括地下、海下)三个空间坐标和时间坐标的不同而变化,但基本的气候和海洋区带的规律是一致的,本书仅对潜艇上层建筑区域的特殊环境进行基本分析。

潜艇的上层建筑区域,是一个设备、系统、管路布置密集,空间狭小,维护保养非常困难的区域,所处的环境除了表现为典型的海洋环境特征之外,还存在很多特殊之处,也正是这些特殊的环境特点,往往更加剧了潜艇腐蚀的产生和损坏程度。

1. 典型的干湿交替环境

潜艇上层建筑所处的干湿交替环境,是指潜艇在航行过程中状态的变化,在码头停泊时,经常积盐的上层建筑区域完全处于海洋大气曝晒的环境下,在航行过程中,又从干态迅速进入全浸态。该区域经常处于上浮和下潜的动态变化过程中,并且还包括水面航态引起的海浪冲击,非水密结构承受着不断的浪涌与冲击。从潜艇航行的状态分析,潜艇上层建筑区域,包括该区域的船体结构、系统、设备,始终处于海洋全气候带的动态变换过程,腐蚀环境特别恶劣。

2. 局部高温和高低温交变环境

潜艇在水面及通气管航态时,柴油机工作时上层建筑排气系统区域始终处于高温环境,特别是柴油机水上排气系统区域,温度非常高,常处于150 ℃左右。当潜艇处于水下航态时,这一区域从高温迅速骤降至海水温度。这种高温热影响区以及高低温交变的环境条件变化,对排气系统附近的船体结构产生影响,大大加剧了该区域船体结构、系统、设备腐蚀的程度。

3. 压力环境

对于潜艇而言,压力环境是一个不容忽视的影响因素。潜艇在下潜时总在承受来自舷外海水的交变压力冲击,防腐材料的使用压力处于动态变化过程。随着下潜深度的增加,材料的耐压性能、耐压力渗透特性、柔韧性会发生改变,特别是大深度潜艇,对防腐涂料、隔离密封材料等保护材料本身性能将产生影响。

### 3.3.2　潜艇易腐蚀部位

通过以上影响潜艇的特殊腐蚀因素的分析,以及结合多年对潜艇腐蚀和腐蚀综合治理情况的跟踪调研,以下部位属于典型的易腐蚀区域,普遍存在较严重的腐蚀现象,又称重腐蚀区域:

(1)艏艉端非水密结构;

(2)上层建筑内部结构(含指挥室围壳);

(3)甲板区域系泊设备、可折板、铰链等;

(4)舱底积水部位;

(5)柴油机排气系统;

(6)低压吹除系统;

(7)海水管路系统;

(8)水柜顶部。

上述部位腐蚀比艇内其他部位更为突出，处于干湿交替部位，易于形成积水、积盐的狭缝区域，更加剧了腐蚀的产生和发展。

### 3.3.3　腐蚀基本原理

从潜艇的服役环境和使用特点来看，潜艇上发生的腐蚀属于海洋腐蚀，其本质即电化学腐蚀。

金属腐蚀是与环境中存在的氧化剂相互作用而发生的，在海水中由于氧的存在，钢铁会发生下述反应：

$$Fe + \frac{1}{2}O_2 + H_2O \rightarrow Fe^{2+} + 2OH^-$$

作为腐蚀反应的电化学机理，上述反应可用下面反应式来表示：

$$Fe \rightarrow Fe^{2+} + 2e$$

$$\frac{1}{2}O_2 + H_2O \rightarrow 2OH^-$$

腐蚀过程的结果是金属原子从金属点阵中转变为离子状态，形成金属氧化物、氢氧化物或复杂的络合物。

### 3.3.4　潜艇各部位腐蚀的基本特点

潜艇各部位的腐蚀特点：

(1)上层建筑、甲板结构、基座、部分系泊设备等部位的腐蚀往往表现为异金属接触的电偶腐蚀和积水造成的缝隙腐蚀；

(2)水线区域处于干湿交替、水流冲刷、摩擦碰撞条件下，该部位电化学腐蚀严重；

(3)舱内舱底积水部位、液舱等均属电化学腐蚀；蓄电池舱底属于化学腐蚀与电化学腐蚀的共同作用结果；

(4)铜质高压气管路与耐压船体壳板之间属典型的电偶腐蚀；

(5)柴油机排气系统处于上层建筑区域，常年处于骤冷、骤热、高低温交变状态，在高温烟气和流动海水中工作，受电化学腐蚀、高温腐蚀、海水冲刷综合作用，而且由于烟气中有 $SO_2$、$CO_2$ 等气体，容易形成酸性腐蚀。

综上所述，潜艇易腐蚀部位的腐蚀机理基本上属于氧化还原的电化学腐蚀。防腐蚀控制应从封闭腐蚀的源头、切断腐蚀产生的路径着手，从根本上防止腐蚀的产生和蔓延。

# 第4章　涂料防腐蚀技术

## 4.1　涂料概述

### 4.1.1　涂料定义

涂料也叫做油漆,因为这种材料在开始时是由植物油和天然漆制成的,所以人们就用“油”和“漆”的统称“油漆”来命名这类产品。随着科学的进步和各种合成材料相继出现以及人们对涂料产品多方面性能的要求不断提高,因此涂料工业自20世纪初开始,广泛地应用了各种合成树脂来制造油漆,这样就使产品的结构、质量和品种都发生了根本的变化。过去以植物油、大漆和其他天然产品做原料的品种,逐渐为以合成材料做原料的品种所代替。现在很多油漆品种完全不用植物油和天然漆了,所以再用“油漆”来命名这类产品,已不能科学地反映它的性质和特点。鉴于这种情况,人们现在称此类产品为“涂覆材料”,并以“涂料”命名。因而“油漆”与“涂料”这两个名称将在相当一个时期共存下去。

根据涂料的性质,对涂料的定义可作如下表述:涂料是一种可借某种特定的施工方法被涂覆在物体表面上,经干燥固化形成连续状涂膜,对被涂物体具有保护、装饰或其他特殊功能的材料。

### 4.1.2　涂料组成

涂料分为透明涂料(清漆)和有色涂料(调和漆、磁漆),透明涂料的组成为成膜物质、助剂和溶剂,有色涂料的组成为成膜物质、颜料及填料、助剂和溶剂。

### 4.1.3　涂料各成分的作用

涂料主要由成膜物质、颜料及填料、助剂、溶剂等几种成分组成,各成分的作用见表4-1。

表4-1　涂料各成分的作用

| 涂料组成 | 涂料分类 | 涂料中各成分的作用 |
|---|---|---|
| 成膜物质 | 油脂、天然树脂、合成橡胶、其他 | 成膜物质是形成涂膜的物质,是决定涂膜主要性能的成分,如涂膜光泽、硬度、柔韧性、耐冲击性、耐候性等 |
| 颜料及填料 | 无机颜料、有机颜料、各种填料、其他 | 颜料可使涂膜呈现各种颜色,并具有遮盖力,还可增强涂膜的机械性能,耐候性能及其他特殊功能如防锈蚀、防海生物繁殖等。填料可调整涂料某些性能,例如流动性,黏度,涂膜光泽,涂膜机械性能等,还可降低涂料成本 |

表 4－1 （续）

| 涂料组成 | 涂料分类 | 涂料中各成分的作用 |
|---|---|---|
| 助剂 | 各种助剂 | 在涂料中加入少量助剂，即可使涂料的分散效果，储存稳定性，施工性能及涂膜质量有明显提高，增加涂料使用价值 |
| | (1)催干剂，固化剂 | 用于涂料干燥，固化 |
| | (2)增塑剂，防霉剂，杀虫剂，防污剂 | 用于提高涂膜性能，赋予涂膜以特殊功能 |
| | (3)乳化剂，分散剂，防沉淀剂，防结皮剂 | 用于提高涂料的储存稳定性 |
| | (4)防流挂剂，增黏剂 | 用于提高涂料施工性能 |
| | (5)防浮色剂，防潮剂，防缩孔剂，流平剂 | 用于提高涂膜装饰性能及保护性能 |
| 溶剂 | 有机溶剂、水等 | 用溶剂、水等将涂料溶解或稀释成液体状态，对涂装及干燥固化过程起重要作用，这些溶剂及水最终从涂膜中挥发掉不再残存在涂膜中，它是帮助形成涂膜的成分，但粉末例外，不使用溶剂，而是利用空气作为流动媒体进行涂装 |

### 4.1.4 涂料分类

涂料有各种分类方法，如表 4－2 所示。

表 4－2 涂料分类

| 分类方法 | 涂料种类 |
|---|---|
| 1. 按涂料主要成膜物质分类 | (1)油脂漆类<br>(2)天然树脂漆类<br>(3)酚醛树脂漆类<br>(4)沥青漆类<br>(5)醇酸树脂漆类<br>(6)氨基树脂漆类<br>(7)硝基漆类<br>(8)过氯乙烯树脂漆类<br>(9)烯类树脂漆类<br>(10)丙烯酸酯类树脂漆类<br>(11)聚酯树脂漆类<br>(12)环氧树脂漆类<br>(13)聚氨酯树脂漆类<br>(14)元素有机漆类<br>(15)橡胶漆类<br>(16)其他成膜物类涂料 |
| 2. 按涂料基本名称分类 | (1)清油<br>(2)清漆<br>(3)厚漆<br>(4)调和漆<br>(5)磁漆<br>(6)粉末涂料<br>(7)底漆<br>(8)腻子<br>(9)大漆<br>(10)电泳漆<br>(11)乳胶漆<br>(12)水溶(性)漆<br>(13)透明漆<br>(14)金属漆、闪光漆<br>(15)车间(预涂)底漆<br>(16)防锈漆<br>(17)重防腐漆<br>(18)船底防锈漆<br>(19)船壳漆<br>(20)防污漆 |

表4-2　(续)

| 分类方法 | 涂料种类 |
|---|---|
| 2. 按涂料基本名称分类 | (21)水线漆<br>(22)甲板漆、甲板防滑漆<br>(23)直升机、航空母舰甲板防滑漆<br>(24)舱室地板漆<br>(25)甲板抗沾污涂料<br>(26)太阳热反射涂料<br>(27)耐烧蚀及高速气流冲刷涂料<br>(28)雷达波隐身涂料<br>(29)红外抑制涂料<br>(30)电磁波屏蔽涂料<br>(31) 吸收声呐波涂料<br>(32)白色或浅色导静电涂料<br>(33)阻尼涂料<br>(34)蓄光发光涂料<br>(35)烟囱涂料<br>(36)饮水舱漆<br>(37)油舱漆<br>(38)压载舱漆<br>(39)化学品舱漆<br>(40)耐酸漆、耐碱漆<br>(41)耐核辐射涂料<br>(42)耐干湿交替及冷热交变涂料<br>(43) 防结露涂料<br>(44) 阳极屏蔽涂料<br>(45)橡胶涂料<br>(46)导电涂料<br>(47)保温隔热涂料<br>(48)绝缘漆<br>(49)电缆漆<br>(50)各种有机硅漆<br>(51)漆包线漆<br>(52) 木器漆<br>(53)塑料涂料<br>(54) 锅炉漆<br>(55)机床漆<br>(56)涂布漆<br>(57)光固化涂料<br>(58)磷化底漆<br>(59)胶液<br>(60)其他各种未列出基本名称涂料 |
| 3. 按用途分类 | (1)建筑涂料　(2)车辆涂料　(3)船舶涂料　(4)桥梁涂料　(5)家具涂料　(6)标志涂料　(7)电绝缘涂料　(8)导电涂料　(9)耐药品涂料　(10)防水涂料　(11)耐热涂料　(12)防火涂料　(13)防霉涂料　(14)示温涂料　(15)保温隔热涂料　(16)发光涂料　(17)感光涂料　(18)发电、配电设备用涂料　(19)修补涂料　(20)航空、航天用涂料等等 |
| 4. 按被涂物材质分类 | (1)钢铁用涂料　(2)镀锌铁皮用涂料　(3)轻合金用涂料　(4)木材用涂料　(5)混凝土用涂料　(6)橡胶用涂料　(7)纸用涂料　(8)塑料用涂料　(9)皮革用涂料等 |
| 5. 按涂装方法分类 | (1)刷涂用涂料　(2)浸涂用涂料　(3)淋涂用涂料　(4)滚涂用涂料　(5)辊涂用涂料　(6)喷涂用涂料　(7)静电涂装用涂料　(8)电沉积涂料等 |
| 6. 按涂装工程分类 | (1)底涂涂料　(2)中涂涂料　(3)面涂涂料等 |
| 7. 按干燥方法分类 | (1)常温干燥涂料　(2)烘干涂料　(3)冷固化涂料　(4)湿固化涂料　(5)紫外线固化涂料　(6)电子束固化涂料等 |
| 8. 按涂料黏稠程度分类 | (1)厚漆　(2)调和漆等 |

表 4－2 （续）

| 分类方法 | 涂料种类 |
|---|---|
| 9. 按涂料中有否颜料分类 | (1)清漆 (2)色漆等 |
| 10. 按涂膜光泽分类 | (1)有光漆 (2)半光漆(亚光漆) (3)无光漆等 |
| 11. 按涂料形态分类 | (1)溶剂型涂料 (2)水溶性涂料 (3)乳胶涂料 (4)粉末涂料 (5)单组分涂料 (6)双组分涂料 (7)固体涂料等 |
| 12. 涂料的辅助材料 | (1)稀释剂 (2)防潮剂 (3)催干剂 (4)脱漆剂 (5)固化剂 |

### 4.1.5 涂料功能

涂料具有表面防护和装饰功能以及各种各样的特殊功能，主要功能见表 4－3。

表 4－3 涂料功能

| 序号 | 功能 | | 说明 |
|---|---|---|---|
| 1 | 保护功能 | | 所谓保护系指涂料所具有的防锈性，耐水性，防蚀性，耐候性等，即提高物体表面抵抗能力的功能 |
| 2 | 装饰功能 | | 所谓装饰系指涂料赋予物体以色彩，光泽，花纹，美术图案或立体感，即可以美化物体外观的功能 |
| 3 | 对物体赋予特殊功能 | (1) 机械 | 例如提高塑料表面硬度用的耐擦伤性涂料，防止车体受砂石打坏的防崩裂性涂料等 |
| | | (2)物理 | 例如可剥性涂料，防止结露涂料，防滑涂料，阻尼涂料，防沾污涂料等 |
| | | (3)热 | 例如防火涂料，耐高温涂料，示温涂料，耐烧蚀涂料等 |
| | | (4) 电 | 例如电绝缘涂料，导电涂料，电磁波吸波涂料等 |
| | | (5) 光 | 例如发光涂料，感光涂料等 |
| | | (6) 生理 | 例如防污涂料，杀虫涂料等 |
| | | (7) 机能维持 | 例如用于船舶防护的自抛光涂料等 |

## 4.2 各类涂料简介

在介绍船舶涂料之前，考虑到舰船各专业各种设备的防腐，先介绍一下常规涂料。

### 4.2.1 油脂漆类

1. 简介

油脂漆类是以干性植物油或半干性植物油为主要成膜物的涂料总称。由植物油、颜料及填料组成。植物油中脂肪酸含量约占95%，所以脂肪酸特性决定植物油性质。脂肪酸中含有双键(—CH═CH—)的称为不饱和脂肪酸，不含双键的称为饱和脂肪酸。脂肪酸含有双键的多少，即不饱和程度的高低，决定其氧化聚合的快慢，常以碘值表示。植物油一般根据碘值大小可分为干性油、半干性油和不干性油三种。干性油碘值在150以上，如桐油，亚麻仁油，梓油等，半干性油碘值为100~130，如豆油、棉籽油等，不干性油碘值在100以下，如蓖麻油，椰子油等。干性油成膜机理主要是空气中的氧与干性油中不饱和脂肪酸分子结构中双键反应的过程。当将干性油或半干性油涂成薄层后即吸收空气中的氧而发生氧化聚合作用，双键打开，再经过一系列复杂的化学反应，植物油逐渐失去流动性而转变为固态涂膜。

2. 一般性质

油脂漆存在干燥慢，耐水性、耐碱性欠佳等缺点，但漆膜有较好的柔韧性、附着力和耐候性，不易粉化和龟裂，且刷涂作业性好，对金属表面、木材表面的保护功能不太受涂装条件影响，价格低廉。

3. 主要品种及用途

(1)清油

清油俗称熟油或鱼油，是干性植物油经高温熬炼或在加热条件下吹入空气进行氧化后加入催干剂制成的一种透明黏性液体，具有气味小，施工方便，价格低廉等特点，可单独用来涂刷室内外各种金属、木材或织物表面，也可供调制厚漆和油性红丹防锈漆用。

单独使用时，可在已处理的物体表面上将清油刷1~2层即可。调制厚漆时，可将厚漆在使用前用清油稀释，用量为厚漆重量的20%~40%，搅拌均匀即可使用。调制油性红丹漆时，可用清油和红丹两种原料进行调配。

(2)厚漆

厚漆也称铅油，是由多种填料、着色颜料和加工干性油经研磨而成的糊状物。使用时加入适量清油与催干剂将其调匀即可。根据需要亦可用清漆代替清油调制厚漆。厚漆常用于涂饰门窗及木制品，施工方便，价格便宜。但因漆膜的耐久性差，所以仅用于质量要求不太高的物体表面上。

(3)油性调和漆

油性调和漆是由聚合油(豆麻油、梓油等)、各种着色颜料和填料经研磨后再加入溶剂、催干剂或其他辅助材料调制而成。这种漆涂刷方便，耐候性好，附着力强，但漆膜硬度、光泽及平滑性却比磁性调和漆差，可用于钢铁、木材表面的涂饰。

(4)油性红丹防锈漆

油性红丹防锈漆是以精炼干性油、红丹与填料经混合、研磨后加入溶剂及催干剂制成的防锈底漆。其特点是渗透性、润湿性好，漆膜经充分干燥后附着力、柔韧性好，是黑色金属的优良防锈底漆，但漆膜干燥性能差，漆膜较软。

### 4.2.2 天然树脂漆类

1. 简介

天然树脂漆类是以天然树脂及其衍生物为主要成膜物的涂料总称。

2. 组成

天然树脂漆是以天然树脂及其衍生物或以天然树脂及其衍生物与干性油经熬炼制成的漆料为主要成膜物，并加入有机溶剂、催干剂配制而成。常用的天然树脂有松香、琥珀、漆片、大漆等。用天然树脂及其衍生物可制成清漆、磁漆，底漆及腻子等。

3. 一般性质

根据成膜物中干性油含量不同，所制成的涂料性质有所差异。如表4－4所示。

表4－4　天然树脂漆一般性质

| 序号 | 天然树脂漆种类 | 树脂:植物油(重量) | 一般性质 |
|---|---|---|---|
| 1 | 短油度 | 1:2以下 | 漆膜干燥快，光泽强，硬度高，但漆膜耐候性差。多用于室内表面涂饰 |
| 2 | 中油度 | 1:2～3 | 其性能介于短油度与长油度之间。室内外均可使用 |
| 3 | 长油度 | 1:3以上 | 漆膜韧性好，耐候性较中、短油度好，但漆膜干燥较慢，适用于室外 |

4. 主要品种

(1)钙脂漆

石灰松香与干性油经高温炼制后，加入有机溶剂、催干剂即调制成为钙脂清漆。如在清漆中加入颜料、填料经研磨分散则制成磁漆。钙脂漆漆膜光泽好，硬度高，但耐候性不好，机械性能差，不耐水。

(2)酯胶漆

甘油松香与干性油经高温炼制后，加入有机溶剂、催干剂即调制成酯胶清漆。如在酯胶清漆中加入颜料、填料经研磨分散则制成磁漆。其性能优于钙脂漆。

(3)虫胶漆

虫胶漆俗称洋干漆，是用虫胶溶于酒精中制成。虫胶也叫漆片，是热带地区树木上的一种昆虫分泌的胶质，经采集加工精制而得，是红棕色的片状树脂。虫胶漆的特点是干燥快，漆膜坚硬，附着力好，虫胶漆耐水性不佳，遇水后变白。一般作为木器封闭涂层和电器绝缘涂层用。

(4)生漆

生漆又称大漆、国漆，是我国特产之一。自漆科植物漆树树干中采集的生理分泌物获得的原树液，称为原料漆液或生漆，系乳白色油状液体。生漆组成十分复杂，主要成分是漆酚、水、树胶质以及含氮物、漆酶、少量灰分、有机酸、葡萄糖等。

生漆的主要组成为漆酚，是生漆中的成膜物质，含量越高，则生漆质量越好。它可以溶于植物油、矿物油、酮类、醇类、醚类等芳香烃、脂肪烃有机溶剂中，不溶于水。

生漆的干燥是靠漆酶的氧化聚合，在20 ℃～35 ℃，相对湿度80%～90%时，生漆的固化干燥最快。当温度升至50 ℃时，酶的活性减弱。但是在高温下靠漆酚的氧化聚合，生漆的干燥也十分快。如150 ℃时，约3 h就可干燥，180 ℃时，半小时就可得坚硬涂层。生漆固化后形成网状高分子立体结构，涂膜坚硬而富有光泽，耐酸、耐油、耐水、耐磨、耐溶剂及化学品，有优良的附着力。在150 ℃的情况下可以长期使用，瞬间耐热达200 ℃。加入耐热颜料、填料可以进一步提高其耐热性。但缺点是漆膜干燥条件要求高，时间较长，涂膜柔韧性差，冲击强度差，耐碱性差，耐候性也不好，在阳光下易发生龟裂和粉化。生漆有毒性，使人易生过敏性皮炎，即漆疮。将生漆过滤，常温下经脱水，再与氧气催化聚合成熟漆，加上二甲苯稀释，就可以得到漆酚树脂，对人体皮肤的致敏性有所下降。

常用品种有漆酚清漆，耐蚀性基本上与生漆相同，除了耐碱耐候性较差外，在室温下可长期耐各种酸、盐、海水、各种油类、多种有机溶剂以及腐蚀性气体。作为防腐蚀涂料，漆酚清漆可用于金属以及混凝土基体，一般要涂刷4道，厚度约在140 μm。在其基础上研制的漆酚饮水舱涂料，涂膜无毒，可以用于船舶饮水舱、酒厂的发酵池、罐以及飞机燃料油的油罐和输油设备。提取漆酚与醛进行缩合反应，制成漆酚缩甲醛树脂，再与环氧树脂进行交联反应，制得漆酚缩甲醛环氧树脂，除了保持生漆涂膜的基本性能外，还进一步改善了脆性和附着力，在耐腐蚀性能不变的情况下，耐碱性有所提高。

漆酚与糠醛进行化合，并且发生缩合反应，制成漆酚糠醛树脂，具有良好的耐磨性、硬度、光泽和耐酸性。配制清漆可用于石油管道防止结蜡。但是其涂膜较脆，附着力和耐碱性差。使用环氧树脂进行改性，制成漆酚糠醛环氧改性清漆和色漆，基本上保持了漆酚糠醛漆的良好耐磨性等性能，可以直接用于贮油罐和输油管道等。

生漆虽然具备多种独特性能，但因毒性大，干燥慢，施工不方便，在使用上受到限制。因此，人们对生漆进行改性，制成油基大漆、漆酚清漆、漆酚缩甲醛清漆、漆酚环氧防腐漆等，从而使生漆的性能得到改善，扩大了应用范围。改性后的大漆在船舶中可用作油船的油舱保护涂料和饮淡水舱涂料。但军船设计不推荐用经改性后的漆酚油舱漆或漆酚水舱漆。

### 4.2.3 酚醛树脂漆类

1. 简介

酚醛树脂漆类是以酚与醛经缩聚制成的酚醛树脂为主要成膜物的涂料总称。酚醛树脂是历史上最早出现的合成树脂。

2. 组成

酚醛树脂漆是以松香改性酚醛树脂或油溶性酚醛树脂和干性油例如亚麻油、桐油等经熬炼并加入有机溶剂和催干剂制成的清漆。如在清漆中加入颜料、填料，经研磨、分散则制成色漆。

3. 一般性质

该漆耐水、耐油、耐碱性优异，漆膜坚硬，机械性、附着性、电绝缘性等良好。其缺点是颜色深，漆膜易泛黄，不能制造白色漆，耐候性差。

4. 主要品种及用途

(1) 松香改性酚醛树脂漆

松香改性酚醛树脂漆是将酚与醛的缩合物用松香改性，再用甘油酯化生成的树脂与桐油等干性油经熬炼并加入有机溶剂和催干剂制成的酚醛清漆。用酚醛漆料与颜料经研磨分散即制成各种颜色的酚醛磁漆。这种涂料具有光泽高，干燥快，耐水性和电绝缘性好等特点。

(2) 油溶性酚醛树脂漆

油溶性酚醛树脂漆是用油溶性酚醛树脂为成膜物制成。油溶性酚醛树脂亦称纯酚醛树脂或100%酚醛树脂。这种树脂由取代酚如对叔丁基苯酚或对苯基苯酚与甲醛制成，无须用松香改性即可直接与植物油反应生成漆料。

油溶性酚醛树脂漆具有很好的耐水性、耐油性、耐酸性、耐碱性、耐溶剂性,可用作船舶内舱、机械、电器、化工设备防腐蚀涂料。

船舶涂料中应用的酚醛树脂多为油溶性酚醛树脂。

(3)酚醛绉纹漆

酚醛绉纹漆是用酚醛树脂、半聚合桐油、颜料、填料、催干剂和低沸点溶剂制成的色漆。这种涂料采用一定的涂装方法,经烘干后具有可在物体表面上生成带有美丽的绉纹状涂膜的性能,除有装饰功能之外,还可隐蔽物体表面的缺陷,适用于小五金、计器、仪表等表面涂饰。

(4)醇溶性酚醛树脂漆

该漆是以酚与醛制成的热固性酚醛树脂为成膜物溶于乙醇中制成的溶液。漆膜经烘烤后可获得坚硬涂层。这种涂层具有耐水、耐化学药品和电绝缘性能好的特点,可用于金属的保护涂层,也可用作层压板、胶合板的黏合剂使用。

船舶涂料中应用的酚醛树脂多为油溶性酚醛树脂,有松香改性酚醛树脂和纯酚醛树脂,尤以后者应用最多。

松香改性酚醛树脂是将酚与醛在碱性催化剂存在下生成的可溶性酚醛树脂,再与松香反应经甘油酯化而得,纯酚醛树脂是用芳基或三碳以上烷基取代酚(如苯基苯酚、对叔丁基酚)与甲醛反应而成的油溶性树脂。

纯酚醛树脂硬而脆,需与干性油一起熬炼,改性才能作为涂料的主要成膜物质。故纯酚醛树脂涂料属于油基漆。

纯酚醛树脂的干性、硬度、耐化学药品性、耐水性等方面都优于松香改性酚醛树脂。

纯酚醛树脂可改性醇酸树脂、环氧树脂,能进一步提高它们的耐水性。

纯酚醛树脂常用来制备船舶的水线漆和甲板漆以及一部分船用防锈漆。但由于含有一定的油料,故不适宜制备水线以下的船舶涂料。

### 4.2.4 沥青漆类

1. 简介

沥青漆类是以沥青或沥青与植物油为主要成膜物的涂料总称。沥青漆以原料资源丰富,价格便宜以及所具备的某些性能特点而被广泛使用。

2. 组成

沥青漆的主要原料沥青是一种热塑性材料,当温度高时即熔融,温度低时又恢复到固态。沥青有天然沥青,石油沥青和煤焦油沥青三种。根据用途不同,用这三种沥青分别制成一系列各种沥青涂料。

(1)天然沥青:亦叫地沥青,由沥青矿采掘得到,或从沥青岩石中用溶剂或蒸气抽提获得。

(2)石油沥青:由石油裂解、分馏提取各种产品后的最后剩余物,或再经加工处理而获得。

(3)煤焦沥青:由煤干馏中获得的焦油,经过蒸馏后的最后剩余物。

3. 一般性质

沥青漆具有优良的耐水性,耐酸性和电绝缘性能。

4. 主要品种及用途

(1)纯沥青漆

纯沥青漆是利用天然沥青、石油沥青、煤焦油沥青溶于煤焦溶剂或石油溶剂而制成的一种挥发性沥青清漆。涂层在常温下因溶剂挥发而成膜。这种漆有良好的耐酸性和耐水性,但耐候性、保光性差。

(2)油性沥青漆

油性沥青漆是用天然沥青或石油沥青或它们的混合物与干性油、改性酚醛树脂等制成的油性沥青漆。有常温干燥和烘干两类,烘干漆性能较常温干燥漆性能好。油性沥青漆涂层的柔韧性、附着性、机械强度,耐候性和外观装饰性方面均较好。

天然沥青、石油沥青、煤焦沥青在涂料工业中都经常使用,而用来制备船舶涂料的沥青主要是煤焦沥青。煤焦沥青比天然沥青和石油沥青有更好的抗水、抗化学药品性,对钢材附着力强,因此在船舶涂料中常用来制备水线以下或压载水舱的涂料。但煤焦沥青耐热性差,不耐干湿交替和大气曝晒,因此不适合制备水线以上的船舶涂料。

煤焦沥青还有很强的渗透性,因此煤焦沥青类涂料一般不与其他类型涂料配套应用。

### 4.2.5　醇酸树脂漆类

1. 简介

醇酸树脂漆类是以醇酸树脂为主要成膜物的涂料总称。

油脂漆虽然具有良好的作业性等优点,但耐候性、干燥性和装饰性欠佳。因此在1901年开发出用甘油与苯酐合成的新醇酸树脂,继而在1914年又发明了不干性油脂肪酸改性醇酸树脂,并于1917年发明了干性油脂肪酸改性醇酸树脂。之后醇酸树脂涂料得到了广泛应用,无论是产量还是品种一直占涂料家族的首位。

2. 组成

广义的醇酸树脂是由多元酸与多元醇酯化生成的一种聚酯型树脂。而涂料用醇酸树脂则为多元醇、多元酸与油或脂肪酸经缩聚反应得到的高分子油改性醇酸树脂或脂肪酸改性醇酸树脂。作为酸的成分主要使用无水邻苯二甲酸,有时也部分使用间苯二甲酸、顺丁烯二酸酐、癸二酸、苯甲酸等。作为醇的成分主要使用甘油、季戊四醇、乙二醇、三羟甲基丙烷等。除用油改性外,有时还加入松香、顺丁烯二酸树脂、酚醛树脂、环氧树脂等,亦有用苯乙烯、甲基苯乙烯、丙烯系单体、有机硅树脂等进行共聚改性,使其树脂结构发生变化,提高性能。常用的油及脂肪酸有亚麻油、豆油、桐油、蓖麻油、椰子油及由这些油分解制成的脂肪酸,还有松浆油脂肪酸亦作为主要改性成分用以制造醇酸树脂涂料。

醇酸树脂漆根据所使用油或脂肪酸的量多少不同,有长、中、短油度之分。

长油度:含油量在60%以上。

中油度:含油量在50% ~60%之间。

短油度,含油量在50%以下。

此外,还有所谓超长油度醇酸(油度在85%以上)和超短油度醇酸(油度在35%以下)。

3. 一般性质

醇酸树脂漆在涂料大类品种中占有重要地位,这是因为醇酸漆具有广泛的适应性和多种性能,与其他合成树脂漆比较,醇酸树脂漆具有如表4-5所示之特点。

表 4-5　醇酸树脂漆特点

| 优点 | 缺点 |
|---|---|
| (1)涂膜耐候性较好<br>(2)涂膜柔韧性好<br>(3)涂膜保光性好<br>(4)涂膜保色性好<br>(5)树脂与颜料润湿性好,易于分散<br>(6)经过充分干燥的涂膜,可耐烃系溶剂<br>(7)涂膜耐热性较好<br>(8)价格便宜 | (1)因含有脂键,涂膜耐水性、防潮性、耐碱性欠佳<br>(2)耐酯、酮类溶剂性能差 |

4. 主要品种及用途

(1)醇酸树脂清漆。这种清漆用于木质透明涂装。

(2)醇酸树脂磁漆。该种磁漆由长油度醇酸树脂为主要成膜物,加入颜料及催干剂制成。其耐候性优异,易于涂刷,宜用作户外建筑物,船舶,钢铁结构,桥梁面漆,石油井架,铁塔及各种户外金属构件表面涂层。

(3)通用醇酸树脂磁漆。该种磁漆由中油度醇酸树脂为主要成膜物,加入颜料及催干剂制成。这类漆产量在醇酸树脂漆中居首位,使用范围极为广泛,涂装作业性好,可自然干燥也可烘干。漆膜有良好光泽和柔韧性,耐候性也较好,适用于涂饰金属及木材表面、大型机床、机械、船舶、车辆、房屋建筑。

(4)底漆和防锈漆。底漆多数用中、短油度醇酸树脂为主要成膜物,防锈漆是以中油度醇酸树脂为主要成膜物并加有防锈颜料及填料制成。这种漆对黑色金属有很好的附着力,对多种面漆有广泛的适应性,可与醇酸、氨基醇酸、硝基、过氯乙烯等面漆配套使用。底漆和防锈漆可用刷涂、喷涂、浸涂方法施工。

(5)醇酸调和漆。醇酸调和漆是以特制的中油度醇酸树脂为主要成膜物,除加入颜料外还加有一定数量的填料制成各种颜色醇酸调和漆。其质量介于醇酸磁漆与油性调和漆之间,耐候性比油性调和漆高几倍,干燥性也优于油性调和漆。

### 4.2.6　氨基醇酸漆类

1. 简介

氨基醇酸漆类是以氨基树脂与醇酸树脂为主要成膜物的涂料总称。作为烘干型涂料,它是使用最为广泛的一种合成树脂涂料。根据原料树脂种类及配比,可制得一系列各种用途的氨基醇酸涂料。

2. 组成

氨基醇酸漆的主要成膜物之一是氨基树脂。氨基树脂是热固性树脂中的主要品种之一。以三聚氰胺或尿素分别与甲醛进行缩聚反应制得的三聚氰胺甲醛树脂和尿甲醛树脂是胺基树脂中最主要品种。可采用苯鸟粪胺树脂提高涂膜光泽。单独用氨基树脂经加热固化后,其漆膜硬脆,附着力极差,因此氨基树脂必须与醇酸树脂配合使用,才能获得良好的涂膜性能。长油度醇酸树脂与氨基树脂的混溶性差,所以一般多采用短油度或中短油度醇酸树脂。所用改性油以不干性油为主,例如椰子油、蓖麻油或半干性油,以豆油为宜。

氨基树脂与醇酸树脂的比例对其性能有较大影响，根据氨基树脂含量将氨基醇酸树脂分为三种类型，如表4－6所示。

表4－6　氨基醇酸树脂中氨基树脂含量组成

| 序号 | 氨基醇酸树脂 | 氨基树脂: 醇酸树脂 | 树脂中氨基树脂含量/% |
| --- | --- | --- | --- |
| 1 | 低氨基 | 1:5～7.5 | 12～17 |
| 2 | 中氨基 | 1:2.5～5 | 17～29 |
| 3 | 高氨基 | 1:1～2.5 | 29～50 |

氨基醇酸漆的成膜物除氨基树脂及醇酸树脂外，为改善涂料性能，有时还加入其他合成树脂。

3. 一般性质

氨基醇酸树脂涂料其特点如表4－7所示。

表4－7　氨基醇酸树脂涂料特点

| 优点 | 缺点 |
| --- | --- |
| (1) 可在较低温度下，短时间烘干<br>(2) 涂膜光泽高，色彩鲜艳<br>(3) 涂膜保光性、保色性好<br>(4) 涂膜硬度高<br>(5) 涂膜耐磨耗性好<br>(6) 涂膜耐冲击，附着性好<br>(7) 涂膜耐水、耐湿、耐碱、耐盐雾<br>(8) 涂膜耐药品<br>(9) 涂膜耐候性优越<br>(10)涂膜电绝缘性能好 | 附着性、耐碱性不如环氧树脂涂料及丙烯酸树脂涂料 |

4. 主要品种及用途

氨基醇酸树脂漆由于其施工性好，可在不太高的温度下短时间固化，涂膜性能优越，价格适宜，因此广泛应用于多种工业部门。由于氨基醇酸树脂漆大多需要烘烤干燥，多用于车辆、机械产品等，在此就不作具体介绍了。

### 4.2.7　硝基漆类

1. 简介

硝基漆类是以硝酸纤维素为主要成膜物的涂料总称。硝基漆俗称"喷漆"，它是具有代表性的挥发干燥型涂料。由于这种漆有能在常温下迅速干燥的特点，所以在合成树脂涂料占主导地位的时代，硝基漆仍是主要品种。

2. 组成

硝基漆的主要成膜物硝酸纤维素（硝化棉）是由硝酸与棉绒（纤维素）经过酯化处理而成的高分子酯化物。根据制漆的要求，可制成分子量不同的硝化棉，其黏度大小代表着分子量的高低，直接影响漆膜性能。将硝化棉溶于混合溶剂中并加入树脂、增塑剂和颜料即制成硝基漆。

3. 一般性质

硝基漆干燥迅速，喷涂后10分钟即可表干，30～50分钟即可达到实干，漆膜坚硬，耐磨，实干后有足够的机械强度，可进行抛光，打蜡，漆膜表面平整光滑。但硝基漆的固体含量低，一般只有30%左右，喷涂时还要加入多量稀释剂调整黏度，故需多次喷涂才能达到规定的膜厚。

4. 主要品种及用途

(1)硝基清漆

硝基清漆可用于硝基磁漆表面罩光，亦可用于木质表面作透明涂装。

(2)硝基外用磁漆

硝基外用磁漆具有优良的附着力、耐水性、保光性和耐候性，可进行抛光，适用于室外使用的各种车辆、机械、金属及木材制品等的涂饰。

(3)硝基内用磁漆

硝基内用磁漆涂膜平整光亮，附着性及耐水性较好，但耐候性欠佳，适于室内使用的各种机械、家具、以及各种日用品的涂饰。

(4)硝基底漆

硝基底漆由硝化棉、顺酐树脂、颜料、填料和有机溶剂制成。底漆打磨性好，干燥快，对木质物件附着力强，供木器涂硝基磁漆及硝基清漆前打底用，亦可供作大件被涂物之修补用底漆。

### 4.2.8 纤维素漆类

1. 简介

纤维素漆类是以乙酸纤维素、乙基纤维素、乙酸丁酸纤维素等为主要成膜物的涂料总称。

2. 一般性质

纤维素漆具有良好的热稳定性，保色及保光性好，对湿气、化学药品、蒸气、醇、氨、石油以及各种润滑油、油脂、稀酸、稀碱有一定的抗力。

3. 主要品种及用途

(1)乙基涂布漆。

乙基涂布漆是由乙基纤维素溶于有机溶剂中制成。其耐水性、耐寒性、柔韧性均好。涂在蒙布上，使布收缩，可提高蒙布的抗张强度。

(2)乙酸丁酸清漆。

乙酸丁酸清漆是由乙酸丁酸纤维素和硝化棉溶于有机溶剂，并加有增塑剂配制而成，具有良好的耐水性、耐寒性、耐候性和柔韧性，干燥快，但固体含量低。供蒙布及涂有面漆的木质、钢质表面罩光。

### 4.2.9 过氯乙烯漆类

1. 简介

过氯乙烯漆类是以过氯乙烯树脂为主要成膜物的涂料总称。这类涂料和硝基漆相似，是一种干燥迅速的挥发性涂料。

2. 组成

过氯乙烯漆的主要成膜物过氯乙烯树脂是由聚氯乙烯树脂经氯化而制得，属于热塑性树脂。但这种漆在单独使用过氯乙烯树脂制造时，有许多缺点，如附着性差，漆膜不丰满，光泽差等，因此需要加入适量的醇酸树脂或其他合成树脂进行改性，才能发挥漆的特点。

3. 一般性质

过氯乙烯漆干燥快，涂膜颜色浅，具有良好的耐候性、柔韧性、耐水性、耐冲击性，还有较好的耐酸、耐碱，耐盐以及耐化学药品性能。

4. 主要品种及用途

(1)铁红过氯乙烯底漆

这种底漆由过氯乙烯树脂、醇酸树脂、颜料、填料、增塑剂和酯、酮、苯类溶剂制成。其防锈性及耐化学性比铁红醇酸底漆好，但附着力稍差，如在60 ℃ ~65 ℃烘2小时后，可提高附着力及其他性能，可用于车辆、机床及各种工业品的钢铁或木材表面打底。

(2)各色过氯乙烯腻子

各色过氯乙烯腻子由过氯乙烯树脂、醇酸树脂、增塑剂、颜料、填料和少量溶剂(苯、酯、酮类)制成。它干燥快，不宜多次重复涂刮，主要用于填平已涂有醇酸底漆或过氯乙烯底漆的钢铁或木材表面。

(3)各色过氯乙烯外用磁漆

这种外用磁漆由过氯乙烯树脂、醇酸树脂、颜料、增韧剂和苯、酯、酮类溶剂制成，干燥迅速，漆膜平整，色泽鲜艳，能打磨，耐候性好，但耐汽油性较差。若漆膜在60 ℃烘1 ~3 小时，可提高漆膜的附着力和其他机械性能，主要用于涂饰车辆、机床、电工器材、医疗器械、农业机械及各种配件等。

(4)各色过氯乙烯防腐漆

各色过氯乙烯防腐漆由过氯乙烯树脂、醇酸树脂、颜料、增韧剂和酯、酮、苯类溶剂制成。它具有优良的耐酸、耐碱、耐化学性，与铁红过氯乙烯底漆及过氯乙烯防腐清漆配套使用，涂于化工机械、管道、建筑等金属、木材或水泥表面上，可防止酸、碱等化学药品及化学气体的侵蚀。

(5)过氯乙烯防腐清漆

过氯乙烯防腐清漆由过氯乙烯树脂、增韧剂和酯、酮、苯类溶剂制成。它干燥快，有优良的耐酸、耐碱、耐化学性，有良好的防霉、防潮及防腐蚀性，但附着力较差。与过氯乙烯防腐漆配套使用，可作为化工设备，管道等防腐蚀漆。

以往在舰船上使用过过氯乙烯防火涂料，因在舰船狭小且密闭的舱室中施工时刺激性气味大、平时游离出含氯的有害气体以及在火灾中释放大量刺激性气体而弃用。

### 4.2.10 烯树脂漆类

1. 简介

烯树脂漆类是以带有乙烯基系列的高分子聚合物为主要成膜物的涂料总称。

用于涂料工业的烯类树脂有许多，如聚醋酸乙烯树脂、氯乙烯醋酸乙烯共聚树脂(简称氯醋共聚树脂)、聚二乙烯基乙炔树脂、氯乙烯偏氯乙烯共聚树脂(简称氯偏共聚树脂)、聚乙烯醇缩丁醛树脂等等。

2. 组成

这种涂料是在分子结构中含有乙烯键的各种乙烯树脂及其改性树脂为主要成膜物的一类涂料。属于这类树脂的有聚乙烯、聚氯乙烯，聚乙酸乙烯、聚苯乙烯、偏氯乙烯及其共聚树脂。用这些树脂制成的涂料大致可分为三种类型：

(1)氯乙烯系列的乙烯漆有聚氯乙烯树脂漆、偏氯乙烯与丙烯腈共聚树脂漆，偏氯乙烯与氯乙烯共聚树脂漆，氯乙烯与乙酸乙烯共聚树脂漆等。

(2)乙酸乙烯系列的乙烯漆有乙酸乙烯乳胶漆、聚乙烯醇漆，聚乙烯醇缩醛漆等。

(3)苯乙烯系列乙烯漆有聚苯乙烯漆、苯乙烯焦油树脂漆等。

3. 一般性质

乙烯系列漆的各种成膜物具有各自的特点，性能亦各有所差异，其性质在各主要品种中分别叙述。

4. 主要品种及用途

(1)乙烯磷化底漆(分装)

乙烯磷化底漆由聚乙烯醇缩丁醛树脂溶解于有机溶剂中并加有防锈颜料制成的底漆与分装的磷化液组成，使用时将二者按一定比例混合均匀后即可施工。

磷化底漆俗称"洗涤底漆"、"镂蚀底漆"、"金属调理剂"等。这种涂料用作有色及黑色金属底层的防锈涂料，能代替钢铁的磷化处理。磷化底漆有极强的附着力和一定的防锈能力，不仅可作为钢铁的底层涂料，亦可用于锌、铝等有色金属表面，以增强其他涂料对底材的附着力，能延长有机涂层的使用寿命，但不能代替一般使用的底漆，仍需在磷化底漆上面涂覆适宜底漆方可制得理想涂层。

(2)偏氯乙烯底漆

偏氯乙烯底漆由偏二氯乙烯，氯乙烯共聚树脂、颜料、填料、酯、酮、苯类溶剂制成。这种漆耐化学性良好，对金属附着力较过氯乙烯底漆强，适用于要求耐酸、耐碱、耐化学腐蚀的金属设备打底用漆。

(3)各色氯乙烯磁漆

各色氯乙烯磁漆由聚氯乙烯糊状树脂溶解在酮类溶剂中，与颜料研磨，并加增韧剂、稳定剂制成。这种磁漆色彩鲜艳，漆膜柔韧，与聚氯乙烯塑料的附着力较好，用于塑料制品的装饰。

(4)偏氯乙烯清漆

偏氯乙烯清漆由偏二氯乙烯，氯乙烯共聚树脂、稳定剂、酯、酮，苯类溶剂制成。这种清漆耐酸、耐碱性好。可作为防腐蚀配套漆的最外层漆。

在船舶涂料中最为重要的品种是氯醋三元共聚树脂涂料和聚乙烯醇缩丁醛树脂涂料。

①氯醋三元共聚树脂涂料

在船舶涂料中，氯醋三元共聚树脂通常由氯乙烯、醋酸乙烯和顺丁烯二酸酐以一定的比例共聚获得 为白色或微黄色粉末或细粒状的固体，其溶剂为酮类、酯类、氯代烃、硝基烷烃等。

氯醋三元共聚树脂作为涂料的主要成膜物质时需增添增塑剂(如磷酸三甲酚酯、苯二甲酸二丁酯、氯化石蜡等)，以改进其韧性，并应增添稳定剂(如低分子环氧、环氧化豆油、月桂酸锡等)，以免其分解逸出氯化氢。氯醋三元共聚树脂制成的涂料具有优良的耐水性、耐碱性、耐油性，其耐电位性可与环氧或环氧沥青涂料相当，在船舶涂料中常用来制备水线以下涂料(船底防锈漆与防污漆)。

氯醋三元共聚树脂涂料的干燥性很快，即使在 −10 ℃的气温条件下也能施工、干燥，获得防锈性优良的涂层。但氯醋三元共聚树脂由于溶解度有限，因而涂料固体分含量较低，致使每道涂层膜厚较薄，为确保一定的干膜厚度需反复多次涂装，造成施工麻烦。其另一个缺点是对钢材表面处理要求高，要喷砂处理。尽管如此，其附着力仍不理想，需要用其他树脂进一步改性（如沥青、环氧树脂、酚醛树脂等）。

②聚乙烯醇缩丁醛树脂

聚乙烯醇缩丁醛树脂是由聚乙烯醇在水、醇或酸介质中与丁醛缩合制得的白色絮状固体，溶于醇类，在乙醇中溶解度约10%，溶液为淡黄色透明树脂液。

聚乙烯醇缩丁醛树脂作为涂料的主要成膜物质，具有附着力强、机械强度好、耐油性好等优点。尤其是干燥速度快，带漆焊接不会影响焊接质量，被最早作为船舶车间底漆的基料在船舶涂料中获得应用。

聚乙烯醇缩丁醛树脂配以四盐基锌黄与磷酸能制成磷化底漆。

聚乙烯醇缩丁醛由于其溶解度有限，因而制成的涂料固体分含量较低，一次成膜厚度低（一般为6~15 μm），故不能制成一般的防锈涂料。其另一缺点是耐水性和耐碱性较差，如作为车间底漆，则在船体水下部位涂装前，应彻底去除干净。

### 4.2.11 丙烯酸漆类

1. 简介

丙烯酸树脂漆类是以丙烯酸树脂为主要成膜物的涂料总称。丙烯酸树脂是涂料工业的重要合成树脂之一。

2. 组成

丙烯酸树脂是由丙烯酸酯或甲基丙烯酸酯单体通过反应所得到的聚合物。丙烯酸树脂在组成上除采用丙烯酸酯或甲基丙烯酸酯外，还采用一定比例的其他不饱和烯烃单体如丙烯腈、（甲基）丙烯酰胺、（甲基）丙烯酸，乙酸乙烯、苯乙烯等与之共聚而制成的各种以丙烯酸为主的共聚树脂。

由于使用单体不同，丙烯酸树脂分为热塑性和热固性两大类。

热塑性丙烯酸树脂是线型结构的高分子化合物，分子结构上不含有活性基团，受热后软化，冷却时又恢复原状，是制造挥发性丙烯酸树脂涂料的主要成膜物。加热固化性丙烯酸树脂在分子结构上带有活性官能团，在加热条件下，树脂中的活性官能团与涂料中含有的另一带有活性官能团的树脂进行交联反应，转变成网状结构的大分子，是制造热固性烘漆的主要成膜物。用于与丙烯酸树脂进行交联反应的树脂有氨基树脂、聚氨酯树脂，环氧树脂和多元醇聚合物等。

3. 一般性质

丙烯酸树脂颜色浅，保光、保色性优良，受紫外线照射不易发生断键，因而耐候性优越，耐热性能好，涂膜的各种物性优良，涂膜具有耐药品性，耐污染性及良好的附着性。

4. 主要品种及用途

丙烯酸漆根据所用的成膜物树脂的单体成分，聚合方法，聚合度等可制成由硬度高、伸长率小的到柔韧的、可伸长的一系列制品。丙烯酸漆按涂料体系分类如表4-8所示。丙烯酸漆是一种性能优良的涂料。热塑性丙烯酸漆用于织物、木材及包括船舶在内的各种金属表面的保护与修饰。热固性丙烯酸漆用于轻工业机械产品、医疗器械以及轿车等高档产品上。

表 4－8 丙烯酸漆分类及代表性品种

| 涂料型态 | | 涂膜形成机理 | 干燥条件 | 具有代表性的主要涂料品种 |
|---|---|---|---|---|
| 有机溶剂 | 溶液型 | 物理的 | 室温 | 丙烯酸清漆 |
| | | 化学的 | 加热 | 丙烯酸氨基漆、封闭型丙烯酸聚氨酯漆 |
| | | | 室温 | 双组分丙烯酸聚氨酯漆 |
| | 非水乳液 | 物理的 | 加热(室温) | NAD 清漆(非水分散型清漆) |
| | | 化学的 | 加热 | 热固性 NAD 涂料(热固性非水分散型涂料) |
| | 有机溶胶 | 物理的 | 加热 | 丙烯酸有机溶胶 |
| 水性 | 水溶性 | 化学的 | 加热 | 水溶性丙烯酸氨基漆 |
| | 胶态分散型 | 物理的 | 室温(加热) | 丙烯酸水溶胶涂料 |
| | 水性乳液 | 物理的 | 室温 | 丙烯酸乳液涂料 |
| | | 化学的 | 加热 | 热交联型丙烯酸乳液涂料 |
| 无溶剂 | 无溶剂溶液型 | 化学的 | 催化(室温、加热) | 丙烯酸浆状物 |
| | | | 紫外线 | 紫外线固化涂料 |
| | | | 电子束 | 电子束固化涂料 |
| | 塑性溶胶 | 物理的 | 加热 | 丙烯酸塑性溶胶涂料 |
| | 粉末 | 物理的 | 加热 | 热塑性丙烯酸粉末涂料 |
| | | 化学的 | 加热 | 热固性丙烯酸粉末涂料 |

下面介绍几个主要品种。

(1)热塑性丙烯酸漆

热塑性丙烯酸漆是以甲基丙烯酸甲酯、甲基丙烯酸乙酯、甲基丙烯酸丁酯的聚合物或共聚物为主要成膜物,加入有机溶剂即可制成清漆,如再加入颜料、填料可制成色漆及底漆。这种涂料是常温干燥的挥发性涂料,主要用于涂饰皮革、金属装饰品、高档乐器、家具等。近年来研制的丙烯酸船壳漆已大量应用于舰船。

(2)加热固化性丙烯酸漆

加热固化性丙烯酸漆可分为自固型和外加交联剂固化型两种。后者由于交联剂品种不同可制成一系列产品。

加热固化性丙烯酸漆涂于物体表面后,在加热条件下,树脂间的活性基团即进行交联反应,形成网状结构。这样产生的涂膜具有光泽好,硬度高,附着力强,耐候性优异等特点。这种涂料主要用于要求质量高,装饰性强的轻工产品以及汽车工业。

### 4.2.12 聚酯漆类

1. 简介

聚酯漆类是以聚酯树脂为主要成膜物制成的涂料总称。

2. 组成

这种涂料的主要成膜物为聚酯树脂。聚酯树脂分为饱和聚酯与不饱和聚酯两类。饱和聚酯是由饱和二元酸与二元醇制成的,在分子结构中不含有双键,如用癸二酸和乙二醇制成的饱和聚酯,这类树脂不能单独用于制造油漆,可用于纤维素漆和乙烯漆中做增塑剂。不饱和聚酯是以不饱和二元酸(顺丁烯二酸酐,反丁烯二酸等)与二元醇(如丙二醇、乙二醇、二乙二醇等)反应制成的,再将制成的聚酯树脂溶于苯乙烯单体中,在使用时加入引发剂和促进剂,产生游离基引发,使不饱和键聚合固化。此外还有对苯二甲酸聚酯,多羟基聚酯涂料。

3. 一般性质

不饱和聚酯漆因系无溶剂涂料,没有溶剂挥发,因此涂覆一次即可得到厚膜,涂膜坚硬,耐药品性及耐磨性好,有电绝缘性,但涂膜固化时体积收缩较大,附着性欠佳,涂膜缺乏柔韧性,易划伤,曝晒后明显失光。

4. 主要品种及用途

(1)聚酯木器漆

聚酯木器漆是多组分分装型涂料,分为四个组分。组分1为不饱和聚酯树脂苯乙烯溶液;组分2为催化剂(过氧化环己酮液等);组分3为促进剂(环烷酸钴液等);组分4为蜡液(石蜡的苯乙烯溶液)。使用时按规定的比例调匀后即可施工。

这种漆漆膜颜色浅,透明度好,丰满光亮,硬度高,耐磨、耐热、耐寒、耐潮湿、耐溶剂性良好。此种漆为无溶剂型涂料,一次即可涂成厚膜,适于钢琴、木器家具等木制品装饰用。

(2)聚酯烘干绝缘漆

聚酯烘干绝缘漆由不饱和丙烯酸聚酯、蓖麻油改性聚酯、引发剂、催干剂四个组分组成的分装型涂料。使用前按规定比例调匀即可施工。

聚酯烘干绝缘漆是无溶剂漆,一次可涂成厚膜,涂膜干透性好,浸渍性佳,漆膜浸水或受潮后绝缘电阻变化小,适于浸渍电机线圈。

### 4.2.13　环氧树脂漆类

环氧树脂是含有环氧基团的高分子物质,主要是由环氧氯丙烷和双酚A合成的,是以环氧树脂为主要成膜物的涂料总称。

1. 简介

环氧树脂是线型分子结构,结构中含有的羟基和环氧基,可以与其他合成树脂或化合物发生反应,如酚醛树脂、氨基树脂、聚酰胺树脂、多异氰酸酯等。因此,环氧树脂可以用许多树脂进行改性,亦可与许多树脂进行交联固化,获得各种不同性能的环氧树脂类涂料。

环氧树脂通过改性可制成多种船舶涂料,如环氧沥青涂料、环氧富锌涂料、环氧铁红底漆、纯环氧饮水舱漆、酚醛改性环氧树脂涂料等。

2. 组成

由于环氧树脂可以用许多树脂进行改性,获得各种不同性能的环氧树脂类涂料,按其干燥和固化方式,这类涂料的品种及其组成如表4-9所示。

3. 一般性质

环氧树脂的分子结构决定了环氧系涂料具有优异的耐碱性、抗化学物质性,有很强的黏结力,因而涂料的附着力强,成膜后涂层机械强度高且富有韧性。环氧树脂分子中苯核上羟基已被醚化,故性质稳定,制成涂料保色性好。但分子中尚有许多羟基,因此耐水性稍差。

环氧树脂涂料另外的缺点是户外耐候性差,漆膜易粉化、失光、不宜作室外装饰性涂层。

在常温下环氧树脂可以用多元胺或聚酰胺进行固化,也可用多异氰酸酯固化,大多数的环氧类船舶涂料采用聚酰胺固化。

表 4-9 环氧树脂漆种类及组成

| 序号 | 固化方式 | 涂料名称 | 成膜物组成 |
|---|---|---|---|
| 1 | 胺固化型 | (1) 多元胺固化环氧树脂漆<br>(2) 聚酰胺固化环氧树脂漆<br>(3) 胺加成物固化环氧树脂漆<br>(4) 胺固化环氧沥青漆 | 环氧树脂<br>环氧树脂,聚酰胺<br>环氧树脂<br>环氧树脂,沥青 |
| 2 | 合成树脂固化型 | (1) 环氧酚醛树脂漆<br>(2) 环氧氨基树脂漆<br>(3) 环氧丙烯酸漆<br>(4) 环氧多异氰酸酯漆<br>(5) 环氧氨基醇酸树脂漆 | 环氧树脂,酚醛树脂<br>环氧树脂,氨基树脂<br>环氧树脂,丙烯酸树脂<br>环氧树脂,多异氰酸酯<br>环氧树脂,氨基树脂,醇酸树脂 |
| 3 | 氧化干燥固化型 | (1) 环氧酯漆<br>(2) 环氧酯合成树脂漆 | 环氧树脂,脂肪酸<br>环氧树脂,脂肪酸,合成树脂 |

环氧树脂还能与干性油反应,使环氧基和羟基与脂肪酸的羧基反应而酯化,酯化了的环氧树脂不再需要其他固化剂而在常温下可自行固化,从而制得单组分的环氧酯漆。

环氧树脂涂料多是双组分,使用有所不便,在低温时固化速度很慢,低于 5 ℃时固化反应几乎停止。此外,涂层与涂层之间的涂装间隔时间有一定的限制,超过规定的最长涂装间隔时间后,前涂层充分固化,层与层之间会互不相溶,使后涂层难以紧密附着,必须对前涂层作较彻底的打毛处理才行。

4. 主要品种及用途

(1)环氧酯漆

环氧酯漆是以环氧树脂与植物油脂肪酸进行反应分别制成的清漆、底漆和磁漆。环氧酯漆的性能取决于环氧树脂的分子量、脂肪酸种类和酯化程度。环氧树脂一般多采用中等分子量和植物油脂肪酸,按其用途加以选用。制备常温干燥环氧酯漆时,采用干性油脂肪酸,酯化程度在 0.5 ~0.8 当量,使环氧酯中含有足够的脂肪酸双键,以能进行氧化聚合干燥;制备烘干型环氧酯漆时,一般采用半干性油或不干性油脂肪酸,酯化程度在 0.5 当量以下,利用酯化物中剩余的羟基与树脂中的活性基团进行交联,使涂层固化成膜。在涂料工业中使用环氧酯量最大的是底漆。这是由于环氧酯中含有极性基团,它对铁、铝等金属有较强的附着力,因此广泛用于各种金属表面的涂覆。

虽然单组分的环氧酯涂料的性能低于双组分环氧树脂涂料,但施工可方便得多。

在船舶涂料中,环氧酯常用作船用防锈漆的基料。

(2)各种环氧烘干漆。

主要有环氧/酚醛漆、环氧/尿素漆、环氧/三聚氰胺漆、环氧/丙烯酸漆等,都具有耐药品性、耐水性、柔韧性好、附着力强等特性,多用于金属容器、化工厂设备、家用电器等方面。

(3)环氧树脂船舶涂料

环氧树脂船舶涂料在船舶上广泛地获得应用,应用最多的是在水线以下和液舱内。

①环氧沥青涂料 用煤焦沥青对环氧树脂涂料加以改性,既可保持环氧涂料的优点又可提

高其耐水性和降低生产成本。环氧沥青涂料已广泛应用于船底防锈和压载水舱保护方面。

②环氧富锌涂料 环氧涂料中加入足够量的锌粉,制成环氧富锌涂料,可用作高性能的防锈涂料,也可制成车间底漆。

③环氧铁红底漆 环氧涂料中加入一定量的氧化铁红,制成环氧铁红底漆,也是车间底漆中的一个重要品种。

④环氧饮水舱漆 纯环氧树脂涂料可作为饮水舱漆,不会污染水质。

⑤改性环氧树脂涂料 酚醛改性环氧树脂涂料以及纯环氧树脂涂料都有优异的抗化学药品性和抗溶剂性,是成品油船货油舱涂料中两个重要的品种。

由于双组分或多组分环氧涂料及改性的环氧涂料具有多种优异性能,是舰船目前首选的防腐涂料。

### 4.2.14　聚氨酯漆类

1. 简介

聚氨酯漆类是以聚氨酯树脂为主要成膜物的涂料总称。聚氨酯树脂是1940年由联邦德国开发的产品,当时所用原料异氰酸酯具有毒性,且价格昂贵,因此发展很慢。随着工艺的改进,明显地降低了毒性,性能优异,这种涂料就得到了迅速发展。

2. 组成

聚氨酯涂料的主要成膜物为聚氨酯树脂。是由多异氰酸酯(—NCO)和大分子多元醇聚合而成的。有如下各种类型。

(1)聚氨酯改性油(聚氨酯清漆)

成膜物的主体为聚氨酯改性油或聚氨酯改性醇酸树脂,是用多元醇与植物油反应使之生成醇解物,再与甲苯二异氰酸酯反应制成的单组分清漆。它可自干,施工时,也可加入固化剂加快其干燥。

(2)湿固化聚氨酯漆

这种漆由聚醚型二元醇,三羟甲基丙烷等与过量二异氰酸酯相反应制得的单组分湿固化型涂料,能和大漆一样可与空气中湿气反应,在常温下形成固化涂膜。

(3)羟基固化聚氨酯漆

这种漆是代表性的双组分聚氨酯树脂涂料,含羟基成分的多元醇主要采用聚醚型多元醇、聚酯型多元醇、丙烯酸多元醇、环氧多元醇等。所用固化剂主要采用由多元醇与过量二异氰酸酯反应生成的预聚物,例如属于黄变形的TDI(甲苯撑二异氰酸酯)、MDI(甲撑二苯基二异氰酸酯);属于非黄变形的HDI(六甲撑二异氰酸酯)、XDI(苯二甲撑二异氰酸酯)等。

(4)封闭型聚氨酯漆

由于双组分羟基固化聚氨酯漆在使用上不方便,人们便以酚等挥发性的活性氢化物作为封闭剂,使其加成在聚异氰酸酯预聚物上,当加热时封闭剂即从异氰酸酯中逸出,而使异氰酸酯与多元醇反应固化成膜,因此可制成单组分涂料。

除上述聚氨酯涂料外,还有聚氨酯沥青涂料、聚氨酯弹性涂料、水性聚氨酯涂料、聚脲聚氨酯涂料等。

3. 一般性质

聚氨酯涂料通常是通过一定的化学反应在基材上成膜和硫化(交联)的,属于反应型涂料。

聚氨酯涂料对各种施工环境和对象的适应性较强,施工温度范围广,耐温性能好,涂膜坚硬、柔韧、光亮，有特别高的黏附力、耐擦伤性、耐磨损性和耐冲击性，防腐性能优良，能耐酸、碱、盐、水、油、溶剂等化学品和工业废气，其中耐石油的性能很突出。聚氨酯涂料的主要缺点是有较大的刺激性和毒性。对于聚氨酯船壳漆，一定要考虑到可重复涂性、修补性。

不同类型的聚氨酯涂料的性质如表 4 – 10 所示。

**表 4 – 10　聚氨酯涂料的性质**

| 序号 | 涂料类型 | 性 质 | 用途 |
|---|---|---|---|
| 1 | 油改性型聚氨酯涂料 | (1)不存在游离异氰酸酯，毒性小<br>(2)有与醇酸树脂相同的良好作业性<br>(3)较醇酸树脂韧性好，硬度高、耐磨耗性强<br>(4)耐溶剂<br>(5)耐候性好<br>(6)由于使用植物油，因而耐碱性差 | 船舶、地板涂料，并可作金属底漆及防腐蚀漆 |
| 2 | 多元醇固化型聚氨酯涂料（羟基固化聚氨酯漆） | (1)对各种被涂物有良好的附着性<br>(2)能长期保持硬度不变和具有弹性<br>(3)耐磨耗性强<br>(4)耐侯性优良<br>(5)耐水、耐溶剂、耐药品，防腐蚀性好<br>(6)电性能好，并具有难燃性<br>(7)对颜料分散稳定性好<br>(8)缺点是施工时合适使用时间受限制 | 广泛用于涂饰各种金属、木制品、塑料制品等以及要求防腐蚀的产品 |
| 3 | 湿固化型聚氨酯涂料 | (1)涂膜物性及作业性与双组分多元醇固化型聚氨酯涂料大致相同，但耐磨耗性较后者更为优异<br>(2)其缺点是如果长时间不注意盖好盖子在空气中放置时，或用含活性氢溶剂稀释时易引起胶化，必须注意 | 涂饰地板、皮革、塑料(聚酯、ABS)、木制品等 |
| 4 | 封闭型聚氨酯涂料 | (1)涂膜光泽高，保光性强，鲜艳度好<br>(2)涂膜耐水，耐溶剂，耐磨，电性能优良 | 用以涂饰车辆、家用电器、潜水电机，电线包皮、塑料、木工制品等 |
| 5 | 催化固化型聚氨酯涂料 | 性质与多元醇固化型聚氨酯涂料相似，但适用时间的调节以及涂膜性能不如双组分多元醇固化型 | 用途同多元醇固化型聚氨酯涂料 |

4. 主要品种及用途

(1)羟基固化聚氨酯漆

这种聚氨酯漆是双组分涂料，以甲苯二异氰酸酯与三羟甲基丙烷或蓖麻油醇解物制成的预聚物(组分 1)，再与含羟基的醇酸树脂(组分 2)按一定比例配合后使用。这种聚氨酯漆有底漆、磁漆和清漆，是聚氨酯涂料中产量最大，用途最广的一种。

(2)封闭型聚氨酯漆

这种聚氨酯漆是以甲苯二异氰酸酯与蓖麻油制成预聚物，其组分中的— NCO 基用苯酚结构上的—OH基封闭，再加入环氧树脂而配制成的。它在常温下不反应，因此可制成单组分型涂料，在使用时，将涂膜烘烤到150 ℃，苯酚即自涂膜中挥发逸出，而释放出来的—NCO基与环氧树脂结构上的—OH基反应固化成膜。固化后的漆膜性能优异。

### 4.2.15　元素有机漆类

1. 简介

元素有机漆类是指由元素有机聚合物例如有机硅、有机钛、有机铝等为主要成膜物的涂料总称。因这类涂料中常用的是有机硅漆，故本节中仅就有机硅漆为例加以说明。

2. 组成

有机硅树脂是含有硅氧键的高分子缩合物，涂料用有机硅树脂多数采用甲基氯硅烷、苯基氯硅烷或多种单体经水解、浓缩、缩聚而得。由于纯有机硅树脂存在一些缺点，如固化时间长，对底层附着力差，价格较贵等原因，则常用其他树脂和有机硅树脂合用，改进其性能，制成一种新的性能较好的改性树脂。一般用作改性的树脂有：醇酸树脂、聚酯树脂、环氧树脂、丙烯酸树脂、酚醛树脂、聚氨酯树脂等。

3. 一般性质

无论纯有机硅树脂涂料或改性有机硅树脂涂料均具有良好的耐热性、耐寒性、耐药品性、耐候性、电绝缘性以及憎水性，但耐溶剂性和附着性欠佳，需加以改性后使用。

4. 主要品种及用途

硅树脂涂料作为耐热涂料用于涂装发动机、高温管道、烘炉、加热设备、烟囱、导弹发射部位等，作为电绝缘涂料用于涂装电机、变压器、铜线、玻璃纤维布等以及浸涂云母制品、层压材料等。

(1)铝粉有机硅烘干耐热漆

这种耐热漆由聚酯改性有机硅耐热清漆(组分1)与分装的铝粉(组分2)在使用前混合而成，涂膜烘干，可耐500 ℃高温，可用于涂覆高温设备的钢铁零件，如发动机外壳、烟囱、蒸气管、排气管、烘箱、烘炉等。

(2)有机硅烘干绝缘漆

有机硅烘干绝缘漆是聚甲基苯基硅氧烷(纯有机硅树脂)的二甲苯溶液，具有较高的耐热性和较好的绝缘防潮性，用于H级绝缘，可浸渍短期在250 ℃～300 ℃工作的电机电器线圈，也可用来浸渍长期在180 ℃～200 ℃运转的电机电器线圈，在高温下烘干。

### 4.2.16　橡胶漆类

1. 简介

橡胶漆类是以天然橡胶及其衍生物和合成橡胶及其衍生物为主要成膜物的涂料总称。

2. 组成

用来制备橡胶漆的有氯化橡胶、氯丁橡胶、丁苯橡胶、丁腈橡胶、氯磺化聚乙烯橡胶等。为了提高橡胶漆性能，在制漆时常与许多种树脂并用，如甘油树脂、醇酸树脂、酚醛树脂、有机硅树脂等。

3. 一般性能

各种橡胶漆都具有一定的物理和化学性能，如弹性、耐药品性、耐酸碱性、耐化学腐蚀性、抗老化性、不透气性、抗水性和附着力等。但橡胶漆的耐油性差。

4. 主要品种及用途

(1)氯化橡胶磁漆

氯化橡胶系天然橡胶或合成橡胶经氯化反应而获得，是三氯橡胶和四氯橡胶的混合物，含氯量一般在 65% ~68% 。

氯化橡胶漆由氯化橡胶与醇酸树脂为主要成膜物加入颜料制成，它可在常温下迅速干燥。氯化橡胶系白色粉状或细片状松软固体，能溶于芳香族烃、氯化烃、酯类与高级酮类溶剂，当溶剂挥发后，便能干燥成膜，但性脆而附着力差，因此制备氯化橡胶漆必须添加增塑剂。常用增塑剂为氯化石蜡、苯二甲酸二丁酯、苯二甲酸二辛酯、磷酸三甲酚酯、环氧化豆油等，其中以氯化石蜡应用最多。

氯化橡胶为基料的涂料具有以下突出的优点：

①漆膜的水蒸气渗透性和氧气渗透性远远低于醇酸树脂（约为醇酸树脂的十分之一），因此有优良的耐水性和防锈性；

②氯化橡胶在化学上呈惰性，因此有优良的耐酸性和耐碱性；

③氯化橡胶涂料在许多物质表面有良好的附着力，层间附着力也很好，甚至使用多年的旧涂层上覆盖新的涂层，亦能有良好的附着力；

④干燥快，可在低温条件下施工；

⑤涂层干燥后不燃；

⑥能与其他多种树脂互溶，以改进涂层的性能。

鉴于氯化橡胶涂料上述突出的优点，在船舶上获得广泛的应用，不仅用作为水线以上的涂料，也大量应用于水线以下的涂料。

氯化橡胶涂料的缺点是在高温下会释放出 HCl 气体，对人有很大的刺激作用，因此不适合作为舰船机舱、生活舱、工作舱等内部舱室的涂料。此外，涂有氯化橡胶涂料的钢板，经电焊和火工校正后，氯离子易深入钢铁内部，造成较严重的腐蚀。

(2)氯磺化聚乙烯环氧漆

氯磺化聚乙烯环氧漆由氯磺化聚乙烯溶液为组分 1，以环氧树脂、颜料、填料、硫化剂和有机溶剂制成组分 2，以己二胺丁醇溶液为组分 3 所组成的分装型涂料，使用时按规定比例调配。这种磁漆的涂膜可在常温下干燥，具有良好的三防性能，耐海洋性气候，耐老化，耐酸，耐腐蚀。用于涂装船舶、汽车及化工设备等。由于该涂料组分多、不能厚涂而要求涂装道数多，舰船上不推荐使用。

### 4.2.17 其他漆类

凡前述 16 类漆包括不了的成膜物质，如无机高分子材料，聚酰亚胺树脂、氟树脂等所制成的涂料均包括在其他漆类之中。本节中仅就目前在涂料工业中使用比较广泛的无机富锌底漆加以介绍。

1. 简介

无机富锌底漆是以无机基料硅酸盐为主要成膜物，以锌粉为防锈颜料配制而成。

2. 组成

无机富锌底漆是由硅酸钠液、锌粉和固化剂（氯化镁）组成的分装型后固化涂料。一般锌粉含量在 70% 以上。用于船舶的无机富锌底漆，锌粉含量达 90% 。

3. 一般性质及用途

无机富锌底漆具有良好的防腐蚀作用，是由于涂膜的自封闭性与外界腐蚀介质隔离的效果，当涂膜受到划伤而裸露出钢铁时，锌粉即被氧化而生成氧化锌或氢氧化锌而起到钝化作用，从而减少进一步腐蚀，并具有阴极保护作用。

无机富锌底漆与金属表面呈化学反应附着，因此金属表面必须达到规定的处理要求，以增加金属表面的粗糙度和活性，使涂层与金属表面牢固结合。金属表面的处理方法常采用喷砂法和酸处理法。

涂装方法是将无机富锌底漆的三个组分硅酸钠液，锌粉和固化剂（氯化镁）中的硅酸钠液与锌粉首先混合搅匀，涂于物体表面上，使之发生化学反应，然后在数小时后涂刷一层固化剂促进其固化。待干燥后，可用水冲洗掉涂膜表面上经过反应生成的可溶性盐。

无机富锌底漆可在常温下干燥，固化后的漆膜坚硬、耐磨、耐老化，耐热性可达400 ℃ ~ 500 ℃。其缺点是漆膜柔韧性差，耐酸碱性不够稳定。无机富锌底漆主要用于油槽、水槽、金属结构物表面作保护涂层。

### 4.2.18 预涂金属板用涂料

1. 简介

在金属板制造工序中，最后进行表面处理及涂装，从而制造出带有涂料膜层的各种片状金属板或卷钢，称之为预涂金属板（PCM）。预涂金属板用板材有镀锌钢板、冷轧软钢板、铝合金板等。

预涂金属板的制品有彩色镀锌铁板、氯乙烯钢板、彩色铝板、印刷钢板、高级涂装钢板等品种。凡用于涂饰各种预涂金属板用涂料总称之为预涂金属板用涂料或简称PCM涂料。

2. 一般性质

（1）醇酸树脂系

醇酸树脂系涂料是最早使用的品种，价格便宜，耐候性好，因而得到广泛应用，但柔韧性差，不适于在加工度大的钢板上使用。

（2）聚酯树脂系

这种涂料由于硬度、耐划伤性、柔韧性、耐候性、耐蚀性等性能均好，因而成为预涂金属用涂料的主要品种。

（3）热固性丙烯酸树脂系

这种树脂的作业性、耐过烘烤性、耐划伤性、耐湿性、耐溶剂性、耐油脂性、耐蚀性、耐药品性、涂膜保色性、耐候性等综合性能好。20世纪60年代后半期是丙烯酸系全盛时代，20世纪70年代以后逐渐被聚酯系所取代，但仍为PCM用主要涂料品种之一。

（4）硅聚酯树脂系

这种树脂的室外耐候性优异。

（5）氯乙烯溶胶系

这种涂料包括塑性溶胶和有机溶胶两类品种。当溶胶在170 ℃ ~200 ℃加热时分散树脂即熔融形成强韧涂膜，实际生产时大多在170 ℃ ~ 190 ℃温度下烘干3 ~ 10分钟，或230 ℃ ~280 ℃烘干1 ~2分钟。其涂膜厚度可达200 μm以上，加工性非常好，耐湿性、耐溶剂性、耐油脂性、耐蚀性、耐药品性、耐磨耗性、柔韧性、美术加工性优良。

（6）氟树脂系

氟树脂系涂料耐候性、加工性、耐药品性、耐蚀性、耐污染性、耐磨耗性等均为现用涂料之首，但光泽与颜色有局限性，且价格贵，因此当前还只使用在不需维修的高耐久性预涂金属上。涂料用氟树脂多采用低氟化度型，这种树脂较之高氟化度者在耐热性、不黏着性方面稍差，但作为涂料使用，其综合性能良好。由于在实际使用中还存在诸多问题，国内外都尚未推荐大量使用。

(7)环氧树脂系

环氧树脂系涂料的硬度、附着性、耐蚀性、耐药品性优良，但耐候性差，不适合于外用金属表面的涂装，可用作底漆而发挥其优异性能。

### 4.2.19 高固体型涂料

1. 简介

高固体型涂料是指涂料中固体含量超过某一范围的涂料总称。各国对高固体型涂料的固体含量有不同的规定，如日本规定为65%以上，欧洲地区规定为70%以上，美国规定为80%以上，我国可达80%，但未作明确规定。一般来说高固体型涂料的固体含量较原有涂料高15%～20%以上。

2. 一般性质

(1)固体含量高，溶剂使用量少；

(2)在高固体含量下喷涂施工，可减少涂装次数；

(3)由于溶剂使用量少，可降低对环境的污染；

(4)由于减少了涂装道数和溶剂用量，使总费用降低。

3. 主要品种

(1)环氧树脂高固体型涂料。这种高固体分涂料一般常加入焦油沥青，酚醛树脂，聚氨基甲酸酯树脂等进行改性，从而比用纯环氧树脂价格低、防蚀性高、溶剂用量少等优点。主要用于船舶、钢结构物的防蚀涂装。

(2)聚氨基甲酸酯树脂高固体型涂料。这种涂料是用低黏度多元醇与聚异氰酸酯化合物制成的高固体型涂料，用途同环氧树脂高固体型涂料。

(3)无机质高固体型涂料。这种涂料主要成膜物为烷基硅酸盐(硅酸乙酯等)或碱式硅酸盐等(硅酸甲、硅酸钠等)，前者采用醇系溶剂，后者完全以水为溶剂。这种成膜物与锌粉合用即可制成具有代表性的产品——富锌涂料。

其他一些涂料如乳胶涂料、电泳漆类、粉末涂料、非水分散型涂料、紫外线固化型涂料、电子束固化型涂料等不一一介绍。

### 4.2.20 重防腐涂料

能在严酷的腐蚀环境下应用并具有长效防腐寿命的涂料称为重防腐涂料。在化工大气和海洋环境中，重防腐涂料的防腐寿命在10年或15年以上；在酸、碱、盐和溶剂介质里并在一定温度的腐蚀条件下，一般应能使用5年以上。

常用防腐涂料的涂层干膜厚度一般为100 μm或150 μm以上，而重防腐涂料的涂层干膜厚度一般要在200 μm或300 μm以上，厚者可达500～1 000 μm，甚至2 000 μm (2 mm)以上，厚的涂膜为长效防腐寿命提供了可靠保证。

目前较普遍应用的重防腐涂料有：含氯的乙烯类涂料(如氯化橡胶涂料、氯醚涂料)、环氧树脂涂料、环氧沥青涂料、聚氨酯涂料、丙稀酸聚氨酯涂料等。其他重防腐涂料还有环氧沥青云母鳞片涂料、环氧沥青玻璃鳞片涂料、乙烯基酯玻璃鳞片涂料、高氯化聚乙烯不锈钢鳞片涂料等等。

重防腐涂料的使用寿命长,在长期使用过程中,需要注意维修。

## 4.3　舰船涂料

### 4.3.1　简述

船舶包括军用舰船和民用船舶,涂装于船舶内外各部位,以延长船舶使用寿命和满足船舶的特种要求的各种涂料统称为船舶涂料或船舶漆。而舰船涂料除包括民用船舶涂料外,还包括一些军舰用的特种性能涂料。如导弹发射部位用的耐高温涂料、航空母舰甲板防滑涂料、隐身涂料、核动力舰艇用耐核辐照涂料、橡胶表面防污涂料等等。

船舶涂料应具有一定的特性,而军舰又有其自身的特点,因此舰船涂料既要具有船舶涂料应具备的特性,也应具有军舰特殊要求的特性。

(1)舰船涂料必须能在常温下干燥,需要加热烘干的涂料就不适合作为舰船涂料。

(2)舰船涂料的施工面积大,因此舰船涂料应适合于高压无气喷涂作业。

(3)舰船的某些区域和舱室内施工比较困难,因此需要一次涂装能达到较高的膜厚,故往往需要厚膜型涂料。

(4)舰船的水下部位要进行阴极保护,因此,用于船体水下部位的涂料需要有较好的耐电位性、耐碱性。以油为原料或以油改性的涂料易产生皂化作用,则不适合作为舰船船底涂料。

(5)舰船在战斗中着火的可能性增大,要求机舱内部、上层建筑内部以及弹药舱等部位的涂料不易燃烧,且燃烧时不会放出具有刺激性的、有较大毒性的、过量的烟,因此,硝基漆、氯化橡胶漆、用卤族元素阻燃的防火阻燃漆等均不适合作为舰船的内部舱室涂料。

(6)特殊部位的特种涂料应保证特种性能要求,提供性能检测报告和实船试用报告。

(7)军船用的涂料有一般船舶涂料,也有多种特种性能涂料。由于涂料品种多,涉及的涂料厂商也比较多些,很难做到只由一两个厂家全部供货,因此,要注意涂料的接口。

(8)由于军船的航速比一般民船高,停靠码头的时间多,要注意到有的防污漆适合于民船,但不一定适合于军船;有的防污漆适用于我国北海,但不一定能适用于我国南海,这些都有实际例子。

(9)从环境保护而言,舰船舱室使用水性涂料是有利于舰员健康的。但舰船的很多舱室狭小、密闭,水性涂料中水分难以挥发,影响固化,特别是在潮湿的环境条件下,长时间不能固化;水性涂料的耐水性较差;在狭小不通风的舱室环境中还可能孳生霉菌;此外,舰船的建造周期长,冬季水性涂料的施工、运输、储存以及施工时的闪蚀、冻融、涂层配套、耐水性、龟裂、加入防闪蚀剂和消泡剂后对附着力的影响等诸多问题,都尚待进一步解决。因此,水性涂料在这些问题尚未得到圆满解决之前,还不能在舰船舱室内普遍应用。在几型舰船的试用和实际使用中都出现过一些问题。

### 4.3.2　舰船涂料分类

舰船涂料与工业(工程)涂料相比,是一种特殊用途的涂料,必须满足自然环境和特定工作环境的使用要求。例如,舰船所用的主要涂料与民用船舶涂料一样,应满足海洋环境耐海水和海洋大气腐蚀、耐老化及海生物防污等要求，但舰船有特别要求的部位所用的特种性能涂料还应满足其特殊要求，如防滑、耐酸、吸声、隐身、太阳热反射、防沾污、防结露、防火、耐烧蚀、耐高温高湿与干湿交替、重防腐、耐辐照、阻尼、导静电、电磁屏蔽等等特殊性能要求。

舰船涂料无论从其使用范围、品种、数量而言均在涂料行业中占有一定地位，并且反映出一个国家涂料行业的技术水平。国家从20世纪60年代以来，投入了大量人力和物力，由全国化工涂料研究单位、舰船总体设计单位、海军有关单位组成国家舰船涂料攻关组，经过长达30多年时间的舰船涂料攻关，基本满足了舰船防腐和特种涂料的需求，还有少数特种性能涂料尚待进一步解决。

舰船涂料按基料类型和性能分类，可分为常规涂料、高性能涂料和特种性能涂料三类。

以沥青、油脂类、醇酸树脂、酚醛树脂及一些天然树脂为基料的一般性能的船舶涂料，称为常规涂料。

以各种耐水性好，耐化学性好的合成树脂为基料的防腐期限较长的舰船涂料，称为高性能涂料。高性能的厚浆型涂料又称为重防腐涂料。

具有某种特殊性能的涂料，称为特种性能涂料。

舰船涂料按其在舰使用的部位和作用的不同，通常可分成以下几类，见图4-1所示。

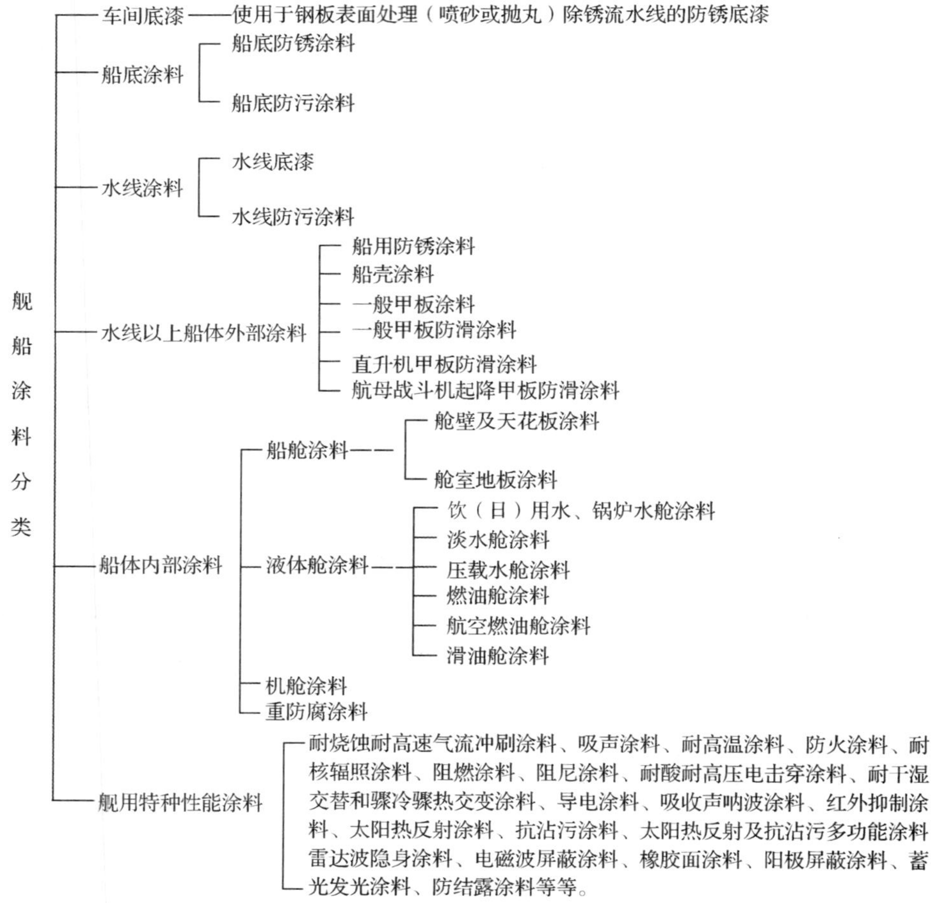


**图4-1　按在舰使用部位的舰船涂料分类**

常用舰船涂料分类与民用船舶涂料分类一致，详见表4-11。

**表4-11 船舶涂料分类情况**

| 名称 | | 涂料类型 | 备注 |
| --- | --- | --- | --- |
| 车间底漆 | | (1)磷化底漆(聚乙烯醇缩丁醛树脂、酚醛改性树脂)<br>(2)环氧富锌底漆<br>(3)无机硅酸锌底漆<br>(4)不含金属锌粉底漆 | |
| 水线以下涂料 | 船底防锈漆 | (1)沥青船底防锈漆<br>(2)氯化橡胶类船底防锈漆<br>(3)乙烯树脂类船底防锈漆(氯醋三元共聚树脂)<br>(4)环氧沥青船底防锈漆 | (2)、(3)两项常以沥青改性 |
| | 船底防污漆 | (1)溶解型(沥青、松香、氧化亚铜)<br>(2)接触型(氯化橡胶、乙烯树脂、丙烯酸树脂与氧化亚铜)<br>(3)扩散型(氯化橡胶、乙烯树脂、丙烯酸树脂与松香、有机锡)<br>(4)自抛光型(有机锡高聚物类、无锡类) | |
| 水线以上涂料 | 船用防锈漆 | (1)红丹防锈漆(油基、醇酸树脂、酚醛树脂、环氧酯)<br>(2)铁红防锈漆(醇酸树脂、酚醛树脂、环氧酯)<br>(3)云铁防锈漆(油基、酚醛树脂、环氧树脂、环氧酯)<br>(4)铬酸盐防锈漆(油基、醇酸树酯、环氧酯、酚醛树脂) | (2)项常加入铝粉 |
| | 水线漆 | (1)酚醛水线漆<br>(2)氯化橡胶水线漆<br>(3)丙烯酸树脂水线漆<br>(4)环氧水线漆<br>(5)乙烯树脂水线漆<br>(6)防污水线漆(接触型、扩散型、自抛光型) | (3)项常以氯化橡胶改性 |
| | 船壳漆 | (1)醇酸船壳漆<br>(2)氯化橡胶船壳漆<br>(3)丙烯酸树脂船壳漆<br>(4)聚酯树脂船壳漆<br>(5)乙烯树脂船壳漆<br>(6)环氧树脂船壳漆<br>(7)可复涂聚氨酯船壳漆 | 船壳漆主要用于船舶干舷，上层建筑外部和室外舾装件<br><br>(6)项常生产环氧脂船壳漆 |
| | 甲板漆 | (1)醇酸、酚醛甲板漆<br>(2)氯化橡胶甲板漆<br>(3)环氧甲板漆<br>(4)聚氨脂甲板漆<br>(5)甲板防滑漆(防滑粒料有金刚砂粒、聚氨酯塑料粒、橡胶粒、空心玻璃微珠等) | |

表 4 – 11 （续）

| 名称 | | 涂料类型 | 备注 |
|---|---|---|---|
| 水线以上涂料 | 货舱漆 | (1)银粉舱漆(油基、醇酸树脂与铝粉)<br>(2)氯化橡胶货舱漆<br>(3)环氧货舱漆<br>(4)环氧沥青漆 | (4)项常用于货舱、压载水舱<br>(4)项用于谷物舱时，应采用漂白型环氧沥青漆 |
| | 舱室面漆 | (1)油基调和漆<br>(2)醇酸磁漆 | 用于机舱；上层建筑内部 |
| 液舱涂料 | 压载水舱涂料 | (1)沥青漆<br>(2)环氧沥青漆<br>(3)改性环氧漆 | |
| | 饮水舱涂料 | (1)漆酚树脂漆(军船不推荐用)<br>(2)纯环氧树脂漆 | |
| | 油舱漆 | (1)石油树脂漆<br>(2)环氧沥青漆<br>(3)环氧树脂漆<br>(4)聚氨酯树脂漆<br>(5)无机锌涂料(军船不推荐用水性无机锌涂料)<br>(6)浅色导电油舱漆(军船不推荐用石墨导电的涂料) | (1)适用于燃油舱<br>(2)适用于原油船货油舱<br>(3)常以酚醛树脂改性<br>(3)、(4)、(5)、适用于成品油船、补给船货油舱<br>(6)适用于航空燃油舱 |
| 锚链舱涂料 | 锚、锚链、锚链舱漆 | 煤焦沥青漆、厚浆沥青漆 | |

### 4.3.3 舰船各部位对涂料的要求

1. 船底部位

船底区长期处于海水介质之中，受到海水的电化学腐蚀和海水的冲刷作用，它的腐蚀要比在大气和淡水中严重。据有关资料介绍，这个部位的平均腐蚀量在 0.1 ~ 0.17 mm/a，局部的孔蚀可达 0.5 mm/a。当舰船停泊于海港或航速低于 3 ~ 7 mile/h 时，海生物即会附着于船底和水线部位。受到海生物污损的部位，漆膜会受到破坏。此外，舰船还通常采用阴极保护和涂料保护达到更长期效的防腐蚀效果。当利用牺牲阳极或外加电流方式进行阴极保护时，整个船体水下区域将成为阴极，会因过量的 OH 离子而呈现碱性。

因此，船底区所用的涂料必须具有良好的耐水性、耐碱性、耐磨性、耐电位性，耐海水和淡水的长期浸泡不龟裂、不起泡、不脱落，其外层涂料还应具有防止不同海区海生物附着的防污性。

2. 水线区

水线区常处于海水和淡水、满载和轻载的交替作用、波浪和海面漂浮物的冲击、靠码头时的碰撞，此外海面油污的黏附，会使有的漆膜软化失去应有的物理性能，在露出海面时，受到日光曝晒及紫外线的照射，则会使漆膜粉化，有时还会有海生物附着。这些都说明，水线部位处于最苛刻的条件中，即处于飞溅区这一特殊的腐蚀环境，腐蚀最为严重，腐蚀速度为

1 英里(mile) = 1 609.344 米(m)

0.3～0.6 mm/a。选择的涂料一定要具有优良的耐海水、淡水、耐候、耐油、耐摩擦和耐冲击、耐干湿交替、抗污损、附着力强、具有良好的机械强度。当船体采用阴极保护时，还要求涂料有良好的耐碱性、耐阴极剥离等性能。

3. 大气曝露区

舰船的干舷、上层建筑外部，甲板舾装件等处于海洋大气曝露区，这些部位处于含盐的潮湿的海洋大气之中，又经常受到日光暴晒和海浪的冲击，腐蚀速度约为0.03 ～0.07 mm/a。舰船干舷以上部位通常要求涂料有优良的防锈性、耐候性。由于上述部位属于舰船外观上的主要部位，因此其面层涂料还需要有良好的保色性和保光性。为了提高水面舰艇对红外跟踪的伪装能力并降低舱室内温度，有的还要求涂层具有降低船壳外表面吸热的性能或同时还具有抗沾污性能。

4. 甲板部位

舰船甲板部位分为露天甲板部位和舱室甲板部位。露天甲板部位又分为普通甲板部位、普通防滑甲板部位、直升机防滑甲板部位、航母战斗机防滑甲板部位、导弹发射耐高温甲板部位。舰船甲板涂料均要求有优良的防锈性、耐磨性。露天甲板部位处于海洋大气曝露中，除要求甲板涂料有优良的防锈性、耐候性、保色性、保光性、以及耐油性、抗沾污性外，还应根据不同部位的不同要求具有良好的抗冲击性和优异的耐摩擦性能，即具有优异的干态摩擦系数、湿态摩擦系数、油润态摩擦系数、全向摩擦系数以及耐高温性能。导弹发射部位甲板涂料应能耐导弹发射时的高温高速气流的冲刷。

5. 液舱

舰船内部的液舱主要有压载水舱、淡水舱、饮水舱、锅炉水舱、燃油舱、航空油舱、滑油舱和补给船以及油船的货油舱等。压载水舱长期处于海水压载和空载的干湿交替状态，环境湿热、盐分高、密不通风，条件相当恶劣，要求涂料有优良的耐水、耐盐雾、耐干湿交替和抗腐蚀性能。

饮水舱（包括淡水舱）长期存放饮用淡水，要求涂料有良好的耐水性。由于饮水直接关系到人体的健康，故饮水舱涂料必须绝对保证不会污染水质，为此必须提供海军医学研究部门或具有权威性的卫生防疫部门的检测报告与认可文件。

燃油舱、滑油舱长期存放燃滑油，一般不会受到腐蚀，故可以不涂装，但在投油封舱以前必须清洁表面，涂以相应的油类保护。为减轻封舱前的清洁工作，往往在分段涂装阶段，燃油舱表面经二次除锈后以石油树脂漆或车间底漆保护。滑油舱表面常以环氧树脂漆进行保护。

航空燃油舱的防腐蚀涂料除要求有良好的防腐性和附着力外，还要求有良好的导静电性能，导静电涂料的表面电阻率要比导电涂料的表面电阻率高5～6个数量级，且导静电涂料中无迁移或渗出物质污染油品。若采用不导静电的其他涂料防腐则应采用其他导静电的措施防止静电积累。否则，积累了静电荷的油舱表面在摩擦时会产生火花放电，导致起火和爆炸的重大事故。

补给船和油船的货油舱，一般要经受油、水交替装（压）载，因此，既要有良好的耐油性，又要有优良的耐水性和耐油、水交替装载的性能。对装载成品油油船的货油舱的涂料有特别高的要求。

6. 弹药舱、机舱、泵舱及其他有防火要求的舱室

弹药舱、机舱、泵舱及其他有防火要求的舱室等工作场所的舱顶、舱壁以及机座、放置架

的涂料要求用不易燃烧的阻燃涂料或防火涂料，且一旦燃烧起来亦不致产生过量的烟、毒，所选用的阻燃或防火涂料需获得军方或军检部门的认可。弹药舱有时会自动喷淋，机、泵舱底部经常积聚油和水，因此阻燃涂料或防火涂料还要求有良好的耐水性和耐油性，这是一般阻燃或防火涂料所不具备的性能。

7. 生活舱、工作舱、储藏室

生活舱、工作舱、储藏室等场所用的涂料，要求底漆有良好的防腐性，面漆有良好的装饰性。从安全性考虑，涂料也应不易燃烧，一旦燃烧发生，也应具有阻燃、低烟、低毒性。

8. 无封面板的卫生间、洗衣室、烘干室、蒸饭间、开水间等处所

常把卫生间、洗衣室、烘干室、蒸饭间、开水间等处所称为潮湿舱室。这些潮湿舱室有些是无封面板的，所用涂料要求具有阻燃性、耐水、耐高温高湿、耐洗涤剂擦洗、耐腐蚀性好、有良好的装饰性。对于舰船结露的舱室或结露严重的部位可用吸水性防结露涂料或保温型防结露涂料。

9. 锚链舱

锚链舱处于潮湿甚至积有海水的工作环境中，经常受到锚链的冲击、摩擦以及火炮发射时的震动，因此锚链舱的涂料要求具有优良的长效防腐性、耐水性、耐摩擦和抗冲击震动性。

10. 烟囱部位

大型军舰烟囱部位的长期工作温度在500 ℃ ~600 ℃，是舰上最强的红外辐射源。因此烟囱涂料应能在600 ℃以上长期工作，且在施工时能常温干燥并具有红外抑制功能。不过目前的烟囱涂料都还不具有红外抑制功能。若采用液体进行红外抑制，则烟囱涂料还应耐干湿交替和冷热骤变。

11. 橡胶表面防护涂料

潜艇的很多部位安装了橡胶型减震器和吸声材料，在这些结构表面涂装保护涂料与钢结构表面涂装涂料要求不同，除了满足通常的防腐防污性能外，因为橡胶基材属于弹性材料，因而要求表面保护涂料必须具有良好的柔韧性和延展性，与橡胶表面具有良好的附着性能。施工时也不允许用常规的喷砂或砂轮打磨，只用溶剂清除油污，再用细砂纸在橡胶表面拉毛即可涂装。通常也分船壳漆和防污漆两种。

## 4.4 舰船各部位对舰船涂料的主要性能要求

### 4.4.1 车间底漆

车间底漆又称车间保养底漆、钢材预处理底漆。它是一种使用于钢材表面处理（喷砂或抛丸除锈）流水线上的防锈底漆。钢板经除锈后立即涂复车间底漆，以防止它们在舰船建造期间生锈。

车间底漆通常以环氧、环氧酯、酚醛、硅酸盐（酯）或聚乙烯醇缩丁醛等为漆基，以锌粉、铝粉、铁红、锌黄或磷酸锌为防锈颜料经研磨而成。与通常的油漆涂层不同，车间底漆有以下特点：

（1）车间底漆是一种临时保养性的底漆，在分段正式涂装时，它可以除去，也可以保留，主要取决于正式涂装时车间底漆涂层本身的完好性。为此，车间底漆的膜厚不计入船体涂

层的总膜厚之内。

(2)钢材涂有车间底漆以后,在焊接、切割时,该底漆可不必除去。

(3)具有良好的耐磨性和柔韧性。由于正式涂装时,车间底漆可以保留,故车间底漆应与船舶防锈漆和船舶漆有良好的配套性。

(4)车间底漆的喷涂是在自动化流水线上进行的。由于施工上的这些特点,决定了车间底漆应该具备一般涂料所不同的性能。

4.4.1.1 舰船用车间底漆的性能要求

舰船用车间底漆须获得国家船舶检验局和军检认可。其主要性能要求如下:

(1)防锈性 由于舰船建造周期长,要求车间底漆的防锈保护期限也要长一些,对于大型舰船涂膜应有9~12个月(不含锌或含锌底漆)以上的防锈能力,对于中、小型舰船涂膜应有6个月以上的防锈能力。长期接触海水部位的车间底漆要求适应阴极保护不皂化的性能。

(2)快干性 为适应自动化流水线作业的需要,要求漆膜常温下(23 ℃)在3~5分钟内表干。

(3)漆膜厚度 应严格控制车间底漆的漆膜厚度,因为它对车间底漆的安全性及质量极为重要。含锌和不含锌车间底漆的单层漆膜厚度应分别为15~20 μm和15~25 μm。

(4)机械性能 车间底漆与裸露钢板及防锈漆均应有良好的附着力(按ISO 2409《漆膜附着力的测定法》测定,漆膜剥离面积不应超过15%),耐磨,能经受搬运不致大面积损坏和剥离。按成型弯曲检验后,不得出现大于3 mm裂纹或其他缺陷。有良好的耐冲击性和韧性,以适合带漆钢材的机械加工。

(5)耐热性 具有良好的耐热性,在钢材进行气割、焊接、火工校正时,漆膜受热所破坏的面积(热影响区)较小,在焊接或气割缝的每一边及火工校正的热影响区保养底漆的烧损应尽量小于5 mm,最大不应超过20 mm。漆膜不应影响钢材气割、焊接的质量,特别是要注意到自动焊时焊缝产生的气孔。也不应影响它的气割、焊接速度或影响很小。

(6)耐电位性 长期接触海水部位的车间底漆要求适应阴极保护不皂化的性能。

(7)低毒性 带漆钢材在气割、焊接时,漆膜产生的烟雾及粉尘等对人体无害,或者释放的有毒有害物质浓度在国家卫生指标GBZ1—2002《工业企业设计卫生标准》所允许的范围之内。特别注意到含锌涂料产生的锌蒸气浓度不至于对人体产生危害。

(8)配套性 漆膜应具有较强的耐溶剂性,能与使用于舰船各部位的各类防锈涂料(如醇酸、酚醛、乙烯、氯化橡胶、丙烯酸、环氧、聚氨酯和沥青等类)相配套(几种车间保养底漆与后道漆的配套适应性见表4-12)。因此,车间底漆多为化学固化型涂料。

**表4-12 几种车间保养底漆与后道漆的配套适应性[1)]**

| 序号 | 名称 | 除锈要求 | 涂装厚度/μm | 推荐使用部位 | 与面漆的配套适应性 | | | | | | | | | |
|---|---|---|---|---|---|---|---|---|---|---|---|---|---|---|
| | | | | | 油脂类漆 | 酚醛树脂类漆 | 醇酸树脂类漆 | 沥青类漆 | 环氧树脂类漆 | 环氧沥青类漆 | 氯化橡胶类漆 | 乙烯漆 | 丙烯酸类漆 | 聚氨酯类漆 |
| 1 | 环氧铁红底漆 | bl | 15~25 | 船体所有部位 | × | △ | △ | ◎ | ◎ | ◎ | ◎ | ○ | ◎ | ◎ |

表 4-12 （续）

| 序号 | 名称 | 除锈要求 | 涂装厚度/μm | 推荐使用部位 | 与面漆的配套适应性 | | | | | | | | | |
|---|---|---|---|---|---|---|---|---|---|---|---|---|---|---|
| | | | | | 油脂类漆 | 酚醛树脂类漆 | 醇酸树脂类漆 | 沥青类漆 | 环氧树脂类漆 | 环氧沥青类漆 | 氯化橡胶类漆 | 乙烯漆 | 丙烯酸类漆 | 聚氨酯类漆 |
| 2 | 环氧富锌底漆 | bl | 15~20 | 船体所有部位（航空油舱不宜使用） | × | △ | △ | ◎ | ◎ | ◎ | ◎ | ○ | △ | ◎ |
| 3 | 无机富锌底漆 | bl | 15~18 | 船体所有部位（航空油舱不宜使用） | × | × | × | △ | ○ | ◎ | △ | ○ | △ | ○ |
| 4 | 聚酚氧低锌底漆 | bl | 20~25 | 船体所有部位 | × | △ | △ | ◎ | ◎ | ◎ | ◎ | ○ | ○ | ◎ |
| 5 | 醇酸酚醛底漆 | bl | 20~25 | 不宜使用在与海水接触的部位 | ◎ | ◎ | ◎ | △ | × | × | △ | × | × | × |
| 6 | 磷化底漆 | bl | 15~20 | 不宜使用在与海水接触的部位 | ◎ | ◎ | ◎ | ○ | △ | △ | ○ | ◎ | △ | |

注：1）表中符号◎——最佳

○——佳

△——要注意（在符合技术条件下可用，或加中间漆，但一般不用）

×——不能用

4.4.1.2 典型车间底漆种类

1. 磷化底漆 又称为洗涤底漆或蚀刻底漆，是醇溶性涂料，具有磷化处理和钝化处理的双重作用。其作用机理是：组分中的磷酸与四碱式锌黄反应产生磷酸盐覆盖膜，起磷化作用；同时生成铬酸使金属表面钝化；聚乙烯醇缩丁醛参加反应形成不溶性物质，堵塞金属表面孔隙，形成牢固附着的封闭层，使金属得到完整地保护。磷化底漆对于钢材的焊接、切割无任何不良影响，干性快，其表面能涂覆各种有机型涂料，价格亦低廉。但该漆室外保养期较短（一般为三个月），热加工时损伤面积较大，耐电位性能较差，不适合装有阴极保护系统的船体水下部位。

2. 环氧富锌底漆 环氧富锌底漆以环氧树脂为基料、聚酰胺为固化剂、金属锌粉为主要防锈颜料。通常干漆膜中锌粉含量在87%~92%。由于锌粉颗粒相互接触，产生电化学保护作用，因此，环氧富锌底漆具有很好的防锈性能，其室外保养期有6~9个月。此外，该漆耐热性较好，热加工时损伤面积小。

以冷固化环氧树脂或硅酸盐（酯）为漆料的锌粉底漆虽然具有良好的长期防锈性能和良好的机械性能，并适应阴极保护。但其不足之处如下：

（1）锌粉底漆在大气中曝露后，会在表面上形成亲水性盐类，故在涂覆面漆时应用尼龙刷或清洁的淡水冲洗予以除去表面的锌盐。

(2)锌粉底漆不耐酸碱,也不耐有机物质,因有机物质中的某些油脂会水解而生成有机酸。

(3)锌粉底漆不能应用于装载航空燃料油的舱内。在较短时间内,于硅酸锌底漆上涂覆面漆,特别是快干的面漆,常会因底漆中挥发物尚未挥发完而引起面漆的起泡。

(4)锌粉底漆,特别是富锌底漆,由于锌粉含量多,当钢板在切割或焊接时,除对切割速度和质量有一定影响外,还会产生引起"锌热病"的氧化锌烟雾,对人体健康带来影响,易导致"锌热病"。必须采用通风面罩、静电口罩及轻便自提式抽风装置的联合保护才能达到符合国家卫生指标允许的氧化锌气体含量 7 $mg/m^3$ 以内。

(5)环氧富锌漆另一缺点是不能涂覆常规的油性漆,尤其是船体水下部位,会导致油性漆皂化而起泡、剥离。

(6)环氧富锌底漆还有一个值得重视的问题是漆膜厚度对 $CO_2$ 气体保护焊的焊接质量有较大影响。$CO_2$ 气体保护焊是一种高效、节能、低成本的焊接工艺。但在船厂中,钢板经流水线预处理、涂覆了车间底漆后,不论底漆是什么品种,不论是国产的还是进口的,在使用 $CO_2$ 气体保护焊时,都不同程度地出现了气孔,而富锌底漆普遍都非常严重。

用铁红、无机富锌、有机富锌车间底漆进行对比试验,其结果是:

①不涂底漆的钢板,$CO_2$ 气体保护焊焊接时电弧稳定,飞溅小,成型也好。

②涂铁红类车间底漆的钢板,漆膜无论是薄,还是厚,焊接时电弧都是稳定的,飞溅小,熔池流动性好,成型一般。

③涂富锌底漆的钢板,当漆膜厚度为 10 ~ 15 μm 时,焊接时电弧稳定性还可以,当漆膜厚度变大时,熔池黏度增大,流动性变差,飞溅也变大。由于锌的低熔点,焊接时富锌底漆比铁红底漆困难,焊缝也高低不平,成型也差,烟气也比铁红底漆多,但飞溅物还比较容易清理。因此车间底漆的漆膜厚度应控制在 10 ~ 15 μm,不超过 20 μm。随着车间底漆膜厚的增加,焊接时的飞溅增大,电弧稳定性变差,焊缝成型也变差,同时出现气孔的敏感性(气孔的数量和占焊缝面积百分比率)增大。环氧铁红底漆的试验结果还表明,试样的抗拉、冲击、冷弯的机械性能随车间底漆漆膜增厚而相应递减,如 25 μm 漆膜厚度时,抗拉强度降低了 1%,冲击值降低了 4.9%;到了 45 μm 的漆膜厚度时,抗拉强度降低了 3%,冲击值降低了 7.5%;冷弯值也从合格降为不合格。

试验结果表明,富锌底漆对 $CO_2$ 气体保护焊焊接质量的影响最为严重,各种漆膜厚度都出现了气孔。即使 10 ~ 15 μm 很薄的膜厚,气孔也是可观的。20 μm 以上,则大小气孔十分明显,很严重。可以看出,锌的存在是影响 $CO_2$ 气体保护焊的极为重要的因素,Zn 的熔点为 419 ℃,沸点为 907 ℃,均低于钢的熔点 1 400 ℃ ~ 1 500 ℃,但远比有机物的沸点和分解温度高。正是这一特点,决定了锌可形成气孔。锌容易汽化成为气态,烧损的无机物能分解出一些气体,形成更多的小气孔。因此,无机锌底漆产生的小气孔要多于有机锌底漆。

有关飞溅的问题:保护层 $CO_2$ 气体于熔滴中的碳反应,生成 CO 气体使熔滴爆炸,形成飞溅。这是一般情况。对于富锌底漆来说,焊接时熔滴周围的锌蒸气与 $CO_2$ 气体剧烈反应,更容易形成飞溅。因此,富锌底漆的飞溅十分严重。同时,这样也破坏了保护层气体,导致了空气中氮气进入熔池,造成表面氮气孔。几种富锌底漆在焊接试验中,焊缝表面都出现了这样的表面气孔。

铁红类底漆没有这样的锌蒸气产生,因而飞溅、成型、电弧稳定性均优于富锌底漆。环氧铁红底漆，尽管内部气孔较严重，但没有表面 $N_2$ 气孔，其他焊接性能都明显好于富锌底漆。

要使车间底漆在 $CO_2$ 气体保护焊条件下不产生气孔，是不大可能的。但是，选择合适的底漆和厚度可将底漆对气孔的敏感性降到最低。

对于以环氧树脂、聚酰胺和超细锌粉等组成的环氧富锌双罐装底漆，使用时应按确定的比例调和并经一定时间熟化后方可涂装使用。涂料具有优异的防蚀能力，可与环氧沥青、乙烯沥青、氯化橡胶等高性能防锈漆及船壳漆、油－水舱漆相配套，但需要较高的表面处理等级。

3. 环氧无锌底漆，也称为环氧铁红底漆，是双组分涂料。

环氧铁红车间底漆以环氧树脂为基料，聚酰胺为固化剂，氧化铁红为主要防锈颜料。由于不含锌，热加工时无氧化锌蒸气产生，对面漆也无选择性，并具有良好的耐溶剂性与化学稳定性，特别适合作为装载石油制品的运输船（成品油船）的货油舱部位钢材的预处理底漆。

该漆防锈性能低于环氧富锌漆而略高于磷化底漆，室外保养期约四个月左右，其另一缺点是干性稍差，抛丸预处理流水线必须安装烘干设备。

4. 无机锌底漆，亦称硅酸锌底漆或无机硅酸锌底漆。

无机锌底漆有水溶性自固型、水溶性后固型和醇溶性自固型三种。用作车间底漆的硅酸锌底漆则大多为醇溶性自固型。

无机锌底漆以正硅酸乙酯为基料配以锌粉与着色颜料。

无机锌底漆依靠正硅酸乙酯吸收空气中水分水解缩聚，然后与锌和铁发生化学反应形成硅酸锌铁复合盐类，通过化学键结合而牢牢附着于钢铁表面。锌作为牺牲阳极，对钢铁起电化学保护作用，同时生成的复合盐结构致密、难溶，沉积在涂层表面，防止氧、水和盐类的浸蚀，起到防锈作用，是防锈效果较好的一种车间底漆。无机锌底漆有通用型和耐高温型（耐温可达 800 ℃）两种。

无机锌底漆作为预处理车间底漆有许多突出的优点，其不仅有优良的防锈性，室外保养期可达 6～9 个月，而且干性快，机械性能好，耐热性能优异，热加工损伤面积很小，耐溶剂性强，是应用较广泛的一种车间底漆。但其焊接，切割时仍有一定的氧化锌气体发生（比环氧富锌漆则少得多），仍需加强个体劳动保护。

上述四种车间底漆性能特点见表 4－13。

**表 4－13　上述四种车间底漆性能比较**

| 底漆名称 | 磷化底漆 | 环氧树脂底漆 | 环氧无锌底漆 | 无机锌底漆 |
|---|---|---|---|---|
| 主成分 | 铬酸锌，聚乙烯醇缩丁醛、酚醛树脂 | 锌粉、环氧树脂、聚酰胺树脂 | 氧化铁红、环氧树脂、聚酰胺树脂 | 锌粉、正硅酸乙脂 |
| 标准膜厚/μm | 13～15 | 15～20 | 20～25 | 15～20 |
| 室外防蚀期/月 | 2～4 | 6～9 | 4 | 6～9 |
| 干燥性能（25 ℃） | 一般≯5 min | 同左 | 同左 | 快，1～2 min |
| 可焊性 | 优 | 一般 | 良 | 优 |
| 可割性 | 优 | 一般 | 优 | 良 |

表 4-13　(续)

| 底漆名称 | | 磷化底漆 | 环氧树脂底漆 | 环氧无锌底漆 | 无机锌底漆 |
|---|---|---|---|---|---|
| 环境污染性 | | 小 | ZnO 浓度较大、易超标准 | 小 | 产生一定量 Zn,通常不超过标准 |
| 耐热性 | | 差 | 良 | 一般 | 优 |
| 耐电位性 | | 差 | 优 | 良 | 优 |
| 施工性能 | | 优 | 一般 | 良 | 一般 |
| 耐溶剂性 | | 一般 | 良 | 良 | 优 |
| 与防锈涂料的配套性 | 油性类 | 优 | 差 | 良 | 差 |
| | 沥青类 | 良 | 优 | 良 | 一般 |
| | 氯化橡胶类 | 良 | 优 | 良 | 良 |
| | 乙烯类 | 优 | 良 | 良 | 良 |
| | 环氧沥青类 | 一般 | 优 | 良 | 优 |
| | 纯环氧类 | 一般 | 优 | 良 | 优 |
| | 聚氨酯类 | 优 | 一般 | 良 | 良 |

5. 长曝型磷化底漆　是一种使磷化底漆和锌粉底漆合而为一的车间底漆。该底漆在成膜中由磷化底漆的反应组分和正硅酸乙酯的水解物、锌粉形成复杂的交联体键合于金属表面形成坚固的致密涂膜,具有六个月以上的防锈能力,并使焊接时产生的氧化锌气体大为减少。

6. 低锌车间底漆　低锌车间底漆是将锌粉含量降低在80%以下,被降低的部分用铝粉、氧化铁红等代替,使其耐候性基本不变,以改善现场操作人员的劳动条件。

### 4.4.2　船舶防锈涂料与防锈颜料

#### 4.4.2.1　*船舶防锈涂料*

船舶防锈涂料通常称为船舶防锈漆,其主要作用是防止钢铁及其合金的锈蚀。

人们习惯地把能够防止钢铁及其合金在自然腐蚀条件下(即在大气、水和土壤之中)腐蚀的底漆称为防锈漆,而把能够防止钢铁及其合金在化学介质中或在高温条件下腐蚀的底漆称为防腐漆。

根据上述习惯,能使直接接触海水(电解质溶液)的船体部位免受腐蚀的涂料应该称之为防腐漆,但目前在我国、在船舶涂料范畴里,多数人还是习惯于把用于防止船舶在大气中和海水中腐蚀的涂料统统列为防锈漆的范围之内。

防锈漆的防锈作用,除依靠基料本身能将腐蚀介质与钢铁表面进行隔离外,在很大程度上还得依靠防锈颜料的防锈作用得以实现。

船舶防锈漆主要有两类:一类是主要用于船舶水线以下长期浸泡在海水中的船底防锈漆;另一类是主要用于船舶水线以上大气曝露区和内部舱室(不包括液舱)、通道等室内区域的船用防锈漆。

4.4.2.2　防锈颜料

防锈颜料按其在漆膜中的作用区分，可分为化学防锈颜料和物理防锈颜料两大类。

1. 化学防锈颜料

化学防锈颜料在涂层中能依靠自身的化学性质阻止或降低腐蚀介质对钢铁的腐蚀作用，起到防锈效果的一类颜料。

(1)铅系颜料

①红丹：也叫铅丹，含有97%以上的$Pb_3O_4$，其余为PbO，是一种历史很悠久的化学防锈颜料。红丹的结构可视为正铅酸铅$Pb_2PbO_4$。

红丹能与钢铁腐蚀初始阶段的$Fe^{++}$产生离子交换，生成难溶的$Pb_2PbO_4$，也能与$Fe^{+++}$产生离子交换生成$Fe_4(PbO_4)_3$。红丹还能将$Fe^{++}$氧化成稳定的$Fe^{+++}$，使漆膜增密，减少了离子渗透性。

在水和氧存在下，红丹能与油基漆中油料生成铅皂，具有缓蚀作用。

红丹还能吸收腐蚀介质中$SO_4^{=}$成为不溶性$PbSO_4$，这在工业大气中使用具有重要性。

②铅酸钙($Ca_2PbO_4$)：含铅量比红丹低，其作用类似于红丹。

③氰氨化铅($PbCN_2$)：氰氨化铅水解而成氢氧化铅和氨化合物，碱性较强，能抑制腐蚀，同时能与油料生成铅皂，降低离子渗透性。

(2)锌系颜料

①金属锌粉：在涂料中，锌粉粒子间紧密接触能起到类似镀锌层一样的阴极保护作用，而锌粉的氧化产物又能起到封闭作用，阻止腐蚀介质的透入。

②氧化锌：常配合其他颜料用于防锈漆，由于它对酸性物质具有高度反应性，因而减缓了腐蚀条件，所形成的皂类亦具有封闭作用。

(3)铬酸盐颜料

铬酸盐颜料适用于钢铁防锈漆，也适合于轻金属防锈，其主要防锈作用是依靠其对水有一定的溶解度，离解出$CrO_4^{=}$对钢铁进行阳极钝化，大大降低钢铁腐蚀的速度。铬酸盐中阳离子，如锌铬黄中的锌离子也能起到阴极缓蚀作用。

常用的铬酸盐防锈颜料有锌铬黄、四盐基锌黄、铬酸锶、铬酸钙、铬酸锶钙(也叫锶钙黄)、铬酸钡等。

(4)磷酸盐颜料

磷酸盐作为防锈颜料的品种也很多，如磷酸铁铵、磷酸铁，磷酸铬、磷酸钙和钡等。在应用上比较成功的是磷酸锌。

磷酸锌本身是水合物，具有形成碱式络合物的能力。这种络合物与漆基的极性基团(羟基或羧基)进一步络合，生成稳定的交联络合物以增强漆膜耐水性和附着力，同时也能和$Fe^{++}$形成络合物，阻止锈的形成和发展。

(5)其他

化学防锈颜料种类有很多，其防锈机理亦各不相同，各有特点，可应用于不同的涂料之中。如有机铬酸盐颜料，较低的用量可获得较高的防锈效果，偏硼酸钡有防霉、杀菌性，可用于乳胶漆中等等。

2. 物理防锈颜料

物理防锈颜料是一种本身化学性质较为稳定的颜料，借助其细微的颗粒充填漆膜结构，能提高漆膜的致密度，降低漆膜的可渗性，从而达到一定的防锈效果。一般常用的物理防锈颜料有红土、铁红、铁黄,铝粉和云母氧化铁等。其中铝粉和云母氧化铁其构型呈片状,在漆膜中薄片相迭,具有很好的防水、气渗透的作用和较好的耐候性。

物理防锈颜料可以一种或几种一起用于防锈漆中,也常和化学防锈颜料一起用于防锈漆。

此外,物理防锈除采用物理防锈颜料外,还可采用玻璃鳞片、不锈钢鳞片、云母鳞片等,使漆膜达到良好的防水、气渗透的作用,提高防锈性能。

### 4.4.3 船底防锈漆

船底防锈漆是长期浸泡在水下的用以保护船底钢板的一种专用防锈涂料。按照船底防锈要求,所用船底防锈漆施工多道,因而船底防锈漆又分为防锈底漆和中间层漆两种。由这两种漆组成完整的船底防锈漆配套系统。

1. 船底防锈涂料防止船底钢板腐蚀的途径

船底防锈涂料主要通过下述三种途径来防止船底钢板的腐蚀:

(1)抑制阳极反应;

(2)抑制阴极反应;

(3)在钢板和海水间插入高电阻。

上述第(3)种则是普遍的防护机理,高电阻减少腐蚀电流。电阻亦随着涂膜厚度的增加而增加,腐蚀电流降低。

2. 船底防锈涂料应具有的性能

(1)漆膜与钢铁表面或车间底漆必须具有很好的湿态附着力(按 GB 5210《色漆和清漆拉开法附着力试验》测定,各漆层间附着力≥2 MPa(20 kgf/$cm^2$),在长期浸水和水流冲击下漆膜不会起泡脱落;

(2)漆膜耐水性好,透水性及氧气透过率小;

(3)干燥性能好;

(4)与相应车间底漆和船底防污漆有良好的配套性,与防污漆漆膜间的层间附着力好,不干扰防污漆的防污性能;

(5)漆膜具有良好的耐碱性和耐电位性,能与阴极保护系统配合使用。

3. 常见的船底防锈漆的品种

(1)沥青系船底防锈漆

沥青系船底防锈漆历史最为悠久,其防水性好、价格低廉,生产施工工艺简单,表面处理要求较低,施工时即使空气湿度较大,对漆膜附着力影响较小。但其漆膜干性慢,耐热性差,不耐干湿交替和大气曝晒,尽管如此,在合成树脂涂料大量应用的今天,沥青系船底防锈漆仍获得很大的应用。

常用的沥青系船底防锈漆:

①沥青船底漆

以沥青为漆料,配以氧化铁红颜料和体质颜料研磨而成的沥青船底漆,漆膜坚韧、耐水性和防锈性能良好,但不耐大气曝露,不能在日光下暴晒,否则漆膜会发生龟裂,故不能单独使用,须与铝粉沥青船底漆配套使用,作为铝粉沥青船底漆与防污漆之间的中间涂层。在旧船维修中,可作为船底残留的旧防污漆的封闭层。

沥青船底漆耐电位性能较低,只适合于阴极保护电位不大于 -0.85 V(AgCl/海水电极)

的情况下应用。

②铝粉沥青船底漆

以煤焦沥青为漆料，以铝粉为防锈颜料的船底漆含有较多叶展型铝粉，不仅增强了防水防锈性能，又因铝粉反光性好、紫外线难以通过，增强了耐大气曝露的性能。但铝粉沥青船底漆耐电位性能亦较低，也只适合阴极保护电位不大于 -0.85 V(AgCl/海水电极)的情况下应用。

安装牺牲阳极时，应注意保护电位不得超过 -0.85 V，否则漆膜将起泡和脱落。

(2)改性沥青船底漆

①改性煤焦沥青船底漆

以苯基苯酚甲醛树脂改性的煤焦沥青船底漆，不仅使干性有所提高，而且耐阴极保护电位由 -0.85 V 提高到 -0.90 V 左右，基本上能适应不超电位保护情况下的锌阳极装置。

低性能的沥青系船底漆由于防锈期效短，大型舰船已不再选用。

②环氧沥青船底防锈漆

环氧沥青船底防锈漆属于中高性能船底防锈涂料。是由环氧树脂、煤焦沥青、防锈颜料，溶剂和作为固化剂的聚酰胺树脂组成的两罐装涂料，通常为黑色或棕色。

环氧树脂有优异的耐碱性和抗化学介质的能力，附着力强，机械强度高，但耐水性稍差。

沥青具有优异的耐水性和润湿性，防锈性能好，但耐热与耐候性差，涂膜的机械强度亦较差。

聚酰胺树脂在常温下是黏稠的液体，分子结构中有较长的碳链和极性基团，因此具有很好的弹性和附着力，它与环氧树脂有良好的混容性，对颜料有很好的润湿性.

由一定比例的环氧树脂、煤焦沥青和聚酰胺树脂组成的环氧沥青防锈漆，克服了环氧树脂与沥青各自的缺点，发挥了三者的优点，使它既具有环氧树脂涂料的优良附着力、耐冲击、耐磨、耐酸碱与各种化学物质的卓越性能，耐油性、耐热性、耐候性比沥青系涂料大为提高，又具有沥青系涂料耐水性好、成本低廉的优点，还兼备聚酰胺树脂柔韧性好富有弹性的长处。加入气相二氧化硅可使之成为厚膜化涂料，采用高压无气喷涂每道干膜厚可达 125 μm 以上。因此，环氧沥青船底防锈漆得到广泛应用，尤其是舰船底部舱室和压载舱等部位。

环氧沥青涂料用作船底防锈漆，保护效果特好，其耐电位性能优异，能适应 -1.1 V (AgCl/海水电极)的阴极保护，与自抛光防污漆配套使用，防腐防污有效期可达五年。

但环氧沥青系涂料亦保留了环氧树脂和沥青的一部分缺点，涂层的固化速度同样受温度影响较大，低于 10 ℃时固化反应缓慢，5 ℃以下反应趋于停止状态而不能固化，在 25 ℃时达到完全固化一般要七天才能完成。如果在冬季施工，须改用低温固化剂。能低温固化的聚氨酯煤焦沥青可在 -19 ℃的低温条件下固化成膜。固化速度可以通过选择异氰酸酯种类、NCO/OH 的比、煤焦沥青含量、促进剂选用等方法来调节。环氧沥青系涂料的涂层与涂层之间的涂装间隔时间仍有限制。超过规定时间后，漆膜光硬，若在其上涂其他涂料，包括同品种涂料，层间附着力会受到影响，产生层间附着力差的情况。施工中应注意涂料的重涂性，为此常在环氧沥青涂料和防污漆之间涂覆乙烯类、氯化橡胶类气干型中间层漆，中间层漆的厚度在 30 μm 以上，就可与面层涂料起“联结”作用。沥青的强渗透性仍会对面层涂料带来影响，故舰船的水线区如采用颜色较浅的水线涂料，特别是单组分溶剂型涂料(如氯化橡胶水线漆)则不能采用环氧沥青船底防锈漆作为底漆。

③乙烯沥青船底防锈漆

乙烯型船底防锈漆多以氯乙烯、醋酸乙烯、顺丁烯二酸酐三元共聚体树脂为主要成膜物质,并添加适当的增塑剂、稳定剂、颜料、触变剂和溶剂构成。

氯醋三元共聚体船底防锈漆有优良的耐水性、耐碱性、耐油性和耐电位性,耐阴极保护电位可达 -1.1 V(AgCl/海水电极)。可在 -10 ℃的低温下施工。

由于氯醋共聚体树脂溶解度有限,故制成的涂料固体分含量较低,在船底防锈漆中常增加部分沥青以提高固体分含量,同时也能进一步增强其对钢材表面的附着力,通常将沥青改性的氯醋共聚体树脂为基料的船底防锈漆称之为乙烯沥青船底防锈漆。当其厚度在 200 ~ 250 μm 范围内时的防锈有效期可达三年左右。

乙烯沥青船底防锈漆可与各种类型的防污涂料配套。在与 SPC 防污涂料配套时,防污有效期可达 3 ~5 年。

在新船建造时,乙烯沥青船底防锈漆常与环氧沥青船底防锈漆配合使用,以环氧沥青防锈漆作底层涂料,乙烯沥青防锈漆作为中间层,面层采用 SPC 防污涂料。这是因为乙烯沥青系涂料不像环氧沥青类涂料具有涂装间隔时间限制的要求,这给船舶涂装工艺带来许多方便。

(3)氯化橡胶船底防锈漆

氯化橡胶船底防锈漆为溶剂挥发干燥型涂料,较之于传统的沥青系船底防锈漆来说,属中高性能的船底防锈漆。

氯化橡胶船底防锈漆有很好的抗水和抗氧渗透的性能,耐酸与耐碱性强,干燥快,可低温施工,施工方便。

氯化橡胶制成的船底防锈漆有氯化橡胶铝粉防锈漆、氯化橡胶铝粉厚涂防锈底漆、氯化橡胶铁红防锈漆、氯化橡胶灰色防锈漆、氯化橡胶磷酸锌底漆、氯化橡胶沥青防锈漆等多种。氯化橡胶沥青防锈漆含有煤焦沥青,可使涂膜耐水性提高,但不耐干湿交替。

常用氯化橡胶铝粉防锈漆二道和一道氯化橡胶铁红防锈漆作中间漆组成船底防锈漆配套体系。

氯化橡胶涂料在温度、日光或三氯化铝等因素影响下,会逐步释放出 HCl 气体,并在分子中形成双键而发生交链反应,进而形成网状结构而导致氯化橡胶涂料的胶化,特别是含有铝粉的防锈漆没有合适的稳定剂的话,其贮藏稳定性很差。而稳定剂可采用环烷酸锌、低分子环氧树脂、环氧化豆油、轻质氧化镁等。

在氯化橡胶沥青防锈漆中,沥青的存在会影响稳定剂的作用,因此氯化橡胶沥青防锈漆往往采用两罐装。

### 4.4.4 船用防锈漆

船用防锈漆是船舶防锈漆中的另一大类。船用防锈漆是指用于船舶水线以上大气曝露区域和生活舱、工作舱、机舱、储藏舱、走道等内部区域的一般船用防锈涂料,不包括船底防锈涂料和液舱用特殊防锈涂料以及各类特种性能涂料配套的防锈涂料。

根据不同的用途,这一类防锈漆通常以油料、醇酸树脂、酚醛树脂、氯化橡胶,环氧树脂、环氧酯等为基料,以红丹、锌铬黄、磷酸锌、氧化铁红、铝粉、钛白粉等为颜料,有的以滑石粉、重晶石粉等为体质颜料而组成。这类防锈漆应具有以下性能:

(1)与钢铁表面或车间底漆的附着力好,并能与各类相应的面层涂料配套;

(2)漆膜应具有良好的耐水性和耐候性;

(3)漆膜机械强度良好,有一定的抗冲击能力和耐磨性,并具有较好的柔韧性。

与船底防锈漆不同,船用防锈漆一般以所采用的主体防锈颜料或是颜料与基料相结合来区分的。下面介绍以主体防锈颜料为线索的几个防锈漆品种。

4.4.4.1 红丹防锈漆

红丹防锈漆,简称红丹漆。以红丹($Pb_3O_4$)为主体防锈颜料,常以油基树脂或醇酸树脂为基料,是防锈漆中使用最悠久的品种。红丹漆也有以酚醛树脂,氯化橡胶,环氧树脂,环氧酯等为基料的,品种有多种多样。

红丹漆漆膜坚韧、附着力好、对钢材表面处理的要求不高,具有较好的润湿性。其防锈性能优良,船舶的室外曝露区域常采用红丹漆作为底漆。

红丹漆不适宜用于水线及水线以下区域,因红丹漆大多是油性的,在水下不耐电位,容易起泡剥离。

红丹漆耐候性较差,在大气中曝露时间一长,易与二氧化碳作用形成碱式碳酸铅而发白粉化,故需及时涂装面漆。

红丹漆不适合于轻金属防锈,因为红丹的电极电位较正,与轻金属之间电位差较大,易引起电化学腐蚀。

红丹漆的主要缺点在于铅的毒性,在涂料生产过程中要严格处理污染环境的排放物,在使用过程中因焊接、切割时产生的含铅烟尘对人体健康威胁也较大,因此红丹漆一般不用于通风条件有限的室内区域。在室外曝露区应用红丹漆后,在焊接、火工校正时应注意防毒。红丹漆的另一个缺点在于红丹密度大,易沉淀板结,储存中应采取适当的措施。

4.4.4.2 铁红防锈漆

铁红防锈漆的主体防锈颜料是氧化铁红。氧化铁红是一种物理防锈颜料,其性质稳定,遮盖力强,颗粒细微,在漆膜中能起到很好的封闭作用,常与铝粉或其他化学防锈颜料(如锌黄、磷酸锌、氧化锌等)结合使用。所用的基料有油基、醇酸树脂、酚醛树脂、环氧酯等。

铁红防锈漆由于不含红丹,不会像红丹漆那样产生铅烟雾问题,适合于焊接、切割和火工校正,但其防锈性能低于红丹,因此铁红防锈漆常用于舰船内部舱室、走道等部位。由于铁红防锈漆的耐候性好,工业上有时也用于室外防锈。

4.4.4.3 云铁防锈漆

云铁防锈漆的主体防锈颜料是云母氧化铁。云母氧化铁是一种化学性质稳定的片状物理防锈颜料。在防锈底漆中,云母氧化铁由于片状叠覆,具有很好的防水与气渗透作用和耐候性,漆膜经日光照射后,有一定蓄热能力,在海洋地区应用可以防结露,从而降低腐蚀作用。所用的基料有油基、酚醛、环氧酯、环氧树脂等。在船舶、桥梁等处于海洋性大气和湿热地区的钢铁表面使用,具有良好的防锈效果。

4.4.4.4 铬酸盐防锈漆

铬酸盐防锈漆的主体防锈颜料是铬酸盐。铬酸盐防锈颜料中用得最广泛的是锌铬黄,主要作为铝镁等有色金属的防锈漆。锌铬黄对大气曝露的效果良好,但对工业酸性大气抵抗力较差,因此常与氧化锌同时使用。锌铬黄微溶于水,遇水产生铬酸根离子($CrO_4^{2-}$)可使金属表面钝化而增加防锈性能。锌铬黄常与低溶解度的铬酸盐颜料或铁黄等配合使用,一般锌铬黄在防锈漆中的用量为颜料总量的40%左右。

锌铬黄防锈漆常用的漆料为油基树脂、醇酸树脂和环氧酯等。这类树脂的涂料属氧化型涂料，其特点是附着性好、施工性能好、价廉，但防锈能力有限，干燥慢。

### 4.4.5　其他防锈漆

除以上介绍的船底防锈漆和船用防锈漆等一些船舶漆中常见的品种外。在船舶防锈漆范畴里还有其他多种防锈漆。比较重要的有环氧富锌底漆、环氧云铁厚涂底漆、环氧铝粉厚涂防锈底漆、无机锌防锈漆、氯化橡胶磷酸锌底漆、氯化橡胶铝粉厚涂防锈底漆、用于船舶液舱保护用的各种液舱涂料等等。

### 4.4.6　舰船防污漆

舰船防污涂料通常称为船底防污漆或简称防污漆。防污漆是能在海水中释放毒料、可以防止海洋附着生物污损、保持船底光洁的一种专用涂料。如果船底变得粗糙，燃料消耗将增加。船底表面粗糙度每增加 10 μm，燃料消耗将增加 1%。视对船底维护的好坏，每年船底粗糙度增加会不一样，维护好的舰船，船底粗糙度每年增加 10%，维护一般的舰船，船底粗糙度每年增加 25%，维护差的舰船，船底粗糙度每年增加可达 40%。

当舰船航速低于 3 ~7 kn 或停泊时，海洋生物即会附着于船底或水线部位。

在全球各海域中有 8 000 多种植物和 59 000 多种海洋动物，其中附着在船体和海上钢结构上的附着动物有 18 000 多种，附着植物有 600 多种，常见的有 50 种，它们分为微生物、污损植物、附着动物三大类。它们大部分生存于海岸及港湾处。这些附着生物的幼虫或孢子能够漂浮或游动，发育到了一定阶段后，就在船底、水下结构物或岸边岩石等物体上附着、定居并进一步繁殖。

海生物孢子在海水温度为 15 ℃ ~25 ℃范围时繁殖能力最强。因此热带海域的海生物污损船底能力最强，温带海域次之，寒带海域的海生物污损能力相对较弱。海洋的热带、温带、寒带分布见图 4 -2。

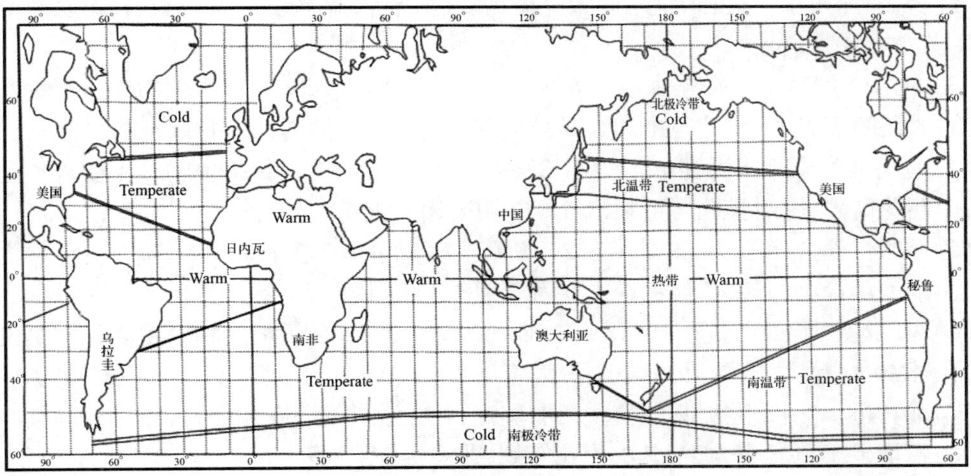


**图 4 -2　海洋的热带、温带、寒带分布图**

我国的海域自青岛以南属热带海域，青岛以北为温带海域。以南海海域（如湛江港、汕头港、榆林港等）海生物对船底污损最为严重，舰船在锚泊 14 天后再开航时船底附着的海生物就会使航速明显下降，而牢牢附着的海生物再迅速繁殖、航速再继续下降，一两个月内就非得刮一次船底以清理掉海生物不可。南自南海海域，北到渤海海域，海生物对舰船的污损都十分严重。

海洋生物大量附着在船底上，对舰船将带来很大的危害，它们不仅使舰船自重增加，同时还会大大增加船体的阻力，造成船舶燃料消耗增加和航速降低。有资料表明，船底严重污损时，其海洋生物堆积层可厚达10多厘米，每平方米的质量达20余千克。有油漆公司作过统计，当船底污损5%时，燃料增耗达10%；船底污损10%时，燃料增耗达20%；船底污损大于50%时，燃料增耗大于40%。

海洋生物大量附着在船体上，还会破坏防腐涂层，加速船体钢板的腐蚀。

在船底常见的海洋附着生物有：

(1)固着生物　这些生物的幼虫找到附着基成长为成虫，就永远固定附着在这个地方，不再移动。如藤壶、牡蛎，贻贝、石灰虫、石灰海绵、苔鲜虫、海鞘等均属此类。藤壶类按地域和形态不同，分三角藤壶、赤藤壶、立岛藤壶、白洲藤壶等。藤壶的幼虫是一种浮游的六肢幼虫，它们随水浮游和受水流夹带，到适当的地点，如岸边的礁石或停泊在海港中船舰的船底，就附着上去，生长为成体，不再浮动，终生附着在那里。

(2)吸着生物　这些生物在环境不适宜时能移动，不久远附着，如贻贝、海葵等。

(3)附着植物　主要有海藻、海带、浒台等。其中海藻又分为绿藻、褐藻、红藻等。这类附着植物生长时需要阳光，大部分都生长在近海水面。

藤壶、牡蛎、贻贝等在船底附着之后，生长迅速。在生长过程中将产生一种张力，能剪开和破坏漆膜，同时这些生物还会分泌出有机酸，这些都会大大加速船底钢板的腐蚀。

我国主要港口(尚缺台湾地区资料)常见的船舶污损生物分布情况如下：

(1)大连港　全年水温变化为 -0.8 ℃ ~25.1 ℃。已记录104种污损生物，主要是纹藤壶、贻贝、加州草苔虫和筒螅。主要附着季节6~10月。

(2)青岛港　全年水温变化为2.9 ℃ ~27.4 ℃。已记录115种污损生物，主要是柄瘤海鞘、纹藤壶、加州草苔虫和盘管虫。海鞘最多，其次为藤壶、牡蛎、石灰虫、苔鲜虫等。主要附着季节6~10月。

(3)舟山(定海)港　全年水温为6 ℃ ~28 ℃。已记录36种污损生物。主要种类是中胚花筒螅、泥藤壶、齿舌膜孔苔虫和太平洋侧花海葵。主要附着期5月底至10月。

(4)厦门港　全年水温为12.7 ℃ ~27.9 ℃。已记录91种污损生物。主要种类是网纹藤壶、中胚花筒螅、厦门膜孔苔虫和褶牡蛎。主要附着期5~10月。

(5)香港　全年水温为15.2 ℃ ~27.7 ℃。已记录100多种污损生物。主要种类是网纹藤壶、华美盘管虫、多害草苔虫。主要附着期4~11月。

(6)湛江港　全年水温为16 ℃ ~31 ℃。已记录80多种污损生物。主要种类是网纹藤壶、膜孔苔虫、牡蛎、海藻等，其中藤壶占附着量89% ~93%。主要附着期4~11月。

(7)榆林港　污损生物120种，主要有藤壶、牡蛎、海鞘、石灰虫、苔鲜虫、海藻等。

(8)石浦港　以藤壶为主，其次为花筒螅、苔鲜虫、贻贝等。

(9)汕头港　以藤壶为主，估计占附着量88% ~94%，其次为牡蛎、海葵等。

海洋附着生物在适宜的生活环境下——温度、海水盐度(3%左右)、pH值7~8及丰富的养料(港湾内)促使附着生物快速生长和繁殖。例如，藤壶的幼虫在48小时内通过吸盘分泌黏胶质固化后即可牢牢地着床，其附着强度可经受5海里/h海水的冲刷。

在船底上主要海洋附着生物是藤壶、牡蛎、石灰虫和海鞘、海藻等。其中藤壶对船底的危害性最大,藤壶是尖锥形甲壳类,非常牢固地附着在船底上,它脱落和死亡时往往将底下所涂船底漆漆膜一起拉落。

假如船底上所涂防污漆质量不合要求,或防污漆已丧失防污作用,船底就会被它们附着,而且还继续在这上面附着上去,船底会被重重叠叠附着生物所包裹。

海洋生物如果附着于军舰的船底后,将严重影响军舰的航速,国家舰船涂料科技攻关组在"八五"期间调查舰船的涂料防护现状时,有的舰艇仅服役 3 年零 3 个月,航速就下降到刚服役时的 37.5% 。污损生物若附着在声呐罩上,则干扰声呐的侦察性能,这些都会大大削弱军舰的战斗力。

可见海洋生物对舰船污损的巨大危害性。防止海洋生物污损的方法很多,有涂装防污漆防污、电解海水防污、超声波防污等。近年来研究的生物酶防污、低表面能防污、导电防污、电解铜防污、仿生防污、病毒防污、酸性或碱性涂料防污、辣椒素防污等等,都未能达到满意效果,离实际应用还有很大距离。到目前为止,无论从经济上还是从效果上,常规和自抛光防污漆防污仍被认为是唯一可广泛应用的方法。

4.4.6.1 防污漆的性能与组成

船底防污漆是一种防止海生物污损船体的特种涂料,具有与常规涂料截然不同的性能与组成。

1. 对防污漆的主要性能要求

(1)在一定时间内能防止海洋附着生物附着于船体的效能。对高性能的防污漆,要求海港挂板试验防污期效达三年以上,分别具有南海、北海、东海各海域三年以上实船使用或试用合格的合格证明。

(2)漆膜中含有一定量的能杀伤附着海生物的毒料物质或其他防止海生物附着的无毒物质或电解产物。杀伤附着海生物的毒料物质能连续不断地逐步向海水渗出;防止海生物附着的其他无毒物质或电解产物能在预定的期限内有效地防止海生物附着。

(3)含有毒料的防污漆与防锈漆相反,漆膜应具有一定的透水性,以保持毒料的连续渗出。

(4)与防锈漆之间应有良好的层间附着力,防污漆本身层与层之间亦应有良好的层间附着力,要求层间稍能互溶,这对于无毒的低表面能防污漆应特别重视,低表面能涂料与其他涂料之间的层间附着力常较低,需用附着力过渡的中间涂料来达到较高的层间附着力。

(5)自抛光防污漆漆膜有良好的耐海水冲击性,在长期浸水条件下不起泡,不脱落。

(6)自抛光防污漆应能适应舰船的高航速和低航停比(航行时间和停泊时间的比值),对于停泊时间越多的舰船,则需要较快的释放毒料速度和较高的毒料含量,对航行频繁的舰船,则与此相反。

(7)自抛光防污漆代替水线漆涂于水线部位时应能耐干湿交替和适应波浪冲刷的涂层厚度。

(8)对高性能的防污漆,要求海港挂板试验防污期效达 3 年以上,分别具有南海、北海、东海各海域 3 年以上实船使用或试用鉴定合格。

2. 防污漆的组成

防污漆的种类是一个大家族,分为常规型、自抛光型和电解型、有毒料型、无毒料型和仿生型等。但目前实际上大量应用的仍是常规型、自抛光型的有毒料型防污漆。

有毒料防污漆的组成与一般涂料不同,由毒料、渗出助剂,基料、颜料、助剂和溶剂等组成。其中防污效果与毒料的种类、含量、可溶性成分的用量以及基料的类型等都有很大的关系。有毒料防污漆的主要组成如下：

(1)毒料物质

防污漆毒料物质必须能在海水中微溶，对海洋附着生物有杀伤力。常用的防污漆毒料物质有氧化亚铜、有机锡、有机锡高聚物(毒料与基料同一体)以及氧化汞、DDT、有机铅、铜皂、无水硫酸铜等，其中前三类应用最为广泛。

①氧化亚铜是防污漆中最为重要应用最多的毒料物质，能有效杀伤海洋附着生物而对人体无害。微溶的氧化亚铜所释放的 $Cu^+$ 离子进入海生物幼虫或孢子体内，具有凝固蛋白质作用，从而杀伤海生物起到防污作用。

②有机锡毒料中以三丁基氟化锡(TBTF)和三苯基氟化锡(TPTF)效果最好。有机锡化合物对防止海藻的污损有高效，对藤壶也有效，可称为宽谱防污毒料。有机锡的临界渗毒率只有氧化亚铜的1/5，而对海洋附着生物的杀伤力约为氧化亚铜的10倍。即氧化亚铜对附着生物致死的临界渗出率为10～20 μg/($cm^2$·d)(微克/平方厘米·天)，而有机锡的临界渗出率只需1～2 μg/($cm^2$·d)。有机锡防污漆比起氧化亚铜防污漆来说有一大突出特点，即在被污染的海水里不会发黑失效，而以氧化亚铜为主的防污漆在被污染的海水里，会受到 $H_2S$(动植物腐败后的产物或工业污水污染结果)的作用而发黑失效，这是由于产生了不溶性的黑色硫化亚铜的结果。

$$Cu_2O + H_2S \rightarrow Cu_2S + H_2O$$

有机锡防污漆的漆膜对铝合金不腐蚀，耐干湿交替，故常用于水线防污漆和铝质船壳防污漆。

③有机锡高聚物是使毒料和基料合二为一的材料，由甲基丙烯酸、三丁基氧化锡(TBTO)及丙烯酸甲酯反应制得，它既是毒料又是成膜物质(基料)，依靠水解释放出有机锡分子，并形成水溶性物质。其特点是毒料利用率高。

④氧化汞对海洋附着生物有很强杀伤率，$Hg^{++}$ 离子与 $Cu^+$ 离子一样，进入海生物幼虫或孢子体内，具有凝固蛋白质的作用，但HgO对人体的毒性也很大，因此不宜大量使用，多作为辅助毒料用于防污漆。实践证明，采用复合毒料比单一毒料效果好，如在氧化亚铜为毒料的防污漆中加入部分氧化汞，则可降低毒料的临界渗出率。通常防污漆中氧化亚铜与氧化汞的配比为6∶1，这一配比的增毒效果最好。

⑤DDT对杀死藤壶有特效，但对其他海洋附着生物的杀伤作用却很小，因此亦用作辅助毒料，以提高防污漆的防污效果。但它的加入会增加漆膜封闭性，影响 $Cu^+$ 的渗出率，其用量一般占配方的2%～4%。由于DDT对人体影响较大，故在防污漆中已淘汰，后为有机锡所取代，后来又发现有机锡可使海生物致畸，致畸的经济性海生物进而又危害到人类，国际上现已被禁用。

⑥有机铅毒料具有渗毒率平稳，持久及长效的特点，采用三丁基醋酸铅制成的防污漆，有效期可达三年之久。但有机铅对人体的毒性较大，又会污染海水，故无实用价值。

⑦防污漆中有时还使用金属铜粉、环烷酸铜、铜皂、无水硫酸铜等作为辅助毒料，以补充和调节 $Cu_2O$ 的不足。

铜皂易于水解，并能使漆膜表面形成均匀的薄层黏膜，以增加渗铜率和改善防污漆的防沉淀性及涂刷性；无水硫酸铜在海水中的溶解度大于氧化亚铜，因而可使漆膜的渗铜率趋于平稳。

(2)基料

防污漆的基料分为可溶性基料与不溶性基料两个部分。

①可溶性基料

采用可溶性基料的目的是为了便于毒料物质的渗出。

可溶性基料主要采用松香。松香在海水中溶解速度较快,涂于玻璃片上的松香薄膜,在流动海水中的溶解速度为100 μg/($cm^2$·d)以上。松香具有脆性,需与不溶性基料配合使用,既可改进漆膜的塑性,又可改变松香在海水中溶解度,以控制毒料渗出的速度。

②不溶性基料

不溶性基料有沥青、氯化橡胶、氯醋三元共聚树脂、丙烯酸酯,环氧沥青等.

(3)颜料

防污漆中颜料的作用是为了改善漆膜的机械性能和调节毒料物质的渗出率。最常用和最重要的颜料是氧化锌。氧化锌在海水中微溶,本身稍具毒性,氧化锌与氧化亚铜共用可提高漆膜机械性能,亦能提高铜离子的渗出率。其他常用颜料有铁红、滑石粉等。铁红可提高漆膜机械性能,但对铜离子的渗出率有一定的抑制作用,故用量不宜太多。滑石粉对于改善沉淀性有一定作用,它的加入使防污漆贮存一段时间后罐内的沉淀较为松软而易于搅匀。

(4)溶剂

防污漆内所用的溶剂主要取决于所用的不溶性基料的品种。常用的是200号煤焦溶剂。200号煤焦溶剂主要成分是三甲苯、四甲苯等,对沥青,松香、氯化橡胶等均有良好的溶解性。其他常用的溶剂有二甲苯、环己酮等。

(5)助剂

防污漆内的助剂主要有起增厚作用的触变剂、起稳定作用的稳定剂以及防沉剂等。

4.4.6.2 防污机理

有毒料物质的防污漆的作用机理是含有氧化亚铜、氧化汞、有机锡等毒料物质的防污漆漆膜与海水接触后,毒料以$Cu^+$、$Hg^{++}$离子或有机锡分子(如三丁基氟化锡—Sn)形式逐步向海水溶融,在漆膜表面形成一层厚度为十几微米的有毒溶液的"薄层","薄层"内的有毒离子或分子能排斥或杀死企图停留到漆膜上的海洋附着生物的幼虫和孢子,以达到防止污损的作用。

"薄层"内的毒料由于水流的作用会不断流失,尤其是船在航行的时候流失更快,需要从漆膜内不断渗出新的毒料,以补充流失的毒料并保持薄层内的毒料浓度。

防污漆中毒料物质向海水溶解的速度以渗出率表示,定量单位以 μg/($cm^2$·d)表示。

防止海洋附着生物污损所要求的最低限度的渗出率称为临界渗出率,各种毒料的临界渗出率各不相同,$Cu^+$为10 μg/($cm^2$·d),$Hg^{++}$为2 μg/($cm^2$·d),而有机锡则为1~2 μg/($cm^2$·d),复合毒料中各种毒料的临界渗出率,均可因其他毒料的存在而低于各自单一的渗出时的临界渗出率。防污漆的渗出率应当控制调节,如渗出率低于临界渗出率,则不足以防止海生物的附着。而渗出率高于临界渗出率太多,又会造成毒料的浪费和缩短防污漆的寿命。因此,有毒料防污漆性能的好坏取决于毒料物质是否能长时间平稳的保持略高于临界渗出率的渗毒速度。

控制和调节防污漆毒料的渗出率是一个复杂的问题。一般来说提高防污漆中毒料的用量或提高可溶性基料的用量,减少不溶性基料的用量,可以提高防污漆毒料的渗出率,反之则可降低渗出率。对于自抛光防污漆来说,控制有机锡高聚物的聚合度亦可控制防污漆的抛光速度，即控制毒料的渗出率。另外，在自抛光防污漆中还可增加其他毒料（常见的有增加氧化亚铜）以增加毒性。

无毒料防污漆及无毒防污方法的基理因不同的防污漆和防污类型而不同。如低表面能涂料，当涂层表面能足够低（表面能 <2.2 dyn·cm，接触角 >98°），液体在其表面难以铺展，涂层表面能越低，液体在其表面则越难铺展，而成液滴自动脱落或黏附不牢。当涂有低表面能涂层的舰船以一定速度开动时，附着在其表面的海生物就会自动被海水冲刷掉，从而起到防污作用；电解海水防污是由于海水是一种电解质，其中含有 3% 左右的 NaCl，将海水通以直流电进行电解时，阳极发生的反应生成 $Cl_2$，阴极发生的反应生成 NaOH，然后 $Cl_2$ + NaOH 之间发生反应：$Cl_2 + 2NaOH \Rightarrow NaCl + H_2O + NaOCl$（次氯酸钠）。产生的 $Cl_2$ 和 NaOCl 对附着的海生物具有强烈的杀灭作用；电解铜防污是电解安装在船底设备附近的铜材，在周围产生铜离子达到防污；改变涂层表面物理化学环境的防污涂料（如硅酸盐防污、电解海水或电解铜防污等），主要是通过控制涂层表面的酸碱性、盐浓度、电荷状态等性质，造成阻碍海生物生长的环境来达到防污；生物化学方法防污（如病毒防污、仿生防污、辣椒素防污等），是使涂层表面吸附的酶或激素等干扰附着有机体分泌的黏液，而使海生物不能附着，或使涂膜表面不断释放形成一层黏液的物质，使海生物在表面不能附着等等；无毒亲水性自抛光涂层，与结合型含锡防污涂料原理相似，但却是无毒的，是利用聚合物在海水中缓慢水解，不断露出新的表层，使海生物没有固定繁殖的条件。还有其他一些防污方法，都还在探索、研究、试验阶段。

4.4.6.3　有毒料型防污漆的类型

防污漆可分为有毒料型和无毒料型两大类，但实际应用的主要是有毒料型的，因此下面只着重介绍有毒料型的防污漆。

防污漆漆膜中毒料向周围海水中释放的速度，可定量地用渗出率来表示。

渗出率是指防污漆漆膜每天在一平方厘米单位面积上，向周围海水释放出来的毒料，以微克（μg，$10^{-6}$g）计，单位为微克/每平方厘米·天（μg/($cm^2$·d)）。若以氧化亚铜作为主要毒料，防污漆的防污性能可用 $Cu^{++}$ 的渗出率表示。

防止海洋生物附着所要求的最低限度的渗出率，称为临界渗出率。临界渗出率数据必须在各港口进行实海测试来决定，并以要求高的海港测试数据作为指标。

当防污漆的渗出率低于海港或航行海区的临界渗出率，则不足以防止海生物的附着。因此，理想的防污漆应有一个平稳而稍高于临界渗出率的毒料释放速度。

防污漆的性能，要依靠大量的海港试验和实船涂装考核来鉴定。当防污漆漆膜浸在海水中时，曝露在漆膜表面上的毒料首先溶解，在浸海后一个月左右铜离子的渗出率称为初期渗出率。初期渗出率若小于临界渗出率，在海洋附着生物生长的旺季，就容易被附着。海洋附着生物的幼虫易被毒死，而长大后的就较难被毒死。因此，初期渗毒率小的防污漆的会影响到防污效果。

根据有毒料型防污漆的结构及毒料渗出方式，大致可分成溶解型、接触型、扩散型和自抛光型四类。

（1）溶解型防污漆

基料溶解型防污漆简称溶解型防污漆，常以松香为可溶性基料，以氧化亚铜，氧化汞、DDT 等为毒料，为控制其渗出率和改善漆膜机械性能，还需有一部分不溶性基料，如沥青、氯化橡胶，油性基料等。

由于基料是以可溶性基料松香为主，在海水中防污漆毒料与基料将同时溶解扩散，漆膜缓慢地溶解消耗，不断露出新鲜面，使原来在内部的毒料也会慢慢地成为表层毒料而向海水释放。从这一观点上看，溶解型防污漆应该有一个平稳的毒料渗出率，但事实并非如此。由于溶解型防污漆还含有不溶性基料，当漆膜外层的可溶性基料溶解后，这些不溶性基料仍然存在，这将影响内层可溶性基料的溶解速度。另外，可溶性防污漆的毒料往往主要采用氧化亚铜；$Cu^{+}$离子会被海水中的氧气氧化成 $Cu^{++}$ 并进一步生成碱式碳酸铜沉积于防污漆表面使渗出率降低。因此，溶解型防污漆往往是一开始有很高的渗出率，随着时间推延渗出率不断降低，当降到临界渗出率以下时，防污漆就失效。一般溶解型防污漆的防污期效在 1～1.5 年左右。这类防污漆已趋于淘汰。

(2)接触型防污漆

基料不溶解型防污漆简称接触型防污漆。接触型防污漆常以不溶性的乙烯、丙稀酸脂为基料，毒料亦以氧化亚铜为主，有时增加些辅助毒料如氧化汞、DDT 等。

由于这类防污漆的基料为不溶性树脂，为使毒料能够不断渗出，必须使毒料颗粒与可溶物在漆膜内形成连续接触。以达到面层毒料溶于海水后形成蜂窝状结构的空隙，使海水渗入漆膜内部，从而使内层的毒料能从空隙中不断释放出来，为此，毒料的含量很高。这类防污漆漆膜较硬，防污期效较长。

为使毒料紧密排列，毒料的体积至少占 52.4%（四方堆积），最多为 74%（六方堆积）。接触型防污漆在理论上不必加入可溶性基料，但这样需要大量的毒料，使防污漆成本很高，又因初期渗出率太高而后期内层毒料难以排出，造成很大浪费。因此，实际上接触型防污漆中都含有一定的可溶性基料（松香），既可调节毒料渗出率，又可降低毒料用量，降低防污漆的成本。

显而易见，由于内层的毒料将从前层涂膜的空隙中挤出去，接触型防污漆的渗出率是前期大、后期小，呈日益下降的趋势。但接触型防污漆的毒料含量大大高于溶解型，因此其防污能力亦要高一些，一般可达 2 年，新研制的可达 3～5 年。

(3) 扩散型防污漆

扩散型防污漆多以有机锡或有机铅为毒料，以乙烯树脂或氯化橡胶树脂为基料，并有一部分可溶性基料。涂层有一定的透水性，当涂层浸入海水中，海水将渗透到涂层内部，促使基料与毒料溶胀，形成固溶体，从内部向表面扩散，进而使毒料与基料的固溶体溶于海水，释放毒料。扩散型防污漆的渗毒机理与溶解型防污漆有些相似，故有的资料中亦将其归为溶解型防污漆。但通常将以无机毒料（$Cu_2O$，HgO）为主的归为溶解型，而以有机毒料为主的归为扩散型。

(4)自抛光防污漆

自抛光防污漆以有机锡高聚物为毒料与基料，通过有机锡高聚物在海水中水解、释放出有机锡毒料的同时，基料亦成为可溶性的物质而溶解于海水之中。漆膜在水流不断作用下，水解反应不断进行，不断曝露出新鲜面，因此其毒料渗出率非常平稳。由于漆膜凸起的部位受水流作用力较大，水解速度较快，而凹进的部位则水解速度较慢，因而漆膜将日趋光滑。前面已提到，有机锡毒料国际上已被禁止使用。

自抛光防污漆有高抛耗率、中抛耗率、低抛耗率的三种档位品种，以分别适应低航速、中航速、高航速三个速度档位的舰船使用。这三种档位自抛光漆的每月抛耗漆膜厚度（μm），与航速（海里/小时）关系，请参阅图 4－3。

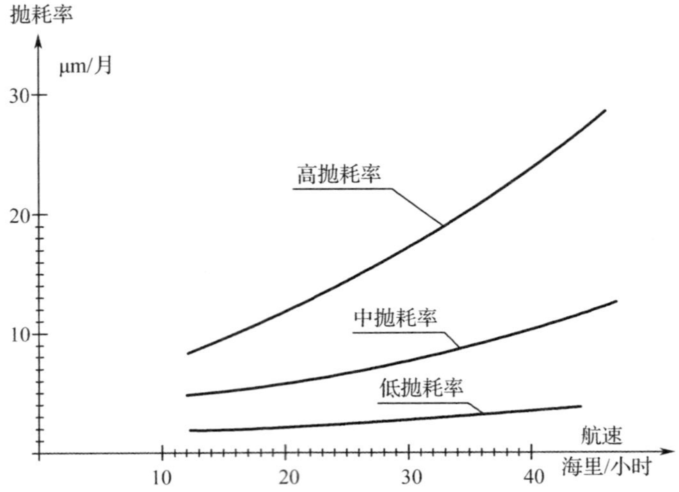


**图 4-3 自抛光漆的抛耗厚度与航速关系**

高抛耗率品种适用于航速为 12 节左右的船舶使用;中抛耗率的适用于航速为 17～30 节的舰船使用;低抛耗率的较适合 30 节以上航速的舰船和快艇使用。

自抛光防污漆的优点为:

①渗出率平稳,防污寿命长,防污效果和漆膜厚度成正比,目前最长可达五年有效防污寿命;

②在航行中,漆膜在水流作用下自身有抛光作用,可减小船体的粗糙度和航行阻力,能节约燃料,与其他防污漆相比,可节省燃料 10% 左右;

③具有干湿交替性能,除作为船底防污漆外,还可作为防污水线漆;

④维修方便。舰船进坞对涂层维修时,在原有的自抛光防污漆的基础上,可以直接涂装新的自抛光防污漆,不必像其他防污漆一样先涂封闭漆、再涂防污漆。自抛光防污漆的价格虽比一般防污漆贵得多,但由于上述优点,尤其是寿命长可减少进坞次数和省燃料两点,对于船主来说,尽管新造舰船时投资高,但从综合效益来看还是经济的。

但自抛光防污漆与海生物污损船底关系极大的一个因素是舰船的航停状态,即舰船持续航行的时间(天)与舰船泊停泊的时间(天),两者的相对状态,停泊时间越长越容易被海生物附着和繁殖;持续航行时间越长,越有利于发挥自抛光防污漆防污效能。

(5)透声防污漆

有单位曾为舰船玻璃钢球鼻艏专门研制出透声防污漆,由于防污有效期较短,与玻璃钢表面附着力也不理想,有机锡毒料易于升华,会散发出难闻的有毒臭味。另外由于用量少,生产成本高,定货、施工都不方便,使用船底防污漆对透声性也没有明显影响,因此,该涂料未被推广应用下去。关键是要选用高性能的防污期效长的防污漆,防止海生物附着,若声呐导流罩上附着大量的海洋附着生物,就会对声呐产生不利影响。

①大量的海生物附着,使声呐罩表面粗糙度增大,舰艇在航行时其表面摩擦阻力增大并产生水流噪声,干扰声呐对目标的识别。

②声呐罩上附着大量的海生物,呼吸及活动所产生的噪声也会干扰声呐对目标的识别。

③大量附着的海生物会影响声呐的透声性能,捕捉目标的效率降低,严重附着海生物

时，甚至会使声呐无法正常工作。

因此舰船安装声呐的部位是否采用透声防污漆不是关键，关键是要选用与声呐罩材料附着力好的长效高性能防污漆。

### 4.4.7 舰船水线区域面漆

用于舰船水线区的面层涂料称为水线漆。水线区域腐蚀条件恶劣，处于干湿交替的状态，是舰船腐蚀最严重的区域。如果水线部位受到喜欢日光的海藻、在浅海繁殖的藤壶等海生物附着，则将加速锈蚀。故水线漆应有良好的耐水、耐冲击、耐候、耐干湿交替性能并具有防污性、层间附着力强、能与相应的船用防锈漆配套、有良好的防锈性和稳定性、易于修补等性能，并要有较好的装饰作用。另外，由于码头边往往有船只漏损出来的机油或燃料油漂浮在水面，故水线漆还应具有一定的耐油性。

水线漆可分为一般水线漆和防污水线漆。在过去水线部位是不涂覆防污漆的，原因是没有合格的防污漆品种。近年来，通常是水线区域与船底区域采用相同的涂料配套系统，防污漆往往以自抛光防污漆为多数。

水线漆与防污漆有类同之处。常用的水线漆有以下几种类型：

(1)酚醛型水线漆。由纯酚醛树脂和桐油在高温下炼制成漆料。制成的水线漆涂膜具有较好的耐水性和硬度，涂刷性能好，成本较低，应用比较广泛，缺点是使用寿命较短。

(2)氯化橡胶水线漆。以氯化橡胶为基料、氯化石蜡为增塑剂。其干燥性快、与底漆(氯化橡胶防锈漆)之间附着力好、漆膜坚韧耐磨、耐水性和耐干湿交替性能好，在新造船中应用比较广泛。其缺点是耐油性较差，容易受到水面上漂浮的油腻物质污损，对渔港水面漂浮的鱼油更为敏感。

(3)环氧水线漆。以环氧树脂为基料、聚酰胺树脂为固化剂。漆膜坚韧、耐磨、寿命较长，属于高性能水线涂料，常与环氧类防锈漆配套使用。缺点是装饰性能较差、施工较为麻烦。各种类型的水线漆有紫红色、绿色、白色，黑色、灰色等种类，应用最多的为紫红色和白色。

(4) 丙烯酸水线漆。以丙烯酸树脂制成的水线漆涂膜具有较好的机械强度和耐晒性，又能较好控制漆膜中毒料向海水的渗出速度。但配方设计应以防污性能为主，漆料不可添加过多，否则，会增加漆膜的封闭性，降低漆膜在海水中的渗毒率。

(5) 船底自抛光防污漆可用作水线漆。对于漆膜既具有防污性能，又具有耐干湿交替性能的扩散型防污漆和自抛光防污漆，水线以下船底和水线部位可采用同一品种防污漆，不必另用其他种类的水线漆，因这类防污漆本身具有水线防污漆的性能。这既减少了涂料品种，又便于施工。

### 4.4.8 舰船水线以上面漆

用于舰船水线区以上部位的面层涂料有船壳漆、甲板漆、船舱漆、特种性能漆等。

#### 4.4.8.1 船壳漆

船壳漆是指使用于船体外板满载水线以上区域、上层建筑外围壁、桅以及甲板舾装件等部位的面层涂料，要求具有海洋环境下良好的耐候性、一定的耐水和耐冲击性，与车间底漆和船用防锈漆配套良好，层间附着牢固，并有良好的装饰性以及满足舰船特殊要求的特种性能。

常用的船壳漆有以下品种类型：

1. 醇酸船壳漆。通常以长油度醇酸树脂为基料，白色颜料采用抗紫外线老化性能好的金红石型钛白粉。醇酸船壳漆漆膜光泽好、耐候性好、附着力优良。其缺点是硬度较差和耐水性欠佳。

2. 氯化橡胶船壳漆。以氯化橡胶为基料，氯化石蜡为增塑剂，常以醇酸树脂或丙烯酸树酯改性，以获得更高的装饰性能。其干燥性快、与底漆附着力强、漆膜坚韧、耐水性优于醇酸船壳漆。但涂刷性较醇酸船壳漆差，刷涂，辊涂时装饰性受到影响，

3. 环氧船壳漆。以环氧树脂为基料，聚酰胺树脂为固化剂，性能与环氧水线漆相似。两者常相互通用。环氧船壳漆耐候性欠佳，易粉化。

4. 可复涂聚氨酯船壳漆。是一种双组分交联型常温自干面漆，甲组分由活性丙烯酸树脂加着色颜料及多种助剂配制、研磨而成；乙组分为脂肪族聚氨酯组分，两组分按规定比例混合均匀后使用。漆膜具有高光泽、高硬度、附着力强，耐洗刷，有优良的耐候性、保色性和耐海水、盐雾等性能。

5. 单组分丙烯酸船壳漆。由丙烯酸树脂加入着色颜料及多种助剂研磨、配制而成。丙烯酸树脂是由丙烯酸脂或甲基丙烯酸脂单体或其他乙烯系单体（如苯乙烯等）通过加聚反应生成的聚合物。该漆是一种常温自干面漆，漆膜干燥快、附着力强、光泽好、耐海水、耐盐雾、有优良的保色性和耐候性、耐洗擦、与防锈漆漆层之间有优良的附着力、抗海浪冲击等。

6. 特种船壳漆

（1）舰船太阳热反射涂料　是以热反射丙烯酸脂肪族聚氨酯研制成的海灰色面漆，是对太阳的热辐射具有高反射率的涂层。太阳热反射涂料是为降低太阳辐射引起舰船舱内温度升高以节约空调能源而研制的。太阳热反射涂料可使舱内温度降低 5 ℃ ~7 ℃，用于舰艇水线以上部位船壳、甲板及上层建筑外部围壁。因此舰船用热反射涂料必须有优良的耐海水、耐雨水、耐候性、耐酸碱性、耐油性，同时具备涂料的一般性能如附着力、柔韧性、冲击强度、可重涂性等。与环氧聚氨酯防锈底漆和环氧聚醚型聚氨酯隔热中间漆配套。

（2）舰船用吸波涂料　是双组分聚氨酯涂料，要求能够有效吸收和衰减雷达波能量，并具有吸收频带宽、吸收性能好、施工方便、可常温固化、与底材附着力强等特点。

（3）吸声阻尼涂料　是一种能够有效地吸收和衰减声呐波能量并具有减振降噪功能的双组分无溶剂聚氨酯特种涂料，具有厚度薄．吸收频带宽，吸声系数高、常温固化、施工方便、无毒、附着力强、与防污漆配套性好、不污染环境等特点。

（4）抗沾污涂料　是采用在涂料配方中添加可将棕色锈斑转化成浅色可溶性盐的锈转化剂，这样在雨水或低压水作用下，便可将被转化的浅色锈盐冲洗掉，保持舰船有整洁美观的舰容。或采用抗沾污性能优良的低表面能耐候树脂，使棕色锈斑和其他灰尘在涂层表面难于附着或附着不牢，很容易用低压水冲洗或抹布擦洗干净，保持舰船有整洁美观的舰容。从发展状况看，低表面能抗沾污涂料将成为主流产品，而且与其他特种性能涂料综合成一体，如太阳热反射自清洁船壳漆。

船壳漆颜色品种除按涂料生产厂家的通用色卡选用外，舰船设计部门按照海军有特殊要求的颜色品种可要求涂料生产厂家专门配制。

#### 4.4.8.2　甲板漆

甲板漆是用于舰船甲板部位的面层涂料，需具有良好的附着力、耐水性，耐候性、耐磨性、耐酸碱性、耐油性、耐擦洗等。常用的甲板漆有以下品种类型：

(1)酚醛甲板漆 由纯酚醛树脂与亚麻油、桐油熬炼制成漆料,或采用松香改性酚醛树脂为漆料,配以耐磨性好的颜料制备而成。其漆膜硬度较高,附着力、耐水性均较好,但干性较慢,耐磨性欠佳,使用寿命较短。

(2)氯化橡胶甲板漆 以氯化橡胶为基料,干燥快、漆膜坚韧、耐磨性好,耐水性、耐候性、耐碱性均优于酚醛甲板漆,但耐油性较差,不适合于油舱部位的露天甲板或其他经常受到油污的露天甲板。由于氯化橡胶受热分解会释放出氯化氢气体,因此不适合用作舱室内甲板漆。

(3)环氧甲板漆 以环氧树脂为基料、聚酰胺树酯为固化剂、配以耐磨性好的颜料制成。其漆膜坚韧耐磨、耐水、耐油、耐化学药品性良好,属高性能甲板涂料。特别适合于油船的露天甲板,但具有一般环氧涂料的缺点,耐候性差,施工较为麻烦。

(4)导弹发射部位耐高温和高速气流冲刷甲板漆 由环氧有机硅成膜物、耐高温颜料、填料等组成。能抵抗导弹发射时的高温高速气流的冲刷。

(5)太阳热反射甲板漆 与太阳热反射船壳漆性能相同,但要求具有更高的耐磨性和耐擦洗性。

4.4.8.3 甲板防滑涂层

(1)普通甲板防滑涂层 各种常用的甲板漆可加入或撒上某种防滑粒料如黄砂,金刚砂,橡胶粒等制成普通甲板防滑涂层,使涂层表面漆膜粗糙,防止舰上人员在风浪大,甲板潮湿、结冰的情况下行走时滑跌。普通甲板防滑涂层通常用于露天甲板或局部需要防滑的部位。

(2)直升机用甲板防滑涂层 直升机用甲板防滑涂层除要求具有普通甲板防滑涂层的性能外,还要求适应相应直升机机种的抗压、抗冲击以及满足干摩擦、湿摩擦、油润摩擦和全向摩擦力的性能的要求。

(3)航空母舰飞行甲板防滑涂层 航空母舰飞行甲板防滑涂层除要求具有普通甲板防滑涂层的性能外,还要求具有能满足航空母舰舰载机相适应的机种在高速起降时的耐摩擦(干态、湿态、油润态)性能、耐高温和高速燃气气流冲刷性能、耐化学介质(航空燃油、润滑油、液压油、除冰霜液、消防泡沫、洗涤剂等)性能、抗压、耐冲击、涂层各层间具有优良的附着力(底层与基材、中间层与底层、中间层与中间层、中间层与面层)、底层和中涂层维修间隔时间长、具有长效防腐性(10 年以上)等。

4.4.8.4 烟囱漆

大型军舰的烟囱漆耐高温要求在600 ℃以上,一般的有机硅耐高温漆耐温在400 ℃左右不能满足要求,除选用能耐600 ℃以上的改性有机硅耐高温漆外,还可采用热喷涂层防护或耐高温的红外抑制涂料。有的舰船除要求烟囱漆耐600 ℃以上高温外,还要求耐干湿交替或者具有红外抑制的特殊功能涂料。

### 4.4.9 内部舱室漆

4.4.9.1 船舱漆

船舱漆是用于舱室内部的漆,即用于无封面板的生活舱、工作舱、储藏舱、机舱及辅机舱、弹药舱等舱内表面的面层涂料,要求附着力好、有机挥发物低、装饰性好、不易燃烧,若舱内着火燃烧时产生的烟气也应是低烟低毒的。通常采用油基树脂漆和醇酸树脂漆两大类。近年来新研制的无溶剂环氧内舱漆和水性环氧内舱涂料或低 VOC(涂料总的有机物挥发量）水性丙烯酸改性醇酸内舱漆，可视其性能改进情况试用和推广应用，以提高舰员的生活环境质量。

对于干粮舱、食品储藏舱或军辅船的装载谷物的货舱，货舱漆要求附着力良好，有较高的硬度和耐磨性并应具有对食品和谷物无毒性、无污染，并应取得有关当局的认可证书。若货舱兼作压载舱时，货舱漆还应有优良的耐水性和抗腐蚀性。

核动力舰船的核反应堆舱、核能站等处所的涂料，除要求耐腐蚀性气体（如氧化氮、氯、氟等）、耐腐蚀性液体或介质（如硝酸、硫酸、氢氟酸、柠檬酸或氧化氮等）、具有足够的耐热性、电绝缘性和其他常规性能外，更重要的应具有抗辐射和吸收辐射性能、难于吸附放射性污染物和去污能力强的耐核辐射涂料。多数的辐射会引起聚合物发生交联而变脆开裂，过量的辐射会引起聚合物中化学键的断裂而降解。辐射使许多涂料的涂层发生不可逆的辐射化学转化，改变了原有的性质，并失去了它们的保护性能，这类涂料不能用于耐核辐射保护。涂料在 $10^7$ rad（拉德）吸收剂量照射下，多数涂层会变黄，以清漆涂层的破坏最为明显，且严重破坏。通常核能站所用的涂料在 $10^9$ rad 的辐射剂量下应该是稳定的。世界各国对涂料的耐核辐射性能的看法不尽一致。美国认为最耐核辐射的涂料是以酚醛、脲醛树脂和三聚氰胺甲醛树脂为基料的涂料，其次是聚酯、醇酸和催化型环氧酯涂料。特别适合于抗 $\gamma$ 辐射的涂料是胺固化的环氧树脂涂料。而前苏联则认为环氧涂料和有机硅树脂涂料耐核辐射性能最好，其次是聚氨酯、以对苯二甲酸为基础的聚酯、乙烯和聚乙稀等，而丙稀酸和氟碳化合物的耐核辐射性能则相当低。对涂料易于去除放射性物质污染的能力在某些应用方面是个关键性指标，是为了在发生意外时容易去除表面的污染物，因为放射性物质的污染会有害健康。聚氨酯一类的涂料去污性能最好，因为它能形成牙质光滑、致密、均匀和硬度高的表面，不但难于吸附放射性污染物，而且还能耐去污剂的多次清洗。要求这类涂料能满足长期使用的性能，因为在核能站要重涂一次往往是相当困难的。我国研制的压水碓耐核辐射涂料，涂膜经 $1.5\times10^6$ Gy（戈瑞）（1 rad $=10^{-2}$ Gy $=0.01$ J/kg）$\gamma$ 射线辐射后无明显变化，且去污性能优良，去污因子可达 DF = 2 600 以上，经过 LOCA（冷却剂事故损失）试验后不脱落。

核电站设施的去污涂料可剥离去放射性污染。国内研制生产的可剥离掩蔽涂料是采用嵌段弹性聚合物、有机树脂和具有抗辐射性能的颜填料及助剂制成的，涂膜具有耐浓硫酸介质的腐蚀和抗丙酮、自来水、去离子水冲刷的性能；涂层具有一定的柔韧性及可剥离性；根据情况可随时剥离，以达到去除放射性污染的目的。如国内发明的由聚醋酸乙烯乳液或其他乳液、聚乙烯醇缩甲醛改性树脂、复合添加剂三者加工制成的可剥离去放射性污染涂料，涂于核放射性污染的表面，可干燥成膜，剥离涂膜可达到去污的目的，该涂膜的去污效率高，强度大，易于剥离，可用于核电站设施的去污。

4.4.9.2 液体舱漆

舰船的液体舱有水舱和油舱两大类，水舱又分为淡水舱（包含饮水舱）、锅炉水舱、压载水舱等，油舱则分为燃油舱、滑油舱、航空燃油舱、油水代换舱、污油舱、污水舱、军辅船的货油舱等等。登陆舰的快艇坞舱可按压载水舱防腐，当坞舱内的海水排干后，应用淡水冲洗。由于各种液体舱装载的液体不同，腐蚀条件各不相同，因此采用的涂料亦各不相同。各种涂料对各种液舱的适应性情况见表 4－14。

1. 水舱漆

（1）饮水舱漆

饮水舱漆用于舰船的饮用水舱、淡水舱、各种淡水柜和锅炉水舱。饮用水舱漆除应具有良好的附着力、良好的耐水性和防锈性能外，其漆膜应对水质无污染作用，对人体健康无影响，需获得省、市以上有关卫生当局的检验报告及认可发证或海军医学研究部门提供的检测报告。

表4-14 涂料对各种液舱的适应性1)

| 适应性 涂料种类 / 液舱种类 | 沥青涂料 | 石油树脂涂料 | 漆酚树脂涂料 | 环氧沥青涂料 | 纯环氧涂料 | 导静电油舱涂料 | 酚醛环氧涂料 | 漂白环氧沥青涂料 | 聚氨酯树脂涂料 | 无机锌涂料 |
|---|---|---|---|---|---|---|---|---|---|---|
| 饮、淡水舱、锅炉水舱 | × | × | V | × | ⊕ | × | \ | × | × | × |
| 压载水舱、坞舱 | V | × | \ | ⊕ | \ | × | \ | ⊕ | \ | × |
| 舱底水舱、冷却水舱 | V | × | \ | ⊕ | V | × | \ | ⊕ | \ | × |
| 污油、污水舱、油水代换舱 | × | × | \ | V | V | × | \ | ⊕ | \ | × |
| 燃油舱 | × | ⊕ | \ | \ | \ | × | \ | ⊕ | \ | \ |
| 滑油舱 | × | V | \ | × | ⊕ | × | ⊕ | ⊕ | \ | × |
| 航空煤油舱 | × | × | \ | \ | \ | ⊕ | \ | × | \ | × |
| 货油舱 | × | × | V | × | ⊕ | \ | ⊕ | × | ⊕ | ⊕ |

注:1)表中：⊕—优良
V—合适
\—不推荐
×—不合适

饮水舱漆通常有改性漆酚饮水舱漆，酮亚胺固化的环氧漆和聚酰胺或胺加成物固化的环氧漆(俗称“纯环氧漆”—pure epoxy paint)。

改性漆酚饮水舱漆，漆膜坚韧、富有光泽、附着力强、防潮耐水、耐油、耐温、耐磨及耐化学介质。缺点是施工时对人体有一定的过敏性，有些人不能适应；其漆膜一次成膜厚度较薄，只能达到50 μm左右，故需多次涂装才能到达一定的膜厚，军船不推荐选用。

酮亚胺固化的环氧漆，有良好的耐水性、耐油性、耐化学性、施工时气味小、毒性低、适宜于狭小空间施工。缺点是固化反应速度较慢，15 ℃以下难以固化，在15 ℃时需干燥3周才能使用。

聚酰胺或胺加成物固化的环氧饮水舱漆应用最多。它具有优异的耐水性、耐油性和防锈性，能在5 ℃以上的条件下施工，低于5 ℃则施工后难以干燥。

为了提高一次成膜的厚度，提高施工安全性，减少溶剂气体对人体的影响，环氧饮水舱漆已发展成无溶剂型环氧饮水舱漆。

饮水舱漆施工后。应待漆膜完全固化后才能向舱内灌水，为避免涂料中某些游离的有害物质渗入饮水中影响人体健康，饮水舱在涂料施工并完全固化后，应先用淡水浸泡2~3次，每次2~3天。然后取水样分析，在水质合格后方可正式投入使用。

(2)压载水舱涂料

压载水舱涂料用于舰船的各压载水舱。因压载水舱的腐蚀环境恶劣,要求涂料有优良的耐水、耐盐雾、耐干湿交替和抗腐蚀性能。又因为这些部位施工条件恶劣,故要求涂料一次成膜有较高的膜厚以减少涂装的次数。

压载水舱涂料,以往常用沥青系涂料,现在则多用性能优良的浅色环氧沥青涂料,也可用干燥性较快的乙烯沥青,氯化橡胶沥青涂料。

环氧沥青涂料在冬季难以固化,常改用性能相当的聚氨酯固化的环氧沥青涂料,能在 -5 ℃~15 ℃条件下施工,且能很快干燥。

为了施工安全和减少溶剂对人体的影响,也可用无溶剂环氧沥青涂料作为压载水舱涂料。

由于舰船的水舱舱容较小,储水量较少,舰员日常用水受到一定限制,为了有限改善一点用水条件,有时可用压载水舱装载淡水,且舰船的压载水舱总的舱容量也不大,根据不同类型舰船的需要,必要时可将舰船的压载水舱全部采用淡水舱涂料按淡水舱涂装。

2. 油舱漆

油舱漆用于舰船的各种油舱,如燃油舱、航空燃油舱、滑油舱、污油舱、污油水舱、军辅船的货油舱等。

舰船的燃油舱和滑油舱原来一直是使用“清油”。清油的干性慢,带来的弊病很多。由于漆膜不溶于燃料油和滑油,当脱落的漆膜混入燃料油或滑油中后,会造成管道及油泵喷嘴堵塞。因此,燃油舱和滑油舱部位采用的涂料既要能起临时性保护效果,又要能溶解于燃料油和滑油中,而对这两种油的质量无影响。目前较合适的涂料是石油树脂在溶剂汽油中的溶液。固体含量一般在50%。石油树脂在烃类溶剂中很容易溶解,和许多树脂的混溶性良好,由于结构中不含极性基团,因此具有良好的抗水性、耐酸碱性。但石油树脂的抗氧化性能较差,因而必须加入少量抗氧剂。

燃油舱一般不需要涂料保护。为了防止舱壁在建造过程中的锈蚀,减少封舱加油前的清洁工作量,常在分段阶段涂装一道石油树脂漆(亦称干性防锈油)。石油树脂漆是由石油树脂溶于烃类溶剂中获得,涂于钢材表面能干燥成膜,当燃油舱装油以后,漆膜将逐步溶入燃油,直接接触燃油的舱壁将不致腐蚀。燃油舱也可涂装一道车间底漆加以保护。

石油树脂漆由于不含有防锈颜料,故防锈性能欠佳,保护期限较短,因而舱顶和燃油舱上部也会产生严重腐蚀,最好局部采用纯环氧涂料进行防腐保护。

滑油舱也可像燃油舱一样采用石油树脂漆进行临时保护,而更好的办法还是采用纯环氧涂料进行防腐保护,尤其是主机滑油循环舱,其贮存的油质要求较高,通常应采用纯环氧涂料保护。

有的舰船的油舱需要油水混装,用空的油舱要用海水压载,这种燃油-海水交替装载的情况,应按油船的货油舱对涂料的性能要求和涂装要求进行涂装。

军辅船的货油舱一般采用环氧沥青涂料保护,涂装部位是舱底和舱顶,而竖直舱壁通常不涂装。如果舱内设有惰性气体保护系统,则舱顶亦可不涂装。

污油舱、污油水舱的整个舱内表面应采用环氧沥青涂料保护。

航空燃油舱采用不含石墨类的浅色导静电涂料保护,以防止静电积聚。也可采用纯环氧涂料保护,但需要采取其他导静电措施。

石油产品运输船的货油舱应全面涂装保护。其使用的涂料要求很高,既要保护舱内表面不受装载的货物和交替压载的海水的腐蚀,又要不会污染装载的货物,既要对货物有很强的抵抗能力，还要有一定的耐热性便于适应热水洗舱。因此，这类油船的货油舱涂料必须具备以下性能：

(1)能抵抗各种装载对象的溶解、渗透、腐蚀等，且不会污染所装载的货物；

(2)具有优良的耐海水性、耐货物－海水交替装载的性能，即使涂层吸附了所装载的货物而发生了溶胀，也不会遇水剥落或失去原有的抗水能力，而在卸下装载的货物后，溶胀的涂层会恢复原有的状态和性能；

(3)涂层应耐擦洗、耐热，可抵抗货物的加热和清洗。

油船货油舱涂料大体有纯环氧涂料、酚醛环氧涂料、聚氨酯涂料和无机硅酸锌涂料四种。这些类型的涂料都有很强的耐腐蚀性和耐化学物质性，但它们对化学物质的抵抗能力各有特点、也各有弱点，没有一种涂料能抵挡所有各类化学物质。因此，油船货油舱涂料的选择要根据其主要装载的货物来决定。

由于舰船的液体舱都非常狭小，通风不良，液体舱涂料应优先选用无溶剂涂料。

目前，液体舱用的无溶剂环氧液舱涂料，有无溶剂纯环氧和无溶剂沥青环氧两大类。后者适合于压载水舱。

①无溶剂环氧涂料

无溶剂环氧涂料是一种不含挥发性有机溶剂(VOC为0)的环氧系列涂料，是采用低分子量环氧树脂为基料，为降低黏度，以本身能参加交联固化反应的低分子环氧化合物为活性稀释剂制成的。固化剂则通常采用液态的改性脂肪胺类或低分子量的聚酰胺树脂，后者还是一种很好的增韧剂。无溶剂环氧涂料适合用于各种油舱和饮淡水舱。

无溶剂环氧涂料的优点：

a. 由于涂料中没有挥发性溶剂，在狭小的通风不良的液舱内施工，不会因溶剂挥发而影响施工人员的健康，也不会因有机溶剂的蒸气存在而发生燃爆事故；

b. 无溶剂环氧类涂料固体分含量高(通常在90%～100%)，施工时可厚涂，一次成膜可达150～300 μm，因此可减少涂层的施工道数，节约施工工时；

c. 无溶剂环氧类涂料一般来说黏度较高，涂料的流散性差，因此在尖角或边缘处能保证一定的厚度，可减少手工预涂装的道数。

但由于无溶剂环氧类涂料采用的环氧树脂分子量较低，活性稀释剂的分子量就更低，固化成膜后涂层的韧性较差，耐冲击性能不好。另外，涂料黏度较大，施工不便，混合后涂料的适用时间亦较短。

②漂白环氧沥青涂料

漂白环氧沥青涂料亦称作漂白焦油环氧涂料或非渗透型环氧沥青涂料。

通常的环氧沥青涂料有一个较大的缺点，由于沥青是黑色，且有很大的渗透性，因此不能制成浅色涂料，也不能在其上面覆盖色泽较浅的其他涂料。

采用氧茚－茚树脂代替环氧沥青涂料中的煤焦油沥青，可克服上述缺点，制成白色或浅色环氧沥青涂料。氧茚－茚树脂俗称古马隆树脂，也叫苯骈呋喃树脂。它是由焦油蒸馏过程得到的沸程在160 ℃～200 ℃的馏分(主要成分为氧茚和茚)，在催化剂(硫酸或三氯化铝或三氟化硼等)作用下聚合所得到的树脂。

氧茚－茚树脂具有良好的耐水性、绝缘性和耐酸碱性，用它代替环氧沥青涂料中的煤焦油沥青成分，可保持环氧沥青涂料优异的耐水性。可使用于舰船内部易受腐蚀但要求色彩浅淡的部位，如机舱底部、货舱、压载舱等。

由于氧茚—茚树脂由焦油中提炼制取,用它改性环氧树脂能达到环氧沥青相似的性能并能制成浅色涂料,故氧茚—茚树脂改性的环氧涂料通常称为漂白环氧沥青涂料或漂白焦油环氧涂料。

与环氧沥青涂料相似,漂白环氧沥青涂料在低温时固化缓慢,涂层与涂层之间的涂装间隔时间亦受到一定的限制。

厚膜型漂白环氧沥青涂料一次涂装成膜可达干膜厚度 250 μm。涂层有良好的附着力、柔韧性、耐磨性以及良好的耐淡水、耐海水、耐油等化学性能。对一般漂白环氧沥青涂料进一步改性后,可使其重涂间隔时间不受限制,这能给涂装施工带来很大方便。

#### 4.4.9.3 其他部位的舱室用漆

1. 舰船钢结构防火涂料

舰船各部位的防火等级要求要求不一样,使用的防火结构和材料也不一样,为了减轻舰船结构的重量,有些部位采用舰船钢结构防火涂料就可满足防火要求。

超薄型(膨胀型)舰船钢结构防火涂料,以涂层遇高温时膨胀发泡所形成的耐火隔热层来提高钢结构的耐火极限,涂层厚度在 3 mm 以下,耐火极限也可达 0.5 ~ 2.0 小时。舰船钢结构用的防火涂料要求在满足耐火极限的同时还要求有良好的耐水性、耐油性、耐化学性能、低烟、低毒性能。该类涂料还应具有一定的装饰性和可擦洗性能,可直接用于舱室钢壁或舱室绝缘表面。

舰船钢结构防火涂料在规定的存放期内,应是均匀液态或稠状、浆状流体,没有硬化、结皮或颜料、填料沉淀。允许轻微分层,但经搅拌即可变成均匀、悬浮的体系。施工后能在通常的自然环境条件下干燥固化。成膜后表面没有脱粉、针孔、气泡、龟裂、斑点或颜色分离现象,能形成较为平整的表面。

涂层实干后不应有刺激性气味。燃烧时不产生浓烟和有害人体健康的气体。

防火涂料有水性和油性两类。从环保方面而言,水性涂料最适合用于舰船舱室,但在 4.3.1 节中已讲过,水性涂料尚存在很多有待解决的问题,目前还不宜在舰船上大量推广使用。

2. 无溶剂舰船舱室阻尼涂料

舰船舱室阻尼涂料能有效降低船体振动和躁声,是提高舰船安静性和舒适性的特种功能涂料。由阻尼层和约束层组成。阻尼层由无溶剂聚氨酯、片状填料和助剂等组成。约束层由无溶剂环氧树脂、颜填料和助剂等组成。

舰船舱室阻尼涂料要求阻尼温域宽,涂层的使用温度为 $-20$ ℃ ~ $+60$ ℃,既要求涂层自身的损耗因子($T_g$)应在该温度范围内,又要求其有损耗因子($\tan\delta$)高,更要求复合损耗因子($\eta$)高,能显著降低舰船舱室结构振动的噪声。要求涂层有良好的附着力、强度高、韧性好、不龟裂、不脱落、耐介质、耐老化、能厚涂、无溶剂、不污染舱室环境,阻燃、不影响舱室明火作业,常温固化、无毒等。涂层总厚度不超过 2.0 倍的底材厚度。主要用于主机舱、辅机舱、舵机舱、集控室、空调机室等部位。

无溶剂约束结构阻尼涂料由二层涂料组成。靠近底材的一层软材料称为阻尼层,在阻尼层之上的一层称为约束层。涂层阻尼性能主要由涂料成膜物质的结构决定。选择在环境温度下处于玻璃态转变区的几种玻璃化温度不同的、具有适当交联度的聚合物组成成膜物质就可发挥较好的阻尼性能。鳞片状填料在涂膜中起补强作用,能增加阻尼效果和扩大使用范围。

3. 聚脲弹性体(简称 SPUA) 舱室地板喷涂涂料

聚脲弹性体喷涂层是继高固体分涂料、水性涂料、光固化涂料、粉末涂料等低污染或无污染涂装技术之后,为适应环保需求而研制、开发的一种新型无溶剂、无污染的环境友好型喷涂涂料,近年来已用于一些舰船的舱室地板。聚脲弹性体喷涂涂料是双组分、100% 固含量,VOC = 0,是对环境友好的新型材料;可以 1∶1 体积比进行喷涂或浇注,一次喷涂达到所需厚度要求,不含催化剂,快速固化,可在任意曲面、斜面及垂直面上喷涂成型,不产生流挂现象,5 秒钟凝胶,1 分钟即可达到步行强度;对水分、湿气不敏感,施工时不受环境温度、湿度的影响。

聚脲弹性体喷涂层具有优异的性能,如抗张强度、柔韧性、防水性、耐酸碱性、耐磨性、防滑性、抗冲击性、阻燃以及良好的热稳定性等。可在 150 ℃下长期使用,可承受 350 ℃的短时间热冲击;柔韧性可从软橡皮(邵 A30)到硬弹性体(邵 D65)按要求任意调整配方体系。目前由于价格较贵,可在少数舱室采用,如餐厅、会议室、活动室等部位。此外,由于聚脲弹性体喷涂层所具有的柔韧性、耐磨性、抗冲击性的优异性能,还被用于要求具有抗水流冲刷、抗空泡剥蚀的舵板上。

4. 长效蓄电池舱涂料

蓄电池舱涂料要求能经受得住 40% 左右的硫酸液体的长期(5 年以上)浸泡,必须具有优良的防锈性能、优良的耐酸性能以及具有优良的电绝缘性能(防止电瓶起用时涂层被击穿)。为此,20 世纪 90 年代国家舰船涂料攻关组专门为舰艇研制了长效环氧耐酸防腐涂料。具有优异的耐油、耐油水、耐酸(硫酸、硝酸、盐酸、磷酸)、耐碱、耐盐、耐击穿电压等性能。

长效环氧耐酸防腐涂料由环氧沥青耐酸防腐底漆和环氧耐酸防腐面漆配套而成,为双组分涂料,底漆采用环氧树脂、煤焦沥青为基料,高效活性颜料为主要防锈颜料,涂层具有“自修复”能力,具备缓蚀涂料性能。用于舰艇的蓄电池舱,其绝缘电阻:60 ℃ $10^{13}$ Ω/cm,耐击穿电压:常状 ≥ 30 kV/mm,浸水 ≥ $10^{10}$ kV/mm,体积电阻:常态 ≥ $10^{12}$ kV/mm,浸水 ≥ $10^{10}$ kV/mm。

5. 导电涂料

电导率在 $10^{10}$ S/cm 以上的涂料,一般称为导电涂料。

导电涂料在舰船方面的用途:

(1) 海洋防污涂料

近年来,导电涂料用于海洋防污的研究报道逐渐增多,国外已在中小型船舶上实用。把导电涂料涂于船壳上,通电时电解海水在涂膜周围产生次氯酸盐,这样可以防止海生物附着在船体上,达到防污的目的。

(2) 电热涂料

电热涂料是利用涂层的导电性能将电能转化成热能,可用于舰船的舷窗玻璃或驾驶室玻璃的防结冰、防霜、防雾等。

将地板表面用导电涂料涂成 0.5 ~ 1 mm 厚度的涂层,干燥后加 20 V 交流电压,通电 30 分钟后涂膜表面温度可达 50 ℃,作取暖之用。

(3) 电磁波屏蔽涂料

电子仪器设备很容易受到外界电磁波的干扰而产生错误的指令,使仪器设备不能正常工作。同时,这些仪器本身工作时也向外发射电磁波,影响周围的仪器设备工作。电子仪器外壳若是绝缘性的(如塑料),不具备防止电磁波干扰的性能,因此,需要采取措施,解决电子仪器设备中电磁波干扰问题。采用电磁波屏蔽涂料是防止电子仪器设备间以及报房的门、窗等部位电磁波干扰问题的措施之一。

电磁波入射到材料表面时,会发生吸收、反射、衍射和透过。导电涂料屏蔽电磁波的原理,是电磁波能量被电磁波屏蔽涂层表面吸收或反射而造成衰减。电磁波能量衰减的程度表示屏蔽效果的好坏。衰减程度以分贝(dB)表示。分贝值越大表明屏蔽效应越好。

(4)抗静电涂料

抗静电涂料亦称导电涂料。积累了静电荷的材料表面在摩擦时会产生火花放电,严重的甚至导致爆炸和失火等重大事故。因此,采用抗静电涂料或其他恰当的抗静电措施,防止和疏导材料表面的静电荷积累,在实际使用中有着重要的作用。可用于航空燃油舱导静电和作战指挥室、报房等舱室地板导静电。

导电涂料有添加型导电涂料和非添加型导电涂料,非添加型导电涂料又称为本征导电涂料。当涂料成膜物的材料本身是绝缘体,在添加一定的导电填料后制成的导电涂料,称为添加型导电涂料,例如添加石墨制成的导电涂料;当作为成膜物的高分子化合物本身具有导电性时,不需添加导电填料,这种导电涂料称为本征导电涂料,例如用导电聚合物聚苯胺制成的导电涂料。

由于导电涂料在舰船方面用的还较少,有些设计者对导电涂料的性能不太了解,为此,下面简要介绍一下导电涂层的性能表征:

①导电涂料的范畴

物质按其电导率或电阻率的大小分为导体、半导体与绝缘体。电导率是电阻率的倒数,其单位为“西门子/厘米”,符号表示为“S/cm”。电导率小于 $10^{-10}$ S/cm 的物质为绝缘体,电导率介于 $10^{-10}$ S/cm 与 $10^{2}$ S/cm 之间者为半导体,电导率大于 $10^{2}$ S/cm 的为导体。

电导率在 $10^{-10}$ S/cm 以上的涂料,是具有半导体至导体性能的涂料,称为导电涂料。

导电涂料是由成膜物质(黏合剂)、填料(包括颜料)、助剂及溶剂组成的,其中,至少有一种组分是具有导电性能的,以满足形成涂层后电导率在 $10^{-10}$ S/cm 以上的要求。

②导电涂层导电性能的表征

对于导电涂层的导电性能,通常有三种表征。

a. 体积电阻率或电导率

材料的体积电阻($R_\nu$):将两个电极与样品接触或插入样品中,施加到两个电极上的直流电压与流经电极间样品体积的电流之比,称为材料的体积电阻。

材料的体积电阻率($\rho_\nu$):平行于电流方向的电位梯度($E$)与电流密度($J$)的比值。

$$\rho_\nu = E/J$$

在欧姆定律成立的范围内,体积电阻与电阻率的关系为

$$R_\nu = \rho_\nu \cdot \frac{L}{S}$$

$L$ 和 $S$ 分别是样品的长度和横截面积。电阻率的单位是“欧姆·厘米”,符号表示为“Ω·cm”。

体积电阻率的倒数是电导率($6$),即

$$6 = 1/\rho_\nu$$

电导率的单位是“S/cm”。

b. 表面电阻率

将两个电极放在样品表面，施加到这两个电极上的直流电压与流经电极间样品表面的电流之比为表面电阻($R_s$)。

表面电阻率($\rho_s$)是与表面电流平行方向的电位梯度与单位宽度上的表面电流的比值。表面电阻率是两电极间一个平方面积的表面电阻，其单位为 $\Omega/m^2$ 或 $\Omega/mm^2$。

对于均一的欧姆导体，表面电阻率可以从体积电阻率的测量计算出来：

$$\rho_s = \rho_\gamma / d$$

式中，$d$ 为样品厚度。

实际上，由体积电阻率测量而计算的表面电阻率与直接测量的电阻率往往是不相同的。在涂层很薄的情况下，这种差别尤为突出。因此，直接测量表面电阻率是必要的。

c. 静电衰减速率

这是涂层导静电性能的一种表征。目前存在不同的标定方法。例如：把静电衰减速率规定为表面电压从 +5.0 kV 到零所需的时间，时间越短，静电衰减速率越大，导静电能力越强。

4.4.9.4　舰船涂料的发展趋势

作为舰船腐蚀防护主要防护手段之一的舰船涂料，品种繁多，涉及范围除常用的船舶涂料外，还涉及到舰船各个方面的特种性能涂料，几乎涉及大部分工业涂料品种，是涂料工业的缩影，也反映出一个国家涂料工业的水平。

我国舰船涂料水平与其他发达国家相比，除在防锈、防腐、防污三大基本性能还存在差距外，在施工性能、环保性能、通用性能以及特种功能涂料方面也还存在一定差距。虽然我国舰船涂料经过几个五年计划国家科技攻关项目的攻关，不断跟踪上世界涂料工业的发展趋势，缩小了差距，但仍将继续以“五 E”(Excellence of finish, Ease of application, Economics, Energy saving, Ecology)亦即以高性能、易施工、经济、节能、环保为主导的发展方向，跟上世界涂料工业的发展趋势。

1. 发展和推广高耐热性车间底漆

提高车间底漆的耐热性，旨在大幅度降低焊接、切割和火工校正时车间底漆的烧损范围，进而降低二次除锈的工作量，已有厂商推出能耐1 000 ℃高温的车间底漆。

2. 防污涂料向无毒、低毒方向发展

有机锡自抛光防污涂料有良好的防污和降阻作用，在防污年限方面，达到了 4 ~ 5 年的长效防污效果。但有机锡自抛光防污漆释放出的有机锡，对海洋造成严重污染、破坏生态环境，严重影响到海洋生物的生长、繁殖并产生遗传变异。1980 年前后，美国、欧洲共同体、日本等国，纷纷订出法规，对有机锡自抛光防污漆的使用作出多方面的严格限制。随着有机锡防污涂料在全球范围内禁止使用，防污涂料已经开始走向低公害和无公害。各大油漆公司都在积极开发这种产品，相继推出五年期不含有机锡防污漆。如适合海军舰船使用的丙稀酸自抛光防污涂料、低表面能防污涂料，辣素防污涂料，有机硅弹性体防污涂料，无锡自抛光防污涂料等。目前得到成功应用的是不含有机锡的自抛光漆(简称无锡自抛光漆)，防污年限可达 3 年。但从整体上来看，还未达到自抛光防污涂料的成熟程度。就防污机理而言，无锡自抛光防污涂料仍是析出型防污涂料，其必将被非析出型防污涂料所代替，但在目前无锡自抛光防污涂料还将是防污涂料的主流。

低公害和无公害涂料中以生物避忌剂和低表面张力的防污涂料最有可能达到无毒长效的要求，是今后的发展方向。多年来，虽然各大油漆厂家都进行了大量研制和改进工作，但无锡自抛光漆的性能还是要比有机锡自抛光漆远为逊色，各大油漆厂家的产品都经常会受到船底出现海生物污损或漆层脱落的投诉，而每平方米的油漆材料费要比有机锡自抛光漆贵约50%，可以说，无锡自抛光漆目前仍非完美的产品。

1990年，出现了一个崭新的技术观念：用含铜粉约30%的涂层代替防污漆，将这种能导电的涂层作为电极的正极，在船底适当位置配置阴极。接通电源，使整个船底变成电解海水的装置，不断产生能杀死海生物孢子的初生态氧，从而达到防污效果。日本曾多次报道了这种"电极涂层"用小船做试验且效果优异的资料。采用电解海水达到防污目的的技术难度很大。

国外研制出了一种以脱水沸石粉和电解铜粉为防污剂的新型防污漆，有机硅改性环氧、氨基烷基硅烷、氟多醇聚氨酯等低表面张力防污涂料研究已经取得很大进展。国外研制的涂在环氧底漆上的有机硅弹性体防污涂料，当船速大于30节时，可冲去附着海生物，已达到3年以上防污水平，如果与水下刮船器配合使用，可用于各种船舶。国内在舰船涂料攻关项目中对有机硅低表面能防污涂料立项进行过研制，但未能在施工工艺上取得突破。此外还有导电防污涂料，利用电解产生局部酸性环境防污，但由于需要外加电流和导电涂层，在船底使用时应防止可能产生意外的加速腐蚀，以及改变舰船电、磁场环境而影响到舰船的安全性。

国外有一家公司采用金属喷镀技术在钢材表面喷镀纯铜镀层以达到永久防污目的，使船体防腐、防污一体化。

国内外都有公司研制出了辣椒素防污涂料，但尚未取得实用性进展。

仿生物防污技术是目前防污领域的前沿技术。国外研制的一种仿生无毒舰船防污涂料由氟树脂、改性含氟树脂、生物碱、肽类化合物、溶剂、去离子水、流平剂、填料、颜料和助剂配制而成。生物碱从海藻中提取而得，而肽类化合物则从海绵生物中提取。这种防污涂料在海水作用下使生物碱和肽这些天然物渗出，达到防止海洋生物附着的目的。有些科研单位和大学的生物、化学及相关学科部门合作开展对海豚、鲸、大叶海藻表皮的分泌物、活性、载体等进行研究，也是防污技术研究领域的一个分支。

3. 防锈涂料向重防腐、环保、低表面处理要求方向发展

(1) 重防腐涂料

所谓重防腐涂料是指在严酷环境中比常规涂料有更长保护期的防腐涂料，具有厚膜、高固体分、双组分等特征。重防腐涉及使用环境、材料选择、配套设计、施工质量控制等各方面，且根据使用环境和维修难易程度，对不同的使用对象，有不同的防腐年限要求。舰船的酸、碱、溶剂等场合要求5年以上，一般重防腐部位要求10年以上。

重防腐涂料一般通常由底漆、中间漆和面漆组成，由于通常面漆的寿命远不及防锈漆，所以底漆的性能尤其重要，无机富锌涂料是公认的重防腐涂料通用底漆，但在修船中，由于无机富锌涂料有严格的表面处理要求，难以达到，所以采用有机富锌涂料作底漆或直接使用双组分环氧底漆也可以取得很好的使用效果。

能够达到10年以上这一要求的重防腐涂料，有超厚浆型环氧涂料、超厚浆型聚氨酯沥青漆等新型涂料。这些特种涂料，喷涂一道便有2 000～3 000 μm的膜厚，已使用于海洋工程的钢结构和要求防腐年限15年以上的工程。

此外，热喷涂（铝、锌、陶瓷）涂层在很多场合可以比富锌涂料更有效。

重防腐涂料体系目前存在的问题是缺乏长效的实际使用数据支持，也没有有效的加速

测试方法数据与实际使用数据之间的比较、换算方法。

(2)玻璃鳞片涂料

在涂层上通常存在微孔,主要有两大类。分子空隙产生的孔隙,溶剂挥发产生的孔隙。溶剂挥发产生的孔隙是水汽、盐雾等腐蚀产物渗入的主要通道,在这方面,鳞片涂料有很好的阻挡效果,从而成为重防腐涂料底漆的重要选择。涂料中的鳞片材料主要有片状的云母、云母氧化铁、锌粉、不锈钢鳞片和玻璃鳞片。片状云母、云母氧化铁等由于价格便宜,在船舶防锈涂料中得到大量应用,而玻璃鳞片的厚度为 2 ~5 μm,粒径在 150 μm(100 目)以下,在一层涂层中可以同时形成几十层阻挡层,但价格较贵。国内生产的鳞片质量不稳定,厚薄不一,致使目前国内鳞片涂料的质量还不能达到预期效果,与目前成熟的船舶长效防腐涂料相比,根据试验对比结果,国内生产的玻璃鳞片涂料的防腐期效并无明显优势。随着对舰船涂料更长效的要求以及玻璃鳞片生产技术和质量的提高,玻璃鳞片类型的重防腐涂料可望得到广泛的应用。

玻璃鳞片涂料、碳氢化合物改性环氧树脂等高性能涂料可能逐渐成为高性能船底防腐蚀涂料的主流产品。

(3)长效船舶防腐涂料

目前就船舶涂料而言,无机富锌底漆 + 环氧中间层 + 脂肪族聚氨酯面漆性能最好,其次为无机富锌底漆 + 环氧中间层 + 乙烯类面漆。双组分环氧底漆 + 有机硅改性醇酸也可用于一般场合。在修船中,由于无机富锌涂料有严格的表面处理要求,所以采用有机富锌涂料作底漆或直接使用双组分环氧底漆、云母鳞片环氧沥青漆也可以取得很好的使用效果。采用纳米材料已合成高性能的无机硅酸盐树脂,以该树脂为基础研制成功的有机硅改性水性硅酸盐富锌涂料,有望作为舰船钢结构的长效防腐蚀底漆。

由于水线部位和水线以下船体年均分别受到 8% 和 6% 的机械损伤,抗冲击耐磨涂料应运而生。一类是能量传递型,可以把冲击能量传给底材,直接由底材反射回去。主要有玻璃鳞片、不锈钢粉等增强的环氧树脂和聚酯型涂料。另一类是能量吸收型,主要是一些改性环氧和聚氨酯涂料,通过涂层本身所具有的弹性把冲击能吸收掉。但这种涂料的初期投资较大,而从长远看却能减少 40% 以上的维修费。

(4)氟涂料

由于氟原子体积比氢原子大,氟碳键的键能比碳碳键高得多,所以含氟涂料具有比普通有机涂料更好的耐热、防腐、耐候和不黏性能。随着氟乙烯乙烯基醚(FEVE)树脂的出现,用异氰酸酯固化剂实现了常温(或烘烤)固化,国内外都已经出现了现场使用的常温固化型氟涂料,主要作为长效防腐和耐候涂料使用。有机氟的表面能比有机硅的表面能低,是目前发现的表面能最低的材料,从理论上讲,应具有优异的防污性能,但研究发现,其防污性能很差,不能直接用来做防污涂料,但对传统的氟碳树脂经过改性,合成一种带有氟化侧链的聚醚多元醇,经异氰酸酯固化后,具有低表面自由能、高增水性、低摩擦系数、污损释放等特性,它与水的静态接触角受氟化侧链的影响从 107° ~103°不等,污损生物附着不牢较易脱附,是一种有开发前景的防污材料。另一种常温固化氟涂料为水溶型的,可以用水性氨基树脂作交联剂。当然,聚四氟乙烯改性以后,性能已经有相当程度的下降。目前氟涂料价格昂贵,尚未在船舶上得到广泛应用,有单位刚刚开始在军船方面开展应用研究。而采用高质点复合破碎技术将颗粒状聚四氟乙烯粉碎成纳米级微粒的同时与普通溶剂形成胶状物,将其与其他树脂混合可以制成不同含氟量的涂料。初步试验证明,该涂膜具有聚四氟乙烯光滑不黏的特性和优良的防锈、防腐和防污性能，且价格相对低廉，有望成为新一代多用途氟涂料，但在实际应用方面要开展大量研究工作，氟涂料在实用过程中的很多问题还有待解决。

(5)低要求表面处理涂料

重防腐涂料等长效防锈底漆通常要求严格的表面处理，而在实际使用中，尤其是在修理方面，面对舰船结构复杂、空间狭小、施工条件限制及不同原始表面状况等因素，难以实施和达到所要求的表面处理标准。发展表面处理要求低的防锈底漆，使防锈底漆对钢材基底表面处理的要求从通常的 Sa2,Sa2½级和 St3 级降低为 St2 级以下程度，从而大大降低二次除锈的工作量。现在国内外均已开发出只需除去铁锈、油脂及污物的高性能低表面处理要求底漆，如环氧沥青底漆，长效带锈涂装底漆，湿表面带锈涂装底漆和带油涂装底漆等。不但降低了表面处理要求，而且防锈性能也达到了现有长效环氧涂料的水平。这些涂料性能可望得到进一步改进提高和推广应用。

(6)通用防锈涂料

由于船舶各部位所处环境各异，其涂料配套各不相同，特别是舰船涂料品种更多，一艘大型舰船使用的涂料品种多达 40～50 种，由于选用的不可能是一个厂家的产品，底漆的配套也不一样，为了简化配套、施工和管理程序，对防锈底漆提出了尽可能通用的要求。目前国外或合资厂家，一般都有通用底漆，而国内厂家产品通用性较差，通用防锈涂料应是发展趋势。

(7)维修中间涂料

由于长效防锈涂料的出现，底漆与面漆寿命不同，带来了旧底漆与新面漆的涂装问题，为了保留部分完好的底漆，除了采用轻度喷砂和打磨除去面漆和打毛表面的处理外，需要一种能与硬质、光滑、不溶的涂层表面可以良好结合的中间漆。目前国内厂家还没有这种专用漆，暂时用单组分挥发型涂料，如氯化橡胶防锈漆代替。当高性能氟涂料达到实用后，有必要研制出能与该类涂料相配的维修中间涂料。

(8)无铅、铬防锈涂料

红丹、锌铬黄是防锈性能最好的颜料和缓蚀剂、锈转化剂，目前仍大量用于船舶防锈漆中。但由于铅、铬对人体危害极大并污染环境，有些国家已经禁止使用，国内已有建议立法禁止该类涂料的使用。

经过改进的磷酸钙、磷酸锌、三聚磷酸铝、钼酸钙、钼酸锌、锶黄等已基本上达到了红丹和锌铬黄的作用和性能，是代替重金属颜料的有效品种。由于新一代的防锈颜料不断出现，如磷硅酸锌锶钙、磷钼酸锌钙等，不含铅、铬的防锈涂料将取代红丹和锌铬黄防锈漆。据称，无毒型的防锈颜料磷钼酸锌钙防锈性能优异，防锈能力是红丹的 8～10 倍。

(9)高固体分和无溶剂涂料

由于舰船舱室狭小，空气难以流通，因而对涂料的有机溶剂挥发含量和毒性限制要求更高。高固体分涂料可以完全取代目前使用的溶剂型涂料，并逐渐向无溶剂涂料方向发展。高固体分涂料是指重量固体分大于 80%、体积固体分大于 60% 的涂料，主要是采用双组分低黏度树脂配制，目前技术已成熟，性能相当好。而无溶剂涂料除了采用双组分低黏度树脂外，还要采用活性或非活性稀释剂，其结果是给涂膜带来了相对的小分子结构，影响了涂膜的性能。由于无溶剂涂料黏度较大，在施工上需要采用专用喷涂设备，通常不宜手工刷涂。虽然无溶剂涂料在性能上比溶剂型涂料差一些，但因为其不含有机溶剂的环保特征，是今后可能会大力推广的涂料类型。

(10)改性环氧涂料

在各种涂料中,环氧树脂具有突出的附着力和耐蚀性能,是世界上使用最广泛、最为重要的防腐涂料品种,在我国涂料用树脂的生产中,环氧树脂的品种最多、性能最稳定。环氧树脂在紫外线下会发生粉化,一般不宜在露天作为面漆使用,但其粉化的速度很慢,如果维修间隔短一些或者不考虑外观,着重从保护基材的防腐角度考虑,仍然可以在露天作为面漆使用,选用改性环氧涂料中的脂环族环氧树脂具有较好的耐候性能。但是,纯环氧树脂脆性较大,一般在环氧中添加增韧剂(如邻苯二甲酸二丁酯、邻苯二甲酸二辛酯、氯化石蜡等),约使用1年左右,增韧剂挥发,涂膜脆性急剧增大,在机械冲击下会发生脱层等弊病,所以,目前一般还是用柔性树脂对环氧进行改性,称为改性环氧树脂和改性环氧涂料。今后船舶通用防锈漆将有可能由改性环氧涂料取代。

4. 船壳涂料

船壳涂料将向性价比更合理和多功能方向发展,现有船壳漆中,按性能和价格的高低依次分为丙烯酸聚氨酯、单组分丙烯酸、丙烯酸改性高氯乙烯、氯化橡胶、有机硅改性醇酸、醇酸。在上述船壳漆中,由于在生产氯化橡胶过程中会释放大量有害于人体和环境的气体,一些发达国家已经不再生产该树脂。由于氯化橡胶的生产日益受到限制,氯化橡胶船壳涂料将逐渐被淘汰,由不污染环境的高氯乙烯和聚醚树脂取代。在选择上,可根据性价比和维修涂漆间隔来考虑,一般不参与检阅、检查的军船可选用长寿命的高性能丙烯酸聚氨酯船壳漆;经常接受检阅、检查、出访的舰船采用中等寿命的单组分丙烯酸或单组分丙烯酸改性高氯乙烯、有机硅改性醇酸船壳漆为宜,以便进行经常性的刷新,保持崭新的舰容舰貌;而醇酸船壳漆,可用于能经常进行维修的小型舰艇、快艇和交通艇等。

5. 多功能的热反射抗锈斑沾污船壳漆和甲板漆

我国八五攻关成果的热反射船壳漆和甲板漆的出现,为船壳漆和甲板漆增添了新的品种,该类型涂料可明显降低船舱的温度5 ℃~7 ℃(国外可达20 ℃),是新一代船壳和甲板涂料。国内外能够使锈痕转化为无色的自清洁船壳漆也将成为另一种功能性的舰船船壳涂料新品种。在此基础上国内外又发展成了一个具有二者综合性能的热反射抗锈斑自清洁船壳漆。热反射涂层一方面能降低船体的吸热能力,提高水面舰艇防红外跟踪的伪装能力,另一方面可使舱内温度降低,节省空调能源。抗锈斑沾污涂层可将棕色锈斑转化成浅色可溶性盐的锈转化剂,在雨水或低压水作用下,便可将被转化的浅色锈盐冲洗掉,或是采用抗沾污性能优良的低表面能耐候树脂,使棕色锈斑和其他灰尘在涂层表面难于附着或附着不牢,很容易用低压水冲洗干净或用抹布擦洗干净,保持船壳整洁美观,以节省大量的舰员维修工作日。

6. 水性生活舱涂料

生活舱涂料将向水性化方向发展。除了水性无机富锌底漆外,其他水性防锈漆受到闪锈、水分挥发、低温施工性能、附着力、耐擦洗、龟裂等一系列因素的影响,短期内还难以用于舰船。而水性生活舱漆,作为面漆具有环保、易于重涂的特性,并与生活舱漆半光、亚光的要求吻合。随着双组分水性聚氨酯和环氧树脂及高氯乙烯和改性醇酸乳液等高性能水性树脂的出现,将会研究出性能符合使用要求和环保的水性生活舱涂料。

目前水性涂料只广泛被应用在建筑乳胶涂料中。水性涂料最大的优点是VOC相对很低,但也不是一点都不含有VOC,如助成膜剂(酯醇)、助溶剂(醇醚类)等。水性涂料一般气味小,不燃;水性涂料的施工设备只要用水清洗即可;毒性总体要比有机溶剂低;水的成本低。

尽管水性涂料具有上述优势，但它也呈现出许多难以克服的问题。首先在室温下水的挥发速率慢，而且随外界温度和湿度的变化而变化，在100%的饱和水气的潮湿环境下，水性涂料不可能干燥。另外，水的热容及蒸发潜热较高，干燥时需要更多的能量。水的表面张力比任何有机溶剂都高($7.34\times10^4$ N/cm)，需要表面活性剂的帮助才能对颜料及底材具有良好的润湿和附着，这些表面活性剂存在于涂膜中，会对光泽和耐水性起负面作用。

水具有比有机溶剂更大的腐蚀性，它会对储罐、涂装线、烘道及其他设备产生腐蚀，设备须采用耐蚀材料制造，从而造成大量投资。水在0 ℃会结冰，因此如果贮存或施工不当，水性涂料会冻结，对涂料的性能造成不可挽回的损失。最后，水性涂料使用水作溶剂，一方面减少了VOC的挥发，但也增长了细菌、霉菌容易繁殖生长的可能性，无论是在储存过程中还是涂膜，都比溶剂型涂料易发生霉菌生长。

目前大多数水性工业涂料(除乳胶漆外)均为烘烤型，设想自干型水性涂料的性能要达到溶剂型涂料的水平，其技术难度是相当大的。

7. 防火涂料

用于弹药舱、机舱、舱室防火隔壁等部位的舱室防火涂料，其发展方向是水性化，不龟裂、耐水、耐油、涂膜薄、耐燃时间长，燃烧时低烟低毒，兼有装饰作用。日本研制出的一种防火涂膜仅1～2 mm，起火时可发泡膨胀25～50倍，耐火时间长达1 h。我国在舰船涂料攻关项目中立项研究过，但未能达到舰船防火涂料指标要求，尚待进一步改进、研制。

8. 耐高温涂料

目前的舰用耐热涂料主要是无机富锌类涂料，这些涂料通常需要特殊的施工和干燥方式，使用不便，所以其发展方向是能够常温固化、常规施工、耐高温兼具防腐功能，如国外的高温陶瓷涂料耐温达850 ℃，可喷涂或刷涂；由无机硅、钛等组成的涂料，可耐1 093 ℃，并可以常温干燥，这种能耐850 ℃以上的高温涂料是舰船需要而国内尚待研制的涂料品种。

9. 红外、雷达波和激光伪装隐身涂料

伪装隐身涂料能有效地降低舰船被发现和被导弹攻击的可能性。舰船采用与海水接近的蓝灰和深灰等单色。红外隐身涂料利用热屏蔽、低发射、辐射转移等材料达到降低红外辐射特征的效果。雷达波吸收涂料利用“谐振”、“吸收”、“散射”等材料使雷达波反射率降低。激光隐身涂料就是消除或削弱激光的反射强度。

在舰船隐身设计中，形状和材料是第一位的，而隐身涂料作为一种必要的辅助隐身手段在国外的舰船隐身方面普遍得到了高度重视和广泛的应用。发展宽频和多波段雷达波隐身涂料以及兼具多种隐身功能的涂料，如可见光、红外和雷达波综合隐身涂料、红外和激光兼容伪装涂料等是舰船隐身涂料的发展方向。

10. 吸声涂料

吸声涂料可防声呐探测，消声瓦利用空腔将声转化为热能而被消耗，是一种较为成熟的防声呐探测材料，但同时其施工方法、厚度、重量等缺陷，大大限制了它的应用范围，其发展趋势是采用施工简单、涂膜较薄的吸声涂料来解决，如国外采用30～40 mm的聚氨酯发泡材料加多孔材料制作吸声涂料，吸声率可达70%～90%。

11. 航空母舰飞行甲板防滑涂料

我国航空母舰飞行甲板防滑涂料在舰船涂料攻关项目中曾作过预研，现在也只是刚刚起步，还有待进一步改进、发展。

12. 国内外都研制了多种特种涂料，如抗沾污船壳涂料、太阳能热反射涂料、红外反射涂料、雷达波吸收涂料、多波段伪装涂料、电磁屏蔽涂料、吸收声呐波涂料等等，但它们一般都是单一功能的，它们之间的兼容性和配套性有待舰船设计单位、海军使用单位、涂料生产单位协同开展综合应用研究，共同推动新研制的舰船涂料实船应用向前发展。

## 4.5 舰船涂料的涂装工艺

钢材表面所涂防腐涂层的有效保护寿命与许多因素有关，影响涂层质量最重要的是涂料与涂装，有所谓三分涂料七分涂装之说，可见涂装质量的重要性。而涂装质量与许多因素有关，如涂装之前钢材表面处理的质量、所采用的涂料种类、涂膜厚度、涂装的环境、涂装的工艺条件、涂装人员的技术水平、维修保养等等，其中最重要的是涂装前钢材表面处理的质量。表4－15列出了上述各种因素对涂膜寿命影响的统计分析结果。

**表4－15 涂装中各种因素对涂膜寿命的影响**

| 影响因素 | 影响程度/% |
|---|---|
| 钢材表面处理质量 | 49.5 |
| 涂层 | 19.1 |
| 膜厚（涂装道数）涂料种类 | 4.9 |
| 其他因素 | 26.5 |

由表4－15可见，影响涂膜保护性能的各种因素中，涂装前钢材表面处理的质量是影响涂膜保护性能的最主要的因素。因此钢材表面处理的质量控制是确保防腐涂层性能最关键的环节。

### 4.5.1 钢材的表面处理

涂层通常是依靠涂料基料内某些分子的官能团与铁分子之间的物理吸附或基料、颜料与铁分子之间的化学反应，使涂层紧密覆盖和牢固附着在钢铁表面，使被保护钢铁不受腐蚀。因此，涂装前钢材表面应尽可能除去非铁物质，使铁的金属分子裸露在表面，才能保证涂层的结合力、达到预定的保护效果。

造船用的钢铁种类繁多，而大多是热轧钢材。从钢厂出厂的钢材，其表面完整地覆盖着一层坚硬的氧化皮，看起来很致密，但实际上却存在许多缝隙，不能阻挡水和氧气的渗入，时间一长，缝隙中就开始腐蚀，并向四周蔓延，导致氧化皮成块脱落。除去氧化皮以后再涂漆比带氧化皮涂漆的保护效果要好得多。因此，舰船钢结构涂装以前必须认真地除去钢材表面的氧化皮、锈蚀物质、油污和其他杂质，这就是所谓的钢材表面处理。

舰船钢材表面处理方式主要为：抛射磨料预处理并涂装车间底漆；喷射磨料处理；酸洗及磷化处理。

#### 4.5.1.1 抛射磨料预处理

舰船用的钢材，在落料加工以前，即在原材料的阶段，应用机械或化学的方法，清除其表面的氧化皮、铁锈及其他污物的工艺过程，称为钢材预处理。钢材预处理采用抛射磨料处理。

抛射磨料处理亦称为抛丸处理，是利用抛丸机的叶轮在高速旋转时所产生的离心力，将磨料以很高的线速度射向被处理的钢材表面，产生打击和磨削作用，除去钢材表面的氧化皮与铁锈，让钢铁表面露出金属本色并呈现粗糙度，以利于涂料的黏附。用于抛丸处理的磨料大体上有铁丸、钢丸、钢丝段和棱角钢砂四种。抛丸处理的效率很高，可在密闭的条件下进行，配以粉尘吸收装置则不会污染环境，配以自动化涂漆装置则可达到除锈——涂装临时保养用的车间底漆一体化与自动化流水作业。钢材抛丸预处理流水线亦简称为钢材预处理流水线，总体上有两种类型，一种是钢板预处理流水线，另一种则是型钢预处理流水线。两者的工作原理是一致的，只是由于型钢表面比较复杂，抛丸机的抛头位置安放应有一个特定的角度，而型钢的宽度则大大小于钢板的宽度，故型钢流水线的抛头数量较钢板流水线为少，辊道的宽度亦小于钢板流水线的辊道宽度。抛丸处理后的钢材表面需立即涂覆车间底漆。

#### 4.5.1.2 喷射磨料处理

喷射磨料处理亦称喷丸处理，是以压缩空气为动力，将磨料以一定的速度喷向被处理的钢材表面，以磨料对钢材表面的冲击和磨削作用，将钢材表面的氧化皮、锈蚀产物及其他污物除去的一种高效率的表面处理方法。喷射用的磨料通常使用钢丸、钢丝段，棱角钢砂或它们相互以一定比例掺和的混合磨料。喷丸处理可以直接处理钢铁原材料，在没有抛丸预处理流水线的条件下喷丸处理代替预处理流水线对原材料进行预处理，或对预处理流水线难以处理的超厚板材进行预处理，然后配以手工涂装车间底漆。但喷丸处理的主要对象则是对未经过原材料预处理的钢材组合成的分段、舾装件、结构件进行表面处理，并配以手工涂装防锈漆。此外，喷丸处理也是二次除锈的重要工艺手段。

#### 4.5.1.3 化学除锈处理

化学除锈处理是船厂中使用比较普遍的一种除锈方法。它的基本原理是：用酸溶液与钢材上的铁皮和氧化皮发生化学反应，使其溶解在酸液中，同时，酸与金属作用产生氢气，使氧化皮脱落。这种除锈方法一般称为酸洗。

酸洗处理常为没有抛丸预处理流水线的中小船厂应用，也为一些大船厂在处理薄板、管材上应用。酸洗处理应用较多的还是舾装件和零部件的除锈。

酸洗是应用无机酸或有机酸与钢铁表面的氧化皮（其分子式为 $Fe_3O_4$，实际是 $Fe_2O_3$ 与 FeO 复合氧化物）、铁锈（氧化铁和氧化亚铁的复合水合物）进行化学反应，生成可溶性铁盐，然后将其从钢铁表面清除的工艺手段。酸洗中除了酸对氧化皮和铁锈的反应以外，酸还将与铁进行反应析出氢，这一析氢反应有利亦有弊。有利的是当氢分子从铁的表面产生并从铁表面析出时，对铁表面的氧化皮与铁锈产生剥离作用，使其离开铁的表面，并且刚析出的氢还原性强，能将 $Fe_2O_3$ 还原成 FeO，而 FeO 比起 $Fe_2O_3$ 更易溶解于酸，从而提高了酸洗除锈的速度。不利的是，由于氢原子体积很小，很容易扩散到铁的基体内部，导致金属铁的性能发生变化，降低了铁的韧性与塑性，增加了脆性，使金属铁经受不住冲击，即发生了“氢脆”。氢脆对于钢铁来说是很大的潜在威胁，外表一时难以发现，而一旦钢铁受到一定的外力作用，即发生开裂，从而产生各种事故。另外，氢气的排出形成酸雾，危害人体健康。

酸洗常用无机酸和有机酸。

(1)无机酸酸洗　无机酸有硫酸、盐酸、磷酸，硝酸，氢氟酸等。无机酸作用力强、除锈速度快、原料来源广、价格低廉，而缺点是易产生过蚀现象，即使加入缓蚀剂亦往往难于幸免，且残余酸如清洗不彻底，会继续腐蚀钢铁，使钢铁表面涂层起泡甚至脱落。这些缺点以硫酸酸洗为最严重。用盐酸酸洗，速度较硫酸酸洗为快。因为铁的氧化物在盐酸中溶解速度比硫酸中快得多，所以利用氢的析出使铁的氧化物从铁的表面剥落的作用不如硫酸酸洗的作用大，相应的发生氢脆的现象亦要轻。但盐酸挥发性大大高于硫酸，尤其是在加温的条件下，比硫酸更易形成酸雾，影响人体健康和污染环境。磷酸对铁的氧化物的溶解速度较盐酸、硫酸为低，因而除锈速度慢，且磷酸价格较硫酸和盐酸贵得多，但磷酸酸洗产生氢脆和酸雾的现象要轻得多，酸洗后表面能产生一种具有保护作用的磷化膜，故残酸亦不必除去。硝酸主要用于高合金钢的处理，常与盐酸混用于有色金属的处理。但硝酸易形成有毒的氮氧化物，使用要谨慎。氢氟酸用于处理表面上含有残余型砂的铸件，它与硝酸混用，多用于不锈钢。但氢氟酸有剧毒、易挥发，使用时要特别小心。

(2)有机酸酸洗　有机酸有柠檬酸，葡萄糖酸、低碳脂肪酸等。有机酸酸洗速度缓慢，残余酸亦无严重后患，不易重新锈蚀．而且酸洗过程中易形成缓冲溶液，便于 pH 值控制，处理后基材表面干净，酸洗液的使用期则较长。但有机酸较无机酸贵得多，且化学作用力小，故多用于动力容器内部清理及其他有特定要求的酸洗场合。

(3)酸洗助剂　为了改善酸洗处理过程，缩短酸洗时间，提高酸洗质量，防止产生过蚀和氢脆，减少酸雾的形成，可在酸洗液中加入各种酸洗助剂，如缓蚀剂，润湿剂等。

①缓蚀剂

酸洗液中加入少量缓蚀剂，可大大减慢金属铁的溶解和氢的产生，而对清除氧化皮与铁锈的速度无显著影响。

缓蚀剂通常是由极性分子构成的有机物，受金属铁表面电荷的影响，极性分子被吸附到阳极(金属铁)的表面，形成有保护作用的薄膜。这层薄膜阻止铁与酸的继续作用，抑制氢气的产生使腐蚀过程显著减慢，达到缓蚀效果。

由于氧化皮与铁锈的表面不带有电荷，不能产生缓蚀剂分子膜，因此，加入少量缓蚀剂，酸洗的化学过程不会受到明显影响，即除锈效率将无显著变化。

②润湿剂

酸洗中采用的润湿剂，大多是非离子型和阴离子型表面活性剂。利用表面活性剂所具有的润湿、渗透、乳化、分散、增溶和去污等作用，能大大改善酸洗过程，缩短酸洗的时间。

#### 4.5.1.4　磷化处理

钢铁的磷化系指在钢铁表面通过化学方法处理，生成各种不溶于水的金属磷酸盐膜层的过程。磷化膜系磷酸和可溶性磷酸二氢盐类与钢铁表面反应所生成，是铁与其他金属的复合磷酸盐。

磷化的目的主要是提高钢铁表面的抗腐蚀能力并作为涂料保护的底层，还可提高滑动面的耐磨耗性能。

磷化处理的方式方法有多种：

(1)根据处理液组分分类，有磷酸锌系、磷酸锌钙系、磷酸锰系、磷酸铁系；

(2)根据处理温度分类，有高温磷化(90 ℃～98 ℃)，中温磷化(50 ℃～70 ℃)，低温磷化(20 ℃～30 ℃)；

(3)根据处理工艺分类，有槽浸式磷化、喷淋式磷化、涂刷磷化。

采用不同方式的磷化，可获得各种不同厚度、不同成分的磷化膜，以适合不同的需要。

磷化处理工艺主要有三类，即槽浸法，喷淋法和涂刷法。三种方法的特点见表4－16。

表 4-16 各种磷化方法的特点

| 磷化类型 | | 槽浸法 | 喷淋法 | 涂刷法 |
|---|---|---|---|---|
| 特点 | 1 | 可获得厚的,中等的和薄的磷化膜层 | 只能获得薄的和中等厚度的磷化膜层 | 同左 |
| | 2 | 磷化膜可适用于各种应用目的 | 磷化膜只能用于涂漆的底层及工序间 | 同左 |
| | 3 | 适用于小批量生产 | 适用于大量生产 | 同左 |
| | 4 | 适用于中小型和任何外形工件的磷化处理 | 适用于大的表面处理 | 适用于中、小型工件 |
| | 5 | 适用于各种温度的磷化 | 适用于中温和低温磷化 | 适用于低温磷化 |

#### 4.5.1.5 酸洗-磷化一步法

常规的磷化处理方法,其磷化膜质量的好坏几乎完全取决于基体材料预处理的质量。如前所述:预处理可以采用喷丸处理或酸洗处理。喷丸处理需一整套机械设备,且喷丸处理后一般可直接涂装,不一定再需要磷化。而酸洗处理的工序繁复,碱洗、中和、酸洗及各道工序间的水洗均不可少,因此,各国科研人员都积极研究如何将酸洗与磷化结合在一起,减少工序。创造了酸洗-磷化一步法新工艺。

上海船舶工艺研究所研制的槽浸式铁系法处理的酸洗-磷化一步法工艺,采用的槽浸液,主要成分为磷酸与磷酸盐并含有适量柠檬酸、氧化剂、缓蚀剂等。应用该工艺,仅需去除工件表面的油污、杂质,在槽液温度45 ℃左右、浸渍0.5~2 h后,在空气中晾干后就能在工件表面获得一层磷化膜,保护工件在室内1~2个月、室外3~7天不受腐蚀。该所研制的涂刷型酸洗-磷化处理液,适用于带有薄氧化皮和发生轻度锈蚀的钢板表面酸洗-磷化处理。它是由磷酸,磷酸二氢盐,高效缓蚀剂等组成。刷涂酸洗-磷化处理液一道或两道,能在锈蚀的钢板表面形成一层致密的铁系磷化膜,是涂层保护的良好基底。也能作工序的中间保护。其保护期在室内能达1~2个月,室外约3~7天。涂刷后不需水洗和中和,可在磷化膜上直接涂漆。

酸洗-磷化处理液可用于造船中薄钢板表面处理、焊缝等区域的二次除锈。

#### 4.5.1.6 高压水清洗

高压水清洗是用高压水对船壳表面的污染物、黏附在船体上的海洋植物、海生物、浮锈、水溶性盐类、松弛的旧漆皮等加以清除的方法。

高压水清洗的效果主要取决于船壳表面的原始状态、高压水的压力、喷嘴与工作面的距离和角度。高压水的工作压力通常在14~21 MPa(140~210 kgf/cm$^2$),当其压力达到35 MPa(350 kgf/cm$^2$)时,能清除那些失效的、结合力差的漆皮。如在高压水中加入磨料,随水一起喷射,可清除结合力好的漆皮及较坚固的铁锈,这一方法所使用高压水的压力通常限制在21 MPa(210 kgf/cm$^2$)以下。同时应仔细选择磨料和调整高压水的压力,使清洗效果刚好达到能去除失效的防污涂层而不过分地损伤船壳表面的防锈涂层。如果钢板表面的防锈涂层损坏,那么经过高压水清洗的船壳钢板曝露部分,将由于潮湿很快产生新的锈蚀,这时仍需用风动钢丝刷打磨后涂上防锈底漆。

### 4.5.2 钢材表面的处理质量

#### 4.5.2.1 钢材表面处理质量对涂膜保护性能的影响

涂装前钢材表面处理,俗称除锈,但这不仅仅是指除去钢铁表面的红锈,而且还包括除去覆盖在钢材表面的黑色氧化皮、旧涂层以及沾污的油脂、焊渣、灰尘等污物。此外,除锈之后,钢材表面还应形成一定的粗糙度。所谓钢材表面处理质量主要是指上述污物的清除程度,或称"清洁度",以及除锈之后钢材表面所形成的粗糙度的大小。

涂装前如果钢材表面处理作业不彻底,钢材表面仍残留部分氧化皮、红锈或其他污物,则必定会影响防腐涂层的保护效果。而这种影响正是由于上述残留物在涂装之后所起的破坏作用而引起的。

#### 4.5.2.2 氧化皮对涂膜保护性能的影响

我们知道,热轧钢材的氧化皮大体上是由三层铁的氧化物组成。表层是 $Fe_2O_3$,中间层是 $Fe_3O_4$,紧贴金属表面的是 FeO。$Fe_2O_3$ 在化学上是稳定的,而 FeO 则是很不稳定的。在水和氧的作用下,FeO 很容易水解成铁的氢氧化物。新轧制成的钢材上的氧化皮,虽然看上去是完整的,但是实际上却总是存在针孔和无数的缝隙,上述水解作用和腐蚀就从这些针孔和缝隙开始。并且这种作用还会沿着金属和氧化皮的接口向内深入,从而在这一接口上生成占有较大体积的锈蚀产物,引起氧化皮表面层的应力,加之氧化皮本身没有延伸性,所以氧化皮很快就会带着它外面的漆膜一起剥落下来。此外,温度的变化、机械作用等物理因素也会使氧化皮翘起和剥落。从电化学观点看,氧化皮的电极电位较之铁本身要正 0.15 ~ 0.20 V,在腐蚀性介质中,能促进铁作为阳极而腐蚀。这种电化学腐蚀,在钢板的大部分表面上仍然附有氧化皮时,会在氧化皮和钢基材的接口上产生。因为有氧化皮的部分构成一个大阴极,而氧化皮中的不连续处则成为一个小阳极,这样的腐蚀电池会导致严重的局部腐蚀。

#### 4.5.2.3 锈蚀产物对涂膜保护性能的影响

钢材表面上存在未清除的锈蚀产物或其他污物时,涂层与金属表面之间不能直接接触,这就使涂膜与钢材之间的附着力大为降低,从而影响了涂膜的保护性能,而且锈蚀产物中所含的可溶性铁盐对涂膜保护性能则产生更重要的影响作用。

值得指出的是,清理已经锈蚀了的钢材时,在明显的铁锈被除去以后,还有一些无色的铁盐可能留在腐蚀坑底部,这些铁盐用普通的除锈方法是很难清除干净的。在钢材涂漆以后,这些铁盐继续起着破坏作用。

为了防止可溶性的铁盐沾污,一个比较理想的办法就是当氧化皮还未开始剥落时,就在轧钢厂里进行抛丸清理,并随即涂装车间底漆。这样就减少了无色铁盐存在的可能性。国外一些钢厂就供应已涂好车间底漆的钢材。此外,应尽量减少钢材露天堆放时间,从而减少钢材在抛丸之前的锈蚀,对于提高钢材表面处理质量和涂膜保护性能是很重要的。

#### 4.5.2.4 钢材表面粗糙度对涂膜保护性能的影响

涂装前钢材表面粗糙度对涂膜保护性能也有很大影响. 这是因为表面粗糙度直接影响了涂膜与底材之间的附着力和涂膜厚度的分布。

涂层之所以能牢固附着于金属表面上,主要是靠涂料分子与金属表面极性基团的相互吸引。这种吸引力也称范德瓦尔引力。钢材在喷丸除锈之后,钢材表面粗糙度随之增大,表面积也显著地增加了。在这种有一定粗糙度的表面上进行涂装,涂膜与金属表面之间的分子引力会相应增加，从而使得涂膜附着力也就相应提高。

喷射除锈，特别是喷射具有棱角的磨料，不仅增加了钢材表面积，而且还为涂层附着提供了合适的表面几何形状。在这样的表面上涂装，涂膜与金属表面之间除了分子引力之外，还存在着机械的啮合作用，这对于提高涂层的附着力也是十分有利的，而在一定程度上也就提高了涂膜的保护能力。但是，如果粗糙度太大的话，也会对涂膜保护性能带来不利的影响，造成涂膜厚度分布不均匀。与光滑表面比较，如果单位面积上涂料的涂布量是一定的话，在这种粗糙表面上涂膜的有效厚度就要低得多。特别是在波峰处，涂膜厚度往往不足，早期的锈蚀也就从这里开始。此外，粗糙度过大，还常常会在较深的凹坑内截留住气泡，这将成为涂膜起泡的根源。此外为了获得与平滑表面上同样的防锈效果，在粗糙表面上就应多涂一些涂料，以覆盖表面上的粗糙部分，同时又能使涂膜具有足够的有效厚度。对此，美国钢结构涂装委员会认为，粗糙表面的波峰之上的涂膜厚度应等于光滑表面上所需的厚度。这一观点现已为大家所公认。此外，为了确保涂膜的保护性能，还应对涂装前钢材表面粗糙度有所限制。经验表明，对于通常的防腐涂装来说，钢材表面最大粗糙度的数值一般不宜超过 100 μm，而较为合适的范围是 40 ~ 75 μm，对于某些特种涂装来说，例如涂敷厚度 3 ~ 5 mm的环氧砂浆涂料，为了增大其与钢材表面的机械啮合作用，最大粗糙度可以超过 100 μm。为此，涂装前对钢材表面粗糙度必须加以控制。

表面粗糙度的大小取决于磨料的粒度、形状、材料、喷射的速度、作用时间等工艺参数。其中磨料粒度对粗糙度影响较大。

### 4.5.3 钢材表面处理质量的评定

涂装前钢材表面处理质量的控制主要包括两个方面的内容，即钢材表面的清洁度和粗糙度。在这一节中，将概要地介绍钢材表面清洁度和粗糙度的评定方法和标准。

#### 4.5.3.1 钢材表面清洁度的评定

为了能正确、方便地评定钢材在除锈之后的表面处理质量，许多工业发达国家都先后制定了钢材除锈的质量等级标准，其中最著名的是瑞典工业标准 SIS 055900《涂装前钢材表面除锈图谱标准》，曾经在世界上被广泛采用。国际标准化组织色漆和清漆技术委员会涂装前钢材表面处理分会（ISO/TC35/SCl2）以瑞典标准 SIS 055900 为基础，制定了国际标准 ISO 8501—1《涂装油漆和有关产品前钢材预处理 - 表面清洁度的目视评定——第一部分；未涂装过的钢材和全面清除原有涂层后的钢材的锈蚀等级和除锈等级》。我国也发布了 GB 8923“涂装前钢材表面锈蚀等级和除锈等级”的国家标准和船舶专业标准 CB* 3230“船体二次除锈评定等级”的船舶专业标准。

1. 国家标准中 GB8923“涂装前钢材表面锈蚀等级和除锈等级”

“涂装前钢材表面锈蚀等级和除锈等级”是将未涂装过的钢材表面原始锈蚀程度分为四个“锈蚀等级”，将未涂装过的钢材表面及全面清除过原有涂层的钢材表面除锈后的质量分为若干个“除锈等级”。钢材表面的锈蚀等级和除锈等级均以文字叙述和典型样板的照片共同确定。

（1）锈蚀等级

除锈前，钢材表面原始锈蚀状态对除锈后的表面外观质量评定具有一定影响。同时，不同锈蚀程度的钢材，欲达到同一除锈等级，所花费的清理费用也是不同的。因此，该标准根据钢材表面氧化皮覆盖程度和锈蚀状况将其原始锈蚀程度分为四个等级，分别以 A，B，C，D

表示。

A　全面地覆盖着氧化皮而几乎没有铁锈的钢材表面；

B　已发生锈蚀，并且部分氧化皮已经剥落的钢材表面；

C　氧化皮已因锈蚀而剥落，或者可以刮除，并且有少量点蚀的钢材表面；

D　氧化皮已因锈蚀而全面剥离，而且已普遍发生点蚀的钢材表面。

(2)除锈等级

该标准对喷丸(砂)或抛丸除锈、手工和动力工具除锈以及火焰除锈过的钢材表面清洁度规定了除锈等级，并且分别以字母“Sa”，“St”和“FI” 表示。字母后面的阿拉伯数字则表示清除氧化皮、铁锈和油漆涂层等附着物的程度等级。

①喷射或抛射除锈

对喷射或抛射除锈过的钢材表面设有四个除锈等级：

a. Sa1 轻度的喷射或抛射除锈

钢材表面应无可见的油脂和污垢，并且没有附着不牢的氧化皮、铁锈和油漆层等附着物。其参见照片有3张，在Sa1前分别加B，C，D表示。

b. Sa2 彻底的喷射或抛射除锈

钢材表面应无可见的油脂和污垢，并且氧化皮、铁锈和油漆涂层等附着物已基本清除，其残留物应是牢固附着的。参见照片有3张，在Sa2前分别加B，C，D表示。

c. Sa2½非常彻底的喷射或抛射除锈

钢材表面应无可见的油脂、污垢、氧化皮、铁锈和油漆层等附着物，任何残留的痕迹应仅是点状或条纹状的轻微色斑。参见照片有4张，在Sa2½前分别加A，B，C，D表示。

d. Sa3 使钢材表观洁净的喷射或抛射除锈

钢材表面应无可见的油脂、污垢、氧化皮、铁锈和油漆涂层等附着物，该表面应显示均匀的金属色泽。参见照片有4张，在Sa3前分别加A，B，C，D表示。

②手工和动力工具除锈

对用手工和动力工具，如用铲刀、手工或动力钢丝刷、动力砂纸盘或砂轮等工具除锈过的钢材表面设有两个除锈等级：

a. St2 彻底的手工和动力工具除锈

钢材表面应无可见的油脂和污垢，并且没有附着不牢的氧化皮、铁锈和油漆涂层等附着物。其参见照片有3张，在St2前分别加B，C，D表示。

b. St3 非常彻底的手工和动力工具除锈

钢材表面应无可见的油脂和污垢，并且没有附着不牢的氧化皮、铁锈和油漆涂层等附着物。除锈应比St2更为彻底，底材显露部分的表面应具有金属光泽。参见照片有3张，在St3前分别加B，C，D表示。

③火焰除锈

对于火焰除锈只设一个等级，用字母FI表示。火焰除锈在我国用得较少。这种除锈方式是先使用氧炔火焰对被处理钢板进行加热，氧化皮和厚锈因与钢板的热膨胀系数不同而剥落。加热作业后，应以动力钢丝刷清除加热后附着在钢材表面的产物。由于火焰加热的作用，除锈后的表面可能呈现不同颜色的暗影。该等级的文字定义为“FI 火焰除锈”。

钢材表面应无氧化皮、铁锈和油漆涂层等附着物，任何残留的痕迹应仅为表面变色(不同颜色的暗影)。参见照片有4张，在FI前分别加A，B，C，D表示。

国家标准中，表示钢材表面锈蚀等级的照片有 4 张，分别标有 A，B，C，D。表示喷射或抛射除锈、手工和动力工具除锈以及火焰除锈所达到的除锈等级的照片有 24 张。这些照片标有除锈前原始锈蚀等级和除锈后的除锈等级的符号。例如，钢材原始锈蚀等级为 B 级，经喷砂除锈至 Sa2½级，则相应的照片标示为 B Sa2½。

在国家标准的 28 张典型样板照片中不含 ASal，ASa2，ASt2 和 ASt3 级的照片，因为在原始锈蚀状态为 A 级的钢材表面上，除锈至这些等级不能满足涂装的最低要求。

钢材表面锈蚀等级和除锈等级典型样板的彩色照片，为评定这些等级提供了清晰、直观的依据。

国家标准是以钢材表面的目视外观来表达锈蚀等级和除锈等级的。因此，评定这些等级时，应在良好的散射日光下或照度相当的人工照明条件下进行。检查人员应具有正常的视力。同时，标准规定评定等级时不应借助于放大镜等器具。

在评定锈蚀等级和除锈等级时，待检查的钢材表面应与相应的照片进行目视比较，并且照片应尽量靠近待查表面。如果评定钢材的锈蚀等级，应以相应锈蚀较严重的等级照片所标示的锈蚀等级作为评定结果，如果是评定除锈等级，则应以与钢材表面外观最接近的照片所标示的除锈等级作为评定结果。例如，一块钢板的锈蚀状态与锈蚀等级照片相比，其实际锈蚀程度介于照片 B 和 C 之间，则该钢板的锈蚀等级定为 C 级，又如，一块钢板经喷砂后，其表面状态介于除锈等级照片 Sa2 和 Sa2½之间，但与 Sa2 照片更接近些，则其除锈等级应定为 Sa2 级。

必须强调指出，定义锈蚀等级和除锈等级的照片仅仅是典型样板的照片，而钢材表面在除锈前和除锈后的实际外观却是千差万别的。因此，在采用目测方式，通过与典型样板照片进行比较来评定除锈等级时，必须充分考虑到许多必然存的因素会影响我们目视评定的结果。

例如：在评定喷射或抛射除锈后钢材表面的除锈等级时，使用不同的磨料往往会在表面产生不同的色调。国家标准中表示喷、抛射除锈的 14 张照片，是使用石英砂磨料进行干式喷射除锈后的钢材表面外观。使用其他种类的磨料，例如使用河砂、钢丸、钢砂、钢丝段、铁丸、铁砂、铜熔渣砂等磨料进行喷射或抛射除锈时，除锈后的钢材表面会具有的不同的色调。

对于涂装过防锈底漆的钢材，特别是涂装过含有氧化铁红或红丹颜料的底漆时，评定其除锈等级时，特别要注意残留在表面上颜料颗粒对除锈等级评定的影响。因为这些颜料颗粒的颜色与铁锈的颜色很相近；

钢材在轧制过程中，由于处理温度不同，也可能会形成不同的颜色。喷砂除锈后，这种颜色差异有时会显露出来。

由于照明不匀、表面不平整、因腐蚀程度不同而造成表面各部分粗糙度的差异，或者喷砂除锈时，因磨料冲击表面的角度不同等原因而引起光线在除锈表面反射不同，也会造成表面色调的差异。

对于上述这些影响因素，评定除锈等级时，都应充分予以考虑，不要因忽略这些因素而影响除锈等级的评定结果。

2. 评定钢材表面清洁度的国际标准

为了评定涂装前钢材表面的清洁度，国际标准化组织制定了一系列的国际标准。这些标准主要分为两类，一类是涂装前钢材表面清洁度的目视评定标准，一类是表面清洁度的检测方法标准。

（1）表面清洁度的目视评定标准——ISO 8501

国际标准 ISO 8501 主要是通过与典型样板照片进行目测比较来评定涂装前钢材表面的锈蚀等级和除锈等级。该标准由 4 个部分组成。

ISO 8501—1 是评定未涂装过的钢材和全面清除原有涂层后的钢材的锈蚀等级和除锈等级的标准。该标准于 1988 年用 12 种文字（包括中文）正式发布。我国国家标准是等效采用该项标准制定的，所介绍的国家标准内容与 ISO 8501—1 的主要内容是一致的。瑞典标准 SIS 055900 与 ISO 8501—1 也完全等同.

为了使钢材表面清洁度的目视评定更加准确，该项标准将提供分别喷射六种不同的磨料，并均达到 Sa3 级之后的钢材表面外观典型样板照片。这六种磨料是：

①高碳钢丸，粒度 S330（16 目），硬度 HV400～520；

②钢砂，粒度 G24（16 目），硬度 HV400～520；

③钢砂，粒度 G24（16 目），硬度 HV750～950；

④激冷铁砂，粒度 G24（16 目）；

⑤铜熔渣砂；

⑥煤渣。

ISO 8501—3 规定了焊缝、切割边缘和其他表面缺陷区域的处理等级；ISO 8501—4 规定了高压水喷射清理后的闪锈等级和处理等级。

（2）表面清洁度的检测方法标准——ISO 8502

锈蚀了的钢材，特别是锈蚀等级是 C 和 D 级的钢材，在经过喷射除锈后，即使达到了 Sa2½或 Sa3 级，表面还会残存无色的可溶性的铁盐或氯化物。这些可溶性盐往往集中在腐蚀坑的底部. 如果涂装前不将可溶性铁盐清除，化学反应会造成腐蚀产物的大量积聚，从而使底材与涂层之间的结合遭到破坏。此外，涂装前钢材表面如果存在灰尘、油脂、凝露，也会影响涂层的附着力。ISO8502 标准包括了一系列检测钢材表面这些杂质的方法

ISO 8501—2 是用于评定涂装过的钢材在局部清除原有涂层后的除锈等级。该项国际标准中，除锈等级设置基本上和 ISO 8501—1 一致，只是火焰除锈不适用于局部除锈，所以不设 F1 级。另外，为了表达“局部’这一概念，该标准草案将 ISO 8501—1 中的除锈等级符号前加上一个字母“P”。例如，原来已涂装过的钢结构，在经过若干年使用后，局部已锈蚀，在重新涂装前，需要进行局部喷砂除锈，并达到 Sa2½级，则其除锈等级表示为“P Sa2½”。另外，该标准还设定了 PMa 这一等级，其适合于“局部机械清理”，要求经处理后的表面，附着牢固的油漆涂层是完整的，其他部分的表面，在不放大的情况下进行检查时，表面应无明显油脂和污垢，并且没有附着不牢的涂层、污物、氧化皮和锈，任何残留的痕迹应仅呈点状或条纹状的轻微色斑的形式。该标准也有若干幅典型实例的照片，作为示范，用以表达除锈等级的目视外观。

ISO 8502—2 标准对存在于已除锈过的钢件表面上能迅速溶解于水的氯化物规定了一种测定方法，这种方法也适用于原先巳涂装过的表面。该方法是先对一定面积的钢件表面进行清洗，接着采用硝酸汞滴定法以二苯卡巴腙－溴苯酚蓝作为指示剂，对收集的清洗液中的氯化物进行分析测定。

ISO 8502—3 标准是评定待涂装钢材表面灰尘沾污程度的标准。该标准将钢材表面灰尘沾污程度和灰尘颗粒大小分别分为五个等级和六个等级。钢材表面灰尘沾污程度的五个等级是以标准图谱来定义的。灰尘颗粒大小的六个等级分别为：

①0　10 倍放大镜下不可见的颗粒；

②1　10 倍放大镜下可见但肉眼不可见（颗粒直径小于 50 μm）的颗粒；

③2　正常或校正视力下刚可见（直径为 50～100 μm）的颗粒；

④3　正常或校正视力下明显可见（直径小于 0.5 mm）的颗粒；

⑤4　直径为 0.5～2.5 mm 的颗粒；

⑥5　直径大于 2.5 mm 的颗粒。

标准规定用压敏胶带黏贴黏有灰尘的钢材表面，然后将粘有灰尘的胶带与标准图谱比较，从而确定钢材表面灰尘沾污程度的等级。

ISO 8502—4 标准是评估钢材表面在涂装前凝露可能性的方法。这种方法是通过测定空气的温度和相对湿度，从而测得相应环境条件下的露点，然后测定钢材表面温度，从该温度与露点的差值来评估钢材表面凝露的可能性。对于溶剂型的涂料来说，待涂装的钢材表面温度至少应高于环境露点 3 ℃以上，方可进行涂装。

ISO 8502—6 规定了分析用可溶性杂质的提取 Bresle 法，ISO 8502—9 规定了水溶性盐的现场电导率测定法。这两个标准是现场测定喷砂后钢材表面残留的可溶性盐浓度的主要方法。

此外国际标准化组织 ISO/TC35/SC12 还制定有其他有关的表面清洁度的试验方法标准，如 ISO 8502—5～ISO 8502—12 等，不一一介绍。

4.5.3.2　钢材表面粗糙度的评定

钢材在喷射除锈之后，由于磨料的冲击和磨削作用，表面变得粗糙了。为了定量地描述喷射除锈和其他机械加工作业之后钢材表面的粗糙特性，许多国家先后制定了表面粗糙度的标准。我国也颁布了有关的表面粗糙度标准。

国际标准化组织 ISO/TC35/SC12 还专门制定了国际标准 ISO 8503，用来评定喷射除锈后钢材表面粗糙特征。该标准由五个部分组成：

ISO 8503—1 ISO 外形比较样块的要求和定义；

ISO 8503—2 钢材表面粗糙度等级的评定（比较样块法）；

ISO 8503—3 ISO 比较样块的校准和表面粗糙度的确定方法 显微镜调焦法；

ISO 8503—4 ISO 比较样块的校准和表面粗糙度的确定方法 触针法；

ISO 8503—5 表面粗糙度的仿形胶带测定法。

参照 ISO 8503 我国也制定了 GB/T 13288—1 ISO 表面粗糙度比较样块的技术要求和定义等一系列相应的国家标准。下面对上述标准的主要内容作一简要介绍。

（1）钢材表面粗糙度比较样块

喷射过磨料的钢材在清理后的表面上都会形成难以描述的无规则的凸起和凹陷的粗糙特征。这种表面的粗糙度数值还没有一种方法可以精确地测量。因此我国国家标准和国际标准 ISO 8503 均采用与表面粗糙度比较样块以直观或触摸方式进行比较来判断喷射磨料后清理过的表面的粗糙度。

ISO 表面粗糙度比较样块是一块分为四个部分，各具有规定的基准表面粗糙度的平直板。其外形尺寸如图 4－4 所示。

ISO 表面粗糙度样块的粗糙度数值必须符合表 4－17 的要求，且其直观表面清洁度应不低于 Sa2½级。反映喷射棱角砂类磨料而获得的表面粗糙特征的样块称作“G”样块，反映喷射丸类磨料而获得的表面粗糙特征的样块称作“S”样块。

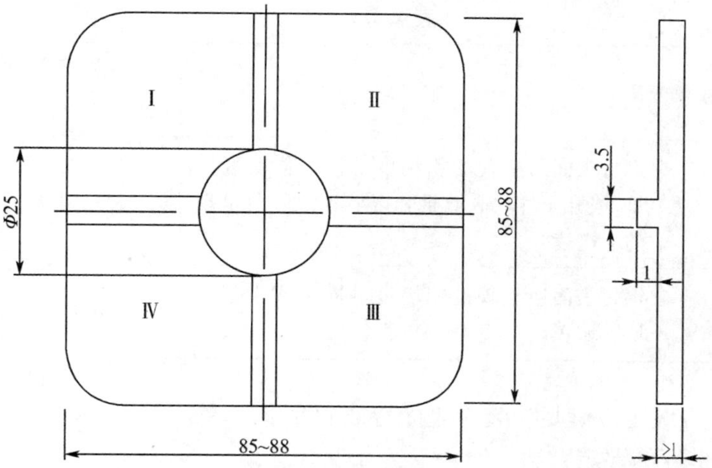


**图4-4　ISO表面粗糙度比较样块**

**表4-17　ISO比较样块各部分表面粗糙度(μm)**

| 部位 | "S"样块粗糙度参数 Ry | | "G"样块粗糙度参数 Ry | |
|---|---|---|---|---|
| | 公称值 | 允许公差 | 公称值 | 允许公差 |
| Ⅰ | 25 | 3 | 25 | 3 |
| Ⅱ | 40 | 5 | 60 | 10 |
| Ⅲ | 70 | 10 | 100 | 15 |
| Ⅳ | 100 | 15 | 150 | 20 |

ISO样块系以镍或其他耐蚀金属为材料,以经过喷射清理的低碳钢表面为原形,采用成形阳模法加工而成的。这种样块应进行例行的校验,其周期不超过6个月。

(2)表面粗糙度等级

标准将涂装前钢材表面经喷射清理形成的粗糙度分为"细级","中级"和"粗级"三个等级。粗糙度低于"细级"的称作"细细级",高于"粗级"的称作"粗粗级"。这两个延伸等级,工业上一般不使用。表面粗糙度等级划分列于表4-18。

**表4-18　表面粗糙度等级划分**

| 级别 | 代号 | 定义 | 粗糙度参数值 Ry/μm | |
|---|---|---|---|---|
| | | | 丸状磨料 | 棱角状磨料 |
| 细细 | | 钢材表面所呈现的粗糙度小于样块区域Ⅰ所呈现的粗糙度 | <25 | <25 |
| 细 | F | 钢材表面所呈现的粗糙度等同于样块区域Ⅰ或介于样块区域Ⅰ和区域Ⅱ之间所呈现的粗糙度 | 25 ~40 | 25 ~60 |
| 中 | M | 钢材表面所呈现的粗糙度等同于样块区域Ⅱ,或介于样块区域Ⅱ和区域Ⅲ之间所呈现的粗糙度 | 40 ~70 | 60 ~100 |

表 4-18 (续)

| 级别 | 代号 | 定义 | 粗糙度参数值 Ry/μm | |
|---|---|---|---|---|
| | | | 丸状磨料 | 棱角状磨料 |
| 粗 | C | 钢材表面所呈现的粗糙度等同于样块区域Ⅲ,或介于样块区域Ⅲ和区域Ⅳ之间所呈现的粗糙度 | 70 ~ 100 | 100 ~150 |
| 粗粗 | | 钢材表面所呈现的粗糙度等同于或大于样块区域Ⅳ所呈现的粗糙度 | ≥100 | ≥150 |

以上这三个等级足以满足涂装对表面特征的要求。

(3)表面粗糙度的评定方法

表面粗糙度评定方法的步骤是:先清除待测钢材表面的浮灰和碎屑,然后根据喷射清理所用的磨料,选择合适的表面粗糙度比较样块("G"样块或"S"样块),将其与被测表面的某一区域形成对照,依次将被测表面与样块上的四个部分分别进行目测比较,必要时用放大倍数不大于7倍的放大镜观察,确定比较样块上高于和低于被测表面粗糙度的两部分,根据表4-18就可得出被测表面的粗糙度等级。

如果目视评定有困难,可采用触摸法对被测表面粗糙度作出正确的评定。方法是用指甲背面或夹在拇指和食指之间的木制触针在被测表面和样块表面交替划动,根据触觉来判定表面粗糙度等级。

由于各工厂采用测量表面粗糙度的方法不一,有的工厂采用ISO表面粗糙度比较样块,有的工厂仍采用传统方法,如用带有探针和千分表的ELCOMETER123型粗糙度测量仪,有的工厂采用日本、德国等国家生产的粗糙度比较样块等来测量表面粗糙度。因采用的方法不一,标准不一,所以测量的结果难以比较。

上述评定钢材表面清洁度和表面粗糙度的有关标准,为涂装前钢材表面处理质量控制提供了明确的依据和有效的手段。

### 4.5.4 涂装前的二次除锈和表面清理

船用钢材在表面预处理进行一次除锈之后涂上车间底漆,以防止其在舰船建造过程中的锈蚀。在舰船建造期间涂有车间底漆的钢材在室外曝露过程中、加工和损伤部位以及舰船建造过程中会重新腐蚀。舰船建造经过划线、落料、装配等阶段组装成分段、分段合拢。通常,分段上船台以前应该进行涂装。分段合拢后,在区域涂装阶段,会有一部分分段上涂装好的涂层会发生破坏重新锈蚀。这样,分段涂装也好,区域涂装也好,都要再次进行表面处理,这相对于原材料预处理时的一次除锈来说是再一次除锈,在造船涂装工程中称为"二次除锈"。

在二次除锈时,车间底漆或原来已有的涂层虽然没有损伤或重新腐蚀,但不免发生污染,在其表面需要进行涂装,则应进行相应的清洁处理,这称之为"涂装前的表面清理"。

#### 4.5.4.1 船舶行业标准"船体二次除锈评定等级"

为了能正确地评定二次除锈的质量等级,全国船舶标准化技术委员会发布了船舶行业标准CB* 3230"船体二次除锈评定等级",该项标准将二次除锈前钢材表面状态分为三类,然后根据以不同方式除锈之后钢材表面清洁程度,将二次除锈质量分为若干等级。对该标准中二次除锈前钢材表面状态和二次除锈质量等级均是以文字叙述和典型样板的照片共同确定的。

1. 二次除锈前钢材表面状态

涂有车间底漆的船体钢材表面在进一步涂装防锈漆之前需要进行二次除锈的部位,一般是焊接部位、火工矫正或其他原因引起的底漆烧损部位和由于船舶建造周期较长表面已重新锈蚀的部位,因此,该标准将二次除锈前钢材表面状态分为三类:

①W 涂有车间底漆的钢材经焊接作业后,重新锈蚀的表面;

②F 涂有车间底漆的钢材经火工矫正后,重新锈蚀的表面;

③R 涂有车间底漆的钢材,因曝露或擦伤而重新锈蚀或附有白色锌盐的表面。

2. 二次除锈质量等级

各船厂实施船体二次除锈的手段主要分为两大类,一类是喷丸或喷矿渣砂除锈,另一类是用动力工具,包括用风动砂纸盘和各种形状的风动钢丝刷等进行除锈。因此,船体二次除锈的质量等级也按这两大类分别设置。

(1)动力或手工工具二次除锈质量等级

该项标准对采用动力或手工工具进行二次除锈的质量设置有三个等级:

①p1 用动力钢丝刷和动力砂纸盘彻底地清除锈和其他污物,仅留有轻微的痕迹,经清理后,表面应具有金属光泽,其外观相当于 Wpl,Fpl 或 Rpl 级的照片;

②p2 用动力钢丝刷、动力砂纸盘或并用上述工具清除几乎所有的锈和其他污物,但局部仍可看到少量锈迹,经清理后,外观应相当于 Wp2,Fp2 或 Rp2 级的照片;

③p3 用动力钢丝刷、动力砂纸盘或手工工具清除浮锈和其他污物,经清理后,外观应相当于 Wp3,Fp3 或 Rp3 级的照片。

(2)喷射磨料二次除锈质量等级

该标准对采用喷丸或喷棱角砂方式进行二次除锈过的表面,设置有三个质量等级:

①b1 以喷射磨料的方式彻底地清除锈和其他污物,仅留有轻微的痕迹,经清理后,外观应相当于 Wbl,Fbl 或 Rbl 级的照片;

②b2 以喷射磨料的方式除去几乎所有的锈和其他污物,但局部仍可看到少量锈迹,经清理后,外观相当于 Wb2 或 Fb2 级的照片;

③bs 以轻度喷射磨料的方式清除锈、锌盐和其他污物,但表面上允许留有车间底漆和少量锈迹,经清理后,外观应相当于 Rbs 级的照片。

标准中,表示二次除锈前钢材表面状态的典型样板照片有 4 张;表示用喷射磨料方式和用动力工具进行二次除锈后钢材表面清洁度等级的典型样板照片有 20 张。

船舶行业标准“船体二次除锈评定等级”与国家标准“涂装前钢材表面锈蚀等级和除锈等级”有一定的对应关系;表 4-19 列出了这种对应关系。

**表 4-19 二次除锈质量等级对应关系**

| 船舶行业标准 | 国家标准 | 船舶行业标准 | 国家标准 |
|---|---|---|---|
| b1 | Sa2½ | P1 | St3 |
| b2 | Sa2 | p2 | – |
| bs | – | p3 | St2 |

4.5.4.2 二次除锈与表面清理

1. 二次除锈的方式方法

新造船的二次除锈通常采用喷射磨料（喷丸或喷砂）处理和动力工具打磨处理两种主要方式。

喷射磨料处理方式，其效率高、质量好，但需要一整套设备，而动力工具打磨处理方式，则具有工具轻巧、灵活方便、应变能力强等特点，但处理速度较喷射磨料处理为低，处理后表面粗糙度较小，不适合一些特殊的高性能涂料的施工。

（1）喷射磨料处理

喷射磨料处理通常分为喷丸处理和喷砂处理两类。喷丸处理的磨料一般为钢丸、铁丸、钢丝段、棱角钢砂等。喷砂处理的磨料有河砂，石英砂、铜矿砂等，由于喷石英砂易使操作工人得硅肺病，故一般都禁止使用。

喷丸处理一般都在磨料能够回收的喷丸房内进行，故适合于分段的二次除锈。喷砂处理的磨料大多不回收，因此可在室内进行分段二次除锈，也可在现场进行区域涂装前的二次除锈。成品油船货油舱的特涂工程，均采用舱内喷砂处理。

喷丸处理和喷砂处理采用的设备都一样，两者的区别仅在于使用的磨料不同。

（2）动力工具打磨处理

动力工具打磨处理，是指采用各种风动或电动的除锈工具，依靠动力马达高速旋转或往复运动带动打磨器具（砂轮、砂纸盘，钢丝刷盘、气铲等）打击或磨削需要涂装的表面，达到清除铁锈及其他杂物的一种机械清理方式。

动力工具体积较小，重量较轻，便于个人携带和操作，应变能力较强。与陈旧的手工工具敲铲除锈相比，动力工具打磨处理具有除锈质量好，生产效率高的优点。然而，这种除锈方式毕竟属于人工操作的半机械化作业，比喷射磨料处理的生产效率低，除锈质量差，表面粗糙度小，所以受到一定的限制，特别是对于一些高性能涂料，动力工具打磨处理不能适合涂料对表面处理的质量要求。

动力工具的动力源有气动和电动两种，电动工具的能源供应方便，但在船厂为防止漏电引起触电事故，一般均使用气动工具。

造船厂常用的气动除锈工具有以下几种：

①直柄砂轮机

直柄砂轮机有多种型号，大型号的直柄砂轮机常用于焊缝修磨、毛边倒角，小型号的直柄砂轮机常用于修磨凹形弧面，也可装上笔型钢丝刷用于狭小舱室内结构件、边角和小孔的除锈。

②端型平面砂磨机

端型平面砂磨机也有多种型号，可安装各类砂纸盘或相应规格的盆形钢丝刷盘，可进行大平面的打磨处理，也可利用砂纸盘的侧边对焊脚处进行打磨，这是在船厂应用最广的一种动力除锈工具。

端型平面砂磨机装上砂纸盘后，通常称为动力砂纸盘，装上盆形钢丝刷后，通常称为动力钢丝刷。动力砂纸盘和动力钢丝刷是船厂用动力工具方式进行二次除锈的代表性工具。

③带锥齿轮的平面砂磨机

带锥齿轮的平面砂磨机亦有多种型号，其功能与端型平面砂磨机一样，区别在于发动机轴线与砂纸盘轴线不在同一轴线，而是构成一定的角度，操作灵便，操作者不易疲劳。

④气铲

气铲也称风铲、风锘,是一种往复式打击工具,用于铲除电焊飞溅,将焊接处和其他不平整处铲平。

此外,还有风锤、敲锈枪和旋转式敲锈轮等,大多用于修船除锈作业。

(3)其他方式处理

除了喷射磨料处理和动力工具打磨处理两种主要方式以外,二次除锈还有许多其他方式,主要有:

①真空喷丸(砂)处理

真空喷丸(砂)处理需要专用的真空喷丸(砂)机。真空喷丸(砂)处理是利用压缩空气引射,将真空室内空气抽去,使与真空室相连的吸丸管与喷枪锥形罩内产生负压差,从而将喷枪内喷出的磨料和除下的铁锈一起吸入真空器内。

真空喷丸(砂)处理最大的优点是不污染环境,尤其是在船舶舾装阶段,一般喷砂处理不仅要影响其他工种的作业,而且对已经安装好的机械、仪表会带来损害,采用真空喷砂就无这些顾虑。但是,真空喷丸(砂)效率较低,对于凹突不平的表面和角落则难以回收磨料和尘埃。

②湿式喷砂处理

湿式喷砂处理是一种(二次)除锈的新技术,在磨料(砂)中添加一部分水,以全湿的磨料喷射到被处理的表面,可有效地除去氧化皮、锈蚀、旧涂层等,其优点是可大大减少喷砂现场的尘埃飞扬,有益于环境保护和操作者的健康。

湿式喷砂处理后,钢材表面呈潮湿状态,易于产生返锈现象,故在水中应添加一定量的缓蚀剂(约水量的1%)。

湿式喷砂处理设备,可利用一般的喷砂设备改装。

③水(磨料)喷射处理

水(磨料)喷射处理也是一种(二次)除锈的新技术,是利用夹带磨料(砂)的水在0.6~0.8 MPa的空气压力下喷射到被处理的表面,能有效地除去氧化皮、锈蚀、旧涂层等。其优点不仅可大大减少喷砂现场的尘埃飞扬,有益于环境保护和操作者的健康,还能避免磨料与金属打击时产生火花,有利于安全作业。此外,水(磨料)喷射处理时可同时除去被处理表面水溶性盐类,在修船表面处理时,可分层除去质量劣化、附着力降低的涂层。

水(磨料)喷射处理可以在天气条件较差的情况下(如湿度过高)进行。由于处理后钢板表面有大量的水分存在,很容易产生返锈现象,故用于喷射处理的水中应添加一定量的缓蚀剂(约水量的1%)。

水(磨料)喷射处理之后,表面将被潮湿的污砂浆污染,应趁其仍潮湿的时候立即用淡水冲洗干净。用于冲洗的水亦需加入缓蚀剂,缓蚀剂的用量约为水量的5%。冲洗后,应设法使表面尽快干燥、涂装。由于表面干燥后,将残留一部分缓蚀剂,故涂装的底漆应能抵御少量缓蚀剂的存在而不影响质量。

水(磨料)喷射处理需专门配备设备,其表面处理的效率与湿式喷砂处理相仿。

湿式喷砂处理和水(磨料)喷射处理都是一直在研究的除锈新技术,有利于环保,但尚待进一步研究、开发与改进和推广应用。

关于各种二次除锈方式的特点及施工条件比较见表4-20。

表 4-20 各种二次除锈方式的比较

| 二次除锈方式 | 优 点 | 缺 点 | 有关措施 | 施工对象与时间 | 处理质量[1)] | 表面粗糙度[2)] |
|---|---|---|---|---|---|---|
| 喷丸处理 | 1. 能彻底除去氧化皮、锈、旧涂层等<br>2. 处理效率高<br>3. 对形状复杂的表面也能处理<br>4. 磨料能回收 | 1. 对环境有污染<br>2. 辅助工作量大<br>3. 仅能在室内进行 | 周围物件应遮蔽 | 1. 分段阶段施工<br>2. 部分原材料及舾装件的处理 | A | a |
| 喷砂处理 | 1. 能彻底除去氧化皮、锈、旧涂层等<br>2. 处理效率高<br>3. 对形状复杂的表面也能处理<br>4. 磨料价廉 | 1. 对环境污染严重<br>2. 磨料一般不能回收<br>3. 对其他作业有影响 | 1. 周围物件应遮蔽<br>2. 在对其他作业影响少的时间内进行 | 1. 分段阶段施工<br>2. 区域涂装前施工 | A | a |
| 动力工具(动力砂纸盘、动力钢丝刷) | 1. 能较彻底除去锈、旧涂层等<br>2. 工具轻巧，机动性大<br>3. 对环境污染较小<br>4. 能对涂层打毛，磨成倾斜边处理 | 1. 不能除去氧化皮<br>2. 工效较喷射处理低<br>3. 表面粗糙度较小 | 有氧化皮的原材料应进行喷射或抛射处理 | 除带有氧化皮的原材料外，任何对象任何时间均可 | B | c |
| 真空喷丸(砂)处理 | 1. 能彻底除去氧化皮、锈、旧涂层等<br>2. 不污染周围环境 | 1. 对形状复杂的表面则难以处理。<br>2. 工作效率较低 | 复杂表面以动力工具处理辅助 | 区域涂装前局部小范围的处理 | A | a |
| 湿喷砂处理 | 1. 能彻底除去氧化皮、锈、旧涂层等<br>2. 对形状复杂的表面也能处理<br>3. 对环境污染较小 | 1. 由于使用水，处理后的表面易泛锈<br>2. 工作效率较干式喷砂处理低 | 在使用的水中添加缓蚀剂 | 1. 分段阶段施工。<br>2. 区域涂装前施工 | A′ | a |
| 水(磨料)喷射处理 | 1. 能彻底除去氧化皮、锈、旧涂层等<br>2. 对环境污染较小<br>3. 可同时除净可溶性盐类<br>4. 可在较差气候条件下施工 | 1. 由于使用水，处理后表面易泛锈<br>2. 工作效率较干式喷砂处理为低<br>3. 将有少量缓蚀剂残存于表面 | 1. 在使用的水中添加缓蚀剂<br>2. 采用与缓蚀剂相溶的底漆<br>3. 现场有适当的排除污水设施 | 1. 分段阶段施工<br>2. 区域涂装(外部) | A′ | a |

注:1) 表面处理质量中 A 最好，A′接近于 A，B 较好。
2) 表面粗糙度中 a 理想，c 不理想。

2. 二次除锈的工艺要求

船舶二次除锈工作的重点部位在于焊缝区、烧损区、自然锈蚀区，此外还包括车间底漆完好区域与型钢反面、角隅边缘等作业困难区域的除锈与清理工作。

二次除锈的质量与船舶涂装质量有着不可分割的密切关系，船舶涂装质量必须首先注意二次除锈的质量。因此，对于船舶的二次除锈作业必须要有适当的装备和严格合理的工艺要求，才能实现有关质量标准所规定的合格的质量。

关于船舶二次除锈作业时各部位的具体工艺要求，可参考表4－21的规定。

**表4－21 船舶二次除锈工艺要求**

| 作业部位 | 作业工具 | 一般要求 |
| --- | --- | --- |
| 焊缝区 | 喷丸或风动砂纸盘和钢丝刷 | a. 除去焊道两侧烧焦、起泡变色的涂膜及周围30～50 mm范围的涂膜（底层已受热损伤）b. 除去焊道表面及两侧的黑皮、黄锈（允许残留部分痕迹） |
| 烧损区 | 同上 | a. 除去烧焦、起泡、变色的涂膜及周围30～50 mm范围的涂膜（底层已受热损伤）<br>b. 上述区域周围25～30 mm范围的涂层应成坡度（对周围涂层厚>50 μm而言） |
| 自然锈蚀区 | 同上 | a. 除去锈蚀区及周围20～25 mm的涂膜与黄锈（允许留下锈迹）<br>b. 上述区域周围25～30 mm的涂层应成坡度（对周围涂层膜厚>50 μm而言） |
| 车间底漆完好区 | 同上 | a. 轻度喷丸或用风动工具轻度打磨，除去原车间底漆表面的白锈（指含锌车间底漆而言）<br>b. 轻度打毛与表面清理 |
| 型钢反面角偶边缘等作业困难区 | 喷丸或小型风动除锈工具或手动工具 | 尽可能除去表面黑皮及黄锈 |

3. 二次除锈的质量要求

船体各部位处于不同的腐蚀环境，因此所采用的涂料也各不相同。

对于船体各部位的二次除锈的质量要求，则根据不同的部位和所采用的不同的涂料，其要求各不相同。一般来说，处于腐蚀环境恶劣的部位（如外板、压载水舱、重防腐舱及其他重防腐部位等）和采用涂料性能高（如环氧树脂涂料、焦油环氧——即环氧沥青涂料、无机锌涂料等）的部位，对二次除锈的质量要求就比较高；一般部位和一般性能涂料，对二次除锈的质量要求就低些。

评定船舶二次除锈质量的标准与二次除锈的方式方法有关。通常，采用喷射磨料方式进行二次除锈时，其质量评定标准与一次除锈（即原材料除锈）质量评定标准通用，而采用动力工具打磨或其他手工方式进行二次除锈时应采用二次除锈质量评定标准。

我国船舶二次除锈质量评定时采用的标准有：

（1）以喷射磨料方式进行二次除锈时采用的标准是国家标准GB 8923《涂装前钢材表面锈蚀等级和除锈等级》。

(2) 以动力工具打磨或其他手工方式进行二次除锈时采用的标准是：船舶行业标准 CB* 3230《船体二次除锈评定等级》。

关于船舶各部位二次除锈质量等级要求在中华人民共和国船舶行业标准《船舶除锈涂装质量验收技术要求》中作出了如表 4－22 的规定。

目前，船舶行业标准 CB* 3230《船体二次除锈评定等级》正在修订，二次除锈等级的标识符号将与国家标准 GB 8923《涂装前钢材表面锈蚀等级和除锈等级》一致，如 b1，b2，p1，p3 分别改为 Sa2½，Sa2，St3，St2，以便与国家标准、国际标准一致，便于理解和使用。

4. 涂装前表面清理

二次除锈以后，涂装作业之前，为确保涂料与被涂表面之间的附着力，需要对被涂表面进行清理。

涂装前表面清理的主要工作内容为：除水、除盐、除油、除尘以及除去其他杂物、污垢。其工艺要求如下：

(1) 除水　采用布团，棉丝擦去，或用经过除去油分和水分的压缩空气吹干；

(2) 除盐　采用清水冲洗干净，然后除去水分，使表面完全干燥；

(3) 除油　用清洁的，蘸有溶剂的布团或棉丝仔细擦去；

(4) 除尘　用毛刷刷去或用压缩空气吹净；

(5) 其他　被涂表面的锌盐，粉笔或油漆记号，以及其他杂质均应在二次除锈作业的同时先行除去。

**表 4－22　船体二次除锈质量等级要求**

| 部位 / 适用标准 / 涂料 | | 船体外表 | | 室外曝露部位 | | 舱室内部 | | 液舱 | | 燃油舱 | |
|---|---|---|---|---|---|---|---|---|---|---|---|
| | | CB* 1) | GB2) | CB* | GB | CB* | GB | CB* | GB | CB* | GB |
| 常规涂料3) | B | b2 | Sa2 | b2 | Sa2 | b2 | Sa2 | b2 | Sa2 | — | — |
| | T | P2 | St2～3 | P2 | St2～3 | P3 | St2 | P2 | St2～3 | P3 | St2 |
| 氯化橡胶涂料 | B | b2 | Sa2 | b2 | Sa2 | b2 | Sa2 | — | — | — | — |
| | T | P2 | St2～3 | P2 | St2～3 | P3 | St2 | — | — | — | — |
| 环氧树脂涂料 | B | b1 | Sa2.5 | b1 | Sa2.5 | b2 | Sa2 | b1 | Sa2.5 | — | — |
| | T | P1 | St3 | P1 | St3 | P2 | St2～3 | P1 | St3 | — | — |
| 焦油环氧涂料 | B | b2 | Sa2 | b2 | Sa2 | b2 | Sa2 | b1 | Sa2.5 | — | — |
| | T | P1 | St3 | P1 | St3 | P2 | St2～3 | P1 | St3 | — | — |
| 乙烯树脂涂料 | B | b1 | Sa2.5 | b1 | Sa2.5 | — | — | b1 | Sa2.5 | — | — |
| | T | P1 | St3 | P1 | St3 | — | — | P1 | St3 | — | — |
| 无机锌涂料 | B | b1 | Sa2.5 | b1 | Sa2.5 | b1 | Sa2.5 | b1 | Sa2.5 | — | — |
| | T | — | — | — | — | — | — | — | — | — | — |

注：1) CB* 指船舶行业标准 CB* 3230《船体二次除锈评定等级》。

2) GB 指国家标准 GB 8923《涂装前钢材表面锈蚀等级和除锈等级》。

3) 常规涂料包括油性涂料，油改性合成树脂涂料，沥青系涂料。对燃油舱而言，是指石油树脂、清油等临时性保涂料。

涂装前表面清理工作应认真仔细进行，清理后表面的质量要求应达到如表4－23所规定的要求。

**表4－23 船体表面清理质量要求**

| 清理要求 / 涂料种类 / 清理项目 | 无机锌涂料 | 氯化橡胶、环氧树脂、焦油环氧、乙烯树脂涂料 | 常规涂料[1] |
|---|---|---|---|
| 水分 | 肉眼看不见痕迹 | 肉眼看不见痕迹 | 肉眼看不见痕迹 |
| 盐分 | 肉眼看不见痕迹 | 肉眼看不见痕迹 | 肉眼看不见痕迹 |
| 油脂 | 肉眼看不见痕迹 | 允许痕迹存在 | 允许痕迹存在 |
| 尘埃 | 允许痕迹存在 | 允许痕迹存在 | 允许痕迹存在 |
| 锌盐 | 允许轻微痕迹存在 | 允许痕迹存在 | 允许痕迹存在 |
| 气割/电焊烟尘 | 允许轻微痕迹存在 | 允许痕迹存在 | 允许痕迹存在 |
| 粉笔记号 | 允许轻微痕迹存在 | 允许痕迹存在 | 基本清除 |
| 标记漆 | 允许轻微痕迹存在 | 如标记漆属同类可不必除去，否则全部除去，允许痕迹存在 | 不必除去 |

注：1）常规涂料包括油性涂料、油改性合成树脂涂料、沥青系涂料，对燃油舱而言，是指石油树脂、清油等临时性保护涂料。

### 4.5.5 舰船的涂装工程

涂料的涂覆称为涂装，造船界将船舶的涂料涂覆和涂覆前的表面处理的整个工艺方法与过程以及与此相关的技术上、管理上的活动统称为船舶涂装工程。

舰船的涂装工程与民用船舶涂装工程的过程是一样的，同样贯穿于舰船的整个建造过程。舰船建造要经历下料加工、装配、分段制造、船台或船坞内合拢、下水、室内外舾装、系泊试验、航行试验、扩大性试验、交舰、返厂保修等过程。从钢材落料加工前开始，一直到交船后的返厂保修，整个建造过程中自始至终贯穿着涂装，从舰船建造过程的第一项工序到最后一项工序都少不了涂装。涂装工序见图4－5。

舰船由于结构复杂，舱室多而且很多舱室狭小，使用的涂料品种繁多，建造周期长，一艘舰从开工到交舰长达2～4年，并且在室外露天作业等特点，从而决定了其涂装作业与一般金属机械产品的涂装有许多不同之处。

为了获得质量良好的防腐涂层，除了对钢质船体的钢材表面做好认真的表面处理和二次除锈、选择品质优良的涂料并进行合理配套外，还要正确地使用涂料，确保良好的作业环境，采用适当的施工方法，培训合格的施工人员，科学地分阶段进行涂装。

舰船是一个庞大的海上钢铁构造物，由成千吨钢铁和成千上万的构件、管系、生活设施、各种设备、仪表组成的舰船，有海上城市之称。船体各部位及其设施处于各种不同的腐蚀环境之中（有处于海水中的船底区、海水干湿交替含氧充足的水线区、干舷区，有处于海洋大气之中的甲板、上层建筑外部，有的处于船体内部，还有各种油舱、水舱、油水混装舱、喷淋舱等),这对于各不同部位的涂层提出了不同的要求,由此决定了一艘舰船的涂料不能单纯的使用一、二种底漆和一、二种面漆或者只用一、二家油漆厂家的产品,而往往需要多家的几十种涂料才能满足合理的配套。

舰船涂料的多种性也就决定了涂装的施工条件、施工方式,施工工艺和工具设备的不同,需要制定一系列的工艺条件,工艺方法,在不同的工艺阶段进行施工,才能保证其配套的合理,涂层质量的良好。

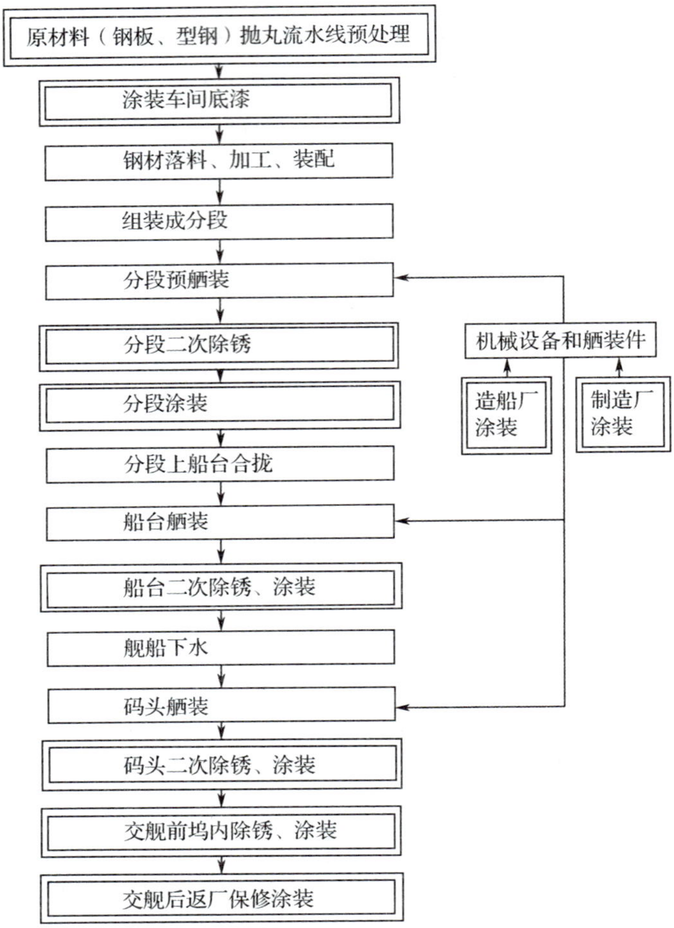


**图4-5 舰船涂装工艺程序**

4.5.5.1 涂装前准备

涂装作业前必须作好充分准备。

首先要消化好涂装设计的要求,按设计要求施工。如船厂要求代用或更换涂料品种的,应书面提出要求代用或更换涂料品种的原因,并征得设计部门和军方的同意,原则上不能降低对涂料性能的要求。为了保持军舰的舰容一致,涂料的颜色和涂漆规定应符合 HJB37A《舰船色彩标准》、《海军舰艇涂漆规定》等海军标准的要求。有的特种涂料一般不宜变更颜色,如变更颜色,其性能也会发生改变。

涂料开罐前,应仔细检查并确认涂料的品种、牌号、颜色、出厂日期等是否符合规定要求。对出厂日期超过一年的涂料,开罐后要仔细判别是否有胶化、结块等弊病,在确认其性能无明显变化的情况下，方可使用。

涂料开罐后，如表面有结皮时，应沿罐的边缘剔除结皮，不能将其捣碎混入涂料中使用。涂料在贮存期间，颜料因其密度较大易沉降在罐底，而有些颜料因分散性较差，会发生“离析”现象浮于表面，因此，使用前必须认真搅拌。如颜料沉底严重、发生板结、不能搅散的话，不能只用上层涂料、舍去底部板结的结块，这样涂料的性能将会改变，质量不能保证。在储存有效期内若涂料胶化、亦不能使用。板结、胶化的涂料不能强行稀释应用，应当报废。

涂料一般不应稀释，涂料的黏度在出厂时都已调整好，开罐搅拌均匀即可使用，若要稀释，稀释剂用量一般不应超过涂料的5%。当由于贮存上的原因发生涂料变稠，或施工上原因需要降低黏度，应当按涂料产品说明书的规定的稀释剂加以稀释。每种涂料都有相应的稀释剂，也有规定的最大稀释量，应当遵守。用错稀释剂或过量稀释都会降低涂料的施工性能和内在质量，甚至造成报废。

4.5.5.2 常用的主要涂装方法

涂装是使涂料覆盖在被涂表面均匀成膜的工作过程。涂装方式根据涂装工作的环境、场所、被涂物的形状、大小和涂料的性能、特点，涂装方式有刷涂、手工滚涂、机械辊涂、压缩空气喷涂、高压无气喷涂、静电喷涂、浸涂、淋涂、粉末喷涂等多种方式。

各种涂装方式均有其特点与长处，也有一定的缺点与局限性。简述如下：

1. 刷涂

刷涂是用手握紧醮漆的漆刷，在物体的平整表面涂装成一均匀涂层的一种涂装方法，是一种最简单的手工涂装方式。

刷涂工具设备简单、操作方便、灵活、不受地点环境的限制、适应性强、适于涂装任何物件，除几种挥发性和特种涂料及流平性较差的涂料不大合适外，几乎所有涂料都可采用刷涂法施工。但刷涂费时较费力、工作效率低，因而在大面积施工时往往被淘汰。

刷涂的优点在于可在涂装喷漆工具难以到达的地方和喷涂难以确保膜厚的地方，如各种沟槽、泄水孔、通气孔的边缘、型钢反面和狭小区域，在大面积喷涂前，对上述部位先刷涂1～2遍。刷涂的涂料浪费少，对环境的污染也较少。

刷涂还具有较强的渗透力，能使涂料渗透到细孔和缝隙中去。而当被涂表面有少量潮气时，刷涂能排挤水分，使涂料较好地黏附于表面。

2. 滚涂

滚涂是手工利用带漆的辊筒在平整的物面上滚过，而使物面涂漆的一种方法。手工滚涂适合于因某些原因而难以喷涂的大平面的涂装。滚涂的效率低于喷涂，但高于刷涂。滚涂的涂料浪费亦少，对环境污染也较少。滚涂另一突出优点在于可较长距离进行作业，与刷涂相似，滚涂亦有较好的渗透力。但对于结构复杂和凹凸不平的表面，滚涂方式则受到限制，因而滚涂在舰船涂装中往往应用于船体的外板、甲板和上层建筑外表。

3. 机械辊涂

机械辊涂是滚涂机的带漆辊筒在平整的物面上滚过而使物面涂漆的方法，叫机械辊涂。机械辊涂常用作卷板预涂，各种钢板、人造革板、塑料薄膜等平整物面的涂装。机械辊涂的优点是可采用高黏度的涂料，省溶剂，涂料损耗少，生产效率高，便于自动化流水线生产，可进行单面，也可进行双面涂装。但被涂对象必须是平面或方形规整对象，不适于复杂不规则对象的涂装，也不适于表面面漆要求很高的涂装。

4. 空气喷涂

空气喷涂也称为压缩空气喷涂，是利用压缩空气将涂料从漆罐（壶）中吸引（或压迫）至喷枪，在 2～5 atm（1 atm = 101 325 Pa）下，涂料在喷嘴与空气混合并雾化，喷出后均匀分散在被涂物表面的一种方法。

压缩空气喷涂的效率比刷涂和辊涂高得多，也较容易获得比较均匀的涂层，适应性强，应用范围广，对快干挥发性涂料能获得较好的涂装质量，对于结构复杂不规则对象（如有缝隙，小孔的物面以及倾斜和凸凹不平的对象）和大型物体施工方便而有效。

用于压缩空气喷涂的涂料要比刷涂和辊涂的涂料稀薄些，因而在一般涂料中需添加一部分稀释剂。在喷涂时，有一定数量的涂料喷逸到空气中和从被涂表面弹回到空气中，因此，涂料的浪费较大，对环境的污染影响也较大，并且它没有刷涂那种渗透性，故涂层附着力亦不如刷涂、滚涂。当有大风时，涂料吹散引起的浪费就更多。一次喷涂的涂膜厚度有限，需经多次喷涂方能获得较厚的涂膜。

使用的压缩空气必须经过过滤，除去水分和油分，以免混入涂料之中影响涂层质量。

5. 无空气气喷涂

无空气喷涂也称为高压无气喷涂，通常是利用压缩空气作为动力驱动高压泵，将涂料从料桶吸收并增至高压 10～20 MPa，通过高压软管和喷枪，最后经呈橄榄形孔的喷嘴喷出，当涂料离开喷嘴时，雾化成很细的微粒，喷射到被涂物体表面，形成均匀的涂膜。

由于涂料是通过高压泵被增至高压，而涂料本身不与压缩空气混合，这与用压缩空气雾化涂料的压缩空气喷涂完全不同，因此称之为高压无气喷涂。

由于涂料压力高，涂料射向被涂表面后能渗透到细孔里面，因此，涂层附着力好；良好的雾化，能获得光滑致密的涂层，大大提高了漆膜质量；对涂料适应性强，黏度无论高、低均可施工；可以喷涂厚浆涂料，缩短施工时间，大大改善了劳动强度和劳动条件，有利于劳动保护。

高压无气喷涂的最大优点是效率高，比刷涂或滚涂高几十倍甚至上百倍。对于需要大面积涂装的船舶来说，涂装效率大大提高，可缩短必要的造船周期，因此现代化的造船离不开高压无气喷涂。

高压无气喷涂的缺点是涂料的喷逸损失较大，特别是在有大风的情况下，涂料吹散损失更多，在喷涂表面形状复杂，宽度较小的对象时，损失也较大。与刷涂相比，高压无气喷涂通常需要多用 20%～30% 涂料。

另外，涂料在喷嘴出口处压力很高，射出的速度很大，很容易刺穿皮肤，造成伤害，应特别引起注意。

不同的涂料有不同的黏度，涂料黏度越高，需要喷涂压力越大。各种涂料的黏度和需要的喷涂压力，可由涂料产品说明书中查到。

应该注意的是，高压泵输出口的压力与喷嘴出口处的压力是不相同的，后者总是低于前者，因为涂料在高压软管里流动时受到摩擦，引起压力下降（压降）。压降大小与软管直径及软管长度有关，管径越小、管路越长，则压降越大。此外，压降还与流量有关，流量越大，压降也越大。

高压无气喷涂距离通常为 30～50 cm 之间。距离太大，会造成涂膜表面粗糙，涂料的损失也大，对某些干性快的涂料，则会产生干喷雾现象，即涂料的雾粒到达被涂表面时，已成为干燥的粉末状态，而距离过小，既操作困难又易发生漆膜超厚并引起流挂与皱皮等弊病。

喷枪移动的速度应根据膜厚的要求而定，不能出现流挂。用厚度计控制湿膜厚度，做到既符合膜厚要求，又不超厚造成浪费。对于角隅和表面形状比较复杂的部位，以断续的快速喷涂为宜。

6. 揩涂（擦涂）

揩涂是用纱布（最好是细麻布）包裹脱脂棉球、旧绒线、旧尼龙丝团，醮漆后在被涂对象的表面进行手工擦涂的一种涂装方法。揩涂多用于一些外形不规则而又较小对象的涂装。每道涂装涂膜较薄，废工时，效率低。

7. 刮涂

刮涂是用金属或非金属刮刀在物面上进行手工涂刮的一种涂装方法。常用于厚浆涂料，如飞行甲板涂料、阻尼涂料等和腻子的涂装。腻子的一次涂装厚度一般不能超过0.5 mm，涂刮时只能来回刮1～2次，不能往返多次涂刮，否则将会出现“皮干里不干”的现象。

8. 浸涂

浸涂是将被涂对象全部浸没在盛有涂料的漆槽中，经一定时间后取出，使被涂对象表面浸上涂料，而多余的漆液又重新流回到漆槽中的一种涂装方法。可用手工浸涂和机械浸涂。

浸涂设备简单，操作方便，生产效率高，很容易实现涂装机械化与自动化，省工时，涂料损失少。适于小型五金、管架、线材和结构比较复杂的仪器、仪表、船舶锚链等的涂装。但只适于被涂对象外观要求不高的表面和底面同一颜色、同一涂料品种的涂装。

对于挥发性的快干漆，因影响漆膜的流平不适于浸涂；含有重质颜料太多的涂料，因颜料易沉淀造成颜色不一，容易造成涂膜上薄下厚，厚薄不均的不适于浸涂；工件边缘流挂现象，容易积漆的对象也不宜浸涂。

9. 淋涂

淋涂是被涂对象以一定的速度经过一幕式漆帘而被涂装的方法。淋涂适用于各种板面、仪表零件及门、窗方料的表面涂装。

淋涂工作效率高，劳动强度低，油漆损失少，利用率高，可以封闭操作，劳动保护好，可以连续操作流水线生产，但除了平面、曲面以外难以采用，不适合几何图形复杂不规则对象的涂装。

10. 电泳涂漆

电泳涂漆是把被涂物件浸没在水性涂料中，在被涂对象与涂料之间通以直流电，在电场力的作用下，使胶体的树脂与分散在树脂中的颜料沉积到被涂对象表面形成涂膜的方法。电泳涂漆所使用的涂料分为阴离子型的阳极电泳漆和阳离子型的阴极电泳漆两大类。

电泳漆漆膜质量高，附着力好，厚度均匀致密，边缘、棱角、缝隙处都可得到均匀的涂膜，防腐能力可超过同类溶剂型涂料，涂料损失少。适用于造船行业的金属制品，特别是以耐腐蚀性为重点的制品。但只能进行整个面为同一个颜色的一度涂漆。

11. 粉末涂漆

适用于像铁丝网、钢板网、铸件等经一度涂漆即可得到所需膜厚的对象。

粉末涂漆分为流化床涂漆和静电粉末涂漆两种方法。前者是用空气使槽中的粉末涂料成为流动状态，把加热了的被涂金属件浸没在涂料中而以溶化的方式来形成漆膜的方法；后者是用压缩空气喷射粉末涂料，跟静电涂漆一样以电气方式进行附着，在烘干炉中溶化，来形成漆膜的方法。流化床涂漆的优点是虽然需要高温加热，但有能使漆膜加厚的优点，一次可得到较厚的涂膜，只在槽内有粉末涂料，没有任何溶剂的蒸发，因此作业环境很好，根本不存在公害问题,也没有火灾危险等,适用于像铁丝网、钢板网那样,只要求防腐蚀性的工件。

静电粉末涂漆的优点是过喷粉末能回收使用,一次可得到较厚的涂膜,附着力好,没有溶剂挥发,不污染环境等。但有粉末飞场,必须设置粉末回收装置,作业人员必须戴防尘口罩。

粉末涂漆大都采用静电喷涂的工艺,经烘烤成膜,故涂层质地紧密、完整、附着力好、不会产生由溶剂挥发所造成的缺陷,防腐性能优越。

12. 静电喷涂

利用静电方式雾化涂料,同时通过静电,在电场力的作用下,把涂料微粒吸附到带异性电荷的工件表面上,经过干燥形成一层牢固漆膜的方法。

静电喷涂同压缩空气喷涂、无气喷涂比较,涂布效果良好,飞散少,公害问题较少,但同样有溶剂蒸发和设备投资大、操作困难的问题。凡是导电性的被涂件都可以采用,但室外涂漆是有困难的。作业时应注意静电压引起的危险性。

4.5.5.3 舰船涂装阶段

通常,舰船的涂装阶段包括表面处理和除前面已经讲过的钢材预处理和涂装车间底漆的阶段外,整个涂装工作还分为以下涂装阶段:

(1)分段涂装阶段;

(2)船台涂装阶段;

(3)码头涂装阶段;

(4)坞内涂装阶段;

(5)舾装件涂装阶段。

对于钢材预处理和涂装车间底漆的工艺阶段以及表面处理,前面已作了详细介绍,下面介绍上述工艺阶段的涂装工作特点。

1. 分段涂装阶段

分段涂装是舰船涂装中最主要和最基本的一环。船体的各个部位,在分段阶段都要进行部分或全部涂层的涂装。不管船体某一部位需涂装多少层涂料,其第一层,即与钢材直接接触的一层,都要在分段上进行涂装,因而舰船涂装质量的好坏,首先取决于分段涂装的质量。

船体分段有平面分段和立体分段两类。立体分段其结构比较复杂,表面处理与涂装工作的难度也高一些,应特别注意施工质量。

分段在结构完整性交验后,即可进行分段表面处理和涂装。分段涂装应在预舾装工作完成后进行。

分段涂装最好在室内涂装工厂进行,可不受气候变化的影响。若船厂条件有限,则应选择气候条件良好的情况下进行。

分段涂装作业时,应注意以下问题:

(1)分段搁置时,既要考虑到造船工艺(装配、电焊、舾装等)的需要,又要考虑到涂装作业的需要。分段露天作业时,应尽量避免周围污染源的影响和避免涂装作业时的粉尘、漆雾对周围可能产生的污染。

(2)分段涂装作业以前,要确认船体结构是否完整,焊接、火工校正、焊缝清理工作是否结束,特别是分舱标记、水线水尺等标记是否已焊好,机电管系的预舾装工作是否完成等等,以避免涂装结束后再进行上述工作而破坏涂层。

(3)分段涂装前,对分段的大接缝,尚未进行密性试验的焊缝以及不该涂漆的部位与构件(如外板或液舱内已装好的牺牲阳极,外加电流阴极保护用的电极等),应用胶带或其他包覆材料进行遮蔽。

(4)分段涂装结束后,应在涂层充分干燥之后才能启运。对分段中非完全敞开的舱室,应测定溶剂气体的浓度,在确认达到规定的合格范围内以后,才能启运。

(5)分段上船台时,墩木处必须垫上一层耐溶剂性能好的聚乙烯或聚酯薄膜(一般厚度为0.1 mm左右),以防墩木擦伤涂层。

2. 船台涂装阶段

船台涂装是指分段在船台上合拢以后直至舰船下水前这一过程中的涂装作业。该阶段涂装主要工作内容为分段间大接缝修补涂装、分段涂装后由于机械原因或焊接、火工原因引起的涂层损伤部位的修补,以及舰船下水前必须涂装到一定的阶段或全部结束的部位的涂装。建造进度与工作条件许可的话,可以对某些舾装工作完整性较好的舱室作完整性涂装。

船台涂装应特别注意以下问题:

(1)船台涂装作业以及后面将要介绍的码头涂装与坞内涂装,均为露天作业,要严格做好环境的温度和湿度管理。

(2)分段间的大接缝及分段阶段未作涂装的密性焊缝,应在密性试验结束以后进行修补涂装。

(3)修补涂装时,修补区域的涂料品种,层数,每层的膜厚要与周围涂层一致,并按顺序涂装。修补区域的周围涂层,要事先打磨成坡度,叠加处要注意平滑,避免高低。

(4)船体外板的脚手架、下水支架,往往有一部分焊在外板上,下水前需切割拆除。拆除后的焊脚下水前应磨平,实时作好修补涂装。

(5)船体外板涂装时,对牺牲阳极、减摇装置、声呐探测器、螺旋桨、外加电流保护用的电极等不需要涂装的部位,应作好遮蔽,避免被涂料沾污。

(6)舰船交舰前,水线以下的部位(包括水线水尺)应涂装完整。船底与船坞墩木或支柱接触的部位要进行移墩,以保证这些部位涂层的完整。

3. 码头涂装阶段

码头涂装是舰船下水后到交舰前停靠在码头边进行舾装作业阶段的涂装。除了必须在坞内进行的涂装作业外,该阶段应该对全舰各个部位作好完整性涂装。

由于码头舾装阶段各专业各工种作业交织在一起,电焊、火工作业较多,并且许多舱室已达到封闭状态,涂装作业又往往是大面积施工,溶剂挥发量大,因而危险性较大,要十分重视通风防爆工作。此外,由于码头舾装作业的特点,还必须注意以下事项:

(1)船体外板水线以上区域,涂装作业开始前,为防止舷旁排水孔流出的污水对涂装作业的影响,应设置适当的临时导水管导流,或暂时以木塞塞住排水孔,直至涂装结束,涂膜完全干燥后才可除去。

(2)不同涂层的交界处(如水线区与干舷区之间),为防止不同涂层不合理叠接而引起渗色、咬底等弊病,应当按设计规定的正确顺序进行叠接。

(3)液舱内部,大多在分段阶段已作过涂装,在船台阶段往往由于舾装工程的原因来不及修补,故多数在码头阶段修补涂装。由于液舱往往分布在船的底部,舰船下水后底部和舱壁的外侧浸于水中,故舱内容易结露,所以在修补涂装时要采取措施(如通风、除湿)杜绝潮湿表面涂装,实在难以避免结露,要留待进坞时涂装。

(4)机舱内部情况较复杂，管路、阀件布置密集，一般在分段阶段已作好涂装，码头阶段仅作修补。机舱设备在系泊试验动车以后，油水难免流入舱底，增加了清洁工作的困难，故舱底涂层修补工作应赶在试车前结束为宜。

(5)甲板分为室内甲板与露天甲板两类。码头舾装阶段无论室内还是露天甲板的涂装，宜在码头舾装阶段后期进行，应越接近交舰期越好。施工时应分区进行，不影响通行。施工好的表面在涂层完全干燥以前要严禁人员通过。涂层干燥后最好铺上覆盖物，避免过多踩踏，以免影响交舰时的外观。

4. 坞内涂装阶段

坞内涂装主要是对船体水线以下区域进行完整性涂装，也做一些码头舾装阶段来不及进行的涂装工作。舰船下水时因为离交舰期还有一段较长的时间，船底防污漆一般不应涂装结束，故进坞时往往还需涂装 2 ~3 道防污漆，坞内涂装需注意以下事项：

(1)舰船下水后到进坞这一段时间，水线以下区域会受到水域内各种物质的污染。涂装前应先用高压水认真冲洗，除去污泥、杂物，若有油腻沾污，则应用溶剂擦净。有些水域含有较多的二氧化硫会导致下水前涂装的防污漆发黑，则应用砂皮纸擦去发黑严重的部位。如船体表面有海生物附着，则应轻轻刮除，刮除时要避免损伤已有的涂层。

(2)舰船一进坞，就应将压载水放尽，否则在外板上会凝结水珠，影响涂装。

(3)与坞内墩木接触的部位，应在整体涂层施工结束后，作移墩处理，然后逐层修补涂装。但在整体涂层刚刚施工完毕，涂层还不十分坚硬时，移墩可能会导致新的涂层压伤，故应待涂层干硬时方可移墩。若驻厂军代表方不一定希望移墩时，也可不作移墩处理，但应向舰方提交一份坞墩布置图，表明船底哪些部位与坞墩接触造成涂层不足，舰方可在下次进坞时，要求船坞方面排墩时避开这些部位，补足所缺的涂层。

(4)外板艏部区域的涂层易被锚链擦伤，舯部区域则易被码头边楞木擦伤，这些擦伤部位常常产生锈蚀，进坞时要重新除锈、补漆。由于补漆工作从头做起，涂层数较多，需要时间较长，故一进坞就得抓紧这方面工作。

(5)水线、水尺、舷号以及船壳外的各种标记，应仔细刷涂，在出坞放水前应完全干燥。

(6)坞内涂装时，舷旁排水孔的处理方法与码头涂装一样。

5. 舾装件涂装阶段

舰船舾装件种类很多，诸如桅杆、海上补给接收装置、导弹和各类火炮基座，航空舰面设备、大型雷达设备基座、拖曳系泊装置、烟囱等大型舾装件，也有许多如管系、电缆、仪器仪表、天线的支架或支座，旗杆、扶手、栏杆、天幕柱、放置架等小型舾装件。

大型舾装件，往往采用经过预处理并涂有车间底漆的钢材制成，其涂装往往与船体涂装相似，经过二次除锈，然后逐层涂装。小型舾装件，往往采用酸洗除锈后，或镀锌，镀铝，或直接涂上防锈底漆。

大型舾装件也好，小型舾装件也好，上舰安装前，多数涂上底漆、面漆，待安装后再统一涂装。这是由于在安装过程中难免因焊接或机械原因损伤涂层，且面漆与周围船体结构同时涂装会有一致的外观效果。

锚机、绞车、艇架、舷梯等设备，往往是向专业制造厂订购的，这些设备到厂时往往已涂装完毕，故安装时应注意涂层的保护。

舾装件的涂装，应该注意以下事项：

(1)任何舾装件，除规定不必涂漆的外(如不锈钢制品、有色金属制品、镀铝或镀锌件等），上舰安装前，都必须事先经过表面处理和涂好防锈底漆。

（2）舾装件上舰安装前所涂的底漆，应和其所安装的部位的底漆相同。如上舰安装前已涂好面漆，则所涂面漆除涂装说明书有规定的颜色和标志要求外，一般应和周围的面漆相同。

（3）外购设备或一般舾装件，应在定购前向承制方提供表面处理和涂漆的技术要求，对涂料品种、膜厚、颜色等均应作出认真仔细的规定。

（4）舾装件上舰安装后，会发生局部涂层破坏，应当用同类型的涂料做好逐层修补。

（5）对一些安装范围广泛，通用性强的舾装件，往往上舰安装前难以分清楚各种舾装件安装在什么区域或舱室，为避免所涂底漆与今后安装部位的底漆不一致，可涂车间底漆后上舰安装。

（6）舾装件安装后，最终与周围一起涂装面漆时，要注意保护好不该涂漆的部位（机械活动面、铭牌等）

#### 4.5.5.4 涂装管理

良好的涂装质量要靠严格的管理，并做好各项记录。涂装管理要重点监管好以下几个方面。

1. 表面处理和表面清理的质量管理

表面处理的质量和表面清理的质量，前面已作了详细介绍，必须保证达到合格要求。这是保证涂装质量的重要一环。设计文件和施工工艺文件规定或描述不难，但在实际操作中真正掌握还是很难的。除锈和表面清理要求的质量没有什么数量化的仪器可以直接测量，全凭评定人员各自的眼光来评判，操作者、检验人员、涂料厂商、军方代表等各人的眼光不一，因此有时需要各方相互协商取得一致认可质量合格的意见。

2. 涂装时环境管理

涂装质量好坏，与涂装时的周围环境，特别是大气条件如湿度、温度、露点、天气、灰尘等有着密切的关系。

（1）湿度管理　通常是指大气的相对湿度（R. H），其含义是：在一定的大气温度条件下，定量空气所含的水蒸气的量，与该温度时同量空气所能容纳的最大水蒸气的量之比值。相对湿度通常是以百分比来表达，当相对湿度为100%时，说明空气中水分饱和。

当相对湿度在85%以下时，钢材表面一般不会产生水汽凝聚，涂装质量可以获得保证。而相对湿度超过85%时，如气温稍有下降，或被涂表面温度因比气温略低，表面就可能产生凝露，则涂装质量就难以保证。因此，船舶涂装对于室外作业时环境湿度的要求，一般规定为不超过85%，在相对湿度大于85%时进行涂装的涂层，除个别特殊的涂料外，一般质量是不好的。

当非饱和空气冷却时，它的相对湿度就提高，因为空气温度越低，它能容纳的最大的水蒸气量则越小。反之，气温越高，则能容纳的最大水蒸气量越大。

任何潮湿的表面都不能进行涂装，即使是水溶性的涂料，涂在潮湿的表面也会对附着力和表面成膜状态以及干燥时间带来影响。因此，雨天，雪天、雾天应停止室外涂装作业。除此之外，在湿度过大的情况下，钢材表面会产生露珠。因而湿度问题是舰船涂装工作必须重视的一个问题，在湿度大于85%的环境条件下不应涂漆。可在湿表面涂装的涂料，一般只在修船时采用。

（2）露点管理　在一定温度条件下，具有一定相对湿度的空气，在逐渐冷却时相对湿度就不断提高，当冷却到水蒸气饱和(R. H = 100% )时，水汽则开始凝聚，我们把水汽开始结露时的温度称为该空气的“露点”，此时空气中冷凝水分开始沉积于一切物体表面，包括将要涂漆的钢板表面及刚涂过漆的表面。

相对湿度越小的空气，其温度与其露点的差距就越大，通常，85% 相对湿度的空气，其露点往往比空气温度低 3 ℃左右。

为确保涂装表面的干燥，造船涂装也常采用“露点管理”的办法。即涂装前先测定空气的露点和被涂表面的温度，只要被涂表面的温度比露点高 3 ℃，可确认表面干燥，可以涂装。

这种露点管理的办法，往往用于被涂表面的温度与气温不一致(通常是低于气温)的情况下，如舱室的温度与舱壁的温度往往差距较大，特别是成品油船，尤其是有的舱壁外侧可能处在水中，其温度已经达到露点，为防止舱壁结露，只有将舱内空气中的水蒸气大量除去。降低舱内空气的露点，才能保持舱壁的干燥。这也是成品油船涂装必须具有大功率去湿机的特殊原因。

钢材的表面温度可以用接触型表面温度计测得。

环境露点的测量，可先用一般气温计测得空气温度，再用湿度计测得空气的相对湿度，然后用露点计算尺或露点计算表(如表 4 - 24)查得该空气的露点温度。

**表 4 - 24　露点计算表(℃)**

| 露点 环境温度/℃ 环境/℃ 相对湿度/% | -5 | 0 | 5 | 10 | 15 | 20 | 25 | 30 | 35 | 40 |
|---|---|---|---|---|---|---|---|---|---|---|
| 95 | -6.5 | -1.3 | 3.5 | 8.2 | 13.3 | 18.3 | 23.2 | 28.0 | 33.0 | 38.2 |
| 90 | | | 3.6 | 8.4 | 13.4 | 18.3 | 23.2 | 28.2 | | |
| 85 | -7.2 | -2.0 | 2.6 | 7.3 | 12.6 | 17.4 | 22.1 | 27.0 | 32.0 | 37.1 |
| 80 | -7.7 | -2.8 | 1.9 | 6.5 | 11.5 | 16.5 | 21.0 | 25.9 | 31.0 | 36.2 |
| 75 | -8.4 | -3.6 | 0.9 | 5.8 | 10.4 | 15.4 | 19.9 | 24.7 | 29.6 | 35.0 |
| 70 | -9.2 | -4.5 | -0.2 | 4.59 | 9.1 | 14.2 | 18.5 | 23.3 | 28.1 | 33.5 |
| 65 | -10.0 | -5.4 | -1.0 | 3.3 | 8.0 | 13.0 | 17.4 | 22.0 | 26.8 | 32.0 |
| 60 | -10.8 | -6.5 | -2.1 | 2.3 | 6.7 | 11.9 | 16.2 | 20.6 | 25.3 | 30.5 |
| 55 | -11.5 | -7.4 | -3.2 | 1.0 | 6.6 | 10.4 | 14.8 | 19.1 | 23.0 | 28.0 |
| 50 | -12.8 | -8.4 | -4.4 | -0.3 | 4.1 | 8.6 | 13.3 | 17.5 | 22.2 | 27.1 |
| 45 | -14.3 | -9.6 | -5.7 | -1.5 | 2.6 | 7.0 | 11.7 | 16.0 | 20.2 | 25.2 |
| 40 | -15.9 | -10.3 | -7.3 | -8.1 | 0.9 | 5.4 | 9.5 | 14.0 | 18.2 | 23.0 |
| 35 | -17.5 | -12.1 | -8.6 | -4.7 | -0.8 | 3.4 | 7.4 | 12.0 | 16.1 | 20.6 |
| 30 | -19.9 | -12.1 | -10.2 | -6.9 | -2.9 | 1.3 | 5.2 | 9.2 | 13.7 | 18.0 |

当被涂表面温度(可以用表面温度计测量得到)与露点接近，或差距不满 3 ℃时，应该通过环境空气的“去湿”或提高被涂表面的温度来达到扩大被涂表面温度与露点之间的差距，确保被涂表面干燥的目的。这也是露点管理的目的。

(3)温度管理　温度对涂料的干燥与成膜状态有直接的关系。不管是物理固化型涂料，还是化学固化型涂料，温度过低都难以固化干燥，而温度过高，则易产生许多漆膜弊病，所以掌握和控制好环境温度，亦是船舶涂漆工作需重视的问题之一。一般来说，钢板温度低于露点温度 3 ℃以下和温度低于 5 ℃高于 40 ℃以及在烈日暴晒下都不应涂漆。

涂料的固化，通常是依靠溶剂的挥发或涂料内在的化学反应。不管是哪种类型的涂料，温度对涂料固化速度的影响都很大。

化学固化型涂料，一般来说温度每升高 10 ℃，固化时间将缩短一半左右。当温度过低，则化学反应难以进行，涂层将迟迟不能固化。如环氧系涂料在气温低于 5 ℃时几乎不发生化学反应，长时间不会固化，因此必须在 5 ℃以上，最好在 10 ℃以上施工。

温度还对涂料的黏度带来明显影响。温度过低，涂料的黏度将变得很大以至于难以施工。如果为了降低黏度而增加稀释剂的话，则涂料的固体份含量将降低，不仅涂层厚度会受到影响，而且会降低涂料的表面张力，容易产生流挂、露底等弊病。

但是，温度也不应过高。温度过高会使化学固化型涂料混合后的适用期缩短，以致来不及用完就发生胶化而难以使用。此外，温度过高，溶剂挥发过快，会引起刷涂困难，刷纹明显，而喷涂则易产生干喷雾现象。并且温度过高，会使刚施工好的涂层因溶剂挥发过快而产生涂层起泡和皱皮等弊病。因此，一般认为钢材表面温度大于 40 ℃时，涂装效果是不理想的。故在夏季应避免在阳光直射的钢表面涂漆。

(4)其他方面环境管理　船舶涂料是易燃、易爆物品，除一部分为二级易燃品(闪点在 28 ℃～65 ℃)外，大多为一级易燃品(闪点在 28 ℃以下)，必须要有切实的防火、防爆和防止静电积累的措施；涂装作业必须有充足的光线条件和良好的通风条件；照明设施和通风设备应该是防爆型的；灰尘较多的天气，周围正在进行喷砂作业等应停止涂漆；大风天气也不宜室外喷漆，在风力过大时进行喷涂，不仅会使漆雾到处飞扬污染周围环境，也造成涂料无谓浪费，所以，当风速大于 3 m/s 时不宜喷涂作业；涂装工作人员必须认真采取个人劳动保护措施等。

3. 漆膜厚度管理

漆膜厚度管理，就是在施工中对漆膜的厚度进行控制和对施工后的漆膜厚度进行检测、分析、判别和质量反馈与处理的过程。

漆膜厚度管理的目的是使船体各部位涂层的厚度既要保证达到设计规定的厚度以确保性能，又要避免超厚所带来的浪费，因此，漆膜厚度管理也是船舶涂装管理中的重要环节。

关于膜厚管理的方法，可参考下述规定：

(1)漆膜厚度规定

船体各部位所使用的各种涂料的干膜厚度，由设计部门根据涂料厂商提供的资料在油漆设计明细表中明确规定，把被规定的膜厚称为“规定膜厚”。

规定膜厚，一般指必须基本得到保证的膜厚值，但并不意味着被涂表面的任何一处的干膜厚度均要达到或超过这一数值。判断膜厚是否达到规定要求，应该根据干膜厚度测定值的分布状态分析认定。

漆膜厚度是一项很重要的控制指标，涂装完成后应全面测定涂膜厚度，测定点的间距为 1.5～2.0 m，对于干膜厚度分布状态，通常的要求达到 90% 以上检测点干膜厚度不小于规定膜厚，其余检测点的干膜厚度不小于规定膜厚的 90%，即要达到两个 90%。如果没有达到这样的要求，则必须根据具体情况作局部或全面补涂。

测定漆膜厚度有各种仪器和方法，选用时应考虑测定漆膜的场合(实验室或现场)、底材

(金属、非金属)、表面状况(平面、曲面、平整、粗糙)、漆膜状态(湿、干)等因素,合理使用仪器。

(2)湿膜厚度控制

每种涂料,对于一定的干膜厚度均有相应的湿膜厚度,为使干膜厚度既符合规定膜厚,又不至于过多超厚,必须在涂装时严格控制湿膜厚度。

湿膜厚度控制的方法有两种:

①定量的涂料用于一定面积的被涂表面

每种涂料,对于规定的膜厚都有其单位面积的理论涂布量,据此可计算出一定面积涂装时,理论上所需的涂料量。

在实际施工中,由于被涂表面状态不平整,风速的影响,环境条件和表面粗糙度的影响,使用工具的种类差异等等,涂料必有不同程度的损耗。因此,一定面积的被涂表面的涂装,在计算涂料用量时,必须将损耗因素和船体结构因数考虑在内。在计算出涂料实际用量后,将这些涂料全部、均匀地涂布于计算面积的整个被涂表面。这种方法只适用于无加强结构的平面或加强结构简单的平面,对于加强结构复杂的平面是难以保证达到要求的。

②湿膜厚度现场检测

涂装作业人员在施工时根据涂料厂商提供的与干膜厚度相应的湿膜厚度,利用湿膜厚度计(如图4-6的(a)锯齿式湿膜厚度计或图4-6的(b)梳规或图4-6的(c)轮规)边检测、边施工、随时调整湿膜厚度。施工中,湿膜厚度的检测频数可以是任意的。在喷涂大而平整的表面,操作比较熟练时,检测频数可以小些,反之,被涂表面构造复杂,或操作不很熟练的话,检测频数应当大些。通过不断检测湿膜厚度,随时调整喷涂量,则可用较少的涂料,获得较均匀的符合规定膜厚要求的涂层。

③干膜厚度的检测

干膜厚度的检测有多种检测仪器和方法,常用的有非破坏性仪器测量法(磁性测量法、涡流测量法、β射线反向散射法)和机械法(杠杆千分尺法、指示表法、显微镜法)等。磁性测量法主要用于测量钢铁底材的漆膜厚度,涡流测量法主要用于测量非磁性金属(如铝、铜等)底材上的漆膜厚度,β射线反向散射法主要用于移动中的漆膜,如卷材涂层的连续测定;杠杆千分尺适用于圆棒涂层的测量,指示表法用的圆盘形干膜测厚仪适用于各种金属板、玻璃板等平整表面,现场和实验室都可使用,显微镜法使用的多用途干膜检验仪,适用于测量金属、塑料和木材上的涂层厚度,也适用于多涂层中各单层涂层厚度的测量。

干膜厚度检测必须在涂层干燥以后利用干膜测厚仪进行测定。干膜测厚仪有杠杆式测厚仪、小型测厚仪、电子测厚仪等。为携带方便,一般使用前两种测厚仪。

在粗糙的钢板上涂有较薄的底漆时,用干膜测厚仪(如图4-7的永磁型杠杆式干膜测厚仪)直接测定则显得误差较大。此时需用胶带固定光滑的试验板,让试板与钢板同时涂装,然后测定试板上的漆膜厚度。对很薄的车间底漆,使用电子测厚仪为宜。

通常的膜厚测定,可在涂层上直接进行。

检测时,测点的选择要注意分布的均匀性和代表性。对于平整表面,原则上每10 $m^2$随机检测一点。对于结构复杂的表面,则每5 $m^2$随机检测一点。对于狭小舱室、面积较小的区域或部位,需保证每一自由面应有3个以上检测点。而焊缝表面、距自由边30 mm范围内和检测困难处可不必检测。

每次膜厚检测都必须由专人负责,做好记录及签署。记录应认真、详细、正确、清楚,不得任意涂改。

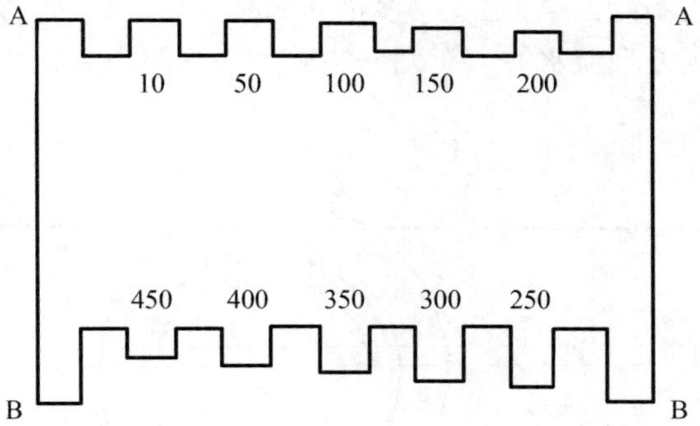


(a)　锯齿式湿膜厚度计

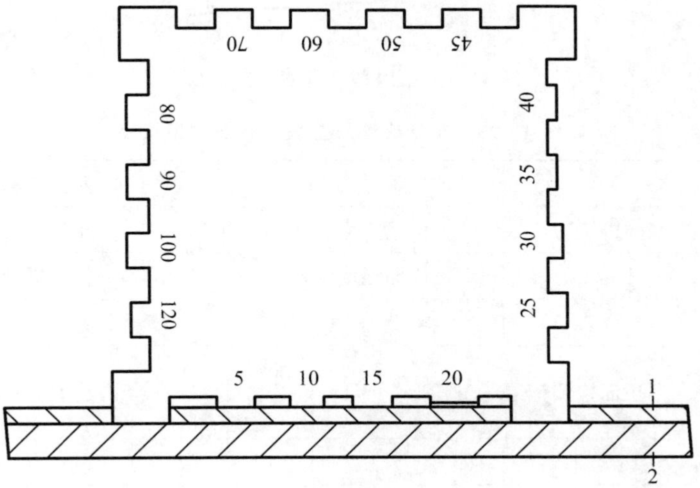


(b)　梳规

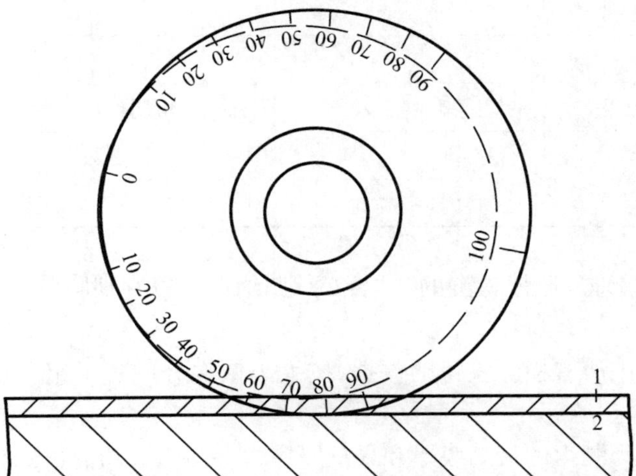


(c)　轮规

**图4－6　测定湿膜厚度的仪器**

涂层涂装时的数据记录表(记录表样式参见表4－25～4－26)要作一定时间的保存，即使是膜厚交验合格后也不能丢弃，至少要保存到交舰以后，以备查考。

表 4－25 为钢材预处理流水线上车间底漆施工与膜厚数据记录表（样式）。

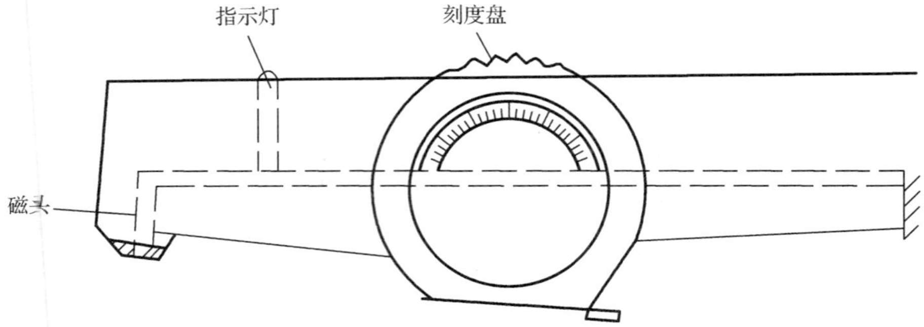


**图 4－7　永磁型杠杆式干膜测厚仪**

**表 4－25　车间底漆施工与膜厚数据记录表**

| 工程编号 | | 钢板编号 | | 使用涂料 | |
|---|---|---|---|---|---|
| 施工涂料黏度 | /(Pa·s) | 气 温 | /℃ | 相对湿度 | /% |
| 规定膜厚范围 | /μm | 钢板表面温度 | /℃ | 钢板前进速度 | /(m/min) |
| 风压 | /MPa | 喷嘴型号 | | 操 作 者 | 签名 |

| 试板号 | 正面检测记录/μm | | | | | | 试板号 | 反面检测记录/μm | | | | |
|---|---|---|---|---|---|---|---|---|---|---|---|---|
| | (1) | (2) | (3) | (4) | (5) | | (1) | (2) | (3) | (4) | (5) | |
| 1 | | | | | | | 1¹ | | | | | |
| 2 | | | | | | | 2¹ | | | | | |
| 3 | | | | | | | 3¹ | | | | | |

| 正面检测结果 | 检测点数 | | 平均膜厚 | /μm | 反面检测结果 | 检测点数 | | 平均膜厚 | /μm |
|---|---|---|---|---|---|---|---|---|---|
| | 合格点数 | | 合格率 | /% | | 合格点数 | | 合格率 | /% |

| 检测者 | （签名） | 结 论 | （合格与否） | 验收员 | （签名） |
|---|---|---|---|---|---|

（3）膜厚数据整理　膜厚检测的数据，必须归纳整理以判别膜厚分布是否达到规定的要求。其方法是：

①将表 4－26 中所有检测获得的数据，按大小依次分成若干组。检测点数与分组数关系见表 4－27。

②分组的组距为测得的最高膜厚和最低膜厚之差与组数的商（取整数）。如校准点数为 237，最高膜厚为 393 μm，最小膜厚为 210 μm，以取 10 组为例，则组距为（393 － 210）/10 = 18.3 μm，通常组距则取为 20 μm。

③最高膜厚与最低膜厚不应与组距边界重合，宜取在组中值。

④根据测点总数和各组的点数，算出平均膜厚和各组的频率。

⑤制成膜厚分布表（包括直方图）。见表 4－28。

**表4-26 船体涂层施工与膜厚数据记录表(样式)**

| 工程编号 | | 施工部位 | | | | 施工日期 | | | 作业者 | | |
|---|---|---|---|---|---|---|---|---|---|---|---|
| 天气情况 | | 气温 | 开始 | /℃ | 湿度 | 开始 | | | 时间 | 开始 | |
| | | | 结束 | /℃ | | 结束 | | | | 结束 | |
| 涂料品种 | | 第几层 | | | | 颜色 | | | 黏度 | | /(Pa·s) |
| 风压 | /MPa | 喷漆泵压力比 | | | | 喷嘴型号 | | | 搅拌时间 | | /min |

| 横向<br>膜厚/μm<br>纵向 | X1 | X2 | X3 | X4 | X5 | X6 | X7 | X8 | X9 | X10 | X11 | X12 | X13 | X14 | X15 | $\overline{T}$ |
|---|---|---|---|---|---|---|---|---|---|---|---|---|---|---|---|---|
| Y1 | | | | | | | | | | | | | | | | |
| Y2 | | | | | | | | | | | | | | | | |
| Y3 | | | | | | | | | | | | | | | | |
| ⋮ | | | | | | | | | | | | | | | | |
| ⋮ | | | | | | | | | | | | | | | | |
| Y19 | | | | | | | | | | | | | | | | |
| Y20 | | | | | | | | | | | | | | | | |
| 总点数 | | | | | | | | | | | | | | | | |

| 规定膜厚 | /μm | 最低膜厚 | /μm | 最高膜厚 | /μm | 平均膜厚 | /μm |
|---|---|---|---|---|---|---|---|

**表4-27 检测点数与分组数关系表**

| 检测点数 | 20~50 | 50~100 | 100~250 | 250以上 |
|---|---|---|---|---|
| 分组数 | 5~7 | 6~10 | 7~12 | 10~20 |

**表4-28 膜厚分布情况表(含频率直方图)**

| 工程名称 | XX编号 | 涂装区域 | XX分段<br>XX舱室 | 涂料类型 | 厚膜型焦油环氧 | 规定膜厚 | 250 μm |
|---|---|---|---|---|---|---|---|

膜厚分布情况：

| 干膜厚度/μm | 点数 | 频率/% | 频率直方图/% |
|---|---|---|---|
| 200~220 | 4 | 1.7 | 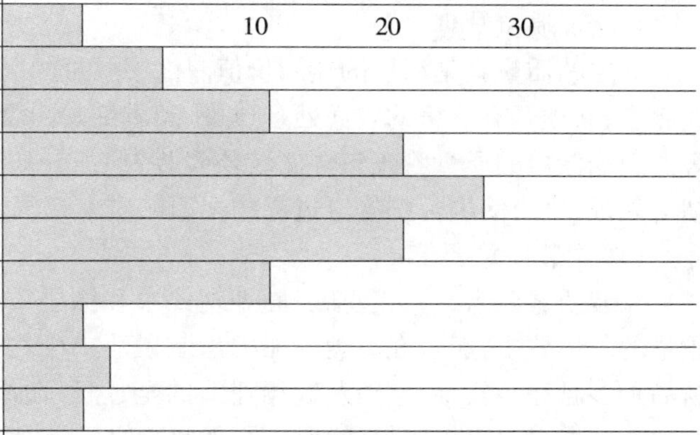 |
| 220~240 | 12 | 5.1 | |
| 240~260 | 27 | 11.4 | |
| 260~280 | 40 | 16.9 | |
| 280~300 | 63 | 26.6 | |
| 300~320 | 48 | 20.2 | |
| 320~340 | 24 | 10.1 | |
| 340~360 | 11 | 4.6 | |
| 360~380 | 5 | 2.1 | |
| 380~400 | 3 | 1.3 | |
| 总计 | 237 | 100 | |

(4)膜厚交验

膜厚交验的项目，应根据有关质量标准或质量文件规定加以确定。膜厚交验时应填写膜厚检测报告，报告形式可参考表4－29。

**表4－29 膜厚检测报告示例**

<table>
<tr><td>工程名称</td><td>产品代号</td><td>涂装区域</td><td>分段代号或名称</td><td>检测日期</td><td>年 月 日</td></tr>
<tr><td>膜厚管理等级</td><td>A 级</td><td>涂料品种</td><td>厚涂型焦油环氧漆</td><td>规定膜厚</td><td>250 μm</td></tr>
<tr><td>最高膜厚</td><td>398 μm</td><td>最低膜厚</td><td>227 μm</td><td>平均膜厚</td><td>295 μm</td></tr>
<tr><td>检测点数</td><td>237 点</td><td>达到和超过规定膜厚的点数</td><td>221 点</td><td>达到和超过规定膜厚点数百分比</td><td>93.2%</td></tr>
<tr><td colspan="4">验收意见：<br>合 格<br>验收人员：船厂 X X X<br>军方 X X X<br>年 月 日</td><td colspan="2">报告部门： X X 车间<br>报告人， X X X<br>年 月 日</td></tr>
</table>

膜厚交验时，当一种涂料涂装数层时，可将数层的总膜厚一次填写报告后交验。

涂层膜厚的交验，应与涂膜本身的外观质量（见表4－30要求）验收相结合。验收人员根据膜厚数据整理的结果认为：

①漆膜外观质量合格；

②平均膜厚高于规定膜厚；

③膜厚分布合理（如表4－28）。

符合涂装质量要求时，在表4－29的验收意见栏签署合格意见。报告应由验收部门（工厂质量检验部门和军方代表）签字，然后存档。

4. 涂层质量管理

涂层的质量就是涂层的使用价值。涂层质量的优劣与许多因素有关。要获得质量优异的涂层，必须要有合格的表面处理质量、品质良好的涂料、正确的涂装工艺、娴熟的涂装技术等。舰船涂层的质量管理包含涂装质量控制、涂装质量要求的制定、质量检查、质量信息反馈与处理、完工涂层保护等全过程的全面的质量管理。

(1)涂装质量要求

涂装质量要求，通常包括表面处理要求和涂层质量要求两部分。对于表面处理和涂层质量的总体要求，船厂在每艘舰船的涂装说明书中均会明确规定。由于舰船涂装使用的涂料品种多且涂装复杂，又涉及舰船建造的全过程，而涂装说明书不可能对每种涂料，每一阶段的涂装质量要求规定得详细尽致，因此造船厂应根据舰船建造的具体工艺特点，对舰船涂装的常规质量要求制定具体的规定，以确保舰船整个建造过程中的涂装质量。

①钢材表面处理质量要求 钢材表面处理的质量，是涂装质量的重要组成部分，也是获得良好涂层质量的基础。应按照对涂装前表面处理质量及其评定的有关标准以及二次除锈的工艺要求等保证达到质量合格要求，本节不再赘述。

②涂层表面质量要求 涂层的表面质量，在一定程度上反映了涂层的内在质量。舰船涂装的主要目的在于防腐蚀和满足某些特殊战技性能以及表面装饰的要求。因此，涂层除要求有好的表面质量的同时也必须要有好的内在质量。而内在质量也往往通过表面质量来反映，故涂层的表面质量应达到一定的标准。

对于主要有装饰作用的外表面来说，对表面质量要求比较高，而对内部不显眼的区域或看不见的区域，表面质量要求可略放宽。

各部位涂层的表面质量可参考表4－30的要求。

**表4－30 涂层表面质量要求**

| 部 位 | 表面质量要求 |
|---|---|
| 外表装饰性重要的部位（上层建筑外表、内部通道、无封面板的住舱、工作舱等部位） | ①无流挂、刷痕、裂纹、起皱、漏缺、漏涂等缺陷<br>②表面颜色与规定颜色一致<br>③无干喷的颗粒 |
| 上述以外的可见部位 | ①无漏缺、漏涂、裂纹、起皱等缺陷<br>②表面无明显的流挂和刷痕<br>③表面颜色与规定颜色无明显差异 |
| 不可见部位 | ①无漏缺、漏涂、裂纹<br>②表面无严重流挂 |

（2）涂层质量检查

为确保舰船涂装质量，军方代表和建造船厂质量管理部门，在舰船建造全过程中，对表面处理（包括二次除锈）和涂装作业的工作质量——涂层质量，需要进行经常的、认真的检查。

质量检查的项目，应该制定经军代表室认可的相应的标准，作出相应的书面规定和验收项目表。

对于厚膜型涂料，必要时应进行涂膜的针孔检查。一般非厚膜型涂料，往往是多道涂装，针孔贯透整个涂膜的几率很小，一般不必作针孔检查，而厚膜型涂料，往往是一道和两道涂装就能达到涂膜厚度要求，这样，针孔贯透整个涂膜的几率就比较大，有必要进行针孔检查。

针孔检查用的针孔检查仪有低频高压脉冲式和直流高压放电式等。

（3）涂装病态及涂层缺陷修正

涂装的质量，在施工时应时时注意。一旦发现涂层有问题或者缺陷，应立刻分析其产生原因，并按规定的方法进行修正。尽可能使缺陷在湿膜状态和小范围内修正好，到干膜状态或大范围发现问题时修正和返工，则会造成较大损失。

涂层在湿膜状态时的病态及处理方法见表4－31。

表4-31　湿膜状态时的涂层病态预防及处理方法

| 病态 | 现象 | 原因 | 预防与处理方法 | |
|---|---|---|---|---|
| 曳尾(包括雾化不良) | 高压无气喷涂时，喷幅两边产生粗线 | 稀释剂不当，或涂料黏度过高 | 调整稀释剂品种或用量 | 对病态严重的涂层进行修正 |
| | | 无气喷漆机机型或进气压力不当 | 调整机型或进气压力 | |
| 缩孔缩边 | 涂料表面弹性收缩，形成凹孔或不沾边的现象 | 被涂表面沾附水、油等污物，漆刷或喷漆机中混入水、油等污物 | 清洁被涂表面，充分洗净涂装工具 | 对有病态的涂层进行返工处理 |
| | | 被涂表面过于光滑，下层涂膜过于坚硬 | 砂纸打磨表面，使其具有一定粗糙度 | |
| 起泡 | 涂装涂料中混入的空气，在形成涂膜时未能避免产生气泡；沟凹处含有水气或被涂物面潮湿 | 涂料在激烈搅拌后立即涂装 | 避免激烈搅拌，搅拌后稍加放置再行涂装 | 起泡严重的涂层，应作返工处理 |
| | | 涂膜干燥过程中，水分被挤出 | 避免在有水气或潮湿表面涂装 | |
| | | 涂料中溶剂挥发过快，被涂表面温度过高 | 适当调整稀释剂，一次涂装时宜薄，避免温度过高时涂装 | |
| | | 涂料黏度过高 | 适当添加稀释剂，降低涂料黏度 | |
| 喷丝 | 高压无气喷涂时，涂料到达被涂表面时已干燥成丝状 | 涂料的黏度过高 | 适当添加稀释剂 | 喷丝严重的涂层表面作返工处理 |
| | | 涂料中溶剂挥发过快 | 调整稀释剂的品种 | |
| | | 喷嘴口径太小，而喷涂压力太高 | 增大喷嘴口径或降低喷涂压力 | |
| 泛白失光 | 透明的硝基漆清漆等形成白色、不透明的无光泽的涂层 | 涂装时湿度太高 | 避免高湿度时涂装 | 用布蘸稀释剂轻轻拭擦；为防涂膜发白，可在涂料中加入适量防潮剂(防白剂)或丁醇类憎水剂 |
| | | 喷涂过程中油水分离器失效，把水分带进漆中 | 检查油水分离器，不能漏水 | |
| | | 喷涂时与干燥时温差过大 | 避免傍晚时涂装 | |
| | | 喷涂压力过高 | 调整喷涂压力 | |

表4－31 （续）

| 病态 | 现象 | 原因 | 预防与处理方法 | |
|---|---|---|---|---|
| 浮色 | 数种颜料混合的涂料，在涂层中，密度轻的颜料浮于表面，形成颜色与原来不一致或花斑 | 各种颜料的密度对漆料的润湿和分散性不一致 | 更换新的涂料 | 涂层干后，用砂纸打磨再作一次涂装 |
| 浮色 | 数种颜料混合的涂料，在涂层中，密度轻的颜料浮于表面，形成颜色与原来不一致或花斑 | 施工时搅拌不充分 | 施工时充分搅拌均匀 | 涂层干后，用砂纸打磨再作一次涂装 |
| 浮色 | 数种颜料混合的涂料，在涂层中，密度轻的颜料浮于表面，形成颜色与原来不一致或花斑 | 涂料中稀释剂添加过多 | 减少涂料中稀释剂的用量 | 涂层干后，用砂纸打磨再作一次涂装 |
| 流挂 | 垂直涂装的涂料一部分向下流淌，形成泪痕或局部过厚的不平整表面 | 涂料黏度过低不合格，涂膜偏厚 | 更换黏度过低不合格的涂料，涂膜不宜太厚 | 返工除去流挂的部分 |
| 流挂 | 垂直涂装的涂料一部分向下流淌，形成泪痕或局部过厚的不平整表面 | 喷涂时不均匀，局部过厚或全面超厚 | 按规定要求，仔细涂装 | 返工除去流挂的部分 |
| 流挂 | 垂直涂装的涂料一部分向下流淌，形成泪痕或局部过厚的不平整表面 | 稀释剂添加过量 | 按规定，不使稀释剂过量 | 返工除去流挂的部分 |
| 流挂 | 垂直涂装的涂料一部分向下流淌，形成泪痕或局部过厚的不平整表面 | 被涂物的温度过高或过低时涂装 | 在适当的温度下涂装 | 返工除去流挂的部分 |
| 麻点（花脸、笑口） | 涂装后涂膜表面上出现局部收缩，形成斑斑点点，露出底层 | 溶剂或稀释剂中所含低沸点、高沸点溶剂过多，配比也不合适 | 注意低沸点、高沸点溶剂的使用量和各种沸点溶剂的配比 | 返工除去麻点部分，重涂 |
| 麻点（花脸、笑口） | 涂装后涂膜表面上出现局部收缩，形成斑斑点点，露出底层 | 底材表面处理不符合质量要求 | 底材表面处理一定要符合质量要求 | 返工除去麻点部分，重涂 |
| 麻点（花脸、笑口） | 涂装后涂膜表面上出现局部收缩，形成斑斑点点，露出底层 | 喷涂施工中带入油、水，喷枪距物面太近 | 施工前应检查油水分离器是否正常，掌握好喷枪和物面间的距离 | 返工除去麻点部分，重涂 |
| 麻点（花脸、笑口） | 涂装后涂膜表面上出现局部收缩，形成斑斑点点，露出底层 | 喷枪喷嘴口径过小，而喷涂压力又过大 | 选择好喷枪口径和喷涂压力 | 返工除去麻点部分，重涂 |
| 麻点（花脸、笑口） | 涂装后涂膜表面上出现局部收缩，形成斑斑点点，露出底层 | 喷涂涂料黏度过低或黏度过高 | 掌握好合适的喷涂黏度 | 返工除去麻点部分，重涂 |
| 麻点（花脸、笑口） | 涂装后涂膜表面上出现局部收缩，形成斑斑点点，露出底层 | 在过于光滑的物面或光泽太高的漆面上罩面漆 | 涂漆物面不宜过于光滑，对光泽漆面经砂纸打磨后再涂面漆 | 返工除去麻点部分，重涂 |

表 4－31 （续）

| 病态 | 现象 | 原因 | 预防与处理方法 | |
|---|---|---|---|---|
| 渗色 | 底层的深色涂料的颜色渗透到面层浅色涂面上 | 底层涂料未充分干透时即涂面层涂料，使两层涂料发生混合 | 待底层涂料充分干透后，再涂面层涂料 | 返工 |
| | | 两层涂料的稀释剂使用错误 | 改正稀释剂 | |
| | | 底面漆配套不当，在一般底漆上涂含有强溶剂的面漆 | 改进配套方案 | |
| 咬底 | 底层涂料被面层涂料溶剂软化、膨胀，引起皱皮，甚至咬起脱落 | 面层涂料溶剂过强，底面漆配套不当（如在油脂漆或醇酸漆上罩上含强溶剂的硝基漆） | 避免异种涂料配套 | 返工 |
| | | 底层涂料干燥不足（如相同成膜物之间的咬起） | 待底层涂料完全干透之后涂面层涂料（掌握好涂漆间隔时间） | |
| 皱皮、橘皮 | 涂层表面起皱形成许多棱脊状或许多半圆形突起呈橘皮斑纹状 | 喷涂压力太大，喷枪口径太小，涂料黏度过大，喷枪与物面间距不当 | 选好喷枪口径，调整好喷涂施工压力，调好涂料黏度，熟练掌握喷涂施工技术 | 打磨平整后再涂装 |
| | | 底层涂料未干即涂面层，或一次涂装过厚 | 注意涂装间隔和推荐膜厚 | |
| | | 被涂物温度过高，或涂装后受高热曝晒等 | 注意适当的温度条件，避免高热 | |
| | | 干燥剂过量 | 调整干燥剂用量 | |

涂层在干膜状态时的病态及处理方法见表 4－32。

表 4－32 干膜状态时病态及处理方法

| 病态 | 现象 | 原因 | 预防与处理方法 | |
|---|---|---|---|---|
| 白化 | 涂层表面发白模糊 | 温度高的时候涂装或被涂物温度过低，致使表面潮湿引起涂层发白 | 加强温湿度控制或实行露点管理 | 轻微的白化用稀释剂涂擦，重则磨去重涂 |
| | | 涂装后，夜间气温下降，表面凝结水分，或涂装后遇到雨水等 | 避免在傍晚以后涂装干燥较慢的涂料 | |
| | | 涂料溶剂迅速挥发，使涂面产生冷凝水 | 调整稀释剂，使挥发较为缓慢 | |
| 针孔 | 涂层表面发生尤如针刺过一样的小孔 | 喷涂时，存在水分或油分 | 除去水分和油分 | 对轻微细小针孔表面用砂纸打磨，再薄薄涂一层，显著严重者则返工 |
| | | 被涂表面温度过高或环境温度较低；涂料搅拌后停置时间过短 | 在适当的温度条件下涂装；涂料搅拌后应停置一段时间 | |
| | | 一次涂装过厚或涂料黏度过大 | 按推荐膜厚涂装，涂料黏度不宜过大 | |
| | | 喷涂压力过大，喷枪口径太小，喷枪与物面间距太远 | 掌握好喷涂技术 | |
| 开裂（细裂、粗裂、龟裂） | 涂层表面呈现裂纹。细小者称细裂，明显的粗裂纹称粗裂，较大较深类似龟背纹路的裂纹称为龟裂 | 底层涂料未干即涂面层涂料，两层涂膜内外伸缩力不一致或底层涂装过厚 | 待底层涂料干燥后再涂面层，按推荐膜厚涂装 | 除去裂纹部分重新涂装 |
| | | 涂层配套不当，如底层涂料柔韧性较差而面层涂料较硬时 | 注意涂层配套系统的正确性 | |
| | | 色漆使用时未搅匀，上层漆料多颜料少，下层漆料少颜料多 | 色漆应充分搅拌均匀 | |
| | | 温度急剧下降时 | 预见到温度将骤冷时，注意采取措施 | |

表 4－32　（续）

| 病 态 | 现 象 | 原 因 | 预防与处理方法 | |
|---|---|---|---|---|
| 回黏 | 涂膜干燥后经过一段时间重新发黏 | 被涂表面处理不洁，有酸碱、油脂、蜡质等化学物质附着 | 除净表面附着物质 | 严重者或长时间不能干燥者，则应除去重涂 |
| | | 低温自然干燥后，在强烈的阳光照射下 | 避免涂料选用不当 | |
| | | 添加不当的稀释剂干燥剂 | 不添加不当的物质 | |
| | | 施工中遇到雨淋、霜打、冰冻 | 施工中应避免雨淋、霜打、冰冻 | |
| 脱落（片落、剥落、脱皮） | 涂膜从底材表面脱落，6 $mm^2$ 以下的小片脱落称为片落，稍大于 6 $mm^2$ 的脱落叫剥落，大片脱落称为脱皮 | 被涂表面附有油脂，水分，锈，尘埃等杂质 | 认真注意表面处理的质量 | 剥落部分认真打磨后重新涂装，脱皮严重者，则全面返工 |
| | | 底面漆配套不当 | 注意涂层配套系统的正确 | |
| | | 面层涂装时已超过规定的涂装间隔期 | 按规定的涂装间隔期涂装 | |
| | | 水下区域涂料耐阴极保护性差，或阴极保护电流密度过大 | 注意涂层的耐电位性能及合理的阴极保护的设计 | |
| | | 被涂表面过于光滑 | 注意涂装表面的粗糙度 | |
| 粉化 | 涂膜分解，颜料成为细微粉末渐渐脱落 | 涂料展色剂耐候性差，或采用耐候性差的体质颜料过多 | 改进涂料配方或更换涂料 | 除去粉化表面后重涂 |
| 泛黄 | 白色、浅色涂膜变黄 | 涂料采用泛黄性较大的油料（如桐油、亚麻油等）制成或添加干燥剂过多 | 改进涂料配方或更换涂料 | 重涂 |
| 黑变 | 船底防污漆在水中变黑的现象 | 含氧化亚铜的防污涂料在含硫化氢较多的水域里浸渍过久 | 改变防污漆的品种 | 除去发黑表面部分后增涂一道防污漆 |

4.5.5.5　涂层保护

完工后的涂层,需要注意保护,避免损伤涂层。要做好这一点,不仅涂装作业部门有责任,而且舰船建造中,上舰的各有关部门都有责任保护好涂层。并做到:

(1)尽可能减少涂装作业后的焊、割作业工作量。

(2)舱室绝缘采用碰钉时,碰钉碰焊处涂层被烧损的部位应全部补涂好涂料后再安装绝缘材料。

(3)尽可能使涂装作业在舾装作业完成得较好的阶段进行。

(4)涂装作业以后,在涂层尚未干透以前,分段不可起运,尤其是船底分段,在涂层未干硬时,不能吊上船台。上船台时,坞墩处需垫衬抗溶剂性能较好的塑料薄膜(厚度为0.1~0.2 mm的聚酯或聚乙烯薄膜)。

(5)分段起运时,在钢缆或搁置物易擦伤、碰伤涂层的部位,必须垫上木板,泡沫塑料等软性物质。

(6)人员行走的部位(如甲板、通道等),涂层未干透以前,应做好标记,禁止通行。饮水舱、淡水舱、滑油舱等主要部位,完工后不得入内,必需进入时,应脱鞋或穿上干净的鞋套。

### 4.5.6　舰船改装与修理涂装

设计单位经常承接对在役舰船进行改装和增装的任务,往往涉及到船体结构和舰船设备的变更,从而涉及到油漆设计的修改。在役舰船进行改装和增装,通常安排在舰船的修理期间进行。因此在作油漆设计修改时,既要考虑到原来的涂料配套体系,也要考虑到修理时修理涂装的特点,修改的配套体系应将二者结合起来考虑。

4.5.6.1　改装与修理涂装的除锈

改装与修理涂装的除锈按HJB5《海军舰船维修除锈标准》进行。该标准是海军舰船维修中,使用小型机械工具或手工工具除锈的质量检验标准,喷射除锈仍按船体除锈标准进行。根据舰船钢质结构的不同表面形状和锈蚀程度,HJB5将原始表面状态按其形状和锈蚀程度划分为三种七类:钢板三类(代号GⅠ,GⅡ,GⅢ),焊缝二类(代号HⅠ,HⅡ),铆钉二类(代号MⅠ,MⅡ),并配有1:1彩色照片供对照。其他形状以相近类比,如管路、角钢可视为G,管路接头可视为M。除锈质量等级分为5级。

4.5.6.2　改装与修理涂装用涂料

改装与修理时在旧涂层上进行涂装用的涂料,通常应当采用与旧涂层同一品种或同一体系的涂料,但是,从修理后的涂层耐久性和修理费用角度以及尽量减少涂料品种考虑,也可能会采用不同种类、不同体系的涂料,这就必须判别所采用的涂料与旧涂层之间的复涂性能是否良好。

修理用各种涂料的特点见表4-33。

**表4-33　修理用各种涂料的特点[1)]**

(1)浸水区域

| 品种＼特点＼性能 | 耐盐水浸渍性 | 耐碱性 | 耐冲击性 | 耐磨耗性 | 表面处理程度 | 附着性 | 涂装作业性 | 备注 |
|---|---|---|---|---|---|---|---|---|
| 油性系船底涂料 | ◇ | △ | ○ | ○ | ○ | ○ | ○ | |

表 4-33 （续）

（1）浸水区域

| 品种 \ 特点 \ 性能 | 耐盐水浸渍性 | 耐碱性 | 耐冲击性 | 耐磨耗性 | 表面处理程度 | 附着性 | 涂装作业性 |
|---|---|---|---|---|---|---|---|
| 沥青系船底涂料 | ◇ | ○ | ○ | ○ | ○ | ○ | ○ |
| 氯化橡胶系船底涂料 | ○ | ○ | ○ | ○ | ○ | ○ | ○ |
| 乙烯系船底涂料 | ○ | ☆ | ○ | ○ | ○[2)] | ☆ | ○ |
| 环氧系船底涂料 | ☆ | ☆ | ☆ | ☆ | ◇ | ☆ | ◇ |
| 改性环氧系船底涂料 | ☆ | ☆ | ☆ | ☆ | ◇ | ☆ | ◇ |

（2）曝露区域

| 品种 \ 特点 \ 性能 | 耐盐水浸渍性 | 耐碱性 | 耐冲击性 | 耐磨耗性 | 耐候性 | 表面处理程度 | 附着性 | 涂装作业性 |
|---|---|---|---|---|---|---|---|---|
| 醇酸系涂料 | ◇ | ◇ | × | ○ | ○ | ○ | ○ | ○ |
| 氯化橡胶系涂料 | ◇ | ○ | ○ | ○ | ○ | ○ | ○ | ○ |
| 乙烯系涂料 | ○ | ☆ | ☆ | ○ | ○ | ○[2)] | ☆ | ○ |
| 环氧系涂料 | ☆ | ☆ | ☆ | ☆ | ○[3)] | ◇ | ☆ | ◇ |
| 丙稀酸环氧系涂料 | ☆ | ☆ | ☆ | ☆ | ☆ | ◇ | ☆ | ◇ |
| 聚氨酯系船底涂料 | ☆ | ☆ | ☆ | ☆ | ☆[4)] | ◇ | ☆ | ◇ |

注：1）表中符号意义：☆优 ○——良 ◇——一般 △——可 ×——不可

2）必须使用磷化底漆

3）会产生粉化现象

4）保光性特别优良

各类涂料之间的复涂性能见表 4-34 和表 4-35。

**表 4-34 涂料间的复涂性能（涂料间隔短时）[1)]**

（1）浸水区域

| 下层涂料种类 \ 复涂性能 \ 上层涂料种类 | 油性系船底涂料 | 沥青系船底涂料 | 氯化橡胶系船底涂料 | 乙烯系船底涂料 | 环氧系船底涂料 | 改性环氧系船底涂料 |
|---|---|---|---|---|---|---|
| 油性系船底涂料 | ◎ | × | × | × | × | ×[2)] |
| 沥青系船底涂料 | ◎ | ◎ | ◎ | ◎ | ×[2)] | ×[2)] |
| 氯化橡胶系船底涂料 | ◎ | ×[2)] | ◎ | × | × | ×[2)] |
| 乙烯系船底涂料 | ◎ | ◎ | ◎ | ◎ | ×[2)] | ×[2)] |
| 环氧系船底涂料 | ×[2)] | ◎ | × | ◎ | ◎[3)] | ◎[3)] |
| 改性环氧系船底涂料 | ×[2)] | ◎ | × | ◎ | ◎[3)] | ◎[3)] |

(2) 曝露区域

| 复涂性能 上层涂料种类 / 下层涂料种类 | 醇酸系船舶涂料 | 氯化橡胶系船舶涂料 | 乙烯系船舶涂料 | 环氧系船舶涂料 |
|---|---|---|---|---|
| 醇酸系船舶涂料 | ◎ | × | × | × |
| 氯化橡胶系船舶涂料 | × | ◎ | × | × |
| 乙烯系船舶涂料 | ※4) | ◎ | ◎ | × |
| 环氧系船舶涂料 | ◎ | ※5) | ◎ | ◎ |

注:1) 表中符号意义：◎——适合　※——有条件适合　×——不适合

2)——涂装防污漆适合　3)——防污漆上涂防锈漆不适合　4)——只适合个别涂装规格

5)——只适合上层建筑

**表 4-35　舰船改装、修理涂装时复涂性能1)**

(1) 浸水区域

| 复涂性能 上层涂料种类 / 下层涂料种类 | 油性系船底涂料 | 沥青系船底涂料 | 氯化橡胶系船底涂料 | 乙烯系船底涂料 | 环氧系船底涂料 | 改性环氧系船底涂料 |
|---|---|---|---|---|---|---|
| 油性系船底涂料 | ◎ | ◎ | ◎ | × | × | ×2) |
| 沥青系船底涂料 | ◎ | ◎ | ◎ | ◎ | ×2) | ×2) |
| 氯化橡胶系船底涂料 | ◎ | ◎ | ◎ | × | × | ×2) |
| 乙烯系船底涂料 | ◎ | ◎ | ◎ | ◎ | ×2) | ×2) |
| 环氧系船底涂料 | ×2) | ◎ | ×2) | ◎ | ×3) | ◎3) |
| 改性环氧系船底涂料 | ×2) | ※5) | × | ※5) | ◎3) | ◎3) |

(2) 曝露区域

| 复涂性能 上层涂料种类 / 下层涂料种类 | 醇酸系船舶涂料 | 氯化橡胶系船舶涂料 | 乙烯系船舶涂料 | 环氧系船舶涂料 |
|---|---|---|---|---|
| 醇酸系船舶涂料 | ◎ | ◎ | × | × |
| 氯化橡胶系船舶涂料 | × | ◎ | × | × |
| 乙烯系船舶涂料 | ※4) | ◎ | ◎ | × |
| 环氧系船舶涂料 | × | ◎ | ◎ | ◎ |

注:1) 表中符号意义：◎——适合　※——有条件适合　×——不适合

2)——涂装防污漆适合　3)——防污漆上涂防锈漆不适合　4)——只适合个别涂装规格

5)——防锈层露出时,需作表面打毛处理

#### 4.5.6.3　改装与维修用涂料配套体系

由于在役舰船的改装或增装通常安排在舰船的修理期间进行,因此改装时涂装设计修改的涂料配套体系原则上应与维修涂装配套体系一致,下面介绍一下维修涂装涂料配套体系。

(1)外板区

在外板的维修涂装中,有许多种涂料配套体系可供选择。但不管采用何种涂料配套体系,最好都涂一道修补底漆,也可采用为舰船修理研制的长效带锈防锈底漆。

当采用厚浆型防锈涂料时,可减少涂装的道数,但必须实行严格的膜厚管理。

①船底区

船底区维修涂装有油性系、沥青系,氯化橡胶系,乙烯系,环氧系和环氧沥青系(改性环氧系)6 种配套体系,但原则上不再选用沥青系涂料。

通常维修时先修补 1 ~2 道该系统的防锈漆(乙烯系需修补 3 道)后,再统涂 1 道防锈漆,最后统涂 1 ~2 道防污漆(根据涂料性质和耐久性要求而定)。

油性系、沥青系、乙烯系采用磷化底漆(车间底漆)作第一道修补漆。对油性系和沥青系来说有时候也可省略,但对于乙烯系涂料来说,这是必不可少的。

氯化橡胶系,环氧系,环氧沥青系则采用环氧富锌车间底漆作第一道修补漆,这可适当提高涂层防锈能力和附着性,但有时候也可省略。

②水线区

水线区维修涂装有油性系,氯化橡胶系、乙烯系、环氧系等配套体系。

通常维修时先修补 1 ~2 道该系统的防锈漆(乙烯系需多修补 1 ~2 道),统涂 1 道防锈漆,最后统涂 1 道该体系的水线漆。

对于面漆受破坏、底漆尚未破坏或未彻底破坏的缺陷区域(表面处理时亦未除去原来的底漆),则可适当减少防锈漆的修补道数。

对于乙烯系涂料,无论如何,第一道采用磷化底漆涂于露底的钢材表面上是必不可少的。

修补用的底漆类型同船底区相应的系统。

③干舷区

干舷区维修涂装有醇酸系、氯化橡胶系、乙烯系、丙稀酸系、环氧系、改性聚氨酯系等配套体系。

通常维修时先修补 2 ~3 道该体系的防锈漆(乙烯系需修补 4 道),然后统涂一道该体系的干舷漆。

对于面漆受破坏、底漆尚未破坏或未彻底破坏的缺陷区域(表面处理时亦未去除原来的底漆),则可适当减少防锈漆的修补道数。

对于乙烯系涂料,同上面一样,第一道采用磷化底漆涂于露底的钢材表面上是必不可少的。

修补用的底漆:醇酸系、乙烯系采用磷化底漆,氯化橡胶系、丙稀酸系、环氧系、改性聚氨酯系则采用环氧富锌底漆。

(2)甲板及室外曝露区

甲板,上层建筑外部、甲板舾装件等室外曝露区域,在航途中也能进行维修涂装,故希望涂层受到损伤时立即进行修补。完整的涂层可以不必涂装,但为了舰容美观,甲板、上层建筑外部,甲板舾装件等在需要涂装或经过当的时间后应进行全面涂装。

同样,当采用厚浆型防锈涂料时,必须实行严格的膜厚管理。

甲板、上层建筑外部、甲板舾装件等室外曝露区域的维修涂装通常有醇酸系、氯化橡胶系、乙烯系、丙稀酸系、环氧系、改性聚氨酯等配套系统,维修时,一般都修补 2 道该体系的防锈漆和 1 道该体系的面漆,必要时可再统涂 1 道面漆。

(3)船体内部

船体内部包括上层建筑无舱室封面板生活舱和工作舱内、储藏舱内、机舱、泵舱、底舱等。

①机舱、泵舱、无舱室封面板生活舱和工作舱

用于机舱、泵舱、无舱室封面板生活舱和工作舱等处所及这些区域的涂层,应是不易燃烧和一旦燃烧应不释放过量烟、毒的涂料产品,故通常使用醇酸系涂料或水溶性涂料。目前的水溶性涂料的性能,必须注意到应能满足舰船的使用要求。

机舱、泵舱的双层底,管系密集,平时又经常积聚油水,维修涂装比较困难。维修涂装时需彻底清除表面油污,用环氧沥青涂料或漂白焦油环氧涂料先修补1～2道,然后统涂1道。

在无舱室绝缘和无舱室封面板的裸钢表面,原来通常涂装防锈底漆2道和面漆2道,修缮涂装时,一般先修补2道防锈底漆,然后修补或统涂1道面漆。

②储藏舱、空舱

储藏舱与空舱修缮涂装有醇酸系、氯化橡胶系、乙烯系,环氧系,环氧沥青系,沥青系,漂白焦油环氧系等多种配套系统。对于粮食、食品储藏舱内的涂料应具有对所装载的粮食、食品无害的有关卫生部门的检测报告和主管部门认可的证书,不能随意选用修缮用的涂料。

修缮时通常先修补1～2道该系统的防锈底漆,空舱一般不涂面漆或底面漆为同一品种,故底漆修补好即修缮结束。储藏舱则还需修补或统涂1道面漆(对有最长涂装间隔的环氧系、环氧沥青系、漂白焦油环氧系,通常不统涂面漆)。

(4)液舱

液舱结构复杂、施工条件恶劣,修缮涂装工作比较困难,故新造船时一般对液舱使用的涂料和表面处理要求都很高,目的是为了减少维修涂装甚至不准备再作维修涂装。

在液舱中,腐蚀较为严重的往往是油舱顶部和上部、压载水舱和饮淡水舱。

①油舱

新造舰船的油舱有不涂装、局部涂装(底部和顶部)和全部涂装三种情况。

油舱维修涂装的情况不多,维修用涂料有环氧系、环氧沥青系和漂白焦油环氧系等配套体系。

由于油舱维修时,除净过油污的舱壁仍会有残油渗出,影响维修涂料的附着性,为此,海军舰船维修研究所立项研制了带油涂装底漆,可以吸收掉除净过油污的舱壁渗出的残油,以保证油舱维修涂料的附着性。

除非原来没涂装过的油舱,维修需要涂装时,应参照新造舰船的涂装要求进行整体涂装外,一般对原涂层缺陷进行维修的话只需要连续修补2道该系统的涂料就可,不作全面统涂。

油舱维修涂装前应注意除净油污和排除舱内的可燃性气体到绝对安全的浓度以下。

②压载水舱

压载水舱维修涂装时一般采用原来的涂层系体,有沥青系、环氧沥青系、漂白焦油环氧系等配套体系。

维修涂装时,通常只修补2道该系统涂料,即使是沥青系涂料也不作统涂,压载水舱内如装有牺牲阳极进行联合保护的话,维修机会则很少。如需维修涂装,应注意遮蔽牺牲阳极,避免受到油漆沾污。如果需要更换或新增设牺牲阳极,则维修涂装工作应在牺牲阳极安装完毕后进行。

③饮淡水舱

新造舰船的饮淡水舱通常都涂装纯环氧涂料保护，也有个别是采用乙烯系或油性系涂料配套体系进行保护的。但不管采用何种涂层体系，用于饮水舱内的涂料必须对水质不带来有害影响。同样用于饮淡水舱维修涂装的涂料也不例外，需有有关卫生当局的认可证书或检测报告。

饮淡水舱维修涂装时通常采用原来涂装的同种或同体系涂料，环氧系仅修补 2 道即可，乙烯系或油性系涂料在修补后可再统涂 1 道。

饮淡水舱在维修涂装结束后，要等涂层彻底固化，经浸泡洗舱确认水质合格后，才能正式装水。

## 4.6 色彩知识

涂料除了最主要的防腐功能外，还有其他一些功能，如装饰、识别和警示标志，所以就要用到各种颜色系列的涂料，各涂料厂都有自家生产的涂料颜色色卡，不是采用各家可通用的表色系表示的，因而在涂装设计时无法对几个厂家的涂料的色彩用共同的表色语言表述。为此，下面简要介绍一点色彩知识和国际上普遍使用的孟塞尔颜色系统。

各行各业在防腐设计时都涉及到外表色彩，民用船舶和军用舰船也不例外，特别是旅游船，比其他船舶更加注重装饰色彩。

一般来说，舰船外部色彩的选择应着重考虑舰艇的隐蔽性、耐脏及维修性等要求，舰船内部色彩的设计应能促进工作效率的提高、增强舰员的安全感、舒适感及有益于舰员消除疲劳。但在舰船的色彩设计中原则上执行海军标准 HJB37A 的有关规定就可以了。而船舶管系的颜色标记有其特别的含义。舰船内部的管系种类繁多，分布广泛、纵横交叉，有的安装在显露部位，有的则安装在隐蔽部位，如天花板和封面板内部、舱底等部位。为了便于对安装在显露部位的管系内部介质的了解和控制其流量与方向，需要在管系上做好颜色标记。

本书的宗旨虽是防腐，但为了使设计者在设计舰船特别是非战斗舰船时能使涂料防腐和涂料的装饰作用、色彩标记的含义有机地结合起来，设计者有必要了解一点色彩知识。

色彩是人们视觉的语言，能传递信息，表达感情，可以美化生活，影响人的情绪、精神和心理活动。民船船体的外观，舱室内部的装饰布置都涉及到色彩。军用舰船的外观由于作战性能的要求和舰容的考虑，基本上是单调色彩，当军舰远航执行任务时，舰员整天看到的基本就是蓝、灰、白，枯躁乏味，会产生厌倦情绪，因此对舰船舱内的色彩的运用就不能忽视。在涂装设计中舱室内色彩设计得当，运用得和谐，可以起到调节舰员情绪，振奋舰员精神的重要作用。舰船管系的涂漆标志，也涉及到色彩。为此，下面对色彩知识作些简要介绍。

### 4.6.1 色彩的分类

千变万化、丰富多样的颜色可以分成两大类：无彩色系和有彩色系。

#### 4.6.1.1 无彩色系

无彩色系是指白色、黑色或由白色和黑色调合而成的各种深浅不同的灰色。按照一定的变化规律，它们可以排成一个系列，由白色渐变到浅灰、中灰、深灰到黑色，色彩学上称此为黑白系列。黑白系列中由白到黑的变化可以用一条垂直轴表示，一端为白，一端为黑，中间分成各种过渡的灰色。纯白是理想的完全反射光的物体，纯黑是理想的完全吸收光的物体。在现实生活中并不存在纯白与纯黑的物体。颜料中采用的铅白只能接近纯白，煤黑只能接近纯黑。无彩色系的颜色（习惯称）只有一个基本性质——明度。色彩的明度愈高愈接近白，明度愈低愈接近黑。它们不具备色相，也不具备纯度。

4.6.1.2 有色系（简称色彩系列）

色彩的呈现，只是由于光的存在，无光便无色。自然界中一切物体的色彩都是由于它吸收了太阳光中某些色光而将其余色光反射到观者眼中而形成的。所以一般采用来自晴空天顶的日光光谱作为辨别色彩的基准。在光谱中，色彩由六个标准色即红、橙、黄、绿、蓝、紫组成。这六个标准色都属于有色系列，有色系列的颜色具有三个基本特征：色相、明度、纯度。色彩学上称之为色彩的三大要素。

1. 色相（又称色调）

色相是指各种颜色的相貌，它用以区别色彩的名称，如红、橙、黄、绿、蓝、紫等。色相是色彩的最大特征。各种色相是由照射到人眼中光线的光谱成分决定的。对于单色光来说，色相的面貌完全取决于该光线的波长，对于混合色来说，则取决于各种波长光线的相对量。物体的颜色是由光源的光谱成分和物体表面反射（透射）的特性决定的。一般的色相都能在太阳的光谱中找到。据色彩科学研究，已经指出的色相有32 000余种。在配色的过程中，用得较多的方法是运用色相环来区别各种不同的色相以及色彩的不同类别。

色相环就是把三原色和每两个原色等量相加就得到太阳光谱中六个基本的色相——红、橙、黄、绿、蓝、紫，把位于这六个色相之间的再细分成中间各点的色相：红橙、橙黄、黄绿、绿蓝、蓝紫、紫红等彼此等间距地安排在一个圆周上，便得到一个由色彩组成的圆环，这个圆环就叫做色相环（图4-8）。如用孟塞尔色系表示，则称为孟塞尔色相环（图4-9）。

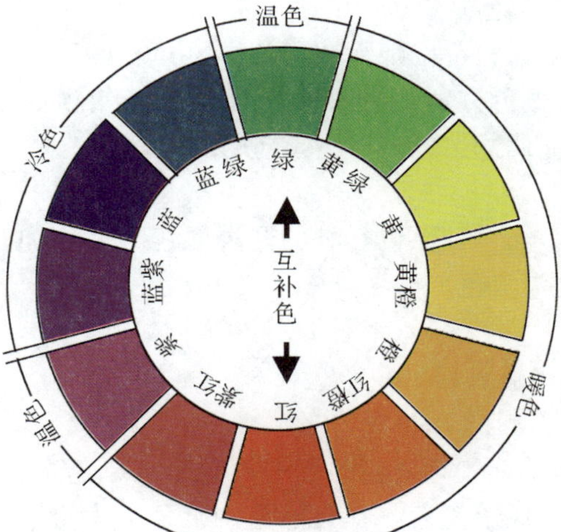


图4-8 色相环

（1）原色、间色、复色

①原色

原色，又称第一次色。原色含三种颜色，即红、黄、蓝，纯度最高。这三种原色是不能用其他任何颜色调配出来的。在色相中，大多数的颜色可以通过红、黄、蓝三种色相调配而成，

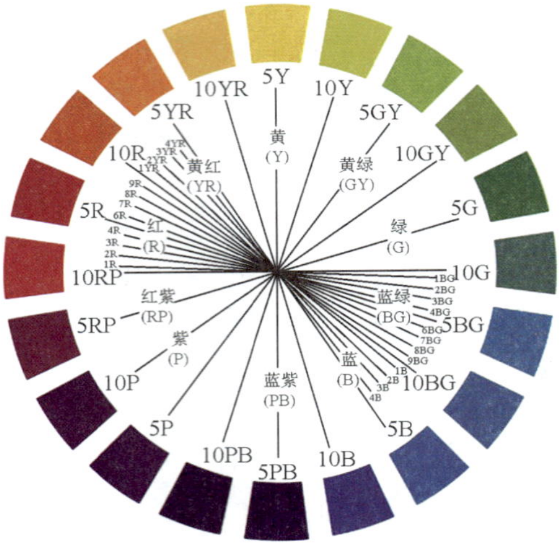


图 4-9 孟塞尔色相环

是用以调配其他颜色的基本色。而不能用其他颜色调配出来的红、黄、蓝三个基本色称之为原色。

②间色

间色，又称第二次色。是由两种原色分别调配而成，其纯度较原色为低，将二种原色分别等量相加即可得到橙、绿、紫。

（等量）黄色+（等量）红色=橙色

（等量）黄色+（等量）蓝色=绿色

（等量）红色+（等量）蓝色=紫色

在色相环中，橙色是由红与黄调配而成，绿色是由黄和蓝调配而成，紫色是由蓝和红调配而成。橙、绿、紫这三种颜色分别是由两种不同的原色调配而成的，称之为间色。当相加的两种原色不等量时，就能调配出更多不同倾向的间色来。

③复色

复色，又称第三次色。当三种原色互补的两种颜色等量相加时，可得黑色，若是不等量相加调制而成的颜色称之为复色。如

橙+绿=橙绿

绿+紫=绿紫

紫+橙=紫橙

复色的纯度较间色为低。获得复色的方法不限于三原色直接相加，如果某一颜色中混有某种复色，这种彩色也就成了复色。在自然界中复色最为丰富，用得也最多，也是最重要的一类颜色。据日本山口正城所著《设计基础》一书中介绍，世界上能辨别出的颜色种数大概有200~800万种。需要指出的是，上面谈的都是颜色的调配，色彩还应该包括光色在内。光色与颜色有本质的不同，比如，颜色的三原色为红、黄、蓝，而光色的三原色为红、绿、紫。颜色的混和是越加越暗，光色的混合则越加越亮。

（2）调和色、对比色、互补色

①调和色

在色环上相距60°以内的各色叫做调和色。

②对比色

在色相环上调和色以外的各色称为对比色。

③互补色

在色相环上相距180°的两色互为补色，其性质彼此强烈地形成对比。当两者颜色调和在一起时，彼此中和将趋近于灰色。这样的一组色称之为互补色，譬如红与绿；黄与紫；蓝与橙等。互补的两种颜色等量相加即可得到黑色，若不等量相加则可得到极为丰富的复色。

(3)暖冷色

色相环一边的颜色，如绿、蓝、紫系列，看起来似乎后退，属于冷色；色相环另一边的颜色，如红、橙、黄系列，看起来似乎突出，属于暖色。两系列的中间色，黄绿和红紫色，看起来不前不后，可以称为温色，也称为中性色。色彩的冷暖是相对的，例如黄色，与绿色放在一起偏暖，是暖色，而与红色放在一起又偏冷，相对于红色又是冷色了。

(4)邻色

在色相环中，安排在邻近位置的颜色，其特点是有着一种共同的色相。譬如红橙、红、红紫这三色在一起称为邻色，其中都包含有红色。

2. 明度(又称光度或鲜明度)

明度是指色彩的明暗程度，这里不管色相与彩度如何。衡量色彩的明度的尺度通常是从黑到白将其分成几个相等距离。一般，欲提高色彩的明度，可在该色彩中增加“白色”；欲降低色彩的明度，可在该色彩中调入“黑色”。对于不同的色相来说，明度是不相同的。光谱的各种色彩中以黄色明度最高，然后由黄色向两端明度逐渐降低，到达它的补色 —— 紫色时，明度最低。对于同一色相而言，由于光线的照射强弱不同，其明度也不相同。受光最强的部位，色彩明度最高，光照越弱，明度越低。我们把正常强度光线照射下的色相称为该色相的正色，强光照射下的色相称为该色相的明调，弱光照射下的色相称为该色相的暗调。因而红有浅红、深红、暗红，绿有明绿、正绿、暗绿之分。据测定，人眼睛可以觉察到同一色相的光度变化达600种之多。

明度在物理性能上与热反射作用密切相关。明度越高，热反射作用愈强。将热反射率达50%以上的、光亮浅明的、明度较高的色调称为明调；而将热反射率仅10%的、灰蒙深暗的、明度较低的色调称为暗调。

3. 纯度(又称饱和度，也称为彩度或者色素)

所谓纯度是指颜色的纯净程度，这里不管其明度和色相如何。色彩越纯，纯度越高或者说彩度越高。作为标准色，因其色素含量充分饱和，既不掺进黑色，也不掺进白色，故纯度最高。一旦标准色中掺进白色或黑色，则纯度相应降低。如果某色相掺入白色，就变成了不饱和色，则明度高，纯度低。若掺入黑色，就变成了过饱和色，则明度低，纯度也低。色彩的纯与不纯是指色彩中混有不同程度的灰色而论的。当你需要取得鲜明的色相时，应少掺灰色或不掺灰色，如果不需要色相太鲜，只要掺入适当的灰色就会降低它的纯度。

### 4.6.2 色的表示

使用符号和数字表示颜色的视觉三属性及色刺激的各个量之间关系的色彩体系，叫颜色系统，也叫表色系。著名的表色系统有孟塞尔颜色系统、自然颜色系统、奥斯瓦尔德颜色系统和美国光学学会均匀色系统等。中国颜色体系于1994年由中国颜色标准化技术委员会完成。而国际上目前使用的最重要的表色系统之一是孟塞尔颜色系统。下面介绍一下孟

塞尔颜色体系和中国颜色体系

1. 孟塞尔颜色体系

美国美术家(色彩学家)孟塞尔,1915 年向世界公布了他的"色立体",称"孟塞尔色立体"(见图 4-10)。孟塞尔色立体示意图见图 4-11。他将色彩的三个要素即明度、色调(也称色相)和彩度(又称纯度、色彩的饱和度)三者的关系归纳成一个球状的"色立体",以三维坐标对大量的颜色样品进行排序,并使相邻的颜色样品在这三维坐标方向上具有视觉上的等间隔。孟塞尔将反射率很高的氧化镁(反射率 97.5%)定为明度的最高等级——第 10 级,然后根据视觉观察确定 1~9 级明度,1 级为黑,2~9 级为不同明度的中性灰,各级之间具有视觉上的均匀间隔。由此定义的明度(Munsell value)确定了 10 个颜色层面,在同一明度层上再按色调的变化将颜色样品按视觉等间隔进行编排,色调的变化划分为 10 个主色调,名称用 R(红),RY(红黄),Y(黄),YG(黄绿),G(绿),GB(绿蓝),B(蓝),BP(蓝紫),P(紫)和 RP(紫红)来表示,相邻两个主色调之间再均匀划分为 1~10 的间隔。最后,同一明度层面上的同色调的颜色样品按色彩浓淡分成视觉上等间距的间隔,由淡到浓编成等级,称为彩度或纯度。这样形成了一个视觉上均匀的颜色体系和色空间,孟塞尔色立体的色调分布剖面示意图如图 4-12 所示,色相的实用阶段示意图见图 4-13。

**图 4-10　孟塞尔色立体**

用"色立体"将色彩之间的关系概括起来,使人一目了然。每一个色都可以在孟塞尔色立体上找到它的坐标。每一块色的色调、明度、彩度显示为 HV/C ( HV/C 是当前国际上普遍使用的色标),根据这个公式便可找到它在坐标上所处的准确位置。

符号 H、V、C 是代表组成孟塞尔色立体的三个要素:孟塞尔色调(Munsell Hue)、孟塞尔明度(Munsell Value)、孟塞尔彩度(Munsell Chroma)。

(1)H——孟塞尔色调(Hue)

颜色的色调是用围绕孟塞尔色立体中央轴的角位置来代表的,孟塞尔色调以符号 H 表示。孟塞尔色立体水平截面上以中心轴为中心,将圆周分为相等的 10 个部分,5 个主要色调:红(R)、黄(Y)、绿(G)、蓝(B)、紫(P)和 5 个中间色调:黄红(YR)、绿黄(GY)、蓝绿(BG)、紫蓝(PB)、红紫(RP)其位置如图 4-12 所示。每一种色调再细分成 10 等级,从 1~

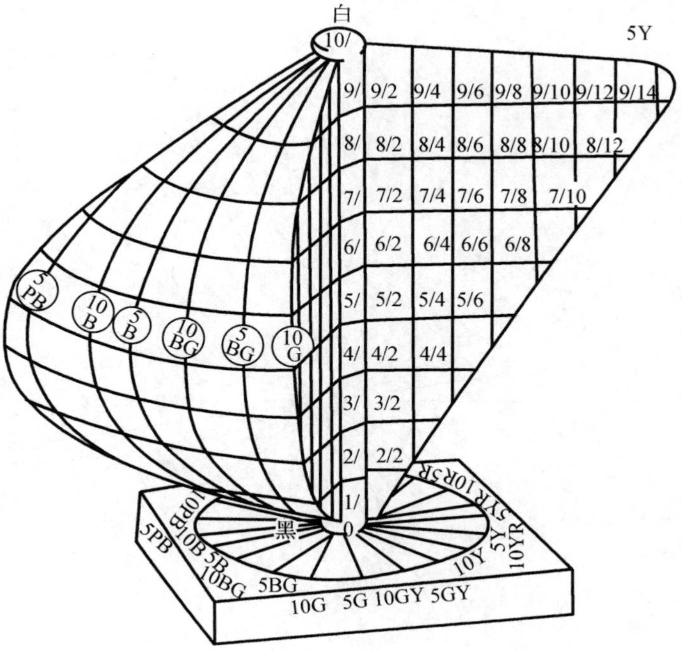


图 4-11 孟塞尔色立体示意图

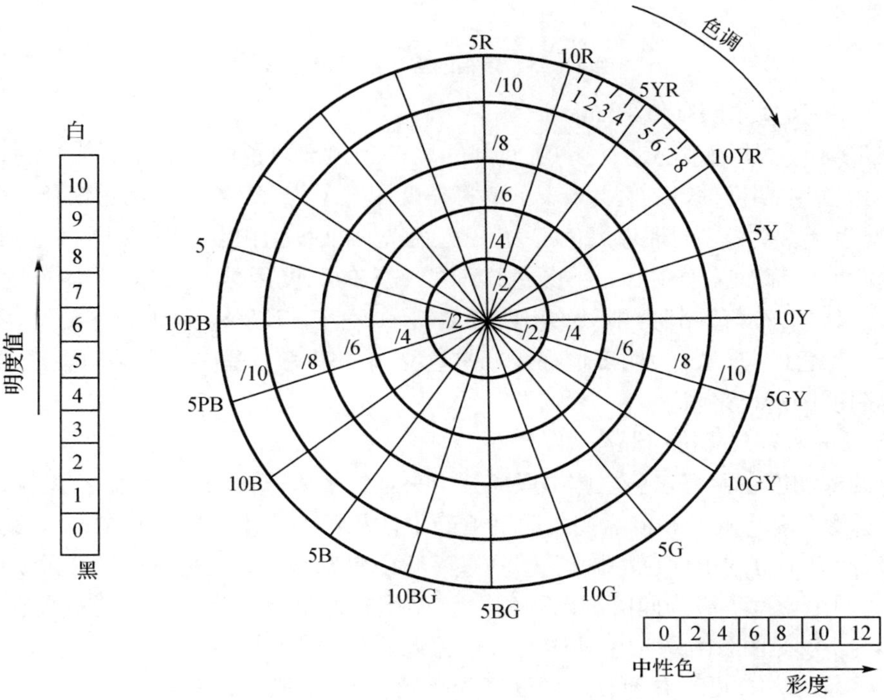


图 4-12 孟塞尔色立体的色调分布示意图剖面

10,并规定每种主要色调和中间色调的标号为5。孟塞尔色调有100种。在《孟塞尔颜色图册》中,一般给出每种色调的2.5,5,7.5和10这4个等级,全图册包括40种色调的颜色卡片。

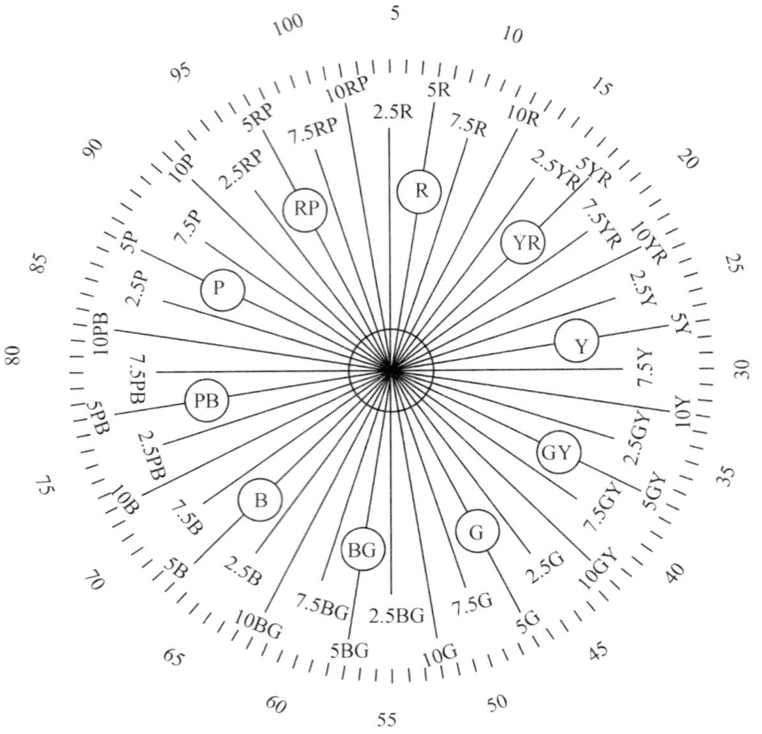


**图 4－13　色相的实用阶段示意图**

(2) V——孟塞尔明度值(Value)

孟塞尔颜色立体的中心轴,代表从底部的黑色到顶部白色的白黑系列中性色的明度值等级,称为孟塞尔明度值,以符号 V 表示。将亮度因数 y 为"102%"的理想白色定为明度值"10",而亮度因数为"0"的理想黑色定为"0"。孟塞尔明度值由 0～10 共分 11 个等级,每一个等级的明度值都对应于在日光下颜色样卡的一定的亮度因数。实际应用中只用到 1～9 级,所以在《孟塞尔颜色图册》中只给出明度值从 1.75(y＝2.5%)到 9.5(y＝90% 各级中性颜色样卡。彩色的(非灰色)明度值在孟塞尔色立体中以离开基底平面的高度来表示,并用与其相等明度的灰色来量度。

(3) C——孟塞尔彩度(Chroma)

颜色的饱和度在孟塞尔色立体中以离开中央轴的距离来代表,称为孟塞尔彩度,以符号 C 表示。彩度是表示离开相同孟塞尔明度值的中性灰色的程度。彩度被分成许多视觉上相等的等级,中央轴上的中性色的彩度为"0",离开中央轴愈远彩度愈大。在《孟塞尔颜色图册》中以每两个彩度等级为间隔制出颜色样卡,各种颜色和各种亮度水平的最大彩度并不相同,从图 4－14(此图为孟塞尔色立体的某一色调面)和图 4－15(此图为 V＝5 时孟塞尔色立体的水平截面)中,可以看到它们彩度值变化的情况,而其他的色调面和水平截面与它们不同,个别最大的彩度可超过 30。

用"色立体"将色彩之间的关系概括起来,使人一目了然。每一个色都可以在孟塞尔色立体上找到它的坐标。任何颜色都可以用孟塞尔色调、明度、彩度坐标所给的颜色标号来表

示。书写方式为:

HV/C = 色调、明度值/彩度。

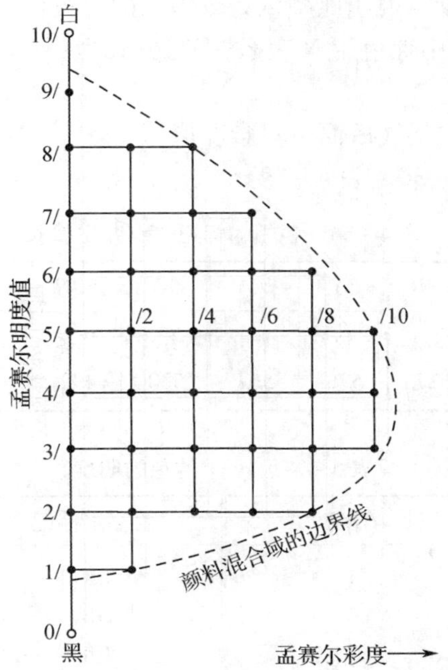


**图4-14 孟塞尔色立体的某一色调面**

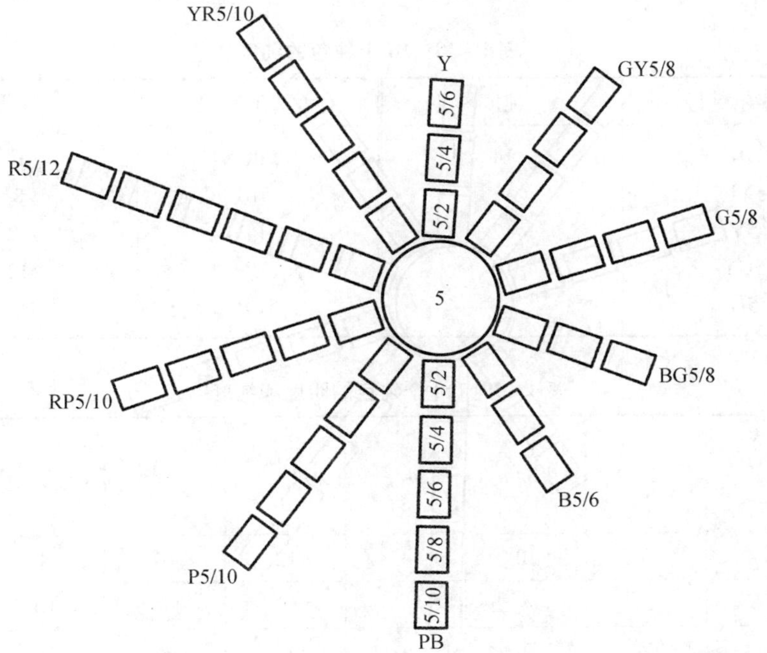


**图4-15 V=5时孟塞尔色立体的水平截面**

根据这个公式便可找到它在座标上所处的准确位置(HV/C是当前国际上普遍使用的色标)。如5R4 V/14是红色的位置,表示它在孟塞尔色相环上的位置为5,中心轴明度的位置是4,在明度为4的横向彩度是14。

又如,某个孟塞尔颜色标号是5GY6/8的颜色,色调5GY说明它是中间色调绿黄色,明度6说明它为中等亮度,彩度8说明此颜色为较饱和的绿黄色。

对于非彩色的白黑系列中性色用N表示,书写方式为:

NV/ = 中性色、明度值/。

N的后面只给出明度值,斜线后面不写彩度值。

孟塞尔标记示例见表4-36~表4-39。

**表4-36 色相的标记、色名、主波长**

| 孟塞尔标记 | 5R | 5YR | 5Y | 5GY | 5G | 5BG | 5B | 5PB | 5P | 5RP |
|---|---|---|---|---|---|---|---|---|---|---|
| 色名、主波长(毫微米) | 红 610 | 黄红 587 | 黄 576 | 绿黄 567 | 绿 520 | 蓝绿 492 | 蓝 483 | 紫蓝 476 | 紫 560 | 红紫 510 |

**表4-37 10个纯色的明度**

| 孟塞尔标记 | 明度 | 孟塞尔标记 | 明度 |
|---|---|---|---|
| 5R | 4 | 5BG | 5 |
| 5YR | 6 | 5B | 4 |
| 5Y | 8 | 5PB | 3 |
| 5GY | 7 | 5P | 4 |
| 5G | 5 | 5RP | 4 |

**表4-38 10个纯色的纯度**

| 孟塞尔标记 | 纯度 | 孟塞尔标记 | 纯度 |
|---|---|---|---|
| 5R | 14 | 5BG | 6 |
| 5YR | 12 | 5B | 8 |
| 5Y | 12 | 5PB | 12 |
| 5GY | 10 | 5P | 12 |
| 5G | 8 | 5RP | 12 |

**表4-39 10个纯色的明度和纯度[1)]**

| H \ C \ V | 2/ | 3/ | 4/ | 5/ | 6/ | 7/ | 8/ |
|---|---|---|---|---|---|---|---|
| 5R | 6 | 10 | 14° | 12 | 10 | 8 | 4 |
| 5YR | 2 | 4 | 3 | 10 | 12° | 10 | 4 |
| 5Y | 2 | 2 | 4 | 6 | 8 | 10 | 12° |
| 5GY | 2 | 4 | 6 | 8 | 8 | 10° | 8 |
| 5G | 2 | 4 | 4 | 8° | 6 | 6 | 6 |

表4－39 （续）

| H \ C \ V | 2/ | 3/ | 4/ | 5/ | 6/ | 7/ | 8/ |
|---|---|---|---|---|---|---|---|
| 5BG | 2 | 6 | 6 | 6° | 6 | 4 | 2 |
| 5B | 2 | 6 | 8° | 6 | 6 | 6 | 4 |
| 5PB | 6 | 12° | 10 | 10 | 8 | 6 | 2 |
| 5P | 6 | 10 | 12° | 10 | 8 | 6 | 4 |
| 5RP | 6 | 10 | 12° | 10 | 10 | 8 | 6 |

1）表中C的数字表示纯度，加°标记者表示纯色。

（2）中国颜色体系

由中国颜色标准化技术委员会主持研究编制的中国颜色体系于1994年完成。该体系由无彩色系和有彩色系组成，以色立体表示。采用CIE（国际照明委员会）标准照明体10°视场作为照明观察条件。无彩色系由绝对白色及白色、绝对黑色及黑色以及由白色及黑色两者按不同的比例混合成的灰色所组成，统称为中性色。中性色是一维的，形成色立体的中心轴，中性色的符号以N表示。

有彩色系由颜色三属性色调、明度及彩度组成。色调以符号H表示。色调环上以红（R）、黄（Y）、绿（G）、蓝（B）、紫（P）5色作为主色，并以红色为色调环逆时针方向的起点。此规定使中国颜色体系色调的表示方法与CIE色度图的形式一致。在相邻两主色间的中间色为黄红（YR）、绿黄（GY）、蓝绿（BG）、紫蓝（PB）、红紫（RP）5个颜色。主色与中间色组成10种基本色，各占色调环的10等分点。为了对色调作更细的划分，又将10种基本色以10进制细分，每种色调以数字加上该色的字母表示，如5R、10Y等。凡色调为5的是该色的纯正色调。在中国颜色体系中，5种主色调在CIELAB均匀色空间中的分布基本上是均匀的，也与目前国际上广泛使用的孟塞尔颜色系统所规定的主色调基本一致，便于交流。这5种主色调符合人们日常习惯，使用方便并易于接受。

明度以符号Y表示。明度是区别颜色明暗程度的一种颜色属性，相邻两级明度之间在目测上是等距，共分11级。

彩度以符号C表示。彩度是区别颜色浓淡程度的一种颜色属性，相邻彩度之间在目测上是等距的。彩度以色立体的中心轴作为起点，随着色调环的扩大，彩度也随之变大。

颜色样品在该体系中的标定和表示方法为HV/C（色调、明度/彩度），类似孟塞尔颜色系统的表色方法。

中国颜色体系亦有相应的计算机颜色仿真系统。中国颜色体系已成为中国有关颜色方面的基础国家标准。

### 4.6.3 颜色的名称

1. 颜色的一般名称

色名分为彩色和非彩色两大类。样品的颜色由基本名称和颜色的三属性两种修饰语所构成。

一般颜色名称如表 4－40 所示。

**表 4－40 有彩色的和无彩色的基本色名**

| 有彩色的基本色名 | | | |
|---|---|---|---|
| 基本色名 | 孟塞尔符号 | 基本色名 | 孟塞尔符号 |
| 红 | 5R4/12 | 蓝　绿 | 2.5G4.5/8 |
| 橙 | 5YR6/12 | 蓝 | 2.5PB4/10 |
| 黄 | 5Y8/12 | 蓝　紫 | 10PB3/11 |
| 黄　绿 | 2.5GY7/10 | 紫 | 5P3/12 |
| 绿 | 2.5G5/9 | 红　紫 | 2.5RP3.5/11 |
| 无彩色的基本色名 | | | |
| 白　亮灰 | 灰暗 | 灰 | 黑 |

2. 颜色的惯用名称

惯用颜色名称是以彩色体系为基础所构成的一般名称，它运用了动物、植物、矿物的名称，也有的使用了风俗、地名。在附录 E 的表 E－1 中列举了 170 余种颜色的中文名称以及相应的孟塞尔符号以供参考，注意同一名称的差别。

为了正确的表达色彩，必须用一般色名、孟塞尔符号、CIE 表示方法方可。

### 4.6.4 色彩的作用

作为视觉美感主要要素和具有某种特定意义的色彩，在船舶设计中，也起着重要的作用。在色彩方面有经验的舰船设计人员都相当重视色彩给人的美感、物理、生理的作用，也十分重视色彩所形成的感情象征意义，以期在立面造型和舱室内装设计中创造出富有性格、层次分明、美感较强的色彩环境。

色彩的作用大致表现在以下几方面：

1. 美感作用

当美丽的色彩构图，呈现在人的面前时，能唤起人们的第一视觉作用，获得美的感受。色彩的美感作用是人们选择色彩的基本出发点。

2. 视感作用

色彩有强烈的视感作用。两个大小相同的房间，一间壁面涂成红色的，另一间壁面涂成蓝色的，人们便会感觉两个房间的大小不一样，前者小而后者大，这两种颜色用于室内能分别产生醒目的前抢性和后退性的视认距离效果，因此把这种在看颜色时会使人产生前进感觉的颜色叫做前进色，能使人产生后退感觉的颜色，叫做后退色。这是由色彩的远近感而产生的错觉。一般说来，暖色感觉近，比如色相环中的红、橙、黄等色就属于使距离接近的前进色（或称近色）；冷色感觉远，如蓝、紫色就属于使距离退后的后退色（或称远色）。看颜色时出现的这两种现象，是由于单色光被水晶体折射，引起视网膜的边沿兴奋产生调节作用所引起的。

色彩的远近感觉，除了与色彩的冷暖有关以外，还与色彩的明度和纯度有关。同一色彩，明度越高越近，反之越远；纯度越高越近，反之越远。

冷暖色还会使人对色彩产生胀缩感。我们把看到的物体颜色比实际物体变大的性质叫颜色的膨胀性(即膨胀色);相反,对于所看到的物体颜色比实际物体缩小的性质,称为颜色的收缩性(即收缩色)。通常暖色看上去有膨胀感,而冷色则有收缩感。举一个由色相引起视觉胀缩感的有趣例子:法国国旗是由红、白、蓝三色组成的,据说最早设计时三色宽度相等,但人们看起来总觉得三色宽度好像不等,白的最宽,红的次之,蓝的最窄,这就是由色彩胀缩感引起的视觉误差。为了消除这种视觉误差,后来将白、红、蓝三色之比改为30:33:37,结果三色的宽度看上去反而感觉相等了。胀缩感除与色彩的冷暖有关外,还与色彩的明度有关。实践证明,同样色相的色彩,明度愈高,膨胀感愈强;明度愈低,收缩感愈强。

这种视感作用的产生,是由于在日常生活中人们对色彩的联想而形成的物理效果。而这种物理效果将改变人们对室内环境物体的大小、重量、温度、胀缩等感觉。因此色彩的视感包括距离感、重量感、温度感、胀缩感。

值得指出的是,色彩的视感作用并不是真正地改变环境中的物理量,而是改变了人的物理感觉。因此在舰船的舱室内,我们可以通过色彩的这些视感作用,经过不同的组合,从感官上改变舰船低矮、窄小空间、构件的形态感和尺度感,从而强化空间、空间各部件的主次、隐显、敞闭、轻重等视感。

3. 生理作用

色彩对人的生理影响十分明显。首先反映在人体视觉本身,其次是对人体血压、脉搏、心率、肌肉等的影响。

在视觉上的影响实质上就是补色效应的现象。

当眼睛一直对着某一色彩看时,会很快地产生疲劳。疲劳程度与该色相的彩度成正比。同时,看了使人疲劳的色彩以后,眼睛又有暂时记录它的补色的趋势。这是由于眼睛和大脑需要平衡、需要安定。而人眼只有在色相处于互补关系即灰色时才会得到安定与平衡。在试验中,如果人们对一个有黑底的白色方块注视15秒钟后,视线转到白色底板上,就将会在它上面看到黑色方块。如果注视明亮的橙色色块很久,则会在白色底板上看到浅蓝色的色块。这黑色方块和浅蓝色的色块就是视觉残象。然而有趣的是,即使看久了灰色的方块也不会出现视觉残象。对于这种补色效应的现象,可能会产生下列效果:

(1)增强某种色相的色调。如果后看到的色相正好是开始看到的色相的补色,则后见到的色相色调会增强。如看了绿色以后再看红色,红色会显得更加鲜艳。

(2)室内由几种色相组成时,某些色相往往会朝着想象不到的方向发展。其结果可能产生好的,也可能产生不好的印象。譬如在病房应避免使用紫色调,以免使病人面部蒙上不健康的黄绿色。

(3)色彩对于人的血压、脉搏、心率与肌肉等也有较强的影响。经过现代光波振动对神经系统的研究证明:长波的颜色可以引起扩张的反应;短波的颜色将引起收缩反应。而且人的眼睛对不同颜色的光谱也有不同的视见度。譬如:红色能刺激和兴奋神经系统,加速血液循环,促使脉搏跳动加快;橙色能产生活力,增进人的食欲,有助于钙的吸收;黄色也可刺激神经系统和消化系统,对提高逻辑思维能力有帮助;绿色能促进身体平衡,帮助消化和对大脑神经起镇静作用;蓝色则能减轻头痛、失眠等症状,缓解紧张情绪等等。这一切与人体工程学密切相关,在研究室内外色彩调和选择上有着十分重要的现实意义,它将直接影响室内环境、工作效率和舒适程度。

4. 标志作用

色彩有很强烈的标志作用，通过不同的色彩可以区分危急与安全，停止与通过，注意与禁止等。红色的注目性非常高，视认性优良，能作为危险信号和紧急传递信号使用。例如禁止牌、消防装置、灭火装置、危险区域等的标记都用红色。涂有红色的物体能使人产生体积变大的感觉。输送物体用的包装箱表面涂有红色，就是为了让它显得大，引起人们的注意。

与红色相反，交通上的绿色表示无危险、安全、通过；

橙色具有与红色相似的性质，但比红色稍差些。橙色的视认性、注目性优良，是表示警戒的常用色彩。例如在机械的危险部位，漏电部位等都涂有橙色标记。

蓝色配以白色，它的判读性很好，往往作为标志的辅助颜色。在蓝色上镶上白条就会非常醒目。蓝色作为安全标志时意味着警告，用在机械上表示在修理中，或是不能接触。

紫色的视认性、注目性均较差。用作安全色标时，表示有放射性危险物污染。

除此以外，在船舶设计中还常常用于空间导向、空间识别与设备识别。如门厅、过道地面采用不同的延伸色带把人流导向各个舱室。多层甲板、楼梯间地面可以用不同的色调显示不同层甲板面的信息。各种电缆线路，各类设备机具，可涂以不同的颜色以示区别。各种管道（油管、水管、气管），也涂以不同的颜色或色环、色带加以区别。

船舶管系颜色标记分为基本识别颜色标记和安全性颜色标记两种。

管系基本识别颜色标记是为了帮助人们识别管道内流动的是何种介质，而安全性颜色标记则是为了提醒人们引起注意和在一定程度上带有警告性的意义。

（1）基本识别颜色的含义和施工方法

①ISO 推荐的管系基本识别颜色的含义见表 4－41 所示。

**表 4－41 ISO 推荐的管系基本识别颜色的含义**

| 颜色 | 色卡号 | 管内介质情况 |
|---|---|---|
| 绿 | RAL 6010 | 液态水 |
| 银灰 | RAL 9006 | 蒸汽 |
| 棕 | RAL 8001 | 矿物油、植物油、动物油、可燃性液体 |
| 黄褐 | RAL 1004 | 气态的或液态的气体（除空气外） |
| 紫 | RAL 4001 | 酸和碱 |
| 淡蓝 | RAL 5012 | 空气 |
| 黑 | RAL 9005 | 其 他 液 体 |

②管系基本识别颜色的施工方法有：

a. 采用相应颜色的涂料，涂于管子的整个长度上；

b. 根据管子的直径，每隔一定距离采用相应颜色的涂料涂于管子上约 150 mm 的长度；

c. 用有黏性的，带有基本识别颜色的材料，每隔一定距离，绕管子包覆成色彩环。

此外，这种基本识别颜色应涂于管子的所有连接点，阀的两侧、辅助设备、管子穿过舱壁的部位以及其他需要识别流体介质的地方。

如果需要反映管系内介质流动的方向时，那末应该用一个白色或黑色的箭头表示，该箭头应紧挨于基本识别颜色附近，或写于铭牌、标志牌上附在管子上面。

(2)安全性颜色标记的含义和施工方法

①根据ISO推荐,安全性颜色标记的含义如下:

a.红色(色卡号为RAL3000)表示灭火系统;

b.黄色(色卡号为RAL1018)带有黑色斜条纹,属于危险警告;

c.以绿色为基本颜色并辅以蓝色(色卡号为RAL5010),指示淡水管、饮用水或非饮用水管。

另外,还可以用英文字母等方式反映流体介质的属性:如淡水可写成Fresh water(英语全名)或F·W(英语缩写)或$H_2O$(化学符号)。

②安全性颜色标记的施工方法有:

a.采用相应颜色的涂料,涂于基本识别颜色上,在这种情况下,基本识别颜色应涂于管子的整个长度上;

b.采用相应颜色的涂料,涂于两个约150 mm长度的基本识别颜色带中间(如图4-16所示);

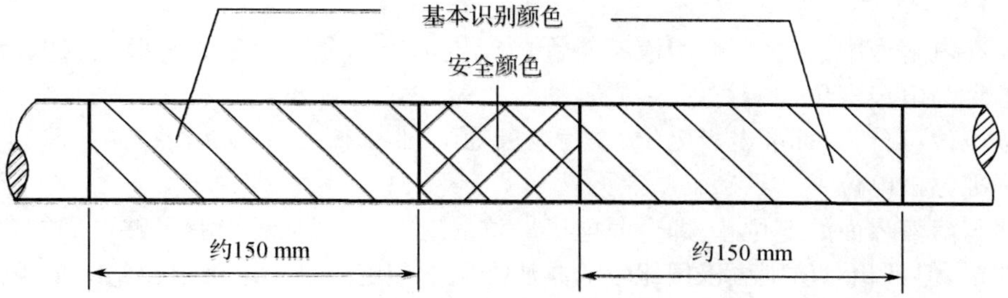


图4-16 船舶管系安全性颜色标记施工法

c.在两个约150 mm的基本识别颜色带中间,用黏性的带有安全性颜色的材料包覆成环。

此外,这种安全性颜色应涂于管子的所有连接点、阀的两侧、辅助设备、管子穿过舱壁的部位等。

如果需进一步用文字反映流体介质的属性,则该文字(英语全名或英语缩写或化学符号)应用白色或黑色书写于基本识别颜色上或书写于基本色别颜色带旁边,或者写于铭牌、标志牌上附在管子上面。

在舰船涂装设计中,舰船的各种管路识别符号与颜色按HJB37A进行涂漆。

# 第 5 章　电化学腐蚀保护

## 5.1　电化学腐蚀的概念

在多数的情况下,金属的腐蚀发生于电解质溶液之中,腐蚀时伴随着有电流发生,属电化学过程。这种由于金属表面发生原电池作用所引起的腐蚀,通常叫做电化学腐蚀。

### 5.1.1　金属的电极电位

金属在电解液中,在金属－溶液接触界面产生电子和金属水化离子形成双电层而产生的电位差称为电极电位。

电极电位可分为:标准电极电位、平衡电极电位、非平衡电极电位。

1. 标准电极电位

金属与溶液界面的电位差,即金属电极电位的绝对值,现在还没有足够可靠的实验方法来进行测定,但其相对值则可以用比较的方法准确地测定出来。电极电位绝对值不能测定,对于研究金属腐蚀和电化学问题没有什么不便之处,这是因为在实际中只有电极电位的相对值对我们才有意义。

测定电极电位的相对值时,通常是用一个标准电极来测定金属电极电位的相对值。把待测的电极电位和标准电极的电极电位加以比较。

氢电极就是这样一种标准电极。它是将镀有一层蓬松铂黑的铂片,用氢在压力为760 mm汞柱(相等于 $10^5$ Pa)和 25 ℃下将它饱和,并放入氢离子活度等于 1 的溶液中。氢电极的电位规定为零。

氢电极用起来不方便,所以常用其他的参比电极,见表 5－1。

**表 5－1　参比电极的电位**(25 ℃)

| 电　　极 | 电位<br>/V<br>(对标准氢电极) | 电　　极 | 电位<br>/V<br>(对标准氢电极) |
|---|---|---|---|
| 铜/硫酸铜 | +0.32 | 甘汞(当量 KCl) | +0.28 |
| 银/氯化银/饱和 KCl | +0.20 | 甘汞(饱和 KCl) | +0.25 |
| 银/氯化银/海水 | +0.25(大约) | 锌/海水 | －0.78(大约) |

2. 平衡电极电位

平衡电极电位是指金属浸在含有该金属离子的电解液中所产生的电位差。当金属离子的活度等于 1 时,所产生的电位差称为该金属的标准电极电位。

表5-2列出金属的标准电极电位，这些金属是按电位递减的次序排列起来的，构成了电动序。

**表5-2 金属标准电动序**

| | 金属-金属离子平衡（单位活度） | 电极电位（相对于标准氢电极25 ℃，V） | | 金属-金属离子平衡（单位活度） | 电极电位（相对于标准氢电极25 ℃，V） |
|---|---|---|---|---|---|
| ↑钝性金属或阴极 | $Au-Au^{+3}$ | +1.498 | 活性金属或阳极↓ | $Co-Co^{+2}$ | -0.277 |
| | $Pt-Pt^{+2}$ | +1.2 | | $Cd-Cd^{+2}$ | -0.403 |
| | $Pd-Pd^{+2}$ | +0.987 | | $Fe-Fe^{+2}$ | -0.440 |
| | $Ag-Ag^{+}$ | +0.799 | | $Cr-Cr^{+3}$ | -0.744 |
| | $Hg-Hg^{+2}$ | +0.788 | | $Zn-Zn^{+2}$ | -0.763 |
| | $Cu-Cu^{+2}$ | +0.337 | | $Al-Al^{+3}$ | -1.662 |
| | $H_2-2H^{+}$ | 0.000 | | $Mg-Mg^{+2}$ | -2.363 |
| | $Pb-Pb^{+2}$ | -0.126 | | $Na-Na^{+}$ | -2.714 |
| | $Sn-Sn^{+2}$ | -0.136 | | $K-K^{+}$ | -2.925 |
| | $Ni-Ni^{+2}$ | -0.250 | | | |

3. 非平衡电极电位

非平衡电极电位是指金属浸在不含有该金属离子的溶液中所产生的电位差。表5-3列出了一些金属在海水中的电极电位。

**表5-3 金属在充气的流动海水中的电极电位**

| 金　属 | 电位/V（对饱和甘汞电极） | 金　属 | 电位/V（对饱和甘汞电极） |
|---|---|---|---|
| 镁 | -1.5 | 铝黄铜 | -0.27 |
| 锌 | -1.03 | 炮铜 | -0.26 |
| 铝 | -0.79 | 铜镍合金(90Cu,10Ni) | -0.26 |
| 镉 | -0.7 | 铜镍合金(80Cu,20Ni) | -0.25 |
| 钢 | -0.61 | 铜镍合金(70Cu,30Ni) | -0.25 |
| 铅 | -0.5 | 镍 | -0.14 |
| 焊药 | -0.45 | 银 | -0.13 |
| 锡 | -0.42 | 钛 | -0.10 |
| 海军黄铜 | -0.30 | 18-8不锈钢(钝态) | -0.08 |
| 铜 | -0.28 | 18-8不锈钢(活态) | -0.53 |

### 5.1.2 腐蚀电池

金属的电化学腐蚀是由于腐蚀电池工作的结果。当两种不同的金属浸在同一种电解液中互相接触就构成腐蚀电池。当一种金属浸在电解液中，由于金属表面各个区域的电位不

同,也会构成腐蚀电池。腐蚀电池包括互相接触的三个部分:

(1)电位较负的阳极;

(2)电位较正的阴极;

(3)电解液。

腐蚀电池工作时,进行下列三个基本过程:

(1)阳极上金属的溶解;

(2)阴极上氧或氢离子等的还原;

(3)电流流动。

在金属中,由电子导电,电子由阳极流向阴极;在溶液中由离子导电,阳离子由阳极向阴极迁移,阴离子由阴极向阳极迁移,这样使电池中的电路成为通路。所以直流电是从阳极进入溶液,从溶液进入阴极。

金属腐蚀是在阳极上发生的,只要阴极上的电子不断消耗掉,腐蚀过程就可继续进行。阴极一般不发生腐蚀,但是当氢氧离子的浓度增大,阴极附近溶液的碱性升高,也会引起某些金属的腐蚀。

腐蚀电池有下面几种形式:

(1)原电池

两种不同的金属放在电解质溶液内,以导线连接之,导线上有电流流过的装置,我们称为原电池。原电池是将自发化学反应的热焓转变为电能的装置。例如伏特电池(如图 5-1)。

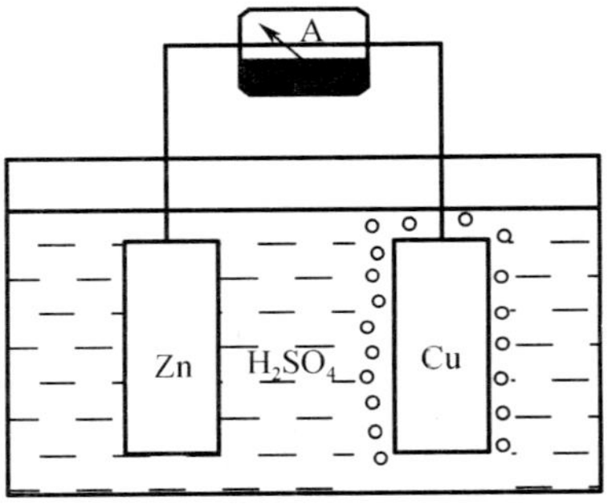


图 5-1 伏特电池示意图

伏特电池的两个电极 - 锌板和铜板,在硫酸($H_2SO_4$)溶液中具有不同的电极电位,因而在它们之间存在着一定的电位差。该电位差导致了电流的产生。

在伏特电池的两极上,分别进行着如下的电极反应:

锌电极上,锌电位较低,失去电子,氧化成为离子进入溶液。

$$Zn \rightarrow Zn^{2+} + 2e$$

铜电极上,酸中的氢离子接受电子,还原成为氢气逸出。

$$2H^+ + 2e \rightarrow 2H \rightarrow H_2$$

在伏特电池中可以看到,电极电位较低的锌作为阳极不断失去电子成为离子进入溶液(即不断受到腐蚀),而电极电位较高的铜,则作为阴极仅起着传递电子的作用,使离子放电成为 $H_2$ 逸出,而铜本身没有发生变化。因此,金属在电解质溶液里,只有当其构成了电池中的阳极时,才会不断受到腐蚀。

(2)宏电池

宏电池是一类肉眼可以看到电极的腐蚀电池。宏电池的类型有:

①电偶电池　由不同的金属在同一电解质溶液中相互接触构成。如上述的伏特电池、钢质船体和铜质螺旋桨在海水中构成的腐蚀电池、钢质船体和安装在它上面的锌合金牺牲阳极在海水中构成的腐蚀电池等等。在电偶电池中,总是电位较低的金属成为阳极而受到腐蚀。

②浓差电池 同一种金属与相同的电解质溶液相接触，如果电解质溶液的浓度不同，就形成所谓的浓差电池。图5－2为一可逆浓差电池。

电池内 $\alpha_{Ag^+,Ⅰ} > \alpha_{Ag^+,Ⅱ}$。对于 $Ag^+$（液相）+ e↔Ag 平衡，25 ℃时电池的电动势是

$$E_{r,电池} = \frac{RT}{zF}\ln\frac{\alpha_{Ag^+,Ⅰ}}{\alpha_{Ag^+,Ⅱ}} = 0.059\log\frac{\alpha_{Ag^+,Ⅰ}}{\alpha_{Ag^+,Ⅱ}}$$

由于 $\alpha_{Ag^+,Ⅰ} > \alpha_{Ag^+,Ⅱ}$，式中的 $E_{r,电池} = 0.059$ V，电池必然是正的。设 $\alpha_{Ag^+,Ⅰ} = 1.0$，$\alpha_{Ag^+,Ⅱ} = 0.1$，则 $E_{r,电池} = 0.059$ V。电极Ⅰ是阴极，电极Ⅱ是阳极，电池自发工作时，电荷将发生转移，直到 $\alpha_{Ag^+,Ⅰ} = \alpha_{Ag^+,Ⅱ}$，体系处于平衡。

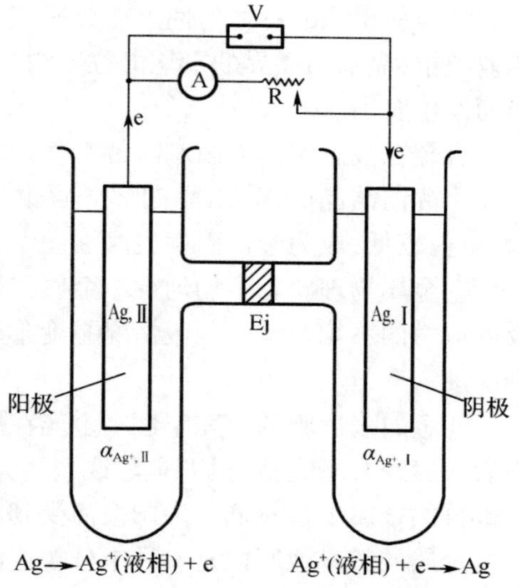


**图5－2 $\alpha_{Ag^+,Ⅰ} > \alpha_{Ag^+,Ⅱ}$ 时的浓差电池**

（$E_j$ 烧结微孔玻璃处的液接界电位；微孔玻璃的功能是降低两侧溶液的混合作用）

金属的电极电位与金属的离子浓度有关，如果电解质溶液是含有金属本身离子的溶液，那末溶液愈稀，金属的电位愈低，溶液愈浓，电位愈高。因而金属处于离子浓度低的部位将成为阳极受到腐蚀。

在浓差电池腐蚀中，最有实际意义的是氧浓差电池（也称为充气不均匀电池）。

氧浓差电池是由金属与含氧量不同的溶液相接触而形成的。

金属浸于含有氧的溶液之中，其表面会吸附氧而构成氧电极，并发生如下电极过程：

$$O_2 + 2H_2O + 4e \rightleftharpoons 4OH^-$$

氧电极的电位与氧的分压有关，它们的关系可用下式来表示：

$$E = E^0 + \frac{0.059}{4}\log\frac{[O_2][H_2O]^2}{[OH^-]^4}$$

式中 $E$——金属的电极电位，V；

$E^0$——金属的标准电极电位，V。

可以看出，溶液中 $O_2$ 的浓度愈大，氧电极电位愈高。因此，如果溶液中的各部分的含氧量不同，在氧浓度较小的地方，金属的电位较低，成为阳极，在这里的金属常遭受腐蚀。

在实际工作中常常碰到这类腐蚀。如水中静止的铁桩，往往是比水面低一些的部位腐蚀比较严重。这是因为这里的含氧量低于水面与大气交界处的含氧量，成为氧浓电池中的阳极区。

舰船的水线区域特别容易受到腐蚀，其中原因之一也就是形成如同上例的氧浓差电池的缘故。

(3)微电池

从理论上讲，单一金属在电解质溶液里，不会产生腐蚀。而实际上除金、铂等少数特别惰性的金属外，几乎所有的金属单独置于电解质溶液里，都会发生电化学腐蚀。这是因为金属表面的电化学性不均匀，从而产生了许多极其微小的阴极和阳极，构成了无数的微电池的缘故。金属表面的电化学性不均匀的原因主要有：

①金属化学成分不均匀性 一般金属均含有或多或少的杂质或其他化学成分。杂质或

其他化学成分的电极电位与金属不一致，而杂质往往因其电位高而成为阴极，则金属本体就成无为数的微阳极而遭到腐蚀。

②金属组织的不均匀性 在金属或合金中，金属的晶粒与晶界的电位往往不相同。如工业纯铝，晶粒与晶界的平均电位差约 0.091 V，其中晶粒电位高是阴极，晶界电位低成为阳极而发生腐蚀。

合金在液态转化为固态时常有偏析现象。合金的偏析亦造成了金属组织的不均匀性，如 α - 黄铜结晶时，先结晶的部分含铜较多，电位较高，成为阴极；而后结晶的部分含铜较少，电位较低，成为阳极而发生腐蚀。

③金属物理状态不均匀性 金属在机械加工过程中常常造成金属各部分形变不均匀性及内应力的不均匀性。一般情况是变形较大的部位和应力较大的部位常成为阳极，容易受到腐蚀。

④金属表面膜的不完整性 金属在熔炼、加工后，其表面常形成一层表面膜（氧化膜）。该表面膜经常不完整（具有空隙或裂缝），往往是表面膜的电位较高成为阴极，而表面膜未覆盖部分的金属电位较低成为阳极而受到腐蚀。

金属的微电池腐蚀是一种十分普遍的现象。金属的阴极保护主要也是为了克服微电池腐蚀。

### 5.1.3 极化

在腐蚀电池的电路接通以后，电流通过电极，使电极电位偏离平衡电位的现象，称为极化。

阳极电位往正的方向偏离，称为阳极极化。阴极电位往负的方向偏离，称为阴极极化。

原电池通电后，电池两极间的电位差减小，进而引起电流强度降低的现象，我们称为电池的极化作用。

极化作用大大降低了金属的腐蚀速度，因此探讨极化作用的原因及其影响因素，对于金属腐蚀问题的研究具有重要的意义。

（1）阳极极化

产生阳极极化的原因如下：

①阳极过程进行得比失去电子的过程为慢 阳极过程是金属离子从晶格转移到溶液中并形成水化离子的过程。如果金属离子进入溶液的速度，小于电子由阳极出来进入外面导线的速度，于是阳极电极电位就向正的方向移动。

②溶解了的金属离子扩散得不够快 在阳极过程中产生的金属离子，首先是进入阳极表面附近的溶液中。如果这些金属离子向外扩散得很慢，结果就会使阳极附近的金属离子浓度逐渐增加，引起所谓的浓差极化。随着金属离子浓度的增加，电极电位必然朝正的方向移动。

③金属表面形成了钝化膜 某些金属在一定的条件下（例如在溶液中有氧化剂时）会形成保护性的膜，使金属钝化，此时，金属变成离子的过程就受保护膜所阻碍，则阳极电位将强烈地向正的方向移动。又因为金属表面膜的产生，使电池系统的电阻增加引起了极化，所以这种极化又称为电阻极化。

（2）阴极极化

产生阴极极化的原因是：从阳极送向阴极的电子一时过多，而阴极附近能接受电子的物质，由于某种原因，与电子相结合的反应进行得慢了些，这样就使阴极上有负电荷积累，结果使阴极电位变得更负。

### 5.1.4　极化曲线图

在研究金属腐蚀问题时，常常应用极化曲线图（图5－3）。极化曲线可表明极化现象，即电极电位和电流之间的变化关系。

图5－3中，$E_aS$（虚线）为阳极极化曲线，随电流的增大，阳极电位正移。$E_cS$（虚线）为阴极极化曲线，随电流的增大，阴极电位负移。当系统中的总电阻等于零时，它们相交于$S$点，这时阴极电位和阳极电位相等，即等于$E_{腐}$；相应的电流$I_{腐}$为该系统理论上的最大电流。

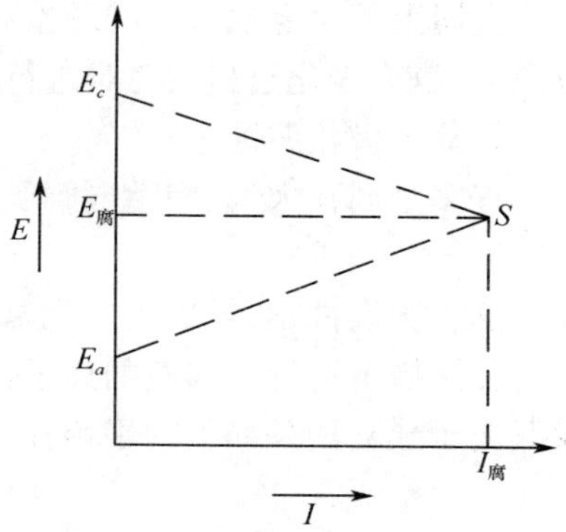

图5－3　极化曲线图

实际上，电解液内电阻$R$不可能为零，即有电位降$IR$，所以阳极电位曲线与阴极电位曲线不可能自发地达到相交，而是接近这一交点。只有在用外加电流进行极化的情况下，两极化曲线才有可能达到并越过这一交点。但由于两线间距离很小，为了理论研究方便，假定为它们能相交于$S$点，且不管电位随电流变化的详细情况，可以将电位变化的曲线（虚线）简化成如图5－3中的直线，这种简化了的图解，称为伊文思（Evens）极化图 。图中极化曲线的斜率反映了电极的极化性能。斜率愈大，电极愈易极化，而腐蚀电流则愈小。

### 5.1.5　去极化作用

能够消除或削弱极化现象的作用，称为去极化作用。

阳极去极化，应设法把阳极产物不断地从阳极表面除掉。因此，搅拌溶液、使阳极产物形成沉淀或形成络离子等，都可以加速阳极去极化过程。

阴极去极化，可以通过溶液中的阳离子还原、阴离子还原或中性分子还原等方式实现。其中最常见而且最重要的阴极去极化过程有氢去极化和氧去极化两种。

无论是阳极去极化还是阴极去极化，都将加速金属的腐蚀速度。因此，对于防止金属腐蚀来说，应该设法促进阳极极化或阴极极化。而去极化作用只对于需要利用其化学能转变成电能的化学电源来说，才具有重要意义。

1. 氢去极化腐蚀

一般负电性金属（如Fe，Zn等）在酸中受腐蚀，及强负电性金属（如Na，K，Ca，Mg等）在中性电解质溶液中受腐蚀时，都会有氢气产生。这是因为氢离子在阴极接受电子成为氢原子，进而形成氢分子的缘故。

由于氢离子吸收了阴极上的电子，消除了阴极极化，因此上述类型的腐蚀称为氢去极化腐蚀或析氢腐蚀。

当阴极产生氢气逸出时，可以把阴极看成是氢电极。

假如金属阳极与作为阴极的氢电极组成一腐蚀电池，则当金属的电位比氢电极平衡电位更负时，两极间即存在着一定的电位差，腐蚀电池即开始工作，电子不断地由阳极送到阴极，氢气不断地从阴极表面逸出。只有当阳极的金属电位较氢电极的平衡电位为负时，才有可能发生氢去极化腐蚀。

在中性电解质中，只有电极电位低于 -0.413 V 的强负电性金属，才会发生析氢腐蚀。而电极电位介于 -0.59 ~ -0.413 V 之间的一般负电性金属，只有在酸溶液中才能发生析氢腐蚀。

氢的析出过程比较复杂，实际上析氢的电位比理论计算的要更负一些，这一实际析氢电位与氢的平衡电位之差，称为氢的超电位（或称为过电位）。

金属上发生氢超电位的现象对于金属腐蚀具有很重要的实际意义。在阴极上的氢超电位愈大，氢去极化过程就愈难进行，因而腐蚀速度也愈小。

2. 氧去极化腐蚀

许多金属在大气、中性电解质溶液中腐蚀时，依靠氧来吸收阴极电子，消除阴极极化，

$$O_2 + 2H_2O + 4e \rightarrow 4HO^-$$

这一类腐蚀，叫做氧去极化腐蚀或吸氧腐蚀。

在阴极上进行上述氧的离子化过程时，可以把阴极看成是氧电极。因为在氧电极上，氧及其离子建立的是如下的平衡：

$$O_2 + 2H_2O + 4e \rightleftharpoons 4OH^-$$

当 $OH^-$ 离子浓度为 1 mol/L，$O_2$ 的压力为 1 atm（1 atm = 101 325 Pa）时，氧电极的电位叫做氧电极的标准电极电位，等于 +0.401 V 。在一个大气压时，中性溶液（ pH = 7，即 $OH^-$ 的浓度为 $10^{-7}$ mol /L ）中，氧的平衡电位为 +0.805 V 。

在溶液中有氧溶解的情况下，某种金属的电位如小于 0.805 V，就可能发生氧去极化腐蚀。

因为氧的平衡电位较氢的平衡电位更正，金属在有氧存在的溶液中首先是发生氧去极化的腐蚀。因此氧去极化腐蚀比氢去极化腐蚀可能性大得多。

## 5.2 电化学保护

电化学保护分为阳极保护和阴极保护两类：

阳极保护的原理是在金属表面上通入足够的阳极电流，使金属电位达到并保持在钝化区内，从而防止腐蚀。

阴极保护的原理是在金属表面上通入足够的阴极电流，使阳极溶解速度减小，从而防止腐蚀。这种方法又分为牺牲阳极保护和外加电流阴极保护。

### 5.2.1 阳极保护

在外加的阳极电流作用下，金属可以发生钝化，而使腐蚀速度大为降低。这种防护方法，称为阳极保护。

1. 金属的钝化

铁在硝酸中腐蚀速度会很快，但当硝酸的浓度达到 35% 以上时，铁的溶解速度显著减小，而在室温下硝酸浓度达到 70% 时，铁腐蚀速度极慢，即失去了活性，变得很稳定，处于钝性状态。钝性是指金属和合金在特殊条件下失去了活性，即由于阳极过程优先阻滞所引起的高的耐腐蚀性能。

如果将经过浓硝酸处理过的铁再放入稀硝酸中，则其腐蚀速度也比原来未处理前有显著下降。这种现象称为铁的钝化现象。

一些重要的金属材料，如铁、铬、镍、钛以及含有这些元素量较多的合金，均显示有活化－钝化转变。图5－4示出活化－钝化金属的典型阳极溶解行为。

在活化区，金属的行为与非钝化金属的行为相似，溶解速度按指数规律增大。电位更正时，溶解速度下降到很小值，而且在相当的一段电位区内，它与电位无关，这一段称为钝化区。在非正常的电位下，即在过钝化区，溶解速度又随电位的升高而增大。

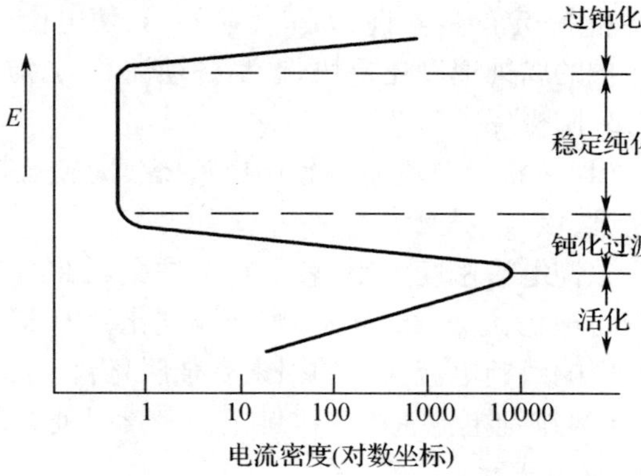


图5－4 活化－钝化金属的典型阳极溶解行为

钝化的发生是由于金属表面上吸附了氧，或者是由于形成了保护性的氧化膜。与此同时，金属的电极电位变正。

容易发生钝化的金属，例如铬、钛、不锈钢等，在空气中或者溶解在水中的氧的作用下，可以自发地进行钝化。

不容易发生钝化的金属，例如铁，只有在强氧化性介质中（如浓硝酸中）才能发生钝化。

不锈钢在浓度为30%的硫酸中会剧烈地溶解，如果用外加电流使不锈钢阳极极化到一定的电位，则其溶解速度将降低到原来数值的十万分之一左右。

在介质的氧化性非常强烈，或者外加的阳极电流密度过大，以致金属电位超过钝化区，即达到过钝化区，此时金属的溶解速度又随电位的升高而增大，金属表面不溶性氧化物变成可溶性的高价氧化物，金属以高价离子的形式进入溶液。同时，还析出氧：

$$4OH^- \rightarrow O_2 + 2H_2O + 4e$$

当介质中有卤素离子，特别是氯离子存在时，金属表面钝态可能被破坏，而引起点蚀，这是很危险的。

2. 阳极保护方法

阳极保护方法是利用能够钝化的金属，使金属的电位处于稳定的钝化区内的防腐蚀的方法。

使金属改变电位而达到钝化状态的方法：

（1）用外电源进行阳极极化　在阳极保护系统中，用外电源进行阳极极化。将被保护的金属作为阳极，当阳极电流密度达到$i_{致钝}$时，金属发生钝化，电位变正到稳定的钝化区，尔后用较小的电流密度$i_{维钝}$使金属电位维持在一定的范围内。

（2）在溶液中添加氧化剂　有钝化作用的添加剂，如空气中的氧、三价铁盐、硝酸盐、铬酸盐、重铬酸盐等，它们能使溶液的氧化——还原电位升高，使金属钝化。但要注意氧化剂有一定的浓度要求，否则会加速金属的腐蚀。

（3）合金的阴极改性处理　在合金中添加少量的贵金属元素钯、铂、钌等，它们起强阴极的作用，加速阴极反应，使合金电位正移到钝化区内，从而具有高的耐腐蚀性。

在溶液中添加某些金属的离子$Pt^{4+}$，$Pd^{2+}$，$Ag^{+}$，$Cu^{2+}$等，也有类似作用。当这些金属离子在合金表面上析出时，就作为强阴极而加速阴极反应，促使合金进入钝态。

不论哪种方法，其基本原理都是使金属电位正移到钝化区，并保持在一定的电位范围内。

阳极保护方法目前用得较多的是阳极保护系统（包括：阳极－容器、辅助阴极－铂或镀铂电极、恒电位仪、导线），是利用外电源进行阳极极化的方法。这虽是一项有效的防腐技术，但有一定的危险性，如果控制不当，使电位进入活化区或过钝化区，则腐蚀速度会比不进行保护的腐蚀速度还要快，这是必须注意的，应十分谨慎小心。

3. 阳极保护参数

（1）致钝电流密度　致钝电流密度是使金属在给定环境条件下，发生钝化所需的最小电流密度，以 $i_{致钝}$ 表示。

致钝电流密度大小，表示被保护金属在给定环境中钝化的难易程度。$i_{致钝}$ 小的体系，金属较易钝化，$i_{致钝}$ 大的体系，则金属钝化较困难，一般希望 $i_{致钝}$ 越小越好。

影响致钝电流密度的因素有金属材料、介质条件、钝化时间等。

（2）维钝电流密度　维钝电流密度是使金属在给定环境条件下，维持钝态所需的电流密度，以 $i_{维钝}$ 表示。

维钝电流密度的大小，表示阳极保护正常操作时所耗用电流的多少。同时，也决定了金属在阳极保护时的腐蚀速度。$i_{维钝}$ 愈大，金属的腐蚀速度就愈快。如果腐蚀速度超过一定数值（例如 1 mm/a 以上），则阳极保护即无实际意义。

（3）稳定钝化区的电位范围　稳定钝化区的电位范围是指钝化过渡区与过钝化区之间的电位范围。超出这个范围，金属快速溶解。为了便于控制，这个范围应不小于 50 mV。

一些金属在某些介质中阳极保护的参数可以在《金属防腐蚀手册》一书中查到。

### 5.2.2　阴极保护

所谓阴极保护就是把被保护金属作为阴极通以足够的直流电，进行阴极极化，使其处于阴极状态从而达到防止金属腐蚀的方法。这种方法又分为牺牲阳极保护和外加电流阴极保护。

1. 阴极保护原理

为了了解阴极保护的原理，首先介绍一下金属在海水中产生腐蚀的原理。

（1）金属在海水中的腐蚀原理

金属晶格是由按规则排列着的金属正离子和其间流动着的自由电子所组成。如果把金属浸入电介质水溶液中，金属表面的正离子则受到水的极性分子的作用，有些离子在振动中能克服电子的引力形成水化离子而进入水溶液中，在金属表面上留下当量的电子，如图 5－5 所示。这个过程可用下式表示。

$$\underset{金属}{Me^{2+}\cdot 2e} + \underset{水}{nH_2O} \rightarrow \underset{水化金属离子}{Me^{2+}\cdot nH_2O} + \underset{电子}{2e}$$

这一过程是金属失去电子的过程，称为氧化过程。另一方面，水溶液中的水化离子也有与金属上过剩电子结合而回到金属上去的倾向，可用下式表示：

$$Me^{2+}\cdot nH_2O + 2e \rightarrow Me^{2+}\cdot 2e + nH_2O$$

这一过程是金属离子得到电子的过程，称为还原过程。

若上述两个过程的速度达到相等时，就建立起如下的动态平衡：

$$Me^{2+}\cdot 2e + nH_2O \rightleftharpoons Me^{2+}\cdot nH_2O + 2e$$

此时金属的溶解就停止了。同时在金属和电解质溶液接触界面上就形成了所谓的“双电层”,如图5-6所示。

双电层的建立,使得金属与海水之间具有电位差,这种电位差称为该金属在海水中的电极电位。

由于各种金属在海水中的化学活泼性不同,即各种金属原子离解成金属正离子和电子的难易程度不同,双电层的电荷密度不同,所以不同的金属在海水中的电极电位是不一样的,如船用钢板($CT_4$)为-0.64 V(相对于铜/硫酸铜参比电极),铜为-0.32 V,锌为-1.12 V。

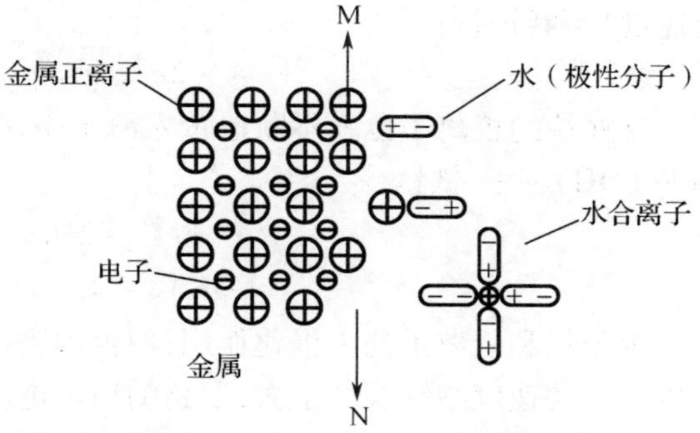


**图5-5 金属表面的金属离子进行水化**

M, N-固相与液相界面

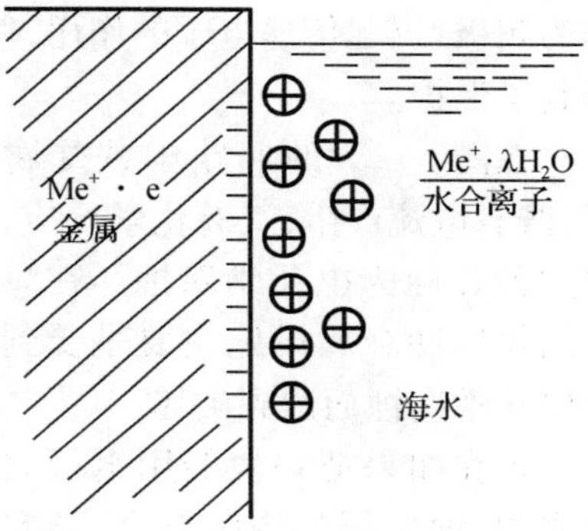


**图5-6 双电层示意图**

现在取一块铜板(相当于舰船的推进器)和一块铁板(相当于钢船壳),中间用导线联起来,放入海水中,组成一个简单的原电池,也叫腐蚀原电池,称铁板为阳极,称铜板为阴极。如图5-7所示。

当开关K断开时,在铜板与海水的界面上,铁板与海水的界面上分别建立起了如同前式的动态平衡:

$$Cu^{2+} \cdot 2e + nH_2O \rightleftharpoons Cu^{2+} \cdot nH_2O + 2e$$

$$Fe^{2+} \cdot 2e + nH_2O \rightleftharpoons Fe^{2+} \cdot nH_2O + 2e$$

当开关K闭合后,发现图5-7回路中有电流产生(称为腐蚀电流),电流的流动方向是从电位较正的铜板经导线流向电流较负的铁板;在海水中,电流再由铁板经海水借助于离子的传导电流回到铜板。开关刚闭合的瞬间,电流最大,随后电流逐渐减少,最后稳定在某一数值,不到一天时间,在铁板上和海水中明显地看到黄色的铁锈了,此现象说明铁被腐蚀了。

当开关K刚闭合的瞬间,铜板和铁板在海水中具有最大的电位差$\Delta V$:

$$\Delta V = V_{铜} - V_{铁} = (-0.32) - (-0.64) = 0.32 \text{ V}$$

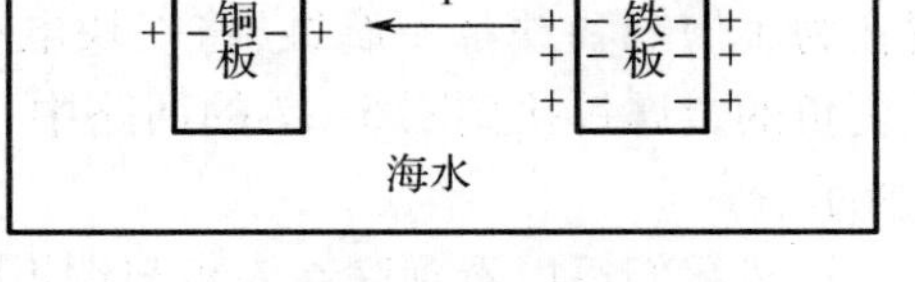


**图5-7 铁-铜腐蚀电池示意图**

mA—电流表;K—开关

在海水中含有大量的氧和氢离子,氧和氢离子在阴极铜板上进行“去极化”反应:

$$\frac{1}{2}O_2 + H_2O + 2e \rightarrow 2OH^-$$

$$H^+ + e \rightarrow H$$

$$H + H \rightarrow H_2 \uparrow$$

这种反应不断地消耗掉从阳极流入阴极铜板的电子,阻碍了阴极电位进一步变正和阳极电位进一步变负,使得腐蚀电池两电极间总维持有一定的电位差$\Delta V$,因而使反应式(以一定速度)不断进行：

$$Fe^{2+} \cdot 2e + nH_2O \rightarrow Fe^{2+} \cdot nH_2O + 2e$$

这样铁的正离子也就不断地转入海水中，并和海水中的氢氧根离子形成固态的腐蚀产物 $Fe(OH)_3$——铁锈：

$$Fe^{2+} + 2OH^- \rightarrow Fe(OH)_2$$

$$Fe(OH)_2 + O_2 + H_2O \rightarrow 4Fe(OH)_3 \downarrow$$

由于氧和氢离子的去极化作用，使得阴阳极之间总维持有一定的电位差，作为阳极的铁板以一定的速度继续腐蚀下去，回路的腐蚀电流最后稳定在某一数值。

上述就是铁—铜腐蚀电池当回路闭合后所发生腐蚀现象的本质，也就是异种金属在海水中的腐蚀原理。

综上所述，不同金属浸在海水中具有不同的电极电位，将不同的金属联在一起浸在海水中，则电极电位较负的金属作为阳极，以一定的速度不断地腐蚀下去。电极电位较正的金属作为阴极，仅起传递电子的作用，使氧气成为氢氧根离子或使氢离子还原成氢气析出，本身得到了保护。

在图 5-7 的回路中铁受腐蚀时，既有电流产生，又有化学反应，所以这种腐蚀为电化学腐蚀。在海水中的船体和金属设施主要是受到这种电化学腐蚀而遭到破坏。

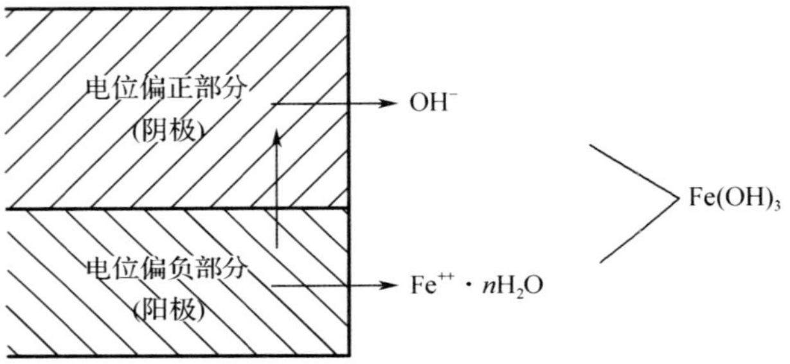


图 5-8　钢板腐蚀微电池

现在如果把一块船用钢板放在海水中，钢主要是铁碳合金，还有其他元素和杂质，金相组织和表面状态等也各有不同，因此形成无数微小的原电池，通常称之为腐蚀微电池。在钢板上某些部位电位偏负，即为阳极区，被腐蚀；电位较正的部位，成为阴极区，得到保护，见图 5-8。

(2)阴极保护的基本原理

由金属电化学腐蚀原理知道，电位较负的铁和电位较正的铜联在一起浸入海水中，电位较负的铁受到了腐蚀，而电位较正的铜得到了保护。现在为了使铜和铁都不腐蚀，将一块电位比铜和铁更负的金属锌接到图 5-7 的回路中，如图 5-9 所示。

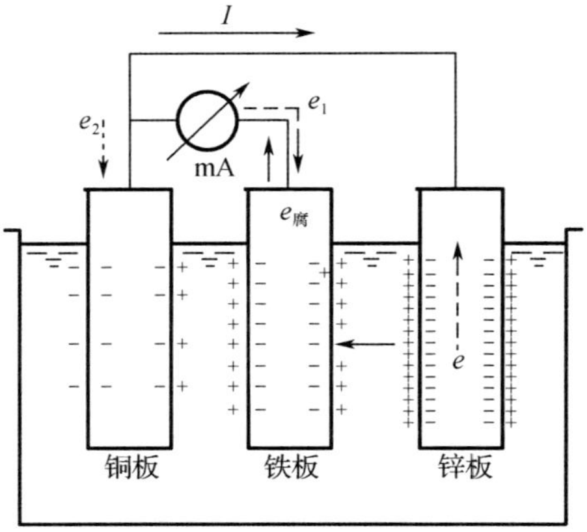


图 5-9　锌板-铁板、铜板腐蚀电池

这时我们可以看到联在铁板与铜板间的电流表指针向减小的方向偏转，有时减小到零，甚至反向。这是因为在这个腐蚀电池中锌板的电位最负，锌板将有大量的过剩电子沿着导线流向铜板和铁板。

$$e = e_1 + e_2$$

式中　$e$——锌板流出的电子总数；

$e_1$——从锌板流入铁板的电子数；

$e_2$——从锌板流入铜板的电子数。

当 $e_1$ 足够大时，就能抵消原先引起铁板腐蚀的电子流 $e_{腐}$（参见图 5-9），铁板上再没有电子沿着导线流入铜板，这时回路中的电流方向是从铁板和铜板经导线流入锌板，再由锌板经海水流回铁板和铜板，因此电流表上的指针指向零或反向。这就标志着铁的腐蚀电流已经消失，铁不再产生腐蚀，已得到了保护。

由于锌板的接入，腐蚀电池中的铁板和铜板都得到了保护，这种保护即为阴极保护。

下面用腐蚀极化曲线来说明阴极保护的基本原理。如图 5-10 所示。

在图 5-10 中，$E_K^0SQR$ 为阴极极化曲线，$E_A^0PS$ 为阳极极化曲线，两者相交于 $S$ 点，对应的电流 $I_x$ 为系统的腐蚀电流，对应的电位 $E_x$ 为系统的腐蚀电位（或称稳定电位）。

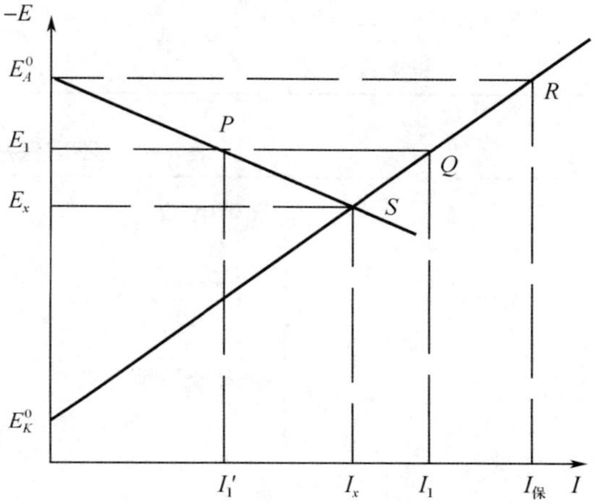


**图 5-10 腐蚀极化曲线**

当对该系统施加阴极保护电流使阴极发生极化时，则系统的总电位向负的方向移动。如移至 $E_1$，这时阴极上的总电流为 $I_1$，相当于线段 $E_1Q$，其中一部分电流是外加的，相当于 $PQ$ 段，另一部分电流仍然是由于阳极腐蚀而得到的，相当于 $E_1P$ 段，可以看到这时阳极的腐蚀电流 $I_1'$ 要比腐蚀电流 $I_x$ 小多了，即系统腐蚀速度相应降低，得到了一定的保护。

当外加的电流继续增加时，系统的总电位继续向负的方向移动。当电位达到阳极的起始电位 $E_A^0$ 时，系统的腐蚀电流等于零，腐蚀就停止了，系统就得到了完全保护。这时阴极电流 $I_{保}$（相当于 $E_A^0R$ 段）全部是外加的保护电流，这一外加的保护电流称为最小保护电流，即对应达到阳极的起始电位称为最小保护电流（等于 $E_A^0$）。

2. 阴极保护参数

(1) 保护电位

保护电位是指阴极保护时使金属腐蚀停止所需的电位值，是阴极保护的重要参数之一。

保护电位的值有一个范围，称为保护电位域。例如钢结构件在海水中的最小保护电位是 -0.85 V（相对于铜/饱和硫酸铜电极）。这个参数是被大家所公认的，它相对于其他参比电极的数值见表 5-4。

不同保护电位下的保护度见表 5-5。从表 5-5 可知，当保护电位负于 -0.80 V 时保护度达到 70% 以上，而在 -0.88 ~ -0.98 V 时，其保护度达到 90% 以上。如果电位正于 -0.80 V时即为不足保护，如果电位负于 -1.03 V，甚至负于 -1.08 V，不仅增加电能消耗，而且将引起钢板表面析氢而有氢脆的危险和碱性增高而导致表面涂层破坏。因此，对于船体保护电位的确定，还必须考虑到船体涂料的种类和性质。不同的船体涂料有其不同的耐阴极保护电位值（见表 5-6）。

表 5－4　钢铁在海水中对不同参比电极的保护电位域(25 ℃)

| 电极名称 | 钢铁在海水中的保护电位<br>/V | 氢电极 $E_H$<br>/V |
|---|---|---|
| 饱和硫酸铜电极 | －0.85 | ＋0.32 |
| 氢电极 | －0.53 | 0 |
| 饱和甘汞电极 | －0.77 | ＋0.24 |
| 海水氯化银电极 | －0.78 | ＋0.25 |
| 锌电极 | ＋0.25 | －0.78 |

表 5－5　不同保护电位下的保护度

| 保护电位<br>/V | 保护度<br>/% |
|---|---|
| －0.84 (饱和硫酸铜电级) | 73 |
| －0.86 (饱和硫酸铜电级) | 85 |
| －0.87 (饱和硫酸铜电级) | 91 |
| －0.88 (饱和硫酸铜电级) | 94 |
| －0.75 (海水氯化银电级) | 79 |
| －0.80 (海水氯化银电级) | 94 |
| －0.90 (海水氯化银电级) | 99 |

表 5－6　几种船体涂料最大允许电位[1)]

| 涂料名称 | 耐电位<br>/V |
|---|---|
| 油性涂料 | －0.88 |
| 沥青系涂料 | －1.03 |
| 聚氯乙烯涂料 | －1.08 |
| 氯化橡胶涂料 | －1.28 |
| 环氧沥青系涂料 | －1.39 |
| 有机富锌涂料 | －1.38 |
| 无机富锌涂料 | －1.38 |
| 环氧系涂料 | －1.50 |

注:1) 饱和硫酸铜电极测试,与涂料及涂料厚度有关。

经过实船试验表明,保护电位最佳范围是－0.85～－0.95 V,此时的保护效果比较理想,对船体涂料无副作用,保护度可达到94%以上,当保护电位在－0.83～－1.03 V的范围内大部分舰船均能获得明显的保护效果。

(2)保护电流密度

保护电流密度是指被保护体单位表面积上所需的保护电流。它的数值受到多种因素的影响，保护电流密度的大小与金属的种类、表面状态（漆膜损坏程度，海生物附着情况等），介质条件（组成、浓度、温度、流速等）有关。

涂刷乙烯漆的软钢、铜及铜合金在海水中所需的保护电流密度见表5－7。

**表5－7 海水中所需保护电流密度，$mA/m^2$**

| 材料 | 油漆状况 | 静水 | 速度/20n mile/h |
|---|---|---|---|
| 软钢 | 裸露钢板 | 30～50 | 80～100 |
| | 乙烯漆（新刷） | 1～10 | 2～20 |
| | 乙烯漆（一年后） | 10～20 | 20～40 |
| 铜及铜合金 | 裸露铜板 | 200 | 500～1000 |
| | 乙烯漆（新刷） | 4～40 | 10～100 |
| | 乙烯漆（一年后） | 40～80 | 100～200 |

3. 阴极保护与涂层的关系

舰船阴极保护都是与涂层配合使用的，而涂层的性能与状态在很大程度上影响着阴极保护的效果。涂层可以改变在阴极极化表面上的电化学反应的性质，涂层状态的不同可以使牺牲阳极和辅助阳极的保护作用半径在一米到几十米的范围内变化。涂层的电导率取决于涂层孔隙的电解质的电导率。在超电位的情况下，在电场中活性离子可穿透漆膜，在阴极表面上形成碱性（$2H_2O + O_2 + 4e \rightarrow 4OH^-$），析出氢气（$2H^+ + 2e \rightarrow H_2\uparrow$），导致漆膜皂化和起泡脱落。因此与阴极保护配合使用的涂料必须首先要耐碱性好，涂料展色剂和增塑剂必须不皂化；颜料、填充料和各种添加剂必须有足够的耐碱性，不被较高的pH值所侵蚀。因此含易皂化展色剂的涂料，如干性油、醇酸树脂、环氧酯是不适用于阴极保护系统的。含有氧化亚铜的传统型防污涂料涂于沥青涂料上面对阴极保护系统稍有影响。以环氧树脂、焦油环氧、聚氨酯焦油环氧、乙烯树脂或氯化橡胶为基料的高性能涂料适用于阴极保护。以环氧树脂、焦油环氧、焦油沥青聚氨酯为基料的涂料具有最好的耐超电位性。

虽然铝粉和锌粉作为阴极保护而被应用于涂料，但应用这些颜料将会降低涂料的耐碱性，这种涂料尤其在超电位的情况下被侵蚀。同样道理，以锌铬黄作为颜料的油漆也不推荐应用于阴极保护系统。

涂层除了必须具有良好的耐碱性而外，还必须具有一定的涂装厚度和良好的附着力。船底防锈漆一般需要涂装200 μm以上才能有效地防止正电介质的渗透。

# 5.3 舰船阴极保护法

舰船阴极保护就是把船底钢板变成阴极来防止腐蚀。通常使用的阴极保护系统有两种主要的类型，即牺牲阳极阴极保护系统和外加电流阴极保护系统。这两个系统不同之处在于产生保护电流的方法不同。船体可以采用牺牲阳极阴极保护，也可以采用外加电流阴极保护，船舶液体舱采用牺牲阳极阴极保护。

## 5.3.1 牺牲阳极阴极保护法

牺牲阳极阴极保护法是由一种比被保护金属电位更负（化学性更活泼）的金属或合金与

被保护的金属电位连接所构成。在电解液中,牺牲阳极因较活泼而优先溶解,释放出电流供被保护金属阴极极化以实现保护的方法,称为牺牲阳极阴极保护法。而这种牺牲自身被腐蚀的金属或合金称为牺牲阳极。

5.3.1.1 对牺牲阳极材料的要求

作为牺牲阳极材料,必须能满足以下要求:

(1)要有足够负的稳定电位,即驱动电位较大;

(2)自腐蚀速率小且腐蚀均匀,要有高而稳定的电流效率;

(3)电化学当量高,即单位重量产生的电流量大;

(4)整个工作过程中阳极极化要小,溶解均匀,表面不产生高电阻性硬壳产物或产物易脱落,能保持相当的活性;

(5)腐蚀产物不污染环境,无公害。

牺牲阳极材料的发展极其迅速。20 世纪 50 年代前期主要以镁基合金为主,到 50 年代中期,锌基合金被广泛采用。在 60 年代初,铝基合金开始被研究,并有很大的发展,在 20 世纪 70 年代已得到广泛应用,并不断有新品种问世。除三元锌体系外,还发展出许多四元体系、五元体系等长寿命、大容量的铝基合金牺牲阳极,并对六元体系进行了研制。同时,在铜系管路的保护上还研制了铁合金牺牲阳极保护。

5.3.1.2 常用的牺牲阳极的品种

常用的牺牲阳极品种有镁基、锌基和铝基合金 3 类。它们的主要性能列于表 5-8。

表 5-8 几种牺牲阳极材料的主要性能

| 种 类 | 镁基合金(含6%铝,3% 锌,0.2%锰) | 锌基合金(含0.5%铝,0.1%镉) | 铝基合金(含2.5%锌,0.02%铟) |
|---|---|---|---|
| 密度 | 1.83 | 7.14 | 2.77 |
| 工作电位[1](S.C.E.)/V | -1.50 | -1.03 | -1.12 |
| 对钢保护的有效电位差/V | 0.70 | 0.25 | 0.35 |
| 理论发生电容量/(A·h/kg) | 2 210 | 820 | 2 880 |
| 电流效率/% | 55 | 95 | 85 |
| 实际发生电容量/(A·h/kg) | 1 220 | 780 | 2 300 |
| 工作电流密度/($mA/cm^2$) | 1~4 | 0.3~1 | 0.4~1 |
| 消耗量/[kg/(A·a)] | 7.2 | 11.2 | 3.7 |

注:1)工作电位值是指在人造海水中,以饱和甘汞电极为参比电极所测得的值。

1. 镁基合金阳极

镁基合金具有很负的电位，其标准电极电位为 -2.34 V，比铁的标准电极电位 -0.44 V 要负 1.90 V。单位重量的发生电量也大，密度又低，所以很早被广泛地采用过。但是，它的电流效率很低，性能不够稳定，在空气中很易氧化，由于本身电位太负容易产生过保护，而且消耗很快，它与钢铁碰撞易产生诱发性火花。我国无论在军船还是民船上都已不再使用，尤其在油舱等易爆场合严格禁止使用。

2. 锌及锌基合金阳极

锌是一种较为活泼的金属，其标准电极电位为 -0.76 V，比铁的标准电极电位 -0.44 V 要负 0.32 V，这类材料的突出优点是自腐蚀量小，电流效率高达 95%，而且与钢铁碰撞无诱发性火花产生，所以 20 世纪 60 年代以前被广泛地用于海水介质中的船体外壳和水舱，包括油轮油舱，以及各种海洋设施。最早期，使用一般的纯锌作阳极，它的效果很不好。经研究知道，锌中所含的杂质，影响很大。纯锌必须有很高的纯度(99.995%)才能有良好的特性，否则表面很快就极化，并生成坚硬的腐蚀产物，不易脱落且电阻很高，使电极电位向正方向大大移动，使之失去保护作用。尤其是其中的铁杂质，含量必须在 0.001 4% 以下，才能作为牺牲阳极材料，这给冶炼带来很大困难。对此，经过研究发现，做成某些锌合金，就可降低铁之类杂质的有害作用，从而改善其极化性能。以往各国使用最为普遍的是锌 - 铝 - 镉系统，我国称为“三元锌”。

3. 铝基合金阳极

铝基合金阳极是 20 世纪 60 年代发展起来的阳极材料，其优点在于重量轻、发生电流大、电位较负，其标准电极电位为 -1.67 V，比铁的标准电极电位 -0.44 V 要负 1.23 V，比锌的标准电极电位 -0.76 V 还要负 0.91 V，但是，它的溶解性能比锌合金阳极差，电流效率也较之低。由于铝是自钝化金属，在空气中或海水中其表面会自动生成一层致密的三氧化铝薄膜，保护铝不再氧化，造成一定的化学惰性。因此，纯铝尽管有很负的电极电位，却不能作为牺牲阳极对其他金属进行阴极保护。各国经大量的研究工作，提出许多合金化的配方。成熟的商品品种主要有以下几种：

(1)铝 - 锌 - 汞系

它的突出优点是电流效率高，可达 90% 以上，阳极在使用过程中极化小，即工作电位比较平稳。但是，由于汞的毒性和公害，考虑到环境保护，不能推广应用。

(2)铝 - 锌 - 铟系

它的电流效率可达 85% 以上，但腐蚀产物不均匀，若在铝 - 锌 - 铟合金中加入第四种、第五种元素，进一步发展成多元体系，以使腐蚀产物均匀。

(3)其他铝基合金阳极，还有铝 - 锌 - 锡系、铝 - 锌 - 钙系和铝 - 锌 - 镁系等，四元、五元体系有铝 - 锌 - 铟 - 锡、铝 - 锌 - 铟 - 镉(但含镉的体系有公害影响，其应用不利于环保要求)。铝 - 锌 - 铟 - 硅、铝 - 锌 - 铟 - 锡 - 镁、铝 - 锌 - 铟 - 镁 - 钛等，甚至为适应大型舰船防腐的需要进行了长寿命、大容量的六元体系的研制。现在海军舰船主要应用的是铝 - 锌 - 铟 - 镁 - 钛高效铝合金阳极和铝 - 锌 - 铟 - 镁 - 镓 - 锰高活化铝阳极两种。

对于铝 - 锌 - 铟系合金阳极，国家标准 GB/T 4948 ~ 4949《铝 - 锌 - 铟系合金牺牲阳极化学分析方法》规定了铝 - 锌 - 铟系合金牺牲阳极的化学成分和电化学性能。标准还规定了我国生产的铝 - 锌 - 铟系合金牺牲阳极的型号规格。

5.3.1.3 舰船防腐蚀常用的牺牲阳极系列、特性、规格型号

为便于不同型号舰船的选型,2007 年在《海军舰船辅助机电设备型谱——牺牲阳极》中规定了舰船防腐蚀常用牺牲阳极系列、特性、规格与型号。

1. 舰船防腐蚀常用牺牲阳极主要参数见表 5-9

表 5-9 牺牲阳极的主要性能参数表

| 阳极类型 | 型号 | 密度 /(g/cm$^3$) | 开路电位 /V,SCE | 工作电位 /V,SCE | 实际发生电容量 ≥A·h/kg | 电流效率 ≥% | 消耗率 ≤kg/(A·a) |
|---|---|---|---|---|---|---|---|
| 高效铝合金阳极 | A21 | 2.77 | -1.18 ~ -1.10 | -1.12 ~ -1.05 | 2 600 | 90 | 3.37 |
| | A22 | 2.77 | -1.18 ~ -1.10 | -1.12 ~ -1.05 | 2 600 | 90 | 3.37 |
| 铁合金阳极 | F | 7.86 | -0.72 ~ -0.68 | -0.61 ~ -0.59 | 935 | 97 | 9.37 |

2. 舰船阴极保护常用牺牲阳极型号与规格

(1)型号标志

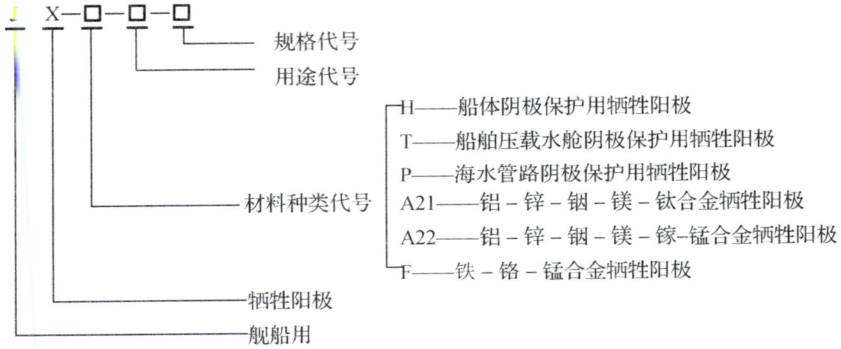


示例:JX-A21-H-1 表示材料为铝-锌-铟-镁-钛,规格为 800 mm×140 mm×60 mm,用于船体阴极保护的铝合金牺牲阳极。

(2)设备结构示意图

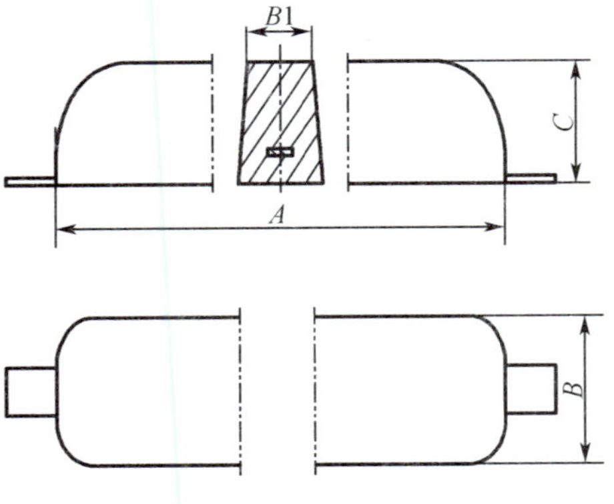


图 5-11 船体用平贴式铝合金牺牲阳极结构示意图

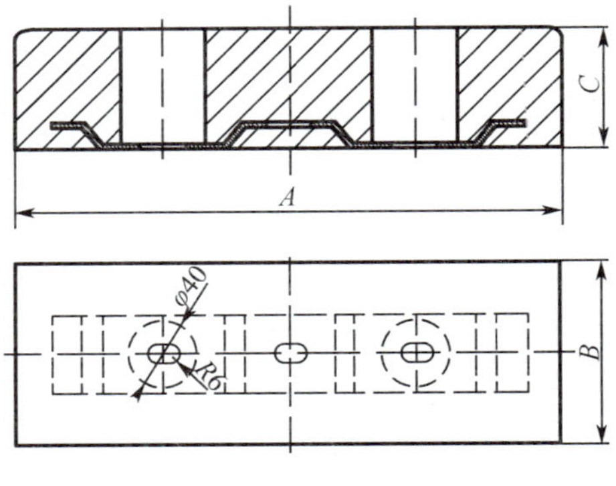


图 5-12 船体用螺栓式铝合金牺牲阳极结构示意图

(3)船体阴极保护常用铝合金牺牲阳极规格与型号见表 5-10。

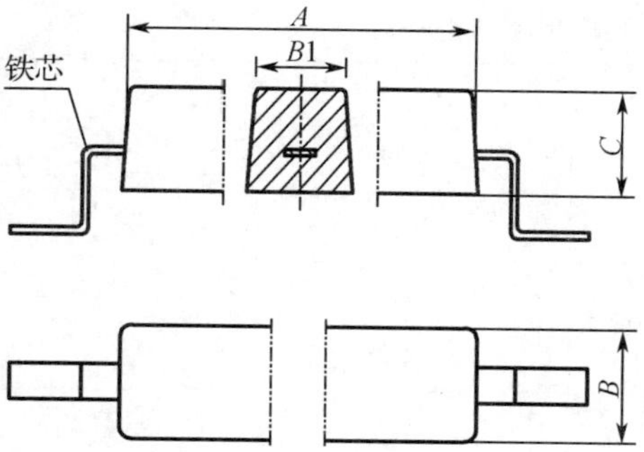


图 5-13 压载水舱用铝合金牺牲阳极结构示意图

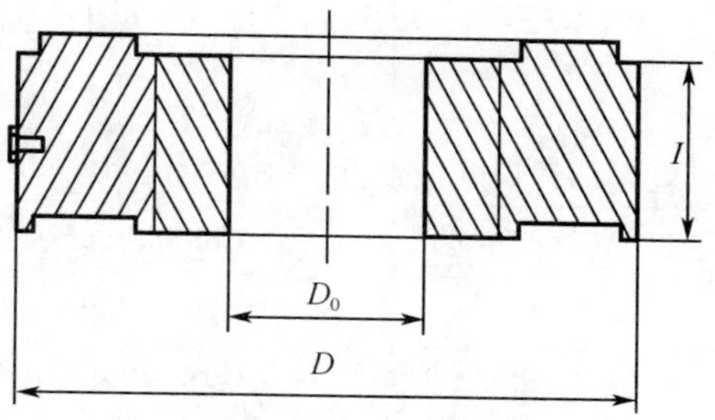


图 5-14 海水管路法兰间式铁合金牺牲阳极结构示意图

表 5-10 船体用铝合金牺牲阳极

| 型号 | 规格/mm | 净重/kg | 毛重/kg |
|---|---|---|---|
| | A×B×C(或 A×(B+B1)×C) | | |
| JX-A□-H-1[1)] | 800×140×60 | 15.4 | 17.0 |
| JX-A□-H-2 | 800×140×50 | 13.4 | 15.0 |
| JX-A□-H-3 | 600×120×50 | 9.0 | 10.0 |
| JX-A□-H-4 | 400×120×50 | 5.8 | 6.5 |
| JX-A□-H-5 | 500×100×40 | 4.6 | 5.5 |
| JX-A□-H-6 | 300×100×40 | 3.2 | 3.5 |
| JX-A□-H-7 | 250×100×40 | 2.2 | 2.5 |
| JX-A□-H-8 | 180×70×35 | 1.0 | 1.2 |
| JX-A□-H-9 | 300×150×50 | 5.4 | 5.8 |
| JX-A□-H-10 | 300×150×40 | 4.4 | 4.8 |
| JX-A□-H-11 | 180×(65+75)×45 | 1.5 | 1.7 |
| JX-A□-H-12 | 250×(25+35)×50 | 1.0 | 1.2 |
| JX-A□-H-13 | 200×(100+120)×90 | 5.3 | 5.5 |
| JX-A□-H-14 | 250×(80+100)×85 | 5.1 | 5.3 |
| JX-A□-H-15 | 400×(100+120)×80 | 9.7 | 10.5 |

注:1)H-1~H-8 为平贴式铝合金牺牲阳极,H-9、H-10 为螺栓式铝合金牺牲阳极,H-11~H-15 为潜艇用铝合金牺牲阳极。

(4)舰船压载水舱阴极保护常用铝合金牺牲阳极规格与型号见表 5-11。

表 5-11 压载水舱用铝合金牺牲阳极规格与型号表

| 型号 | 规格/mm<br>A×(B+B1)×C | 净重/kg | 毛重/kg |
|---|---|---|---|
| JX-A□-T-1 | 500×(115+135)×130 | 20.5 | 23.0 |
| JX-A□-T-2 | 1500×(65+75)×70 | 19.8 | 21.5 |
| JX-A□-T-3 | 500×(110+130)×120 | 18.0 | 20.0 |
| JX-A□-T-4 | 1000×(58.5+78.5)×68 | 12.0 | 13.2 |
| JX-A□-T-5 | 800×(56+74)×65 | 9.0 | 10.0 |
| JX-A□-T-6 | 1150×(48+54)×51 | 7.6 | 9.0 |
| JX-A□-T-7 | 200×(70+90)×70 | 2.8 | 3.0 |
| JX-A□-T-8[1] | 180×(65+75)×45 | 1.5 | 1.7 |
| JX-A□-T-9 | 250×(25+35)×50 | 1.0 | 1.2 |
| JX-A□-T-10 | 200×(100+120)×90 | 5.3 | 5.5 |
| JX-A□-T-11 | 250×(80+100)×85 | 5.1 | 5.3 |
| JX-A□-T-12 | 400×(100+120)×80 | 9.7 | 10.5 |

注:1)H-8~H-12 为潜艇用铝合金牺牲阳极。

(5)海水管路用铁合金牺牲阳极规格与型号见表 5-12。

表 5-12 海水管路用铁合金牺牲阳极规格与型号[1]

| 型号 | 通径 $D_g$/mm | $D*$/mm | $D_0$/mm | $H$/mm |
|---|---|---|---|---|
| JX-□-P-1 | 200 | 268(260) | 180 | 30 |
| JX-□-P-2 | 175 | 243(234) | 158 | 30 |
| JX-□-P-3 | 150 | 212(200) | 135 | 30 |
| JX-□-P-4 | 125 | 182(172) | 112 | 25 |
| JX-□-P-5 | 100 | 157(146) | 90 | 25 |
| JX-□-P-6 | 80 | 130(126) | 72 | 25 |
| JX-□-P-7 | 65 | 118(110) | 58 | 20 |
| JX-□-P-8 | 50 | 96(84) | 45 | 20 |
| JX-□-P-9 | 40 | 84(74) | 36 | 20 |
| JX-□-P-10 | 32 | 74(64) | 28 | 20 |

注:1)表中 $D*$ 的尺寸分为两类:括号外的尺寸满足 GB/T48—1999 标准要求,使用压力为 4 MPa;带括号的尺寸满足 CB8[illegible]3—76 标准要求,使用压力为 3 MPa。

#### 5.3.1.4 舰船液体舱的牺牲阳极阴极保护

(1)液体舱的分类及其防蚀方法

由于液体舱的类型和使用环境不同,其腐蚀程度和采取的腐蚀控制方法也不同,舰船液体舱主要为以下3类：

①专用燃料油(成品油)舱；

②燃料油(成品油)/海水压载舱；

③专用海水压载舱。

在特殊情况下如遇强风暴时，必要时需要在油舱内压载海水。

对于舰船液体舱的防蚀一般均采用涂覆层和牺牲阳极阴极保护联合防蚀方法，根据液体舱内介质的性质不同，所采用的防蚀措施会有所不同，见表5－13。

**表5－13 舰船液体舱的防蚀措施、涂料及保护情况[1)]**

| 类型 | 防蚀措施 | 实施部位 | 防蚀涂料 | 防蚀效果 |
|---|---|---|---|---|
| 燃油(成品油)舱 | 涂覆层 | 所有舱壁 | 无机硅酸锌1度或纯环氧2度 | 300 μm厚可维持7～10 a |
| 燃油(成品油)/海水舱 | 涂覆层 | 所有舱壁 | 环氧富锌防锈底漆1度，无焦油环氧面漆1度 | 环氧富锌底漆80 μm，无焦油环氧面漆100 μm，寿命7～10 a |
| | 阴极保护 | 所有舱壁，铝合金安装势能≤275 J | 锌合金或铝合金，寿命4～5 a | 服役期内平均保护度[2)]60%～70% |
| 海水舱 | 涂覆层 | 所有舱壁 | 环氧沥青厚浆型防锈漆1度 | 厚浆型环氧沥青125 μm，有效防蚀寿命6～8 a |
| | 阴极保护 | 所有舱壁，铝合金安装势能≤275 J | 锌合金或铝合金，寿命4～5 a | 服役期内平均保护度35%～45% |

注：1）表中涂覆层有效寿命指涂覆层破损率达5%～30%；

2）阴极保护的保护度指从上部至下部含非海水压载期内的整体保护效果，压载率50%，保护电流密度：裸板130 $mA/m^2$，涂覆层部位10.8 $mA/m^2$。

阴极保护不仅可以抑制舰船液体舱的均匀腐蚀，而且对局部腐蚀也有良好的防蚀效果。液体舱的腐蚀率较高，阴极保护度较低，尤其海水压载舱，其主要原因有：液体舱内常处于供氧充足、湿度较大，结构复杂、维修困难；阴极保护并非在整个服役期内都起作用。因此，对于舰船液体舱的阴极保护不能应用船体外壳的保护参数，应根据腐蚀环境和使用工况进行有效的阴极保护设计，下面重点讨论海水压载舱阴极保护有关问题。

(2)海水压载舱阴极保护的作用

海水压载舱的腐蚀环境有两种；即充水时的海水腐蚀和排水后的盐雾腐蚀。合适且充分的阴极保护不仅可完全防止充水期的海水腐蚀，而且还可形成阴极保护沉积膜，该沉积膜在空舱期内可阻碍氧向金属表面的扩散，大大减小腐蚀速率。

阴极保护沉积膜的主要成分为$CaCO_3$，$Mg(OH)_2$和$MgCO_3$，影响该膜形成的因素也就直接影响着阴极保护的效果，如保护电流密度、保护电位、海水舱的压载率、压水期以及牺牲阳极材料等。

研究表明海水舱压载率为20%时，合适的阴极保护系统可使保护度达50%～70%以上，说明不仅在压水期内得到了充分有效的保护，而且在空舱期内也得到了有效保护，即阴极保护沉积膜的保护作用，其贡献达 30% ~50% 以上。

(3)海水压载舱的阴极保护参数及判据

一般认为由于海水压载舱处于干湿交替的环境，在再充水时需要较大的起始电流使其快速阴极极化并保持适当的过保护有利于海水压载舱保护效果的提高，因此也要求压载水舱的涂覆层具有一定的耐碱性。压载水舱的阴极保护电流密度可参考民用船舶推荐的数据。如表 -14 列出的有关标准或机构推荐的阴极保护电流密度。

**表 5 -14　有关标准或机构推荐的民船压载水舱的阴极保护电流密度1)**

| 规　范 | 部　位 | 保护电流密度/($mA/m^2$) | 备　　注 |
|---|---|---|---|
| LR | 上边舱 | 100 | 若压载时间小于 5 天时，保护电流密度提高 10% |
| | 艏尖舱<br>深水舱、专用海水舱<br>成品油/海水舱 | 85 | |
| | 双层底舱 | 68 | |
| NK | 上边舱 | ≥90 | 压载率 20% ~40% |
| | 下边舱 | ≥80 | 压载率 >40% |
| | 双层舱 | ≥56 | |
| BS7361 | 艏尖舱或上边舱 | 130 | 若压载时间小于 5 天时，保护电流密度提高 10% |
| | 成品油/海水舱 | 110 | |
| | 完好涂覆层钢板 | 5 | |

注：1）如未特别说明，表中数据皆为裸板所需电流密度。

表 5 -14 所列保护电流密度是以 -0.85 V(相对 Cu/饱和 $CuSO_4$ 参比电极，下同)作为保护电位判据，即沿用了常浸结构的保护电位判据。有资料认为若压载水舱采用更负的保护电位 -1.00 V 作为判据，则由于其形成的阴极保护沉积膜的保护作用，不仅可以提高其整体保护效果，而且在保护期内所需的总电量与低电位时相当，只是需要更大的起始电流，这种现象示于图 5 -15。

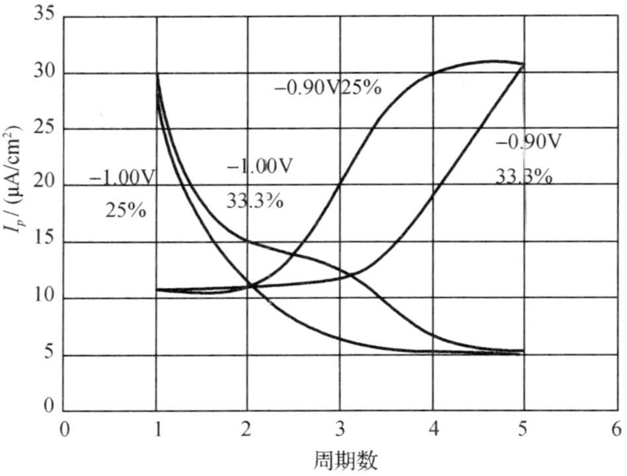


**图 5 -15　不同保护电位和压载率时平均保护电流密度的变化**

### 5.3.2　外加电流阴极保护法

外加电流阴极保护法是由外部的直流电源直接向被保护金属通以阴极电流，使之阴极极化，达到阴极保护的目的。其工作原理是：将外加直流电源的负极接于船壳，正极接于安装在船壳外部并与船体绝缘的辅助阳极，当电路接通后电流从辅助阳极经海水至船体形成闭合回路，使船体钢板受到阴极极化而免受海水腐蚀。

外加电流阴极保护主要由以下几个部分组成：

(1)自动控制电源输出低压直流电的恒电位仪；

(2)向船体施加防蚀保护电流的辅助阳极；

(3)向恒电位仪提供控制信号和监测船体电位的参比电极；

(4)为扩大保护范围和使保护电位更均匀而采用的辅助阳极屏蔽层；

(5)为使推进器轴接地用的滑环、电刷装置；

(6)为使舵、减摇鳍接地用的接地部件。

舰船外加电流阴极保护系统如图5－16所示：

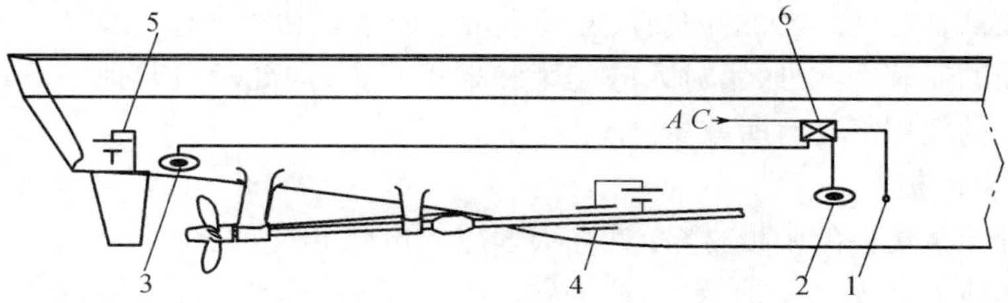


**图5－16　舰船外加电流阴极保护系统示意图**

1—参比电极；2—阳极屏；3—辅助阳极；4—轴接地装置；5—舵接地电缆；6—自动控制装置(电源)

舰船用外加电流阴极保护装置与民用船舶所选用的外加电流阴极保护装置的使用要求是有区别的，舰船用外加电流阴极保护装置在运行期间应严格执行以下防护措施：

(1)舰船在干坞或上排时，恒电位仪设备应处于关机状态，严禁通电；

(2)舰船在执行特殊任务时(如通过雷区等)，恒电位仪设备应启用临时关机措施，以避免发生意外事故；

(3)水面舰船辅助阳极电缆的铺设应采用单股双芯电缆，阳极接线与阴极接地线并行，以抵消单行长输线所产生的磁场并防止对外界的干扰。

5.3.2.1　辅助阳极

辅助阳极的功能是把保护电流送入电解质流到保护体上，故阳极工作时处在电解状态下。对辅助阳极的基本要求有以下几点说明。

1. 舰船用辅助阳极材料性能要求

舰船用辅助阳极材料应具有以下性能要求：

(1)阳极材料必须具有良好的导电性，而且表面输出电阻小，排流量大；

(2)材料应具有一定的机械强度，经得起海浪冲击和磨损，便于加工和安装；

(3)阳极材料的溶解速度低，使用寿命长；

(4)阳极材料来源充足，价格便宜，便于推广应用；

(5)辅助阳极的水密装置的选材应与船体材料相匹配。

2. 舰船用辅助阳极的种类和性能

按阳极材料的溶解性能，辅助阳极可分为三大类：可溶性阳极(如钢、铝)、微溶性阳极(如高硅铸铁、石墨)、不溶性阳极(如铂、镀铂、金属氧化物)。可以作为外加电流保护用的辅助阳极材料种类很多，用于舰船阴极保护的辅助阳极材料主要有三种类型：铅银合金阳极、铂复合阳极和钛基金属氧化物阳极。这三种类型阳极材料前者属于微溶性阳极，后二者属于不溶性阳极材料。

(1)铅银合金阳极

铅银合金阳极早在20世纪50年代后期即用作外加电流阴极保护阳极。铅银合金在海水中具有良好的电化学性能，这是因为在海水中极化时，铅银阳极表面生成了一层致密的、附着力好的、而且具有良好导电性和保护性的过氧化铅膜，一旦膜生成，合金本身几乎不再溶解。因此，具有较长的使用寿命。为了进一步改进铅银合金阳极的性能，在铅银合金表面嵌入少量的铂丝，露出的铂丝与铅银合金表面的面积比应不小于1:1 000，构成了铅银微铂阳极。由于铂会促进过氧化铅膜的形成，铅银微铂阳极可具有更小的消耗速率和更大的工作电流密度。

铅银合金和铅银微铂阳极价格较低，易于铸造或挤压成型。然而，由于铅密度较大且工作电流密度较低，因此需要大的阳极尺寸和重量才能达到和铂同样的排流量和使用寿命，这将不利于阳极的安装。此外，铅对人的健康和环境有害，因此随着其他不溶性阳极的发展，铅银合金阳极的使用将会有所减少。

(2)铂复合阳极

铂是一种非常优良的阳极材料，具有很理想的电化学性能，但很昂贵。为了降低价格，通常在金属基体上被覆上一薄层铂而构成铂复合阳极。可作为铂阳极基体的材料主要有钛、铌和钽。在海水中用得较多的是钛和铌，而钽由于价格较高，用得比较少。舰船上现在所用的铂复合阳极主要是铂/钛和铂/铌复合阳极。铂/钛、铂/铌复合板状阳极是采用爆炸复合后轧制的方法制得的，铂/铌丝状复合阳极则是通过拉拔的方法制得的。这种阳极用少量的铂复合在基体表面，具有铂电极的性能和优点，它能在很高的阳极电流密度下长期工作，尺寸小、质量轻、寿命长，是较为理想的辅助阳极材料。目前，在水面舰船的战斗舰艇和潜艇中主要选用的是这种材料。

(3)钛基金属氧化物阳极

钛基金属氧化物阳极(又称混合金属氧化物阳极)是在钛基体上用热分解方法沉积一层导电的混合金属氧化物层而构成。这种覆盖层具有高的电催化活性，因此该阳极有高的电催化活性和非常大的真实表面积，在海水中具有很低的极化电位，也是一种高效率、长寿命的阳极。由于采用钛为基体，因而易于加工成各种所需的形状，而且重量轻，具有良好的机械强度和韧性。这种材料的阳极已在海军辅助船上广泛应用。

为便于不同型号舰船的选型，在《海军舰船辅助机电设备型谱 - 外加电流阴极保护装置》中规定了舰船常用辅助阳极的系列、特性、规格与型号。

辅助阳极的主要性能参数、规格与型号见表5-15。

**表5-15 辅助阳极主要性能参数与规格**

| 序列 | 型号 | 名称 | 外形尺寸 $L \times W \times H$ /(mm×mm×mm) | 工作电流范围 /A | 使用年限 /a |
|---|---|---|---|---|---|
| 1 | CYB-1 | 铂/钛复合板阳极 | 600×180×40 | 0~35 | 20~25 |
| | CYB-2 | 铂/钛复合板阳极 | 920×180×40 | 0~80 | 20~25 |
| | CYB-3 | 铂/铌板阳极 | 250×200×38 | 0~20 | 20~25 |

表5－15(续)

| 序列 | 型号 | 名称 | 外形尺寸 $L\times W\times H$ /(mm×mm×mm) | 工作电流范围 /A | 使用年限 /a |
|---|---|---|---|---|---|
| 1 | CYB－4 | 铂/铌板阳极 | 800×170×23 | 0～50 | 20～25 |
|  | CYB－5 | 铂/铌丝阳极 | 520×160×25 | 0～20 | 20～25 |
| 2 | CYY－1 | 钛基金属氧化物阳极 | Φ270×30 | 0～30 | 15～20 |
|  | CYY－2 | 钛基金属氧化物阳极 | Φ290×30 | 0～50 | 15～20 |
|  | CYY－3 | 钛基金属氧化物阳极 | 600×180×40 | 0～25 | 15～20 |
|  | CYY－4 | 钛基金属氧化物阳极 | 920×180×40 | 0～40 | 15～20 |
|  | CYY－5 | 钛基金属氧化物阳极 | 1450×150×25 | 0～75 | 15～20 |

3. 舰船用辅助阳极的结构

舰船用辅助阳极的结构见图5－17、图5－18和图5－19。

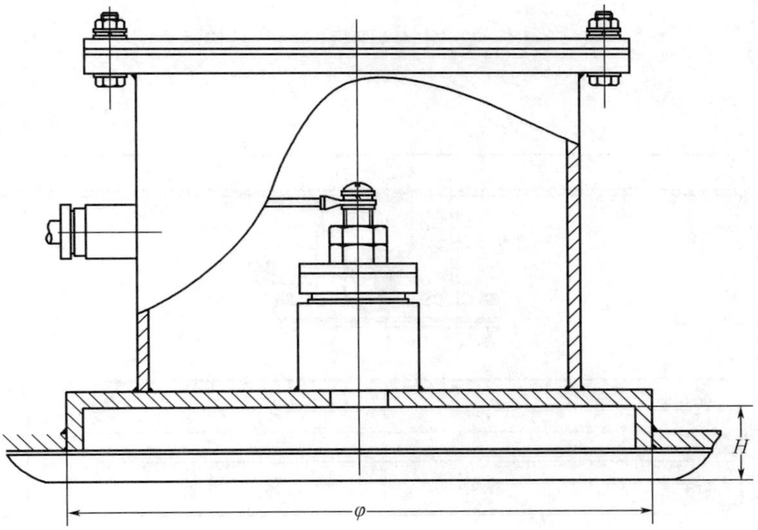


图5－17 钛基金属氧化物阳极(圆盘状)结构示意图

4. 辅助阳极屏蔽层

在外加电流阴极保护系统中，从辅助阳极排出很大电流，因此，辅助阳极周围的电流密度较高，船体表面的阴极电位较负，通常超过－1.0 V(相对于氯化银电极)。因此发生阴极反应：

$$2H_2O + O_2 + 4e \rightarrow 4OH^-$$

$$2H_2O + 2e \rightarrow 2OH^- + H_2\uparrow$$

上述反应结果，使船体表面碱性增强，并析出氢气，因此会使阳极周围区域船体涂料皂化，起泡脱落，形成短路。这样，距离阳极较远的船体得不到保护电流，使电位沿船体的分布很不均匀，降低了外加电流阴极保护效果。为了防止短路，扩大电流分布范围，使船体电位分布均匀，确保外加电流阴极保护效果，需在辅助阳极周围涂屏蔽涂料层，如图5－16所示。

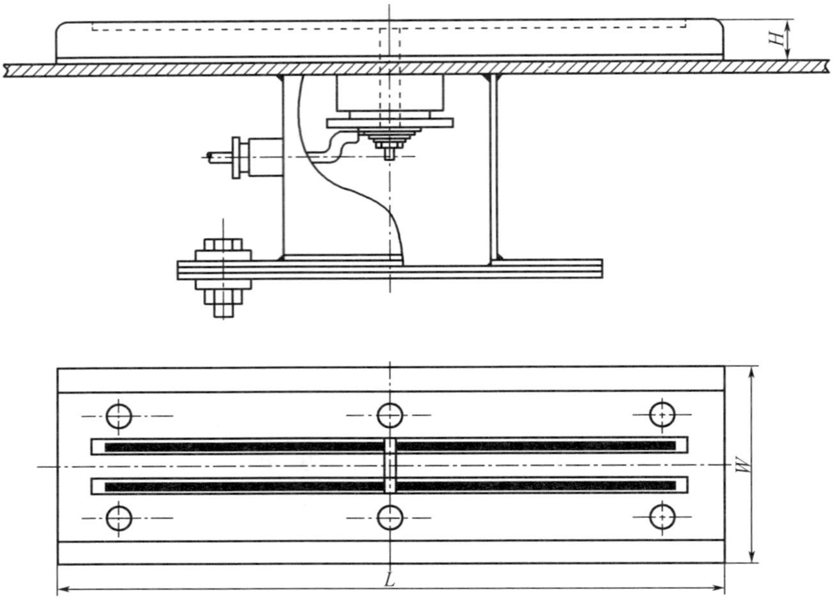


图 5－18 铂/铌复合阳极(丝状)结构示意图

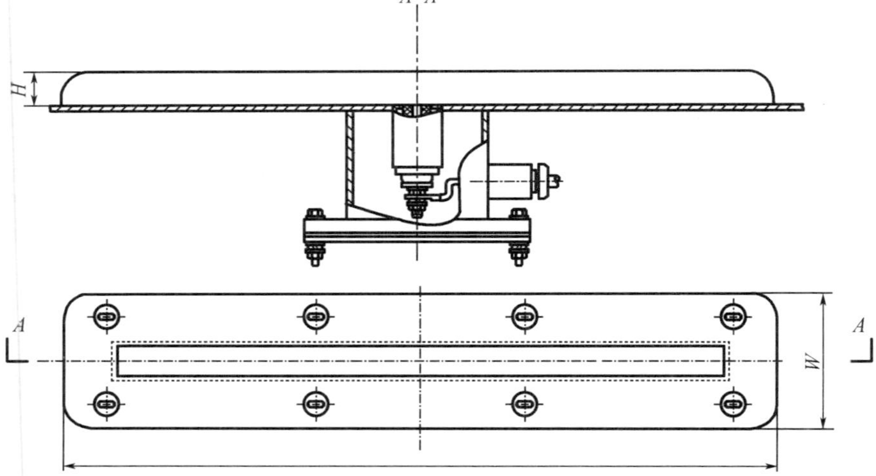


图 5－19 铂钛、铂铌复合板阳极及钛基金属氧化物(长条状)阳极结构示意图

这种阳极屏蔽涂料层的要求是:

(1)具有优良的绝缘性,涂覆后与海水完全绝缘,防止电渗作用造成短路;

(2)耐海水介质浸蚀,耐氯和碱的作用;

(3)对船体钢板有良好的附着力,并具有一定的韧性,以防止受海水冲击而损坏;

(4)使用寿命长,要求与阳极同寿命;

(5)阳极屏蔽层的形状应与辅助阳极的形状相对应;

(6)施工方便。

阳极屏蔽层材料现在普遍采用环氧腻子涂料,环氧腻子涂料具有较高的耐电位性能(耐 3 V 以上,相对于氯化银电极),使用寿命 10 年以上。涂装厚度一般 1.5 ~ 3 mm,涂装

1 ~2 道，通常辅助阳极绝缘座附近应厚一些，向屏蔽层边缘方向逐渐减薄，边缘处应薄到 0.5 mm。可用油灰刀刮涂。这种涂料以甲乙组分分罐包装，使用时必须严格按甲乙组分比例混合均匀，然后在其活性期内涂装完毕。为了得到良好的附着力，被涂钢板表面必须彻底除锈，最好喷砂处理。

舰船阳极屏蔽层选用的环氧腻子涂料，其特性如下：

①附着力≥2.5 MPa；

②冲击强度≥5 J；

③耐电位性能 −3.5 ±0.02 V；

④涂敷厚度 1.5 ~3.0 mm（由内到外逐渐减薄）；

⑤使用期限 5 ~10 a。

#### 5.3.2.2 参比电极

1. 舰船用参比电极性能要求

在外加电流阴极保护中，参比电极的作用是监测船体保护电位和向恒电位仪提供控制信号。因此，要求参比电极的电极电位必须准确稳定、极化小、寿命长，具有较高的强度，耐海水冲刷，耐磨损，便于加工安装等。

2. 舰船用的参比电极种类和性能

国内、外常用的船用参比电极有三类：海水银/氯（卤）化银电极、锌电极和饱和硫酸铜电极。饱和硫酸铜电极，因需要经常调换硫酸铜溶液，故不宜作为舰船上固定安装使用，仅作为携带式参比电极比较方便。

①银－氯化银电极　海水银－氯化银电极的电位稳定、极化小，对氯离子可逆，是海水介质中比较理想的参比电极。它可装在塑料壳内，结构牢固，可以直接固定在船体上。这种电极在淡水中，电位会明显地正移，但是一回到海水后能很快地恢复。

②银－卤化银电极　海水银－卤化银电极是根据银在海水中的溶存形态和参比电极在海水中的热力学性质和动力学过程，按照海水组成守恒原理和通过热力学平衡常数计算，并添加惰性半导体材料防止光敏效应合成的卤化银固溶体活性材料，用这种活性材料制备了电极体。这种电极的电化学活性经久不衰，具有较高的化学稳定性和均匀的溶银成膜过程，在海水中有稳定的 Nernst 响应，适于作为海水中长寿命参比电极。

③锌参比电极　锌参比电极分为锌电极和锌合金电极两种。

在海水中，锌具有足够负的稳定电位和高的交换电流，并极化性小。用锌作参比电极，必须是高纯金属（99.99% 以上的纯度），铁的含量不超过 0.001 4%。为了改善电极的电化学性能在锌中加入适量的铝和硅，组成锌铝硅合金，这种合金的电位稳定，极化小。

锌电极和锌合金电极易于制造，可在海水和淡海水使用。但其电位精度较海水银/氯（卤）化银电极要低，尤其是在安装中如果和船体绝缘不好时，就成为牺牲阳极而溶解。

参比电极的水密装置的选材要求与辅助阳极的水密装置的选材要求一样，应与船体材料相匹配。

舰船用参比电极的主要性能参数及型号见表 5－16。

3. 舰船用参比电极的结构

舰船用参比电极的主要结构见图 5－20 和图 5－21。

表 5－16　参比电极主要性能参数表

| 序列 | 型号 | 名称 | 电位稳定性 /V | 使用年限 /a |
|---|---|---|---|---|
| C1 | CYL | 银/卤化银参比电极 | ±0.005 | 10 |
| C2 | CCY | 银/氯化银参比电极 | ±0.005 | 10 |
| | CCX | 锌参比电极 | ±0.015 | 10 |

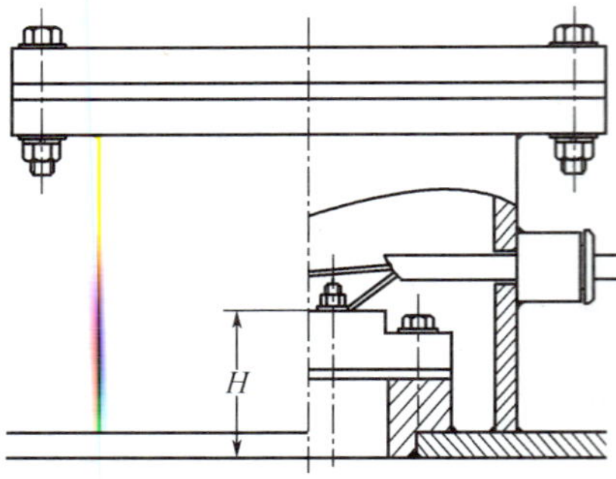


图 5－20　银/卤化银电极结构示意图

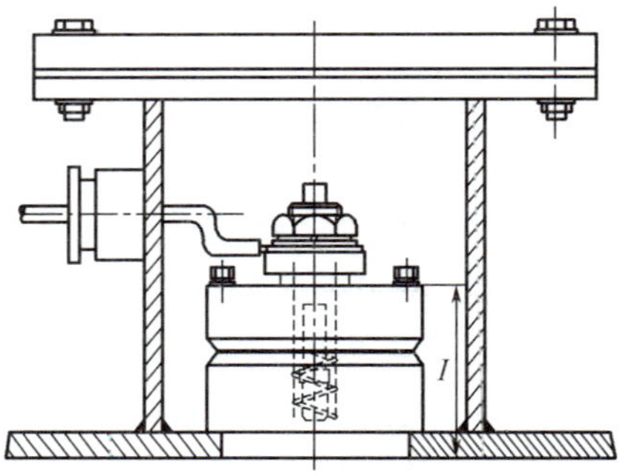


图 5－21　银/氯化银电极结构示意图

4. 参比电极电位与保护电位之间的关系

在舰船阴极保护装置中，由于采用不同的参比电极，如：铜/饱和硫酸铜电极、银/氯(卤)化银电极、锌合金电极测量船体电位，所测得的保护电位值是不同的，它们之间的相互关系如图 5－22 所示。

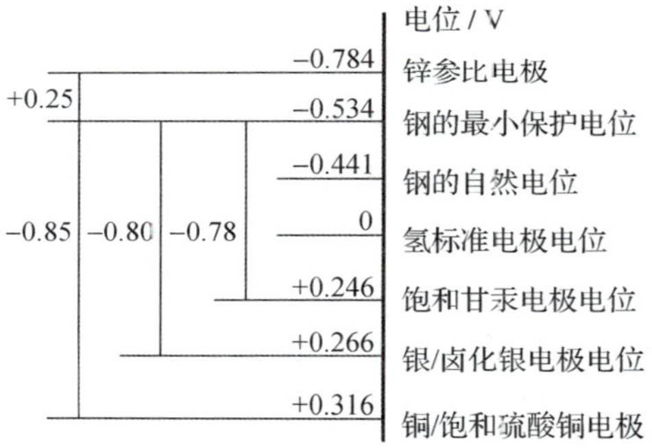


图 5－22　各种不同的参比电极电位与船体保护电位的关系

5.3.2.3　恒电位仪

恒电位仪是外加电流阴极保护装置的直流电源，它根据参比电极提供的控制信号自动调节保护电流的输出，使船体处于最佳保护状态。因此，它是外加电流阴极保护装置的核心部分，恒电位仪的可靠与否直接关系到船体的保护效果。

1. 舰船用恒电位仪的性能要求

舰船用恒电位仪，除了应符合一般船用电器设备的要求外还应有下列性能要求：

(1) 额定输出电流为 20～300 A；

(2) 额定输出电压为 12 V，16 V，20 V，24 V；

(3) 给定电位在 0～－1.5 V 范围内连续可调(表头显示为正值)；

(4) 电位控制的允许误差为 ±20 mV；

(5) 参比电极输入端阻抗 ≥1 MΩ；

(6) 纹波系数 ≤10%；

(7) 绝缘电阻不小于 10 MΩ；

(8) 平均修复时间 MTTR＜0.5 h；

(9) 整机平均无故障时间 MTBF≥10 000 h；

(10)具有自动/手动转换功能;

(11)具有过载保护、断相保护及信号延伸功能;

(12)具有通、断电自动启动功能。

2. 舰船用恒电位仪的种类和性能

舰船用恒电位仪主要有磁饱和恒电位仪、大功率晶体管恒电位仪和开关电源恒电位仪。

(1)磁饱和恒电位仪　磁饱和恒电位仪是水面舰船广为使用的阴极保护直流电源。这种恒电位仪可以通过磁饱和电抗器控制整流器和变压器的输出,调整保护电流的大小,从而使结构物的保护电位保持恒定。因此,磁饱和恒电位仪的电路设计简单,使用元件少,整机故障率低,其电流调整元件为磁饱和电抗器,它是铁芯和线圈组成,是一个永久性部件,能承受较大的过电流、过电压冲击,抗过载能力强,坚固耐用、可靠性高,但体积和重量较大。

(2)大功率晶体管恒电位仪　大功率晶体管恒电位仪的输出比较平稳、稳定可靠、响应快、控制精度高、体积小、无噪声,但线路较复杂,主要用于潜艇上。

(3)开关电源恒电位仪　开关电源是一种性能优异的电源,现今几乎所有的计算机、通信、电视、军用电子仪器和空间电子仪器都采用了开关电源。它具有响应速度快、电能转换效率高、质量轻、体积小等多种其他形式的直流电源所不能比拟的优点。近年来,采用开关电源技术而发展起来的开关式恒电位仪具有了开关电源的优点,其优点主要有以下几个方面:

①能耗低、效率高　开关式恒电位仪采用高频开关工作方式,大大地降低了系统能耗。在满负荷输出时,电能转换效率接近100%;在输入电压变化和直流输出低负荷率时,也能保持恒定的转换效率。

②稳定性好、可靠性高和抗电磁干扰能力强　由于其内部发热量极低,甚至可以采用完全密封的壳体,不留对流冷却口,使得恒电位仪外壳防护等级提高。由于工作在较高的频率上,滤波器元件惯性较小,使得输出电压波动减小,并且采用简单的电磁干扰抑制电路和屏蔽措施即可达到满意的抗干扰效果。这使得电源的工作稳定可靠,更适于无人值守的情况下使用。

③尺寸小、质量轻　由于其高频工作特点,大大减小了磁性元件体积,质量也较其他形式恒电位仪轻。

3. 舰船常用恒电位仪主要规格、型号、性能及参数见表5-17。

**表5-17　舰船用恒电位仪主要规格、型号、性能及参数表**

| 序列[1] | 型号 | 额定输出电流 /A | 额定输出电压 /V | 电源(三相50 Hz) /V | 外形尺寸 $L \times W \times H$ /(mm×mm×mm) | 质量 /kg |
|---|---|---|---|---|---|---|
| 1 | INA-2-1 | 3~100 | 0~20 | 380/50 | 680×530×1 360 | 200~280 |
| | INA-2-2 | 10~300 | 0~24 | 380/50 | 700×570×1 472 | 300~350 |
| 2 | DJH | 0~120 | 0~18 | 380/50 | 600×410×1 000 | 120~160 |
| 3 | KJH | 0~120 | 0~18 | 380/50 | 480×300×380 | 30~50 |

注:1)序列1—磁饱和恒电位仪;序列2—大功率晶体管恒电位仪;序列3—开关电源恒电位仪。序列1,3用于水面舰船,序列2用于潜艇。

4. 舰船用恒电位仪箱体的结构

舰船用恒电位仪结构见图 5 – 23、图 5 – 24 和图 5 – 25 的结构示意图。

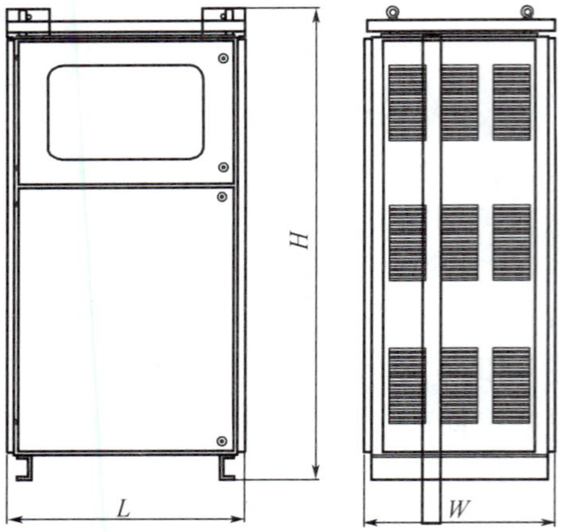


图 5 – 23　磁饱和恒电位仪结构示意图

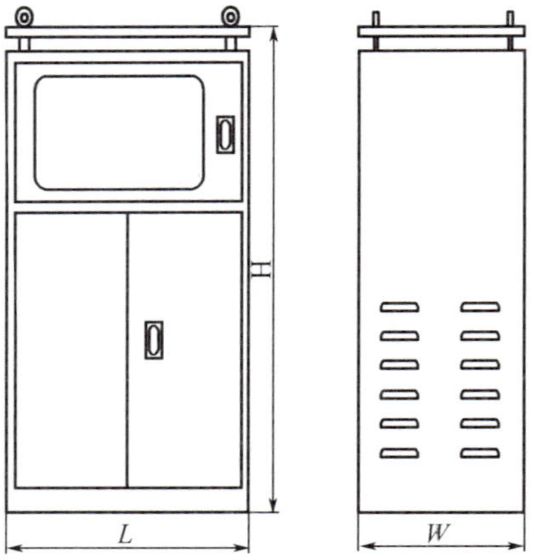


图 5 – 24　大功率晶体管恒电位仪结构示意图

5.3.2.4　推进器和舵接地装置

推进器通常是由铜合金做成。它是裸露的，而且在旋转时，氧的去极化作用加剧，需要较大的保护电流密度，达 0.5 ~ 1 A/m$^2$。但是，当推进器在旋转时，轴与轴承之间的润滑油膜将影响其导电性。此时，推进器对地（船体）电位差可达 0.3 V 左右。为使推进器免遭电化学腐蚀（不包括其空泡腐蚀），必须在轴上加装铜滑环和金属碳刷构成的轴接地装置，同时，把金属碳刷与船体相接，使推进器获得足够的保护电流。其结果可使推进器对地电位差降到 0.06 V 以下。

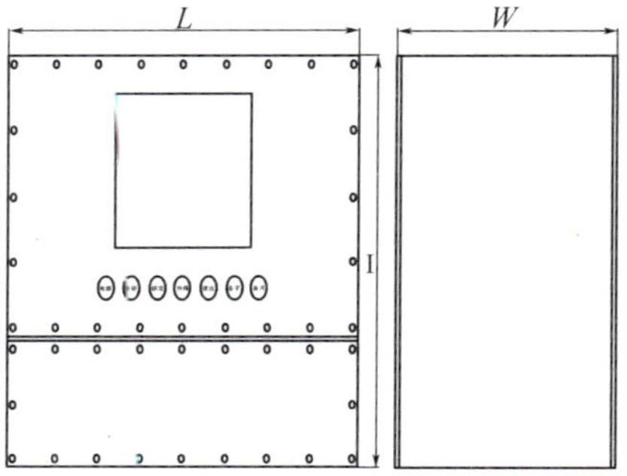


图 5 – 25　开关电源恒电位仪结构示意图

同样道理，为了防止舵叶和减摇鳍的电化学腐蚀，需将舵柱及减摇鳍用一根使用截面积 25 mm$^2$ 铜质软性电缆或铜编织线与船体相连即可得到保护，接地电阻应小于 0.01 Ω。

### 5.3.3　电腐蚀及防止措施

5.3.3.1　产生电腐蚀的原因

电腐蚀是外界电源引起的腐蚀。在靠码头修造船时，这种外界电流往往是很大的，阴极保护无法阻止这种电腐蚀。如果造成这种电腐蚀将是相当严重的。

关于电腐蚀的特点已在 3.1.4 节作过介绍。产生电腐蚀的原因往往是由于有的船厂对停靠在码头上的舰船进行直流电焊时，焊接设备采用了错误的接线方式或临时照明电缆漏电等产生的所谓杂散电流引起的。

如有的船厂对靠码头的舰船进行直流电焊时，将电焊机的负极与码头接地，而不是直接接在被焊船体上，船体与码头之间仅靠钢缆导电。这样，电焊时的电流从焊机正极经焊枪、船体后，有一部分电流经钢缆、码头，进入接地导线返回电焊机负极，而另一部分电流则从船体进入江水或海水，再经码头进入接地线返回电焊机负极，船壳成为了阳极。进入江水或海水的这一部分电流即为引起电腐蚀的电流，它起着电解船体的作用，造成船体严重的电腐蚀。如图5－26、图5－27所示。

5.3.3.2 电腐蚀的防止措施

针对电腐蚀的原因，在靠码头进行舰船焊接时，应严格按照图5－28的接线法进行。焊机的负极直接与船体连接，该连接电缆应具有足够的横截面积和完好的绝缘。此外，焊机负极与码头应完全绝缘，最好焊机应放置在被焊船上，彻底切断引起电腐蚀的电流回路。这样可彻底避免杂散电流的产生。电流从正极经焊枪、船、回路线返回负极，从而避免舰船产生电腐蚀现象。

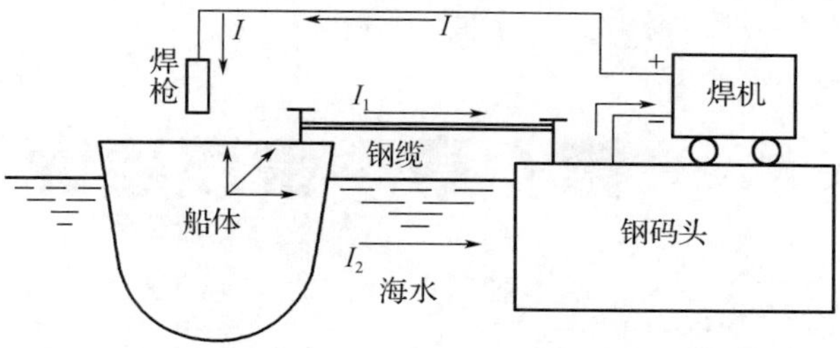


图5－26 电焊时负极接码头而引起的电腐蚀示意图

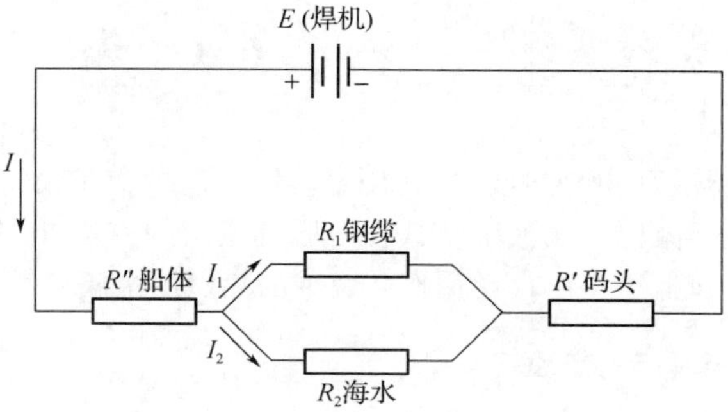


图5－27 图5－26的等效电路图

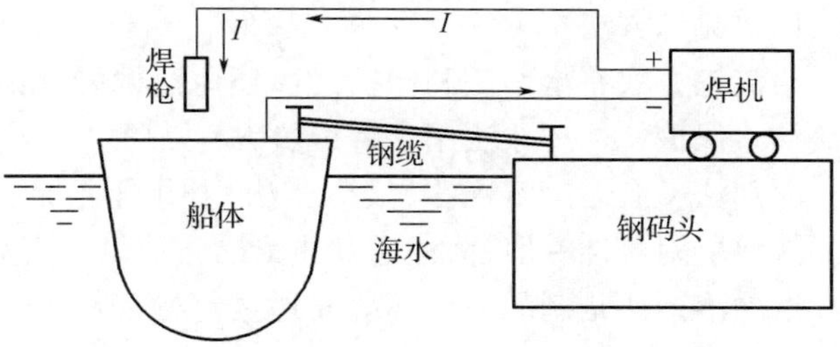


图5－28 焊接机正确接法示意图

当舰船停泊水域存在杂散电流电场时，位于该电场的舰船水下船体部分被杂散电流阴极极化（电流流入处）和阳极极化（电流流出处），电腐蚀则在阳极极化区发生。如果杂散电流的电场较强，船体水下部分也会发生严重的腐蚀破坏。

另外，舰船在海水中停泊，靠码头供电和充电时，不准使用单线供电，也不能利用海水、江水导电。采用直流供电的舰船，应防止电缆漏电造成电腐蚀。

杂散电流是否存在，可用电位差计测量；电位差计的正极接参比电极，负极接船壳，将参比电极放入靠近船壳的水中，接通回路，即可测得船体电位。如有杂散电流存在，保护电位变正，应对电器设备的电缆作漏电和接地损伤检查，并采取措施。

# 第6章　金属表面镀层防腐蚀

舰船设计人员在设计非标准件和通用件时，除采用涂料防腐外，通常还采用热镀、电镀、热喷涂以及其他防腐蚀方法，下面对常用的几种金属表面镀层防腐蚀的方法作一简要介绍。

## 6.1　热　　镀

热镀（也称热浸镀）是用金属镀层进行金属表面防护的技术工艺。热镀法是把被镀件浸入到熔融的金属液中使其表面形成镀层的方法，因此镀层金属的熔点必须比被镀基体金属的熔点低得多。广泛用作防腐蚀的热镀层金属有锌、铝等以及它们的合金。

### 6.1.1　热镀锌

钢材表面采用热镀锌工艺在钢铁制品抗环境腐蚀方面占首要地位，大量的镀锌钢材都是采用热镀锌。

1. 热镀锌方法

热镀锌方法有溶剂法和保护气体还原法两种。溶剂法多用于钢管、钢丝、钢板、钢质部件镀锌。保护气体还原法用于带钢热镀锌。

溶剂法又有熔融溶剂法（又称湿法）和烘干溶剂法（常称干法）。采用熔融溶剂法所得到的镀锌层附着性一般都不好，其质量品质比烘干溶剂法的差。

熔融溶剂法是制品在镀锌前先通过锌槽表面上一个专用箱中的溶剂层（$ZnCl_2-NHCl_4$ 的化合物）进行处理。

采用熔融溶剂法时，锌液中不宜加铝。因为溶液在锌液表面上与锌液中的铝会发生激烈的化学反应，生成易于挥发的三氯化铝。

烘干溶剂法是将镀件浸入浓溶剂（$ZnCl_2$ 750～800 g/L + $NHCl_4$ 65～80 g/L）的水溶液中，然后烘干并送入镀锌槽。采用烘干溶剂法可以加入适量的铝，虽然溶剂也与锌液中的铝发生反应，但远不如湿法反应激烈，其锌层附着性和表面质量均比湿法好。锌液中含有0.01%～0.02%的铝，就可以提高锌层的光泽度，防止出现氧化色。

5%的铝－锌合金镀层钢板称为低铝镀锌板，是在普通热镀锌槽中采用含有5%铝的锌－铝合金，并加入少量稀土元素（镧和铈）。5%铝－锌合金是铝－锌二元合金中熔点（380 ℃）最低的合金，加入稀土元素可以改善合金液润湿钢基体的性能。

2. 镀锌层的耐蚀性

锌在海洋大气中的腐蚀程度与城市大气中相同，约为1～7 μm/a，在海浪飞溅区与工业大气中的腐蚀程度相似，约为15 μm/a，在热带地区干燥大气中，锌的腐蚀<2 μm/a，潮湿大气中<3 μm/a，在海岸<6 μm/a，在有海浪拍击或有严重凝露时就会比较严重。浸泡在海水中的热镀锌钢板，其腐蚀速率达12～240 μm/a，热镀锌层在静止的海水中耐蚀性良好，但当海水

流速为0.6 m/s时,腐蚀速率明显增加。锌在硬水中的腐蚀速率为2.5 mg/(dm$^2$·a),在软水中则是它的10倍。

### 6.1.2 热镀铝

采用热镀法获得镀铝钢材,其工艺与热镀锌十分相似。热镀铝钢材的表层成分与槽液成分大致相同。表层与钢基体之间是由各种铁-铝化合物组成的合金层。热镀铝时,合金层是通过铁与铝原子在交界面上发生化学反应和热扩散而形成的。

铝是比较活泼的金属,从镀槽中拉出的镀铝钢材,其表面在空气中立即遭到氧化,形成一层坚实的、致密的氧化铝($Al_2O_3$)膜,这种膜防止继续氧化的能力相当强,它保护镀铝层免遭腐蚀破坏。当氧化膜被破坏的情况下,铝对钢基体提供阴极保护。

镀铝钢板具有优异的耐大气腐蚀和耐海洋与潮湿环境腐蚀的性能以及抗海水腐蚀性能。镀铝钢板的耐大气腐蚀性是镀锌钢板的3~6倍。镀铝钢板的耐腐蚀性能远远优于镀锌钢板,而且它的耐热性与409型不锈钢相当,在500 ℃以下长期加热时,其外观无变化。

## 6.2 渗　　镀

渗镀是采用扩散处理方法,将一种或几种元素,从表面扩散到基体金属中去使形成扩散镀层。这种方法也称为表面合金化。

众所周知,不锈钢具有良好的耐蚀性能。但价格较贵,不可能广泛使用。如果采用扩散处理方法在普通低碳钢上形成铬扩散层,就可以使它具有和不锈钢相类似的耐蚀性能。不锈钢多种多样,由于合金化元素的含量不同,耐蚀性能也有较大的差异。为了提高不锈钢的耐蚀性能,对不锈钢进行铬扩散处理,是一种比较经济的办法。

用渗镀法形成的扩散层,系与基体金属构成一个整体,因而不易从基体上脱落下来;这是扩散层最大的特点。

扩散处理时,可应用的扩散元素较多,对于提高钢材的耐蚀性能,目前应用最广泛的渗剂元素有锌、铝、铬、硅、硼等。

### 6.2.1 渗锌

渗锌是采用热扩散法在钢铁基体表面上形成一种渗锌层,该法即通称为渗锌。和其他金属元素扩散法相比,渗锌法的主要特点是处理温度较低,因而可保持被渗部件的力学性能,并且被渗部件的变形量很小。渗锌层比其他金属渗层均匀得多,处理形状比较复杂的部件时,渗锌层具有突出的优点。无论是螺纹、内壁或凹槽等部位,渗层的厚度几乎相同。和镀锌层相比,渗锌层具有较高的硬度和耐磨性。而且,渗锌层与铁的电位差,比锌与铁的电位差小,作为阳极性保护层,渗锌层具有更好的防蚀效果。渗锌法被广泛用于弹簧、紧固件、钢管(尤其是细长钢管)以及需要严格控制尺寸误差的零部件的防腐蚀。

渗锌层有优异的物理性能和良好的耐蚀性能。

1. 物理性能

在通常的渗锌条件下,得到的渗层具有良好的附着力,一般情况下不易剥落。渗锌层比电镀锌、热镀锌和热喷镀锌层更硬,具有较好的耐磨性。渗锌层的厚度比较均匀,在被渗部位的边角部位渗层不过厚；在凹槽部位，厚度也无明显下降。由于渗锌层表面呈砂面状态，因此是涂料的良好基材。涂漆时不需要底漆，漆膜也具有良好的附着性。

2. 耐蚀性能

锌在大多数自然环境中的腐蚀速率比钢铁慢得多。在各种水中和多数天然气氛中，锌的平均腐蚀速率是钢铁的4%。这主要是由于在锌的表面上形成了防护膜。在腐蚀初期锌的腐蚀速率较快，随着时间的延长，腐蚀产物逐渐遮盖了锌的表面。这种腐蚀产物起着保护膜的作用，使腐蚀速率逐渐减慢。锌的这种性能使渗锌层具有较长的寿命。当渗锌层受到机械损伤时，它作为牺牲阳极受到腐蚀，因而保护了钢基体。

渗锌层的防蚀能力，主要决定于在使用环境中能否形成保护膜。而且，渗锌层越厚其寿命也越长。

锌的腐蚀产物主要是碳酸锌。在酸性气氛中，由于不能形成碱性碳酸锌膜，渗锌层的腐蚀速率较快。渗锌层在多数中性和微碱性（pH6～12）介质中的耐蚀性较好。渗锌产品和几种镀锌制品在pH7.17、60 ℃的流动水中，经过3 000小时的腐蚀试验，所得数据列于表6－1。由表中数据可知，渗锌层具有良好的耐蚀性能。

**表6－1 渗锌和镀锌制品的耐蚀性比较**

| 制品种类 | 腐蚀速率/[g/(m$^2$·h)] | 腐蚀深度/μm |
|---|---|---|
| 渗锌 | 0.023 | 9.6 |
| 热镀锌，熔融锌中含铝： | | |
| 0.12 | 0.035 4 | 14.9 |
| 0.04 | 0.035 8 | 15.1 |
| 电镀锌 | 0.03 6 | 15.2 |
| 在550 ℃扩散退火10 min的热镀锌，熔融锌中含铝： | | |
| 0.12 | 0.009 2 | 4.1 |
| 0.04 | 0.025 3 | 10.5 |
| 在500 ℃退火的电镀锌 | 0.015 | 6.3 |

在海水中，渗锌钢材也有良好的耐蚀性。海水涨落交替润湿的渗锌钢材，腐蚀速率是5～10 μm/a。非渗锌钢材在这种条件下，腐蚀速率达300 μm/a。在含有矿物质的水中，渗锌层也有良好的耐蚀性。有资料介绍，在一种矿物质水中，渗锌钢材的腐蚀速率仅为2～4 μm/a。

试验证明，渗锌可以改善钢的抗腐蚀疲劳性能。例如经过渗锌后的结构钢，可提高抗腐蚀疲劳性能2倍以上。

### 6.2.2 渗铝

在钢铁上渗铝可以提高其表层的抗蚀性能，特别是抗高温氧化性能。普通碳素钢或低合金钢渗铝后，在某些程度上可以代替不锈钢或耐热钢使用。

在钢材上渗铝的方法很多，有粉末法、料浆法，气体法、热镀－扩散法，电镀－扩散法和喷镀－扩散法等，其中应用最多的是粉末法。

采用粉末法渗铝的原理和工艺,与粉末渗锌法基本相同。渗铝剂的组成包括三个部分:(1)铝粉或铝－铁合金粉是提供铝的来源;(2) $Al_2O_3$ 粉为防粘剂;(3)催渗剂,常用氯化铵,它在加热时产生氨气与氯化氢。氨又进一步分解为氮气和氢气,它们可以保护箱内不发生氧化性气体,防止渗件和渗剂的氧化。

当渗铝层表面上的铝浓度较高时,渗层较脆,因此必须进行扩散退火。经过扩散退火处理后,不仅降低了渗层的脆性,而且增加了渗层的厚度。

粉末法渗铝件在常温下的机械强度要比未渗铝的低碳钢低,尤其是塑性和韧性。但是经过调质处理,它的力学性能仍可恢复并有所改善。

渗铝钢材具有优良的抗高温氧化性,主要是因为在其表面形成了一层稳定的氧化膜。要使渗铝钢材具有抗高温氧化性能,表面上的铝必须达到一临界值(临界浓度)。若在高温下长期使用,则渗铝层厚度应达 0.3 mm。

渗铝钢材的使用寿命随着温度的升高而缩短。一般认为,在 750 ℃以下,渗铝钢材的抗氧化性能十分优良,可以长期使用。试验表明,低碳钢渗铝后,在 850 ℃下使用,抗氧化性能约提高 15～20 倍;在 900 ℃下使用,约提高 10～15 倍;在 1 000 ℃下使用,约提高 5～6 倍;在 1 100 ℃下使用,约提高 3～4 倍;在 1 200 ℃下使用,约提高 2～3 倍。

钢材部件在含有硫化氢的高温气流中工作,将受到严重腐蚀。在这种条件下若使用渗铝钢材,则效果很好。舰艇的烟囱、排烟管采用渗铝钢材,可以大大提高耐腐蚀寿命。

### 6.2.3 渗铬

在钢铁表面形成渗铬层,具有优越的抗高温气体腐蚀和溶液腐蚀性能。它比一般电镀铬层厚,无孔,并可在形状复杂的部件上得到均匀的渗层;另外与基体的结合也十分牢固。在中碳钢或高碳钢上形成的渗铬层具有很高的表面硬度;同时也有一定程度的耐蚀性。

在钢铁上形成渗铬层的主要方法有:粉末法(固渗)、气渗法与熔盐法等。

粉末法是将要渗铬的部件包装在粉末渗剂中。渗铬剂内含有 60% 金属铬或铬－铁合金粉、38% 氧化铝与 2% 固态卤化铵($NH_4Cl$, $NH_4Br$, $NH_4I$)。卤化铵在渗剂中起活化作用,最常使用的为氯化铵。在高温下发生一系列反应(置换反应、还原反应、热分解反应)使铬沉积在钢铁上。在低碳钢上渗铬,采用的温度范围为 980 ℃～1 050 ℃。

渗铬低碳钢表面的硬度与钢材心部的硬度相近似,这种渗铬钢具有良好的延展性。渗铬中碳钢(含 C0.3%～0.4%)表面硬度较高,可用作耐磨材料。

钢的极限强度和屈服强度,一般随渗铬温度的增高而下降。

渗铬钢材具有优良的抗高温氧化性能。在 700 ℃～800 ℃温度范围内,渗铬低碳钢可长期使用。温度达到或超过 900 ℃时,氧化速率较快,寿命有限。氧化速率较快的原因,主要是在高温下发生铬的二次扩散;同时铁也向表层扩散,因而降低了表面层中铬的浓度。

钢中碳含量不同,渗铬后抗高温氧化性能有较大的差别。在低于 880 ℃时,低碳钢(含 C0.2%)的组织,基本上是铁素体,其渗铬层也具有铁素体组织。在高温下氧化时,由于铬的再扩散,渗铬低碳钢的抗氧化性能明显降低。渗铬高碳钢(含 C1%)的渗层,主要由碳化物组成。在 950 ℃时,碳化铬在奥氏体中溶解度较低,因此渗层成分比较稳定。一般认为,当温度达到 870 ℃时,渗铬低碳钢中铬的再扩散就开始明显进行;但是,渗铬高碳钢中铬的再扩散,需待温度达到 950 ℃时,才开始明显进行。因此,渗铬高碳钢的抗高温氧化性能,比渗铬低碳钢优良。

渗铬钢材具有优良的耐酸、碱腐蚀性能。将渗铬部件在高温下，于15% ~50%的硝酸溶液中浸泡8个月；或在沸腾的50%硝酸溶液中持续使用12星期；均未发现损坏现象。渗铬钢材耐硝酸腐蚀性能，比Crl8Ni10Ti不锈钢更为优良（见表6-2）。在一般的碱液中，渗铬钢材具有优良的耐蚀性能，但若放进100℃以上的50% NaOH溶液中，则会引起严重腐蚀。

**表6-2 渗铬钢和不锈钢的耐硝酸腐蚀性能比较**

| 腐蚀液成分 | 腐蚀时间/h | 渗铬钢材腐蚀速率/[g/($m^2$·h)] | Cr18Ni10Ti不锈钢腐蚀速率/[g/($m^2$·h)] |
|---|---|---|---|
| 5% $HNO_3$ | 480 | 0.001 5 | 0.003 0 |
| 10% $HNO_3$ | 480 | 0.001 1 | 0.002 0 |
| 35% $HNO_3$ | 480 | 0.001 2 | 0.001 9 |
| 沸腾 $HNO_3$ | 14 | 0.009 1 | 0.026 3 |

低碳钢渗铬后耐腐蚀性能相当于高铬不锈钢（含Cr30%）。但如果渗层组织不均匀以及存在孔隙和夹杂物等，都可能在表面形成局部电池，从而影响它的耐蚀性。

渗铬钢材在普通大气中放置9年，仍可保持光亮的外观；在相对湿度为100%、温度为46 ℃的环境中曝露600小时不受侵蚀。在常温下，只有当环境被$SO_2$饱和时，渗铬钢材才会受轻微侵蚀。在潮湿和含盐的环境中使用渗铬钢材，有良好的效果。在渗铬层中铬含量平均值为20% ~30%、渗层厚度为20 μm的渗铬钢板，具有优良的抗海水腐蚀性。把这种渗铬钢板放在船舶的压载水舱中，经过2年的腐蚀试验或将它下半部浸入海水中，上半部曝露在空气中，经过3年的试验，均未发现腐蚀痕迹。

渗铬层的抗海水腐蚀性能比渗钛层和渗铝层都要好，性能比较见表6-3。

**表6-3 几种渗铬层的抗海水腐蚀性能比较**

| 渗剂元素 | 含渗剂元素达20%的渗层厚度/μm | 渗层中渗剂元素平均含量/% | 室外海水中 | 在船舶压载水舱中 |
|---|---|---|---|---|
| 铬 | 22 | 25.2 | 优 | 优 |
| 钛 | 600 | 72 | 中 | 差 |
| 铝 | 300 | 30 | 差 | 差 |

除以上几种渗层外，还有渗硅、渗硼等。钢铁表面渗硅层的主要优点是在硝酸、硫酸和盐酸溶液以及海水等介质中具有较高的耐腐蚀性。在钢铁表面渗硅可提高其耐磨性、表面硬度以及提高难熔金属如钼的抗高温氧化性能。渗硅后的钢铁长时间处在700 ℃ ~750 ℃的氧化性气氛中，不会形成氧化皮。渗硼层具有高耐蚀性、高硬度、高耐磨性，在硫酸和盐酸中不易浸蚀，在800 ℃以下仍有较高的耐热性。

### 6.2.4 二元和三元渗镀层

将两种或多种元素，同时或先后渗入钢铁材料中，再形成二元或多元渗镀层。多元渗层往往比单一渗层具有更好的性能。

1. 铝－铬共渗

铝－铬共渗可以获得比单独渗铝和渗铬层更为优良的性能。铝－铬共渗的方法较多，有粉末法、熔盐法和料浆法等，其中应用得最多的是粉末法。为了获得铝－铬共渗层，可以同时渗，也可以先渗铬、后渗铝。但用后一种方法获得的共渗层，性能稍差。

2. 铬－镍共渗

铬－镍二元渗层可采用镍粉、铬粉和氯化铵的混合物作渗剂，用粉末法一次获得；或先在钢基体上镀一层镍，然后再用粉末法或气体法渗铬。

经过铬－镍共渗的钢材具有优良的耐蚀性。铬－镍共渗后经过热处理的 SCM22 钢，其耐蚀性优于 304 不锈钢和渗铬 SCM22 钢。

3. 铬－硅共渗

铬－硅共渗方法有粉末法、气体法和熔盐法等。

铬－硅共渗层的韧性比渗硅层好，共渗层形成的速度比渗铬层快。在一些介质中，铬－硅共渗层具有比渗铬层和渗硅层更好的抗蚀性和耐热性。铬－硅共渗后，45 号钢的抗硫酸溶液腐蚀性能得到明显地改善。

4. 铬－钛共渗

铬－钛共渗的目的是提高钢铁材料的耐热性和耐蚀性。铬－钛共渗 45 号钢具有良好的抗酸、碱性。具有比渗铬层好的抗高温氧化性能。

5. 铝－钛共渗

渗铝钢材在高温下使用时，渗层中的铝将不断向内部扩散，因而其抗高温氧化性能逐渐降低。当铝向内扩散受到阻碍时，就可保持它在表层中的浓度，因而保持了渗铝层的抗高温氧化性能。

用含钛的渗铝剂处理 S45C 钢时，由于钛是易形成碳化物的元素，钢中的碳和钛形成碳化钛后，将阻碍铝向内扩散。因此，为了提高渗层的抗高温氧化性能，在渗铝剂中加入适量的钛（2% ~5%），可获得良好的效果。

6. 铬－硅－铝共渗

铬－硅－铝三元共渗可明显改善某些钢的抗高温氧化性。这种共渗层是用粉末法形成的。

2Cr13，Cr25Ti 和 Cr18Ni9Ti 等不锈钢经过铬－硅－铝三元共渗后，在 1 000 ℃进行抗高温氧化试验，结果表明，2Cr13 和 Cr18Ni9Ti 不锈钢经过共渗后，其抗高温氧化性能得到明显改善，铬－硅－铝三元共渗，对 Cr25Ti 不锈钢的抗高温氧化性能影响不大。

## 6.3 电　　镀

电镀是一种用电解方法在工件表面上获取所需金属覆层的过程。基体金属材料经过电镀，可以改变其表面特性与外观，提高耐腐蚀性、耐磨性、硬度和其他物理性能，并可用于修复已磨损或加工报废的零件。

电镀是将电解液中的金属离子在直流电作用下，于阴极上沉积出金属而成为镀层的工艺过程。

电镀有槽镀和电刷镀两种方式。

槽镀是把被镀金属材料浸入含有金属离子溶液的镀槽中，然后以金属材料为阴极，以另一合适材料为阳极，通入直流电，使金属离子在被镀材料上放电，并以结晶的形式沉积于金属表面。

电刷镀简称刷镀，又称无槽镀或涂镀，是电镀的一种特殊方式，不用电镀槽，只需用注液管把电解液不断供应给电镀笔的条件下，用镀笔在工件表面上进行擦拭，从而获得电镀层。由于刷镀无需电镀槽，两极距离很近，所以常规电镀的溶液不适用于作刷镀溶液。刷镀溶液中的金属离子的浓度要高得多，需要配制特殊的溶液。刷镀适宜于维修和修补，特别是适合现场维修与抢修过程中。刷镀常温施镀，不会使工件变形、变质，操作简便灵活，施工周期短，可施镀的基体材料十分广泛，是当今机械设备维修中备受欢迎的工艺技术。

### 6.3.1 镀铜

铜的电位较正，当它与锌、铁等金属构成原电池时，铜是正极，使电极电位较负的金属首先受到腐蚀。因此，锌、铁等金属上的铜镀层属于阴极性镀层。

由于铜镀层的化学稳定性较差，所以一般不单纯用作防护性镀层，只是用于镀其他金属的辅助工序，通常用作金属制品镀层的底层或中间层，以提高基体金属（如钢铁制件）和表面镀层（如铬、镍）的结合力，很少用于最后镀层。在钢铁上镀铜可以代替某些铜制品使用，以节约金属铜；在钢铁制品上镀厚铜、薄镍层，可以节约用镍量。

### 6.3.2 镀黄铜

电镀黄铜一般在氰化物溶液中进行。通常都力求获得含 70% 铜和 30% 锌或 80% 铜和 20% 锌的黄铜镀层，在较少情况下，则要求含 90% 铜的黄铜镀层或含 60% ~80% 锌的所谓白黄铜。

### 6.3.3 镀镍

镍的电位比铁正，而且又具有强钝化的能力，钝化后镍的电位更正，所以镀镍层对铁基来说属于阴极性镀层，有良好的耐蚀性。这种镀层常常具有孔隙，因此，单纯的镀镍层厚度应控制在 15 ~25 μm 之间，可以获得良好的保护钢铁制品免遭腐蚀的效果。此外，也常常采用多层电镀法，如铜 - 镍、铜 - 镍 - 铬、镍 - 铜 - 镍 - 铬等，以减少镀层空隙，提高镀层的耐蚀性能。钢铁、锌、铜等金属表面镀镍，主要是为了保护基体金属不受腐蚀，并起到装饰的目的。

### 6.3.4 镀铬

镀铬层最大的特点是硬度高，根据不同的电镀条件，可获得不同的硬度，具有极好的耐蚀性。镀铬层的摩擦系数低，具有高的耐磨性。镀铬层在潮湿的空气中很稳定，能长期保持其光亮颜色，因为在其表面上形成了薄而透明的钝化膜，这种所谓的钝化膜防止其底下的铬金属再继续氧化。镀铬层还具有良好的耐热性。在 480 ℃ ~500 ℃ 开始改变颜色。镀铬层多孔，在这些孔隙中，它实际上促进了基体金属的腐蚀。可先镀一层相当薄的镍中间层保护基体，再在镍层上镀一层薄的铬层。

### 6.3.5 镀镉

镀镉层具有银白光泽，不如铬那样光亮，它广泛用作钢的耐蚀镀层，用于潮湿空气中防止异种金属之间的原电池腐蚀，其保护特性与锌类似。镉对钢是阳极，牺牲自己保护基体金属。即使基体金属由于镉镀层的孔隙或擦伤而曝露，其保护作用仍然继续。若铁基体本身受腐蚀，镉必然被腐蚀。由于牺牲作用，镉的保护值与镀层的厚度成正比。像锌一样，在镉遭到腐蚀时形成白色的、疏松的附着粉末。

利用铬酸盐处理后，可以显著地阻止镉镀层的腐蚀。利用磷酸盐处理，可获得良好的涂层表面。

在国外的舰船设备防腐方面，镀镉并进行铬酸盐处理被广泛应用。但硬质金属（如钢弹簧）镀镉会使其发生氢脆，要进行消除应力热处理。

螺纹紧固件（螺栓、螺帽、螺钉、垫圈）镀镉的优点是比其他电镀更容易控制发生电偶腐蚀，特别是防止铝或镁与钢或铜之间的电偶腐蚀。

镉镀层的缺点是漆膜与裸镉表面附着不好。但如果把镉先进行磷化或铬酸盐处理，则可保证涂装不受影响，所以，表面要涂漆的镀镉产品，都要进行磷化处理或铬酸盐处理。由于毒性，镉不能在存放食物附近和蒸煮器附近应用。此外，镉的价格要比锌的价格贵约10倍。

### 6.3.6 镀锌

镀锌是钢铁件用得最广泛的腐蚀防护层。镀锌可以采用碱性氰化物镀液、硫酸盐镀液和碱性锌酸盐镀液。氰化物镀液具有高度的分散能力，适用于形状复杂的制品；硫酸盐镀液具有最低的分散能力，只有形状简单的制品，如板、带及线材等才在硫酸盐镀液中镀锌。碱性锌酸盐镀液可用来代替有毒的氰化物镀锌，其分散能力低于氰化物镀液，而高于硫酸盐镀液。所谓光亮镀锌便是在含有各种添加剂的硫酸盐镀液和氰化物镀液中镀锌。

锌对铁呈阳极性，即使镀层中有针孔和不连续处，它也会保护基体金属。锌是一种牺牲性镀层，其防腐保护期与其厚度成比例。但镀锌层也有其缺点，当它发生腐蚀时会形成疏松的白色腐蚀产物，在大多数环境中，这种“霜”或“白锈”不会形成能降低继续腐蚀的连续膜。但这种缺点使用磷化或铬酸盐表面处理可以得到一定程度的克服。

### 6.3.7 镀铝

钢材镀铝有两种比较经济的方法：热镀和包覆。包覆层有较好的表面精度，但它与钢基体的结合力比不上热镀层，所以多采用热镀法获得镀铝钢材。

采用热镀法制造的镀铝钢材，其性能特点已在6.1.2节中作了介绍，此处不再赘述。

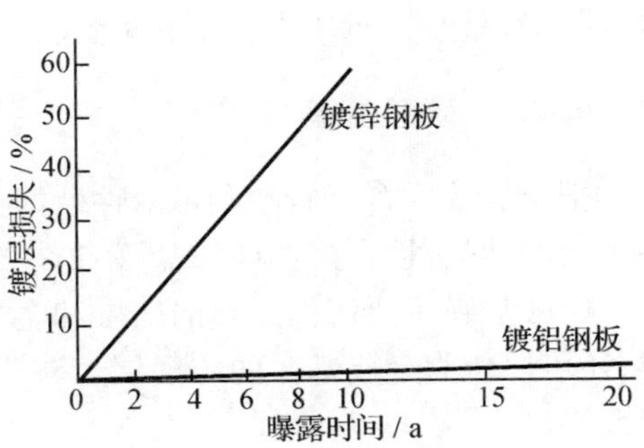


**图6-1 镀铝钢板与镀锌钢板耐工业大气腐蚀的性能比较**

在腐蚀防护中，钢材镀铝层具有三方面作用：

(1)使钢基体与腐蚀介质隔离开；

(2)在海洋大气条件下，当镀层遭受机械损坏时，它对曝露的钢基体提供阴极保护；

(3)它的表面可形成一层致密的、附着性良好的保护膜,防止镀层进一步氧化。

镀铝钢材具有耐大气腐蚀及耐海洋与潮湿环境腐蚀的优异性能。大量试验数据表明,镀铝钢板的耐大气腐蚀性是镀锌钢板的3~6倍。图6-1是镀铝钢板与镀锌钢板在中等工业大气中的腐蚀试验结果。

## 6.4 化学转化涂层

化学转化涂层又称化学转化膜。化学转化膜技术就是通过化学或电化学手段,使金属表面形成稳定的化合物膜层的技术。是金属或镀层金属表层原子与介质中的阴离子互相反应,在金属表面生成的附着性良好的绝缘层。化学转化膜技术主要包括氧化膜或发蓝技术、磷酸盐膜技术、铬酸盐膜技术、阳极氧化膜技术等。

化学转化涂层不同于电沉积层,在化学转化过程中,基体金属直接参与反应。实际上由于存在伴生或二次反应,转化涂层的形成过程也相当复杂。因此,所得到的表层也不会是典型的转化涂层。

差不多所有工业上应用的金属及镀层金属,例如铁、锌、镉、铝、锡、铅、镁及其合金等均可形成化学转化涂层。化学转化涂层具有广泛的用途。它主要是用于防腐蚀,其次是用于冷加工。另外,转化膜涂层还具有良好的涂漆性,可作为有机涂层的底层。

### 6.4.1 铝及铝合金的阳极氧化

阳极氧化是指以铝或铝合金作为阳极,在电解液中用电化学处理方法,使其在金属表面形成一种稳定的氧化膜的过程。氧化膜可以大大提高铝及其合金的耐蚀性和耐磨性。

阳极氧化膜对酸和碱的耐蚀性能的大小,决定于膜的厚度和孔隙度,经过封闭处理的膜具有更高的耐蚀性。氧化膜还具有很好的吸附能力,可以吸附各种染料、干性油与树脂等。氧化处理后的部件涂漆时可直接涂面漆。也可以染成各种颜色,作表面装饰用。

阳极氧化膜具有较高的硬度。氧化膜是由基体金属直接生成,与基体金属结合得十分牢固,很难使用机械方法将它从基体金属上除去,它比金属表面上电镀层的结合力要大得多。但氧化膜较脆,经过氧化处理的部件,在受到较大的冲击负荷和弯曲变形时,氧化膜首先呈网状裂纹开裂,导致基体金属的延展性和表面防护能力降低。因此,氧化处理后的部件,不允许重复进行压力加工和承受较大的形变。

### 6.4.2 磷酸盐膜

把金属放入含有磷酸和可溶性磷酸盐的稀溶液中进行适当处理,在金属表面上将形成不可溶的、附着性良好的磷酸盐膜,这一过程称为金属的磷化或磷酸盐处理。

磷酸盐膜主要用作涂料的底层和金属冷加工时润滑剂的吸附层;经封闭处理的磷酸盐膜,还可以作为金属基体的防蚀层。磷化不仅适用于钢铁,而且适用于锌、铝和镀锌、镉、铜等镀层。

磷化工艺中水洗对磷酸盐膜的质量影响很大。前处理后若水洗不干净,致使被处理件将酸、碱液带入磷化液中,将严重影响磷酸盐膜的形成和降低磷化膜的质量。磷化后水洗不干净,磷酸盐、酸等溶液被吸附在磷酸盐膜的孔隙中,涂漆后漆膜易发生起泡,影响漆膜的附着性，从而降低制品的耐蚀性能。

磷酸盐膜具有较多孔隙，如果不作钝化处理，耐蚀性能较差。

为了提高磷化膜的防蚀性能，用铬酸盐或铬酸盐溶液处理磷化后的部件，一般可使其抗蚀性能提高4倍左右。

不同类型的磷酸盐膜，具有不同的耐蚀性。用转化磷化法形成的无定形磷酸盐膜，由于厚度较薄（不足1 μm），因此耐蚀性能较差，一般用作涂料的底层。结晶型磷酸盐膜虽较厚，若不经封闭处理，也得不到良好的防蚀效果。

磷酸盐膜用作涂料底层时，因磷酸盐膜是多孔的，表面积较大，是一种很好的吸附层。无定形磷酸盐铁膜虽然厚度较薄，但孔隙率高达2%，对涂料有良好的附着力，因此涂漆后具有良好的耐蚀性能。

### 6.4.3　铬酸盐膜

铬酸盐膜是指金属在含有铬酸、铬酸盐或重铬酸盐的溶液中采用化学或电化学处理法，于金属表面生成的一种由三价铬和六价铬化合物组成的防蚀性转化涂层。

常用的铬酸盐转化涂层是在锌（电镀锌、热镀锌与锌合金镀层等）、镉（电镀镉）等制品上形成的处理膜。

金属材料在铬酸盐溶液中经过适当的化学或电化学处理后，可提高在大气中的耐蚀性能。

镀锌层表面经铬酸盐处理后，可获得无色透明钝化膜。钝化膜表面的铬含量越高，其耐蚀性越好。

### 6.4.4　钢铁上的氧化膜

钢铁的化学氧化膜是指其表层经过氧化处理，生成十分稳定的磁性氧化铁（$Fe_3O_4$）膜。这种氧化膜可在300 ℃以上的过热蒸汽中形成。但工业上广泛采用的化学氧化法，是将钢铁部件浸入含有氢氧化钠、亚硝酸钠或硝酸钠的溶液中处理。这种氧化处理，对部件的尺寸和粗糙度影响不大，而且不会产生氢脆，因此广泛应用于提高钢铁部件的耐蚀性能。

氧化膜的耐蚀性能较差，但经过涂油或涂蜡后其抗盐雾腐蚀性能可增加几倍至几十倍。

## 6.5　化 学 镀

水溶液中金属离子沉积一般是按 $M^{2+} + 2e \rightarrow M$ 还原反应进行。按金属离子获得还原所需电子的方法不同，分为电沉积和无外电原沉积两大类，一般把无外电原沉积称为化学镀或无电镀。

### 6.5.1　化学镀时离子还原的电子来源

化学镀时，还原金属离子所需电子是通过化学反应直接在溶液中产生的。完成过程有以下三种方式。

1. 通过电荷交换进行沉积

为实现电荷交换沉积，被镀的金属 $M_1$（如Fe）必须比沉积金属 $M_2$（如Cu）的电位更负。

金属 $M_2$ 在电解液中以离子方式存在。工程中称为浸镀。浸镀的镀层很薄，不易获得实用性镀层，常作为其他镀层的辅助工艺。

2. 接触沉积

除了被镀金属 $M_1$ 和沉积金属 $M_2$ 外，还有第三种金属 $M_3$。在含有 $M_2$ 离子的溶液中，将 $M_1-M_3$ 金属连接，电子从电位高的 $M_3$ 流向电位低的 $M_1$，使 $M_2$ 还原沉积在 $M_1$ 上。

3. 还原沉积。这是由还原剂被氧化而释放自由电子，把金属离子还原为金属原子的过程。工程上所讲的化学镀主要是指这种还原沉积化学镀。

### 6.5.2 化学镀的条件

1. 镀液中还原剂的还原电位要显著低于沉积金属的电位，使金属有可能在基材上还原而沉积出来。

2. 配好的镀液不产生自发分解，当与催化表面接触时，才发生金属沉积过程。

3. 调节溶液的 pH 值、温度时可以控制金属的还原速率，从而调节镀覆速率。

4. 被还原析出的金属也具有催化活性，这样氧化还原沉积过程才能持续进行，镀层连续增厚。

5. 反应生成物不妨碍镀覆过程的正常进行，即溶液有足够的使用寿命。

### 6.5.3 化学镀的特点和用途

1. 与电镀相比，化学镀有如下特点：

(1)镀覆过程不需外电源驱动；

(2)均镀能力好，对形状复杂，尤其弯曲管道的内壁，有内孔、内腔的镀件均可获得均匀的镀层；

(3)孔隙率低；

(4)镀液通过维护、调整可反复使用，但使用周期是有限的；

(5)可在金属、非金属以及有机物上沉积镀层；

(6)非晶态－晶态组织可控，纳米－微米层厚度可控。

2. 化学镀的用途

化学镀层具有良好的耐蚀性、耐磨性、钎焊性以及其他特殊的电学或磁学等性能，在工业中有着广泛的应用。而应用范围最广和占有重要地位的是化学镀镍和化学镀铜。化学镀镍适用于严重腐蚀磨损工件的镀层和作为提高零部件的应力腐蚀、腐蚀疲劳和微动磨损的防护镀层。化学镀镍的发色工艺可发金、黄、蓝、黑等多种颜色用作装饰镀层。化学镀铜广泛用于非导体材料表面金属化，化学镀铜层在 MHz 以上的电磁场中有很好的屏蔽效果，例如在塑料上只要镀 0.75 μm 的化学镀铜层，屏蔽效果可达 75 dB 以上。最近的研究成果表明，化学镀镍磷合金，具有非晶态合金结构，抗海水腐蚀性能明显，已在形状复杂的船舶海水管道内、外壁镀层上获得应用。但其局限性是镀层增长慢，不宜制备厚涂层，可进行纳米尺寸控制。

## 6.6 离子镀

离子镀可以在金属基体和非金属基体上镀金属，因而是一种独特的金属镀层工艺。离子镀适用于贵重工业品和其他方法不能满足的特殊涂层。

### 6.6.1 离子镀的原理

离子镀的原理是借助于一种惰性气体的辉光放电使金属或合金蒸气离子化。离子经电场加速而沉积在带负电荷的基体上。一般用氩作为惰性气体。压力为13.332 2～1.333 22 Pa($10^{-2}$～$10^{-3}$ Torr),所加电压在500～2 000 V之间。

为了提高离子化效率,增加镀层与基体间的附着力,在设备中位于基体附近设置许多热阴极,使电子释放以增加离子化。也可在蒸发源和基体之间设置一感应线圈,使其产生高频磁场以利于离子化。

在工作室里存在金属蒸气的情况下,引进反应气体(二氧化碳、氮气等)可得到化合物镀层。

### 6.6.2 离子镀的工艺特征

离子镀所获得的镀膜,具有附着力好、均镀能力强、材质能广泛搭配与整个工艺没有污染等特征。

1. 附着力

离子镀镀膜的附着力强,其原因是当离子化高速蒸气离子撞击基体时,放出热量使表面加热,在镀膜和基体之间形成显微合金层。用氩离子轰击工件表面进行离子"清洗",同时使金属沉积到基体表面。

2. 均镀能力

当离子镀在13.332 2～1.333 22 Pa($10^{-2}$～$10^{-3}$ Torr)的氩气气氛中进行时,由于氩离子撞击蒸气分子使其分散而有利于均镀。在传统的真空沉积中,使用同样的压力条件,镀膜气孔多,附着力差,不能用于工业。相反,在离子镀工艺中,由于气体分子离子化并作加速运动,所得能量大,因此,镀膜致密,附着性能好。

3. 材质搭配广泛

离子镀工艺,不仅可以镀在金属基体上,而且在陶瓷、玻璃、塑料上也能牢固附着。

4. 工艺无污染

离子镀完全没有污染,在整个过程中没有任何毒物。

但离子镀有其局限性,要求在封闭环境中处理,工件尺寸受限。

## 6.7 热喷涂

热喷涂也称热喷镀。所谓热喷涂,是利用燃烧或电能把加热到熔化或熔融状态的金属(如锌、铝、镍等)、合金(锌－铝、锌－镍、镍－铝等)或非金属(如陶瓷)微粒,喷附在经预处理的材料基体表面上形成覆盖层,凝固后与基体材料呈机械结合的工艺,通常称为热喷涂。

热喷涂在早期称为金属热喷涂。因该技术早期应用仅限于金属材料,直到1960年之前还被称为金属热喷涂,后来改称为火焰喷涂、金属喷涂。由于热喷涂技术的发展,热喷涂材料几乎囊括所有固态材料,远远超过金属的范畴,而基体材料也不只限于金属。在1976年九月的第八届国际热喷涂学术会议上正式定名为"热喷涂"。

根据国内外大量长期的现场试验证明了热喷涂锌、铝及其合金涂层对于海洋环境下的钢铁结构具有优良的长效期腐蚀防护性能，锌具有优良的电化学保护性，铝具有比锌更好的化学稳定性，锌铝合金既保留了锌的电保护特点，又具有铝的化学稳定性能。特别是经过适当有机涂料封闭的喷铝、锌铝合金和锌铝复合涂层对处于海洋大气和浪花飞溅区的钢结构是一种较好覆盖层防腐方案。

热喷涂各种热源的使用有：氧 + 可燃性气体燃烧火焰、电弧、等离子弧、激光束、感应加热、爆炸能等，主要分为燃烧法和电加热法两大类。

热喷涂技术的功能发展已从最早的机械尺寸恢复，转向目前大量使用的长效耐磨抗蚀保护，而采用表面涂层对基体材料进行改性，赋予其耐磨、抗腐蚀、耐高温、热辐射、光催化、触媒、绝缘、导电、绝热、中子吸收、电磁屏蔽、阻尼减振等诸多性能，是热喷涂技术发展的方向。对于舰船方面，目前热喷涂技术有两个重要取向：一是因为热喷涂锌、铝及其合金具有长效防腐蚀作用，可用作钢结构舰船船体腐蚀严重的一些部位、重防腐部位、抗电位腐蚀部位和易腐蚀而又难于维修的部位、机座、露天甲板舾装件、导流罩以及导弹发射部位和露天甲板、航空母舰飞行甲板等大面积长效防腐保护；二是热喷涂镍、钴基自熔性合金涂层、金属陶瓷涂层以及氧化物陶瓷涂层等，作为舰用设备关键部位的功能保护，如舰用设备的泵轴、蒸汽阀门、核动力一级循环阀门、活塞运动部件等易磨损、易腐蚀的零部件耐磨减摩、抗蚀防腐涂层以及舰船水下部位的螺旋桨、舵板抗空泡腐蚀，抗污保护等。

### 6.7.1 热喷涂方法

热喷涂的方法有火焰喷涂、电弧喷涂、等离子喷涂几种。

1. 火焰喷涂

利用气体燃烧放出的热进行的热喷涂称为火焰喷涂。火焰喷涂使用的气体燃料有乙炔、丙烷、氢气或天然气等。

（1）线材喷涂　是金属线材（丝材、棒材、带材）通过输送装置从特定的喷枪的中心送出，在喷嘴出口处，靠其周围的氧气 - 燃料燃烧加热，将金属线材熔化，再通过压缩空气雾化成细粒，以高速度喷射到经预处理的工件表面，沉积形成热喷涂层。这种方法的目的是使钢结构长效防腐，是现场热喷涂用得最多的方法。金属喷涂层的结合强度可达 6.9 ~ 39.2 MPa。热喷涂作业时，基体温度一般低于 250 ℃，所以对基体组织及变形影响甚微。燃气线喷工艺多用于不直接曝露于严峻海洋环境的零件喷涂。

（2）粉末喷涂　是金属粉末从料斗通过输送粉末的进料口送入氧气与燃料的混合气燃烧的火焰流中。粉末在喷管出口处遇到燃烧气流被加热、熔化，并喷附在经预处理的工件表面。使用的燃料通常是氧气 + 乙炔；氧气 + 丙烷；或者是空气 + 城市煤气等。

火焰喷涂工艺与其他喷涂工艺相比，最大的特点是装备简单，投资少，灵活性高，施工方便。适合于现场作业，尤其是局部、零散、单件小批量作业。一般来说，在满足工程要求的条件下，尽可能采用火焰喷涂。

火焰喷涂除用于钢铁的长效防腐外，由于 Al 喷涂层具有良好的抗高温氧化性，可用于烟囱、加热器、燃烧室等易受高温氧化的钢铁件。有报道说，喷 Al 后由于在高温条件下应用，Al 会逐渐向钢基体内扩散，从而在喷涂层和基材间产生了 $FeAl_3$ 扩散层，能保护钢基体在高温下不会产生晶界腐蚀。

2. 电弧喷涂

电弧喷涂是将导入喷管的两根连续的金属丝作为电极，被直流电源熔化继以压缩空气高速雾化并喷射到经预处理过的工件表面上，沉积形成涂层。该方法比火焰喷涂价格更便宜，沉积速率高。

电弧喷涂的金属喷涂层结合强度可达9.8～39.2 MPa。电弧喷涂作业时，基体温度一般低于200 ℃。所以对基体组织及变形也无影响。

电弧喷涂特别适于大面积高速生产，它能降低整体涂层成本，还容易实现机械化和自动化，能够显著提高涂层质量和均匀性。在相同的表面制备条件下，电弧线喷涂工艺制备的涂层普遍比燃气线喷涂的结合强度高。一般来说，它对表面制备的要求可以不太高。这种工艺已用于舰船防滑甲板涂层以及潜艇艇体的外壳防护。

3. 等离子喷涂和等离子喷焊

等离子喷涂的等离子弧是压缩电弧。等离子弧有三种形式：

(1)非转移弧　正极接在喷枪喷嘴上，阴极与喷嘴之间建立起的电弧；

(2)转移弧　喷嘴不接电源，工件接正极，工件与喷枪阴极之间建立起的电弧；

(3)联合弧　喷嘴、工件均接正极，喷枪中同时具有转移弧和非转移弧。等离子弧和自由电弧相比，其弧柱细，电流密度高，气体电离度高，因此具有温度高、能量集中，弧稳定性好等特点。

等离子喷涂采用的是非转移型弧，是利用电弧电离狭长喷嘴通道中的气体（Ar，$N_2$，$H_2$），形成具有5%～10%气体分子为离子态弧流，造成超高温等离子火焰作为高温热源，将欲喷涂的粉末材料迅速加热至熔化或熔融，在等离子射流加速下获得高速度，喷向工件表面，形成涂层。该方法沉积速率高，涂层与基体的结合强度高达20～50 MPa。可喷涂的涂层材料广，金属及其合金、金属陶瓷、难熔的涂层材料如氧化物陶瓷均能制作。主要用于舰船各类设备关键零部件工作面要求耐高温、耐磨、抗腐蚀等综合性能的涂层制备。

等离子喷焊采用的是转移弧，类似于等离子堆焊。该工艺主要是喷焊可导电的金属材料，如自熔性合金和自熔性合金与碳化物的复合粉末，形成的喷焊层热影响区小于普通的电弧弧焊，沉积速率远高于氩弧焊，可以形成完全致密、与基体结合强度近于原涂层材料与基材形成异种材料焊合的强度，提供耐高应力和略有冲击作用的涂层，如高温高压阀门密封面，重载荷耐磨蚀表面涂层等。等离子喷焊基体平均温度高于700 ℃，对基体组织及变形有影响，介于激光堆焊和普通堆焊之间。

4. 爆炸喷涂

爆炸喷涂是利用氧气和乙炔气点火燃烧，造成可燃气体急剧膨胀而产生爆炸，释放出热能和冲击波。热能使喷涂的粉末熔融，冲击波使熔融粉末以约800 m/s的速率喷射到零件表面上形成涂层。每次爆炸的粉末流产生一个直径近25 mm和几微米厚的圆形涂层，整个涂层即由这样一些圆形薄片重叠而成，重叠的过程是严密控制的，尽量减少基体受热和残余应力，以生成光滑的涂层表面。

爆炸喷涂涂层具有以下优点：

(1)涂层和基体结合强度高　例如喷涂Co－WC粉末，涂层结合强度可达100 MPa以上，而等离子喷涂仅可达30 MPa；

(2)涂层致密　这是由于喷涂粉粒所受动量大，与基体的撞击力强造成的；

(3)涂层表面加工后粗糙度低；

(4)工件表面热影响小。

### 6.7.2 热喷涂材料

热喷涂材料涉及面广，目前已知的多达300余种，包括金属及其合金、金属陶瓷、金属塑料、陶瓷、塑料及其他非金属无机物。在舰船腐蚀防护技术中应用的涂层材料主要有：作为大面积长效防腐的涂层材料——锌、铝、锌－铝合金、铝－镁合金、不锈钢等线材；甲板防滑涂层为铝包覆陶瓷管状线材。关键零部件的镍、钴、铁基自熔性粉末涂层材料，以及自熔性合金与碳化物复合的高耐磨抗蚀涂层材料；此外还有等离子喷涂工艺制备的氧化物陶瓷涂层材料等等。

对舰船常用的锌、锌合金和铝、铝合金的材质应符合以下要求：

(1)热喷涂用金属锌及合金　喷涂用锌的材质含锌量至少应达到99.99%；在某些情况下，按供需双方协议，也可采用含锌是99.95%的材质。喷涂用锌－铝合金中锌的材质含锌量至少应达到99.99%；铝的材质含铝量至少应达到99.7%。锌－铝合金的百分含量应为：铝13%～35%，其余为锌。典型的锌－铝合金是铝为15%，锌为85%。

(2)热喷金属铝及其合金　喷涂用铝的材质含铝量至少应达到99.5%以上，喷涂用铝合金可使用含5% Mg的铝合金，其代号为Al－Mg5或LF5。

### 6.7.3 热喷涂基体表面的预处理

热喷涂施工前，基体金属表面预处理在很大程度上决定了金属喷涂层与基体的结合性能，因而也直接影响了其使用寿命。表面预处理的质量涉及该表面的清洁度和粗糙度。适合于金属喷涂的唯一可行的表面预处理方法就是喷砂清理。

为了使喷砂清理过的基体表面的清洁度和粗糙度达到规定的要求，喷砂前基体表面应清除油脂和污物；喷砂用的压缩空气应经油水分离，且是清洁干燥的；喷砂用的磨料应该清洁、干燥，特别是应无油污和可溶性盐类。可用冷硬低磷铸铁砂和刚玉砂等，磨料粒度以0.5～1.5 mm为宜。

作为金属喷涂的基体，喷砂后表面清洁度应达到国家标准GB 8923中Sa3级的要求。表面粗糙度要求则随热喷涂层的厚度和种类而变化。一般来说，厚的金属喷涂层较之薄的涂层要求较大的表面粗糙度；同样厚度的喷铝层和喷锌层，则喷铝层要求基体表面更粗糙些。

国家标准GB 11373对热喷涂金属件表面预处理的技术要求作出了详细的规定。

### 6.7.4 热喷涂层的封闭

热喷金属涂层是多孔的。这些孔隙如得到封闭处理，那么涂层耐蚀性就可大幅度提高。

金属喷涂层可用无机材料封闭，也可用有机材料封闭。用封闭材料封闭与涂料相类似，但涂料的目的是成膜遮蔽保护，即在被保护基体上形成致密无隙的膜层，屏蔽基体与腐蚀介质的接触，起到保护作用。而封闭材料的目的主要是堵孔，堵住喷涂层的通孔或开口气孔，阻止腐蚀介质通过通孔渗透到基体造成腐蚀。如微晶石蜡在100 ℃左右对涂层进行渗透封闭就是典型事例。

封闭材料必需具备下列条件：

(1)所处的环境条件下，具有良好的耐腐蚀性；

(2)具有较低的黏度和良好的渗透性；

(3)能与喷涂层配套使用，即具有化学上的相容性。

使用无机材料封闭时，一般是在涂层表面喷洒或涂刷具有一定浓度的碳酸盐、磷酸盐、铬酸盐水溶液，使其与金属反应生成不溶性的金属盐，将孔隙堵塞而达到封闭的目的。这种封闭方式可用于抗一般大气腐蚀。

使用有机材料封闭时，一般是在金属喷涂层上涂刷封闭底漆或底、面漆配套的封闭涂料，从而形成复合涂层。

有些曾很好地用于钢材表面的涂料，涂在锌、铝喷涂层表面则可能会很快失效。如短油度酚醛清漆，当涂在喷锌层表面时，在潮湿环境中会很快损坏。乙烯共聚物如直接涂在喷锌层表面，而不涂磷化底漆，有时在短时间内就会起泡。由桐油、亚麻仁油或醇酸树脂制成的涂料，可能因为有点酸性，如涂在喷铝层上，在某些条件下会很快剥落。

一般来说，涂料中用什么颜料不是一个主要因素，如锌粉、铝粉、氧化锌、钛白粉等均可用于封闭涂料。但是红丹颜料不适用于喷锌和喷铝层之上。

含磷酸不超过4%的聚乙烯醇缩丁醛型磷化底漆，是用于潮湿环境的喷锌层的良好封闭底漆。乙烯树脂漆、聚氨酯漆和环氧树脂漆也都可以用作喷锌、喷铝层的封闭涂料。

金属喷涂层并加以涂料封闭形成的复合涂层具有良好的耐腐蚀性能，其使用寿命可达20～30年，适用于工业大气、海洋大气和海水等较恶劣的腐蚀环境中的钢结构防腐。

### 6.7.5 热喷涂层性质

1. 喷涂层中的氧化物

在喷涂金属时，熔融金属表面受到氧化，形成氧化膜混入喷涂层中而使其中含有相当量的氧化物。当氧化物含量较多时，会使喷涂层变脆，附着性下降。氧化物含量随喷涂条件和方法的不同而变化。

2. 喷涂颗粒的大小

热喷涂层是通过喷涂颗粒的碰撞，不规则变形相互啮合锚固而黏结的。用显微镜观察断面时，可以看到颗粒变成扁平形，并能分辨出一个个的颗粒，也有因碰撞形成飞沫而飞散的。喷涂层颗粒的大小不均匀，它随着压缩空气的压力、喷涂距离与熔化温度的不同而有差异。喷涂颗粒较小的，喷涂层较致密，附着性也较好。为获得细小的颗粒，必须控制喷涂条件。

3. 多孔性

热喷涂层是通过喷射颗粒发生碰撞、变形、颗粒间相互堆积黏结而形成的，由于颗粒间并未完全熔合，颗粒间必然存在空隙，从而导致多孔性。这是热喷涂层的特点。适于作为油漆的底层，而这种多孔性还能起到在摩擦运动面中储存润滑介质。但金属喷涂层的这种多孔性，在一定程度上影响了其耐蚀性能。如果金属喷涂层的孔隙得到封闭处理，那么涂层耐蚀性就可大为提高。

4. 附着性

热喷涂层和基体之间的附着性，是喷涂层最重要的性质。喷涂层的附着性与基体表面的凸凹状况以及净化程度有关。此外，喷涂距离和气体压力也有影响。

5. 硬度

一般的热喷涂层其硬度比铸件的硬度稍高。这与喷涂层中存在氧化物及内部变形等因素有关。有些金属喷涂层越厚，硬度越高；有些金属虽然厚度增加，但硬度却降低。当然，硬度和热喷涂条件也有关系。压缩空气压力大和熔化温度高的喷涂层内氧化物含量较多，内部变形大,孔隙率低,硬度可能升高。进行热处理如退火以后,喷涂层的硬度将下降。

6. 耐磨性

由于喷涂层是堆积层状结构,对于机件而言,因对润滑油的吸附力强,使之润滑性好,起到减摩作用,从而提高了耐磨性。因为喷涂层的硬度高和耐磨性好,所以适用于机械部件和磨损部位的修补。但由于喷涂层强度差,不适用于经受强烈冲击的零部件的修补。

7. 耐腐蚀性能

热喷涂层的耐蚀性,根据喷涂金属的不同而异。

(1)喷锌涂层

和电镀锌及热镀锌一样,具有防止钢铁基体腐蚀的作用。喷锌涂层主要是起阴极保护作用,对施工现场要求不太严格,对预处理(基体前处理)要求也不太严格,适合于舰船在船坞和船台现场施工以及天气恶劣时的现场抢修,但喷锌涂层不适合于在温度较高的条件下使用。因为锌在≥+60 ℃时,其电极电位发生极性转变,从而使钢铁负的电位转为比钢铁正的电位,失去了阴极保护作用,故不适合于舰船的烟囱、锅炉等高温部位钢质外壁和蒸汽管道及其他高温管道的保护。

虽然喷锌涂层是多孔质,但由于其电极电位较钢铁负,在海水中涂层不封闭也能起到一定的防蚀作用,但远不如封闭后的防蚀效果。热镀锌层的厚度有一定范围,而喷锌层的厚度却没有限制,在条件许可下,锌涂层可以适当厚一些,以提高钢铁的耐蚀寿命。

(2)喷铝涂层

铝和锌一样用于钢铁材料的防蚀,特别是在含有二氧化硫的大气中,更具有明显的耐蚀性。由于铝表面上易于生成致密的氧化铝膜,因而起到与腐蚀介质隔离的作用。但在喷涂层具有多孔质的情况下,热喷铝涂层便不能有效地起到防止钢铁腐蚀的作用。

喷铝涂层也用于防止钢铁材料的高温氧化。在钢铁表面上喷涂铝,然后在1 000 ℃下加热20~30 min,使喷涂层中的Al离子渗入Fe基体形成$FeAl_3$相。经过这样处理后的喷铝涂层可用于抗高温氧化。

喷铝涂层和喷锌涂层相比,铝涂层比锌涂层保护性能更佳。这主要是铝表面形成的$Al_2O_3$氧化膜的隔氧屏蔽保护作用。但铝涂层的施工对基体预处理要求极为严格,一般钢铁基体表面喷砂处理应达到Sa3级,而且对环境的含盐成分以及露点均有要求,表面处理不好,铝涂层将会很快失效。所以不适合在船台和露天现场施工,仅适用于车间内施工。

喷铝层不适合舰船水线以下船体外壳,因为水线以下部位长期缺氧,不能长期稳定保持氧化膜的完整性,致使腐蚀防护容易失效。

反映金属热喷涂层耐腐蚀性能与金属喷涂层的厚度、结合强度和致密性均有关,但起主要作用的是①喷涂层本身要耐腐蚀;②对保护的基体金属能起到长期的屏蔽腐蚀介质保护作用和阴极保护作用。

热喷锌和热喷铝涂层应进行72 h的中性盐雾试验,或在40 ℃±1 ℃、浓度为2.5%~3.5%的氯化钠溶液中,进行72 h的盐水浸渍试验。试验后,涂层应无鼓泡、红锈或剥落现象。

检验金属喷涂层耐腐蚀性能的最可靠的办法是进行现场腐蚀试验。我国在舰船方面进行过一些热喷金属涂层的实船试验,但都没有取得最终结果,最长时间也只跟踪了8年。美国焊接协会热喷涂分会(AWS-C2)曾对曝露于农村、海岸边和工业大气中,以及全浸于海水中和半浸于潮差区等各种不同环境的4 000余片火焰喷涂的钢试样,进行了为期19年的腐蚀试验。这些试验结果主要结论有：

①厚度为80 μm至150 μm的喷铝涂层，不论是否封闭，在海水中，以及在恶劣的海洋性大气和工业性大气中，对基体金属均起到了完全的保护作用。

②对喷锌层来说，若要对基体金属起到19年的保护作用，在海水中，涂层如不作封闭处理，其厚度至少要300 μm；在恶劣的海洋性大气和工业性大气中，不封闭的涂层厚度要求达到230 μm，作封闭处理时，喷涂层厚度可为80～150 μm。

③在恶劣的海洋性大气中，喷锌层如果用一道磷化底漆加一道或二道铝粉乙烯树脂漆封闭，则不仅可以提高其外观性能，而且至少可以延长其使用寿命一倍。而对喷铝层来说，封闭主要作用是改善其外观性能，因为封闭与否，其基体金属19年均未锈蚀。

④薄的喷铝层比相应厚度的喷锌层耐蚀性能要好，前者不大容易产生点蚀和起泡，所以使用寿命较长。

⑤喷铝层有损伤之处，如碎裂或擦伤，腐蚀并不发展。看来这是阴极保护作用的结果。

⑥不论是喷铝层还是喷锌层，氯化橡胶涂料均不宜直接作为封闭涂料。

⑦除了上述试验外，实践还表明，在碱性气氛中，如pH为7～10时，喷锌层较之喷铝层有更好的耐蚀性能；在微酸性气氛中，如pH为4～7时、则喷铝层有更好的耐蚀性能，喷铝层甚至可以用于pH为3的被污染的水中。

### 6.7.6 热喷涂层性能及检测

1. 热喷涂层厚度

热喷涂层的厚度是钢结构防腐设计所要考虑的重要参数之一。通常，喷锌层的厚度范围为80～300 μm，有的可以达到600 μm。这时，和热浸锌层一样，喷锌层的使用寿命几乎与涂层厚度成正比。但是，当喷锌层的厚度低于80 μm时，如果不采取封闭措施，浸蚀性介质可直接作用于基底，这层很薄的锌涂层作为腐蚀电池的阳极，会很快地被电解腐蚀掉。喷铝层的厚度选用范围通常为50～250 μm，高的可达300 μm。

在一般情况下，锌、铝喷涂层都是在钢基体表面制备，故涂层的厚度可用磁性测厚仪测量，测量方法按国家标准GB/T 9793。若对测量结果有争议时，可采用断面显微测量法，即用金相显微镜对从产品或试样上切割下来的试样进行断面厚度测量来仲裁。

2. 热喷涂层的结合强度

热喷涂层是依靠与基底表面的化学亲和以及机械啮合附着于被保护工件之上的。因此，金属喷涂层与基体表面之间的结合强度在很大程度上取决于基体表面预处理的质量。为了确保金属喷涂层与基体表面的结合强度达到规定要求，热喷涂前，基体表面清洁度应达到Sa3级，至于对表面粗糙度的要求，美国钢结构涂装协会推荐：对于喷锌层而言，当喷锌层厚度较低（如80 μm）时，基底表面粗糙度应不低于30 μm，当喷锌层厚度大于250 μm时，基底表面粗糙度应不低于80 μm；对于喷铝层而言，当喷铝层厚度较低（如80 μm）时，表面粗糙度应大于50 μm，喷铝层厚度达到250 μm时，基底表面粗糙度应不低于110 μm。热喷涂锌及锌合金涂层和热喷涂铝及铝合金涂层与基体表面的结合强度可以采用栅格试验法和拉伸试验法进行测定，试验方法按国家标准GB/T 9793进行。

栅格试验是使用硬质刃口刀具，将金属喷涂层切断至基体，成为划痕间距分别为3 mm（对厚度<200 μm的涂层）和5 mm（对厚度大于200 μm的涂层）的小方格，在此处贴上黏胶带并以5 N的载荷将黏胶带压紧，然后沿垂直涂层表面快速将黏胶带拉开，通过观察涂层

破断状况来判断其结合性能。

拉伸试验法是用切割刀具制作拉力试验试样，将试验圆柱用胶粘剂粘贴在涂层试验处，在垂直于圆柱截面方向加力拉伸圆柱体，使涂层从基体上剥离，根据拉伸载荷和涂层的面积来计算涂层与基体的结合强度。

对热喷锌和热喷铝涂层的结合性能根据 GB/T 9793 规定：

(1)采用切格试验法时，试验结束后，方格内的涂层不得与基体剥离；

(2)采用试样作拉伸试验时，应取 5 个试样，平均结合强度值应不低于 9.8 MPa (1.0 $kgf/mm^2$)，且任何一个试样的结合强度值应不低于 5.9 MPa(0.6 $kgf/mm^2$)。

3. 热喷涂层的密度

由于热喷涂层是多孔的金属覆盖层。涂层的孔隙率在一定程度上影响了其耐腐蚀性能。这种孔隙率是通过测量涂层的表观密度来反映的。

热喷涂锌和铝涂层的密度采用称量法来测定。称量法是通过测量金属喷涂层的干燥试样质量 $G_1$，泡水试样在水中和在空气中的质量 $G_2$ 和 $G_3$ 来求得的。金属喷涂层的密度 $D(g/cm^3)$ 为

$$D = \frac{G_1 D_{水}}{G_3 - G_2}$$

式中，$D_{水}$ 为在试验温度下水的密度($g/cm^3$)。

一般情况下，金属喷涂层的密度约为原来金属密度的 85% ~95%。

对热喷涂锌和铝涂层的密度要求，热喷锌层的密度应不小于 6.2 $g/cm^3$；热喷锌铝合金涂层密度应不小于 5.0 $g/cm^3$；热喷铝及铝镁合金涂层密度应不小于 2.3 $g/cm^3$。

### 6.7.7 常用热喷涂金属涂层在舰船上的应用及尚待解决的问题

腐蚀是舰船自然损耗的最主要因素，常导致舰船船体严重损伤、管路穿孔泄漏、系统失效等各种故障。为此，我国海军在 20 世纪 90 年代对舰船进行过一次腐蚀治理综合研究。通过对船体、管路、舾装件三大部分进行腐蚀治理综合试验研究，在热喷涂层方面取得了一定的成果和经验教训。对船体重点治理的易腐蚀部位有舱底积水部位、内舱潮湿部位、露天上甲板、上层建筑甲板、交变水线区、飞溅区等；对管路重点治理的有消防管、柴油机排烟管、高低压疏水管、厕所排污管等十余种有严重腐蚀的管路；对舾装件重点治理的有通风头、水密门、百叶窗、斜梯等十多种有严重腐蚀的舾装件。采用了火焰喷铝、火焰喷锌、火焰喷锌 - 铝、火焰喷铝 + 耐酸涂料或鳞片涂料、电弧喷铝、热浸镀锌、静电喷塑、胶泥封堵等多种工艺，取得了良好效果，对于新设计舰船，防腐蚀预期寿命可达 20 ~30 年。但有些工作尚待进一步开展。如自始自终跟踪防腐蚀效果，制定出海军舰船热喷涂材料、工艺、舰船涂料与封闭的热喷涂层间的相互作用(相容性)及表面配套涂层体系、质量评定与验收、修补、失效分析等方面的指导文件或标准，收集预期寿命的可靠性资料以及开展更深入地研究，这些都是我国海军开展和推广热喷涂防腐蚀技术尚待进一步解决的一些重要问题。国内外虽制定有很多有关热喷涂方面的标准并已汇编成册——《金属与非金属覆盖层标准汇编——热喷涂技术国内外标准》，但缺乏我国海军在舰船方面的热喷涂研究资料。

为了让大家了解国外热喷涂在舰船方面的研究试用情况，下面介绍美国海军热喷涂层腐蚀控制委员会报告《船体结构及部件腐蚀控制金属涂层》中有关在舰船热喷涂研究方面的一些评价。

1. 热喷锌、铝的比较

热喷涂层对钢表面的腐蚀保护，主要是物理作用。像涂料一样，热喷涂层是将钢基体与腐蚀环境隔离开来的屏障，但是将锌或铝或锌－铝涂层应用于海洋环境，阴极保护起到了另一种或者是同样重要的作用。使用涂料时，若涂料涂层受到损伤，缺陷位置会迅速发生腐蚀；腐蚀常常是沿着界面扩展，并进一步破坏涂层。然而，若使用比钢电负性大的活性金属涂层，则局部缺陷处不会发生基体腐蚀。纯锌、锌基铝合金及纯铝在电解液中（如含盐环境）对更惰性的钢基体进行电化学保护。喷涂层（阳极）实际上是牺牲自身，随时间而逐渐消耗掉。

热喷涂铝、锌、锌基合金都可形成高效涂层。但这些材料在化学和电化学性能两方面均存在显著差别，对涂层使用寿命——即到需要首次涂层维修及可能发生脱落的间隔时间，有很大影响。

喷铝钢的抗腐蚀性在许多环境中都比喷锌钢要好，这主要归功于铝表面形成的氧化膜的保护性能。铝的平均腐蚀速率比锌低得多，但是它对涂层缺陷的保护能力也差得多。纯铝在还原条件下比锌电位更负；但若有氧气存在，则电位升高，这是因为生成了电绝缘性氧化铝薄膜。这些膜限制了腐蚀电流，提高了阳极溶解过电位。铝的热力学计算电位和测量腐蚀电位之间这种极大差别，限制了铝涂层对钢材的阴极保护性能。若涂层破损，锌基材料将提供较好而全面的阴极保护，只是由于迅速地侵蚀阳极，Zn 的使用寿命缩短了；而破损的铝涂层整体阴极保护性能则较差，只是对失效点的保护时间较长。美国焊接学会（AWS）19年研究结果表明：钢上低缺陷铝涂层的使用寿命在相同厚度的情况下超过锌涂层。一般 Zn 涂层都要比 Al 涂层要厚一些，以弥补其极快的腐蚀速度。最好两种材料的优点能集于一种涂层，把 Al 的优秀耐直接腐蚀性与 Zn 的阴极保护可靠性结合起来。锌－铝二元合金涂覆钢就能满足这种要求。

Zn 和 Al 涂层应避免与不锈钢或铜及铜基合金的耦合，因为耦合的结果会大大促进喷涂层的阳极溶解。这些活性涂层金属的加速腐蚀是由于不同金属的接触而引起的。这在设计和应用合金组分时是要考虑的一个非常重要的因素。

在过热蒸汽管道、阀门、尾喷管或导弹喷射导向板等≥60 ℃环境中使用的部位或零部件上应不考虑采用锌涂层，因为锌在此温度以上会发生极性转变，起不到牺牲阳极保的护作用，不能达到腐蚀防护效果，这在前面已经提到过。如果从舰船遭到袭击时的危险控制角度考虑，因锌的低沸点在高温时产生氧化锌，会对舰员的呼吸系统和视觉造成危害。

2. 关于腐蚀寿命预测

无法从理论上估算或预测涂层在海洋环境中的使用寿命。利用简单而直接的涂层腐蚀溶解实验，可通过测有效表面挖坑速率来计算寿命。可惜的是，在海洋环境中这种类型的 Zn，Al 数据都很有限。但铝比锌优越，因为它在海水中的腐蚀速率较慢。锌在一般海水中腐蚀速率为 0.5～7.8 mil/a（$1\ mil = 25.4 \times 10^{-6}$ m），在热带太平洋海水中为 0.57～0.9 mil/a，以这种速率 8 mil（0.2 mm）厚的锌涂层完全溶解需 9～14 年；用铝喷涂的钢材，在严峻的太平洋海岸大气中曝露 67 个月（5.6 年），涂层厚度仍有原来的百分九十几（Van Horn 1967）；在同样条件下镀锌钢涂层则消耗了 90%。用表面挖坑表示，5.6 年的曝露损耗 Al 是 0.85 mil（22 μm），锌是 3.8 mil（97 μm）。一个可能合理的设想是：典型锌涂层的使用寿命至少 10 年，不超过 15 年；而典型 Al 涂层可使用 50 年或更长时间。这些数据只是完美涂层的最大理想寿命。

但是,涂覆钢的使用寿命,不仅仅根据涂层材料的直接抗蚀性,在很大程度上它将取决于涂层在制造和使用过程中形成的缺陷情况。缺陷即指铁基体直接曝露于腐蚀介质的局部区域,可由许多情况产生——穿过涂层的切口,较薄区域的腐蚀情况,涂层的过多孔隙;由于磨损、撞击或开裂造成的涂层脱落,结合层剥离和(或)点蚀,完美的涂层是不存在的,任何类型的缺陷都不可能避免。缺陷可能形成于制备过程中、安装或使用期间继续发展。

(1)利用现有的技术,要探测出大型或复杂结构涂覆件上引起性能降低的所有缺陷,是不可能的。

(2)不可能预测出使用中缺陷何时产生及产生何种缺陷。

(3)没有能反映在海洋环境中各种缺陷对残余涂层寿命影响情况的数据。

需对所有这些方面进行研究和开发,为涂层性能的评价及更有效的选择和使用提供起码的技术基础。

3. 封闭剂和面层涂料

无论是锌还是热喷铝涂层都具有多孔性,不刷涂料的喷锌涂层性能很差,一般 2 ~ 4 年就失效了。意外的是,未经处理的喷铝涂层加了涂料后性能反而降低了。聚偏氯乙烯树脂漆、乙烯基红丹漆、透明乙烯基漆、酚类、环氧以及灰呋喃涂料都使铝涂层降解,4 ~ 8 年就失效了。涂料和铝一般不相容,开头几年就起泡,然后 4 ~ 8 年就会发生严重腐蚀。乙烯基底漆最坏,2 ~ 3 年内就失去黏附能力而起泡。而所有的涂料与 Zn 相容性都很好,其中最好的是乙烯基红丹漆,尽管 20 年时涂料上布满密集的气泡。Zn 上的透明乙烯基漆 15 年失效,同时 Zn 涂层剥落,钢铁锈蚀。

有机涂料用在火焰喷锌上比钢上要好些,更远远胜过火焰喷铝上。当涂料起泡,开始失效时,Zn 即开始提供保护,而不破坏涂料;用于喷铝,一旦涂料开始失效,首先是涂料迅速分解,然后才轮到 Al。这些试验结果表明,在海洋环境中喷铝层直接涂上涂料是不行的,必须注意铝涂层在涂装前不能直接用涂料打底或封闭,应先使用铬酸锌蚀洗底层处理,再用透明乙烯基封闭剂。需要对海洋环境中喷铝涂层和有机面层涂料之间的相互作用进行更权威、更深入的机理研究。

4. 金属喷涂层在舰船上应用综述

由于功效与经济性两方面原因,火焰和电弧喷锌、喷铝涂层越来越多地取代了油漆和热浸涂覆。热喷涂广泛用于各种腐蚀保护设计中,船舶上层建筑、船体及附件采用 0.15 mm 厚的火焰喷铝或 0.15 ~ 0.30 mm 厚的火焰喷锌,然后用溶剂型树脂或具有较长耐腐性的适当涂料封闭。挪威、英国、冰岛、加拿大的驳船、方驳、拖船及鱼船的船身、甲板及上层建筑都进行了金属喷涂,并能提供长期保护。救生艇和浮船坞也采用了金属喷涂。在斯堪的纳维亚,渡船船台进行了金属喷涂。美国将热喷铝涂层用于舰船腐蚀控制始于 20 世纪 70 年代初期。1974 年在美国太平洋舰队水上部队的军舰上进行试验与评价,1977 年开始大规模试用于导弹快艇、导弹巡洋舰、驱逐舰上。在选定部件上进行实船评价。喷涂的部件为:蒸汽阀门、锅炉防护裙、梯子、仪表架、救生索桩,内燃机排气装置、导弹排气导流片、直升机舱面系桩、汽升阀管、船舷升降机、直升机飞行甲板(防滑涂层)、走廊以及导弹发射工作区。1980 年后,进一步扩大了使用范围,用到了更多的零构件上。

根据美海军在导弹快艇、导弹巡洋舰和驱逐舰上大规模进行热喷涂试用后所得到的结论综述如下:

(1)铝、锌、锌 - 铝合金热喷涂层用于舰船能对钢铁提供有效的长期( >10 年)腐蚀保护。结合良好、相当致密、经封闭的涂层对上、下甲板部件都有很好的保护性能,可使用很多年而很少修理。这些涂层能抑制腐蚀,并有效地减少维护军舰所需的非生产性劳动。

(2)线材喷铝涂层应用于像蒸汽阀门类的下甲板组件性能非常优异,1979 年 5 月美国海军海上系统指挥部正式选定线喷铝保护蒸汽阀以取代耐热铝粉漆。但将同样的涂层用于上甲板及曝露在海水中的部件,损坏则比预期的要迅速,在这些区域线喷涂铝涂层并不始终如一地印证铝可用于严峻海洋环境的涂层性能。线喷铝涂层唯一的问题存在于直接受到海水交浸、冲刷或喷溅的上甲板组件。某些问题可归咎于局部薄层区域,这已在厚防滑甲板涂层中遇到。两层电弧线喷铝已经用于 USS Hewitt(DD966)与 USS Fox(CG33)的飞行甲板上,涂层静摩擦系数 1.1 ~0.9,但上面还要再喷一层常规防滑涂料,即使遭到机械碰撞或刮削,由于线喷铝涂层阻止了基体腐蚀,常规防滑涂层也因此更容易修复。线喷铝涂层在上甲板的应用需改进材料和(或)工艺。应考虑 Zn 和 Zn - Al 合金或其他合金热喷涂的覆层可能取代线喷铝涂层在舰船上甲板的应用。用 Al - $Al_2O_3$、Al - SiC 等复合涂层,其耐磨及防滑效果会更好。

(3)还没有一种合理的依据可用于估计、预测线喷铝涂层在舰船应用中的使用寿命。所有的长期情况数据都是从近于完美的涂层试片上得到的;不存在通常热喷涂层生产和使用中带入的缺陷问题。众所周知,像多孔、结合层的分离、局部穿透或涂层掉块,这些缺陷均会促进涂层和基体的腐蚀,但还未能确定这些因素对腐蚀速率和涂层寿命具体或综合的影响情况。另外,涂层制备和使用中正常产生的缺陷无法利用无损检测。这些因素对线喷铝涂层在上甲板及露于海水的构件上的普遍使用构成了一种危险。

(4)对所有上甲板、曝露于海水的线喷铝零构件进行有效的涂层封闭和涂装,能大大减少危险因素。热喷涂后,立即在其表面先用铬酸锌或铬酸锶蚀洗底漆封闭剂封孔处理,然后使用乙烯基或铝 - 乙烯基封闭剂、低黏度环氧、空气干燥型聚酯树脂、低黏度聚酯树脂、空气干燥型酚醛树脂以及透明聚氯乙烯溶液等封闭,使之渗入并填充涂层孔隙,在 52 ℃以上使用的零件(如蒸汽阀)用硅酮铝粉漆封闭。乙烯基铝粉漆被认为是综合性能最好的热喷涂层封闭剂,整个涂层体系的使用时间估计超过 20 年。上述封闭剂的技术状况十分陈旧,磷酸盐类,可能封闭涂层孔隙更有效。

最常用的两种面漆为聚氨酯和环氧聚酰胺类涂料,其中聚氨酯对海洋环境中的铝和锌涂层尤为有效。然而,这里关于面层涂料可能存在一个大问题,是需要对现用的舰船涂料与线喷铝封闭涂层间的相互作用进行细致的研究。若选用的舰船涂料不适当将显著增加腐蚀危险因素。

在此顺便提一下,我国在舰船腐蚀治理研究中就出现过选用的舰船涂料与热喷涂层配套不当而产生加速腐蚀的现象。例如,由于舰船本身产生杂散电流,1997 年我军某舰采用常规铝粉涂料与热喷铝涂层配套,进行船体防腐保护,不到三个月时间,就出现雪花状斑蚀,尤其是在水线干湿交替处更是大片剥蚀。通过现场调研分析得出结论,认为是铝粉涂料与喷铝涂层匹配不当,外加电化学腐蚀造成的,经重新设计喷涂层表面的封闭涂料和面漆组分,返工处理后并在后续涂层系统中使用,该现象再未出现。

(5)线喷铝涂层应用于舰船很有价值。在许多应用中金属喷涂的第一期费用与高质量(重防蚀)涂装相当,有时甚至更低一些。再考虑到寿命周期内的维修保养费用,热喷涂层比涂料涂装显得更为经济。

(6)线喷铝钢材在舰船上的广泛使用,无论在平时还是战时使用条件下,都不存在人员安全或火灾危险问题。能点燃可燃蒸气的火星,被视为仅有的潜在危险,也只有在锈钢撞击在干净的铝表面时才可能产生。但涂层一旦经封闭涂装后,火星危险就显得微不足道了。而相应的锌或锌铝涂层,则存在明显的人员安全危险。船上失火或爆炸会产生氧化锌毒雾。锌的大量使用存在着安全危险,但还没有针对危险性的详细分析。

(7)在船体部件上使用自动电弧线喷涂与使用燃气线喷涂相比,将可降低对操作者技巧的依赖程度,从而确保在广泛的应用中改善涂层均匀性和质量。

(8)金属喷涂已广泛地用于各种环境中钢铁的腐蚀保护,不论在船舶还是工业上,均显示能提供长效防护(超过 20 年)。英国标准协会操作标准规定:在各种类型环境中其保护寿命超过 20 年不维修的只有金属喷涂,而其中也只有经过封闭的 Zn、A1 喷涂层能在海水浸渍区或浪溅区达到这样的保护效果。

船舶上层建筑结构、船体及附件采用 0.15 mm 厚的喷铝或 0.15 ~ 0.30 mm 厚的喷锌,然后用溶剂型树脂或具有较长耐腐性的适当涂料封闭。海水浸泡试验发现,乙烯基封闭剂对铝的保护效果很好,但对锌无效。在海水浸渍期间,锌上的乙烯基封闭剂迅速变质。

5. 美国海军在舰上试用的部件及区域

成千的喷涂件广泛用于太平洋舰队的各种舰船上,几乎所有主要类型的军舰现在都有喷涂件,包括航空母舰、巡洋舰、驱逐舰及坦克登陆舰。表 6－4 列出了允许进行线喷铝保护涂覆并安装的部件。

**表 6－4　允许线喷铝保护的舰船部件及区域**

| 机 械 舱 部 件 | |
|---|---|
| 低压空气管 蒸汽 | 阀门,管道,汽、水阀 |
| | (不包括安全阀和蒸汽透风控制阀) |
| 辅助排气装置(烟囱,消声器,岐管) | 排气阀 |
| 旋转栅门机械 | 锅炉边缘 |
| 柴油机集管与排气系统 | |
| **甲 板 露 天 装 置** | |
| 飞机和货物固定装置 | 铝质露天甲板 |
| 支柱和旗杆 | 排水孔托架 |
| 甲板机械铸件及底座 | 导缆器,系缆柱,系索耳及导缆辊 |
| 管道吊架 | 绞盘/绞绳筒盖(除去磨损面积) |
| 缆索装置滑车及锚 | 消防站金属器具 |
| 照明固定装置,托架及信号灯壳套 | 钢制狭窄通道 |
| 梯子 | 挂钩、托架及支撑 |
| 加油站 | 铝质舱壁上的钢 |
| 强制通风(装置) | 舱门、舷窗及密封门 |
| 安全阀部件 | 吊艇架机件 |
| 露天甲板储物箱 | 舱壁垫圈 |

表 6-4(续表)

| 内部潮湿舱 | |
|---|---|
| 水房和盥洗室甲板 | 泵房甲板及设备基座 |
| 发动机房甲板和设备基座 | 锅炉房甲板及设备基座 |
| 空调房甲板和设备基座 | 甲板支柱 |
| 甲板表面 | 机器底座 |
| 舭部舱壁 | |

6. 舰船喷铝和(或)喷锌涂层的使用可能存在的安全问题

舰船喷铝和(或)喷锌涂层的使用可能存在三种安全问题:火星、蒸发或雾化、燃烧。第一种情况每天都会遇到,而第二、三种情况只存在于舰船上发生了爆炸或火灾的情况下。

(1)火星

铝一般无火星,但是和生锈的钢材撞击,即会产生火星。是否产生火星取决于铝的组成及硬度,一般来说,很软很纯的铝用作涂层产生火星的可能性很小,严重损坏的硬工件表面和含镁量大于2%的铝合金产生火星的可能性最大。

铝的细小颗粒要想产生火星必须与铁的氧化物(锈)混合。铝合金从2~4米的高度落到一块倾斜的锈铁表面上,产生火星并点燃甲烷-空气混合气的几率为50%,对干净的铝,只有当其撞击锈钢表面(或反过来)时才能产生火星。锈钢与铝粉漆或与湿的或油的表面碰撞不会产生火星。铝和干净的钢、不锈钢及典型使用工具碰撞也无火星出现。在铝喷钢使用中还未发现过完全由火星引起的事件。对线喷铝涂层进行封闭和涂装,几乎将使危险性降低至零。

(2)蒸发或雾化

爆炸引起的水平冲击波会产生大量的气化和雾化(熔融)金属,对于某一给定冲击,产生的蒸气或液滴量为金属孔隙率的函数,并随孔隙率的增长而增长。

考虑到喷铝和喷锌或锌-铝合金涂层经过熔融雾化,并且在战争中或由偶然事故引起的爆炸可能产生气化。这些会依次引起其他爆炸(金属粉末)、火灾危险及金属蒸气的吸入对人员的危害。毒气对于人员的危害,铝不存在这个问题,但锌可能较明显。铝和氧化铝没什么毒性,锌的毒性不固定,但一般认为较低。虽然锌本身并不是一种有毒的物质,但当其在空气中加热时,会发生氧化并可能燃烧,产生氧化锌烟雾。被人吸入后,这种烟气会带来一种被称为“黄铜铸工疟疾”、“黄铜风寒”、或“金属烟热病”的疾病。这种病类似疟疾,主要症状有发冷、发热、恶心、咳嗽、疲倦、虚弱以及头和四肢疼痛,并可能发生精神错乱及惊厥。症状在事故后几小时内出现,并持续一天。允许短暂接触而不发生危害的氧化锌最大浓度是45 $mg/m^3$,时间为20分钟。

(3)燃烧

在一定条件下锌和铝都能发火并燃烧,为了达到点火温度,必须将铝加热到氧化铝的熔点(2 050 ℃)。着火点与氧气含量、空气压力以及铝颗粒尺寸无关。在1 937 ℃~2 087 ℃的高温中,颗粒发火曝露时间随颗粒直径的平方线性递增:

| 颗粒尺寸 | 点火时间 |
|---|---|
| 直径35 μm | 4 ms |
| 直径50 μm | 6 ms |
| 直径67 μm | 14 ms |

一经点燃,燃烧时间也随颗粒尺寸递增:

| 颗粒尺寸 | 燃烧时间 |
|---|---|
| 直径 23 μm | 4 ms |
| 直径 150 μm | 13 ms |

在 2 237 ℃、含氧量大于 5.5% 的空气中,燃烧时间与 $d^{1/2}$ 成比例。点燃后的铝将在 2 000 ℃以上的气温中继续燃烧。但一旦常压空气温度冷至氧化铝熔点以下,燃烧即会停止。

只要环境中的氧压超过了某临界值 $P$,即令温度较低也能使铝保持自燃。铝在常压空气中不能自燃。

锌的情况比较简单,在常压空气中持续燃烧须额外加热,但其维持燃烧的温度比较低。锌在 419 ℃熔化,超过 500 ℃液体迅速气化,常压下 907 ℃达到沸腾。锌蒸气燃烧火焰呈特有的绿色,并生成微细的氧化锌颗粒(<1 μm 直径),在 500 ℃空气中加热锌熔液有大量的氧化锌形成。

线喷铝保护体系经过封闭和常规涂装,在这种状态下即使反复碰撞也不会产生火花;甲板铝涂层使用中,锈钢落在表面或在表面拖过时,若存在易挥发燃料(汽油、航空燃油等),可能出现例外。海军应重视这种危险。在舰上发生爆炸和火灾的情况下(如战时攻击或舰上事故),锌覆钢只存在唯一的安全问题是:锌被熔融、蒸发,迅速燃烧,并产生能使舰上人员暂时(几天)丧失战斗力的氧化锌蒸气。海军应考虑到这种威胁的实际存在。建议在海军对爆炸或火灾情况下氧化锌的毒性作出深入分析以前,尽量减少使用锌或锌铝合金涂覆钢。铝不存在火灾或人员危险问题,在舰船上使用热喷铝涂层,甚至在明显的爆炸和火灾这样的严酷情况下也不存在安全问题。

# 第7章 舰船防腐蚀设计

## 7.1 概 述

舰船防腐蚀设计是舰船设计工作者和设计部门承担的重要任务之一，它关系着维修间隔期限、使用寿命、对战斗力的影响、维修保养经费等，也就是说关系着重大的军事效益和经济效益。

舰船防腐蚀设计是舰船设计工作者一项繁杂的设计工作项目，它不仅仅只是涂料涂装一项。由于舰船的武器装备、电子通信、保障系统等设备繁多，是一座比民船要复杂得多的水上建筑。除庞大的船体外，还有复杂的管路系统，各类设备的机座、各种类型的舾装件以及自行设计的非标准件和船厂自制件等，这些都要进行良好和有效的腐蚀防护，以减少舰船的维修任务和费用，提高舰船的在航率和作战时战斗力的保障。要做到这一点，需要设计部门综合考虑。因此舰船的腐蚀防护设计实际上涉及到多个方面、多种防腐蚀措施和技术，诸如材料、涂装、外加电流阴极保护和牺牲阳极保护、其他设备的电化学保护、热喷涂、电镀或热浸涂保护以及设计技术和各种工艺的合理性等。当然其中最主要、大面积的部分是涂料涂装，但也不能忽视结构、管路、非标准件和自制件等的选材、设计与安装形式、合适的焊接工艺、合理的防腐措施等等。

舰船的设计阶段一般分为初步设计、技术设计、施工设计、工艺设计或生产设计四个阶段。舰船研究设计部门，通常只负责初步设计、技术设计、施工设计三个阶段的设计，由于各船厂的生产工艺、技术和管理水平不尽相同，最后一个阶段通常由船厂进行。而防腐蚀这项工作贯穿着各个设计阶段和船厂从建造到交舰直至使用与维修各个阶段的始终。

舰船研究设计单位在编制舰船研制总要求及其论证报告时，应包括舰船综合腐蚀防护控制要求的内容，军方在下达舰船研制总要求时，应明确提出对舰船船体结构及装船设备（含机电设备、电子武备、航空舰面系统、舱室设备等等）的综合防腐蚀控制要求的任务，并考虑留出舰船防腐蚀措施所需要的排水量余度，适当放宽对舰艇排水量的限制。

舰船研究设计部门在舰船初步设计阶段，应根据海军下达的舰船综合防腐蚀控制要求的任务，各设计专业的设计工作者在设计时应考虑到所设计的结构、装置、管系、设备等的耐腐蚀问题，了解它们的使用寿命和耐腐蚀寿命，所处腐蚀环境条件（如大气、水中、潮湿、干湿交替、油水代换、高温、高压、高流速，化学腐蚀、电化学腐蚀因素，应力腐蚀、腐蚀疲劳因素等等），材料的耐腐蚀性能（如在不同环境介质中的腐蚀速率，包括点蚀、缝隙腐蚀、应力腐蚀、电偶腐蚀、高温腐蚀等），设备防腐蚀的可达性和可维修性条件，在役舰船的腐蚀状况，新材料，新涂料，新工艺，现有腐蚀防护技术能达到的水平和经济性等。在掌握上述各种情况资料的基础上，舰艇设计部门根据所设计舰艇的使命、任务、使用环境条件的不同特点、使用寿命要求等编制该型舰艇的《×××舰综合腐蚀控制大纲》（包含对舰艇船体结构、重点防蚀部位的腐蚀控制要求，重要设备、系统管路等的防腐蚀要求和防腐蚀控制水平等），经海军审查批准后,作为舰船设计、设备制造、舰船建造、使用、维修管理的指导性文件,用以指导舰船设计、建造、使用、维修管理工作中的防腐蚀控制文件。根据该型舰船的综合腐蚀控制大纲编制《全舰综合腐蚀控制措施说明书》,包括重点和特殊防蚀控制部位或部件、耐蚀材料、合金管材、涂料配套方案、重防腐、热喷涂、金属镀层、外加电流阴极保护和牺牲阳极保护、异种金属电化学保护、与腐蚀防护相关的布置安装形式要求、焊缝要求以及其他腐蚀防护措施,留出舰船防腐蚀措施所需要的排水量余度和必要的维修保养空间,最后将这些措施以及在建造、使用过程中搜集到的腐蚀反馈信息处理结果落实到相关专业的设计中去,并在完工文件中也应包括防腐蚀部分的完工文件,作为舰船使用部门日常维修保养工作和舰船修理工作中的工作依据。

## 7.2 防腐蚀选材

防腐蚀选材,就是根据使用在舰船特定部位、特定腐蚀环境条件下,选用既能满足各项工作性能要求又能在该特定腐蚀环境条件耐腐蚀性能良好的材料。

材料选择不当常常是造成腐蚀破坏的主要原因,材料是设计的基础,若没有优良的材料作支撑,光凭良好的设计是无法实现其功能的。因此,除了良好的设计外,材料也是相当重要的。

选材合理与否直接影响产品的性能,在进行产品构件设计时,正确选材是十分重要又相当复杂的。选材时,除了注意耐腐蚀性外,还要考虑到力学性能,也要考虑物理和化学性能、加工性能,还必须确定各项性能要求的优先考虑次序。最方便的做法是首先根据最关键的性能评定待选材料,然后考虑非关键性能。

选材过程中除了考虑材料性能外,还必须同时考虑材料的可获得性及其经济性,这三个因素的相对重要性根据设计的具体情况而定。

选材依据如下:

(1)材料的使用环境;

(2)材料的预期使用寿命;

(3)材料的关键性能数据,包括腐蚀性能和力学性能(拉伸强度、屈服强度、伸长率等)。

在潜艇设计中,包括结构、系统、设备的设计选材时,除了以上的原则外,还应该充分考虑潜艇的海洋大气、干湿交替以及全浸区的腐蚀特性,选用满足性能要求的耐腐蚀材料的同时,必须对不同部位或部件的材料进行统筹选择,特别应注意不同材料体系之间的电位差引起的电偶腐蚀问题,尽量选用同一体系或电位差较小的材料。如果确实由于要满足材料某种性能的需要,必须选用电位差值较大的异种金属时,一定要做好异种金属间的电绝缘隔离保护,避免产生电偶腐蚀。

### 7.2.1 主船体结构选材

船体结构在选材时除考虑力学性能(冲击韧性、抗弯、抗裂等)、机械性能($\sigma_b$、$\sigma_s$、$\delta_s$)、焊接性能、加工性能(冷热加工、火工矫形等)、化学成分等各种因素外,还要从腐蚀角度考虑到材料的抗腐蚀性能(如平均腐蚀速度、金属在海水中的电位等),选用抗腐蚀性能好的船体结构材料。目前舰船主船体结构钢材宜采用 921A 钢、945 钢、907A 钢或 903 钢以及 B,D,E 级钢。上层建筑应尽量采用与主船体电位相同或相近的材料，采用的焊接材料也应与母材相匹配。焊接材料的选择、试验和工艺评定等应充分考虑材料的耐电化学腐蚀性能。如上层建筑采用与主船体不同的金属材料（如铝合金）时，则应采取必要的防止异种金属接触腐蚀的措施。

舰船设计中应留有适当的腐蚀余量。对于腐蚀厉害的部位，如主横隔壁在平台甲板或花铁饭以下的舱底部位，钢板和构架的厚度应比上部增加1～2 mm作为结构防腐蚀余量；内部围壁下部距平台、甲板200～300 mm范围内的钢板厚度以及内底板厚度应比计算厚度增加1～2 mm作为防腐蚀余量。

核潜艇的非耐压壳体可采用高强低磁钢制造，由于钛合金优良的耐海水腐蚀性能、高的比强度、无磁性等特点，核潜艇耐压壳体可采用钛合金制造。要建造大深度下潜的核潜艇，钛合金是作为耐压壳体最为理想的材料。

舰艇的球鼻艏声呐罩可用不锈钢或增强纤维玻璃钢制造，也可用钛合金制造。

### 7.2.2 管路选材

舰上的消防管路、动力系统管路和冷却水系统管路，往往因腐蚀、振动而导致漏水、漏油、漏汽，称为“三漏”。为解决舰艇的“三漏”问题，管路选材只有在流速低于1.5 m/s时才选用铜管，一般情况下均推荐采用B10、B30铜镍管（俗称白铜管）。如果在B10、B30管系中再采用铁、铜阳极联合保护技术，其管内流速可允许达到7 m/s。在流速更高或需耐更强烈的冲刷腐蚀的情况下，应选用双相不锈钢管或钛管。钛管比双相不锈钢管有更好的耐孔蚀性、耐间隙腐蚀性、耐均匀腐蚀性、耐晶间腐蚀性。钛管在海水系统中已获得了成功的应用，但价格昂贵。双相不锈钢的价格也成倍贵于B10管，其冷弯工艺性能欠佳，且应特别注意焊接处的耐蚀性能。与B10管相比，双相不锈钢管和钛管均没有防海生物污损的性能，因此应用双相不锈钢管和钛管时，一定要另加电解防污装置或电解铜阳极防污装置。只有在流速不高、防蚀性能也要求不高的情况下才采用普通铜管和钢管或镀锌管。

管系材质的耐蚀性是影响海水管系腐蚀破坏的主要因素，是管系的固有特性。可供海水管系选择的材质有：紫铜（TUP）管、无缝钢管（含经热浸锌或涂塑的无缝钢管）、铜镍管（B10、B30）、HDR（Ct—7）双相不锈钢管、钛管等。B10管的耐腐蚀性能明显优于紫铜管，特别是流动海水条件下更为明显，是舰船海水管系的一种优选材料。但选用B10管应注意以下几点：

（1）选用B10管作为海水管系材料，应按现行国际通用的规格系列进行选择，尽量避免系列外规格；

（2）应控制B10管的流速，尤其应考虑带砂等杂质的海水和过滤管系的影响；

（3）B10管与配件宜采用手工氩弧焊对接焊接；

（4）为了使B10管在海水中能形成完整的腐蚀产物保护膜，确保B10管的预期使用寿命，B10管与配件在对接焊前，一定要清除管端的油污。

#### 7.2.2.1 海水流动工况的海水管路选材

海水管系流速与管径大小有直接的关系。一般说来，管径越小，允许设计的最大流速值越低。管系中海水流速、盐度、含砂量等都对管系腐蚀速度有直接影响，海水的含砂量和盐度是随不同海区变化的，但设计人员可通过改变管径来控制海水流速，从而降低或减小腐蚀速度。

在海水流动工况下，管路腐蚀控制的主要任务是在管内最大流量和管径预先确定的情况下，选择允许设计最大流速大于或等于海水流速已经确定的材料，或者在材料和最大流量预先确定的情况下，选择合适的管内径，使管内海水流速小于或等于所选材料的最大允许设计流速。各种海水管路材料及允许设计最大流速值可参考表7－1。

**表7－1 各种海水管路材料允许设计最大流速值(m/s)**

| 材料 | 允许最大流速/(m/s) | 耐紊流能力评价 |
|---|---|---|
| 无缝钢管(#20钢) | 1.0 | 差 |
| 紫铜管($TP_2Y$) | 1.2 | 差 |
| B10铜镍管 | 3.6 | 好 |
| B30铜镍管 | 4.5 | 好 |
| 双相不锈钢管(HDR) | >9.0 | 优 |
| 钛管(TA2、TA5) | >9.0 | 优 |

表7－1中数据供以海水流动工况为主时参考，对于短时间工作的海水管路系统（一个中修期累积海水流动时间不超过3 000 h），允许设计最大流速可增大30%；对于一个中修期累积海水流动时间不超过500 h的海水管路系统，可不规定允许设计最大流速值。该表中数据为舰船日常运行工况所应控制的流速值，允许应急情况下瞬间海水流速超过允许设计最大流速值。表中数据为管径≥89 mm的海水管路而设，管径越小，允许设计最大流速值应越低。以B10铜镍管为例，允许设计最大流速值与管内径的关系如表7－2。

**表7－2 B10铜镍管允许设计最大流速与管内径的关系[1)]**

| 管内径/mm | 9.5 | 12.7 | 19.1 | 25.4 | 31.8 | 38.1 | 50.8 | 63.5 | 76.2 | ≥88.9 |
|---|---|---|---|---|---|---|---|---|---|---|
| 允许流速/(m/s) | 1.18 | 1.57 | 1.98 | 2.37 | 2.56 | 2.76 | 2.96 | 3.16 | 3.55 | 3.6 |

注：1）当选用德国KME公司的B10或B30管时，管径大于50.8 mm的B10管，其流速允许值为3.6 m/s，B30管的流速允许值为4.5 m/s。

7.2.2.2 其他管路几种耐腐蚀性能好的合金管材的选用

（1）消防水管、海水管路、粪便污水管路宜选用B10管或双相不锈钢管。若粪便污水、厨房、盥洗间、浴室污水排出管路使用钢管时，应对钢管的内外表面进行涂塑防腐蚀处理。

钢管涂塑是用特殊的工艺及专用设备将环氧系或聚乙烯高分子粉末涂料均匀地涂覆于管系内(外)壁，经固化或塑化后，在管系内(外)表面形成平整、光滑、坚固的保护层。管系金属被塑料涂层与海水介质所隔绝，可有效地保护钢管，且该塑料涂层耐磨、耐腐蚀、光滑致密，涂覆时不产生内应力，因此大大提高使用寿命(一般比热浸锌提高5倍)。钢管经涂塑后，具有流体阻力小(热浸锌管阻力系数为0.012，涂塑管阻力系数为0.009)和防结垢的优点，提高了管系的效率。该技术从20世纪80年代起已在国内外舰船上得到了广泛应用。

实船使用表明，一是要严格控制涂塑原料质量和涂塑工艺，确保涂塑层的质量。为与舰船维修周期相应，涂塑管的质保期限应大于10年。

全涂塑钢(QT)在流动海水中能表现出良好的耐蚀性，主要是环氧塑料的耐冲刷性和致密性保护了钢质表面，但应注意到涂塑管的涂塑层一旦受到破坏，则腐蚀会大大加剧，所以使用时要避免硬物碰撞，出现问题要及时更换。

(2)辅助锅炉上排污管、饮用水管及其附件宜选用不锈钢材质管材。

(3)日用淡水系统、洗涤水系统、冷却系统的淡水介质管系,宜选用热浸锌无缝钢管(对动力装置加入防腐蚀添加剂的淡水管系应选用无缝钢管);饮用水管路宜采用不锈钢管材,其管系附件也应为不锈钢材料。

(4)日用蒸汽管、暖气管、蒸汽疏排水管宜选用铜管或双相不锈钢管;蒸汽管系的弯头、法兰、螺纹接头、仪表管等管系附件应采用与管材同类型材料。

(5)液压油管宜选用无缝铜管或无缝钢管;液压油柜宜采用不锈钢材料制造。

(6)喷气燃料管系的管材和管系附件,应选用不锈钢管和不锈钢材料。

(7)高中压空气系统管系一般选用无缝钢管、铜管或双相不锈钢管。

(8)当管内流体温度超过425 ℃时,应采用耐热合金钢管。

(9)连接压力表、温度计等仪表的支管,宜选用紫铜管,在海水系统中须注意与管材的配套设计和电绝缘设计。

(10)生活污水系统一般应采用不锈钢材料。大便总管可选用加厚不锈钢管,透气管和废油排放系统可选用无缝钢管或不锈钢管,甲板泄水管应选用热镀锌钢管或不锈钢管材,舱底油污水处理系统选用B10或$TP_2Y$铜管材。

7.2.2.3 几种合金管材的耐腐蚀性能比较及防腐蚀措施

1. 无缝钢管

耐流动海水和静止海水腐蚀性能都较差,但工艺性能好,使用经验成熟。无缝钢管不宜裸体使用,无缝钢管用作舰船海水管路时,要采取热镀锌保护,镀层厚度应达到200~300 μm范围,允许设计最大流速可提高至1.5 m/s。在海水流速较高或累积使用时间较长的辅助舰船的海水管路中,当必须采用无缝钢管时,应注意要在海水管路中设计加装三元锌或鋁合金环牺牲阳极保护。保护电位应控制在 −850 mV($Cu/CuSO_4$)以下。在局部海水流速较高,紊流程度严重,热镀锌层容易破损、剥离的地方,还应特别辅之以三元锌或铝合金环牺牲阳极保护。

2. 紫铜管

紫铜随海水流速的提高,其腐蚀速度呈现有规律的增大,主要是由于其保护膜和基体的硬度都较低,当流速超过某一临界值及含固体夹杂物时,保护膜破坏,且高流速海水带来充足的溶解氧使其腐蚀速度急剧升高。紫铜管耐流动海水腐蚀性能差,但优于无缝钢管,耐静止海水腐蚀性能好,工艺性能好,使用经验成熟,对累积流动海水作用时间长的紊流严重的管配件或在1.2 m/s以上海水流速下使用时应采取防腐蚀措施。当推荐采用法兰间式铁合金牺牲阳极用于保护铜及铜合金海水管路时,保护电位宜控制在 −450~ −750 mV范围。在不是法兰连接而需要采用防蚀措施的管段或管配件,允许采用栓塞式铁合金牺牲阳极。

3. B10、B30铜镍合金管

耐流动海水腐蚀性能显著优于紫铜(TUP)管,对累积流动海水使用时间长的紊流严重的管配件,以及在3.6 m/s(B30管在4.5 m/s)以上海水流速使用或长期在海水静泡条件下使用,应采取防腐蚀措施。B10比TUP耐流动海水冲刷腐蚀,但其耐含砂海水腐蚀性能较差,腐蚀速度是同流速洁净海水的7倍,这可能是由于其钝化膜的破坏加速了铜镍合金的腐蚀。

4. 钛合金和双相不锈钢管

在流动海水和静止海水中都具有优良耐蚀性能,材料本身不需任何防蚀措施,但在选用时需特别注意与管路其他异种材料构件的电偶腐蚀控制、自身的海生物污损防护和便于部队现场焊接的焊丝及焊接工艺的配套问题。双相不锈钢有很好的耐海水腐蚀性能，其腐蚀速度和腐蚀率都很小，主要原因是由于在含氧海水表面生成的致密钝化膜起到了保护作用，且钝化膜遭到破坏后能迅速自行修复再钝化而仍然保持优良的耐海水冲刷腐蚀性能。

钛在中性和氧化性气氛及众多恶劣环境中具有比其他常用金属的耐腐蚀性高得多，特别是对氯离子具有很强的抗蚀能力，因为在钛表面形成的氧化钛钝化膜很牢固，即使遭到破坏，在氧化性环境中容易再生。无论在静止或高速流动的海水中，还是在清洁或污染的海水中，甚至当海水中含有大量泥沙时，钛均能保持钝化状态。用1 mm厚的铝、铜、不锈钢、钛在海水中进行对比试验，试验结果表明：铝8个月、铜1年、不锈钢4年即被全部腐蚀掉，而钛则没发现腐蚀；在流速为1 m/s的海水中，经4.5年的试验，钛的腐蚀率仅为0.000 761 1 mm/a；即使在流速高达20 m/s，钛在海水中的腐蚀也可忽略不计。

7.2.2.4 海水管路选材和防腐蚀措施推荐配套方案

海水管路选材和防腐蚀措施推荐配套方案见表7-3。

**表7-3 海水管路选材和防腐蚀措施推荐方案**

| 使用条件 | | 舰船类型 | |
|---|---|---|---|
| | | 战斗舰船 | 辅助舰船 |
| 低流速 | 短时 | 紫铜管，紫铜管+铁合金牺牲阳极 | 热镀锌无缝钢管+三元锌环牺牲阳极保护 |
| | 中时 | 紫铜管+铁合金牺牲阳极，B10铜镍管 | 紫铜管 |
| | 长时 | B10铜镍管，B10铜镍管+铁合金牺牲阳极 | 紫铜管+铁合金牺牲阳极 |
| 中流速 | 短时 | B10铜镍管 | B10铜镍管 |
| | 中时 | B10铜镍管+铁合金牺牲阳极 | B10铜镍管，B10铜镍管+铁合金牺牲阳极 |
| | 长时 | B10铜镍管+铁合金牺牲阳极，HDR双相不锈钢管1)、钛管 | B10铜镍管，B10铜镍管+铁合金牺牲阳极 |
| 高流速 | 短时 | B10铜镍管+铁合金牺牲阳极，HDR双相不锈钢管1)、钛管 | B10铜镍管+铁合金牺牲阳极 |
| | 中时 | HDR双相不锈钢管1)、钛管 | HDR双相不锈钢管1)、钛管 |
| | 长时 | HDR双相不锈钢管1)、钛管 | HDR双相不锈钢管1)、钛管 |

注：1)采用钛管或双相不锈钢管时，与其相邻的铜制或钢制设施应采取有效的绝缘连接措施。表中使用条件栏目中简称的含义说明如下。

低流速：海水流速<2.0 m/s。

中流速：海水流速在2.0~4.5 m/s范围。

高流速：海水流速>4.5 m/s。

短时：指使用频率较低，一个中修期累积流动海水作用时间不超过3000小时的海水管路。

中时：指虽经常使用但不连续，一个中修期累积流动海水作用时间超过3000小时的海水管路系统。

长时：指经常连续遭到流动海水冲刷腐蚀作用的海水管路系统，如主、付循环水系统，主、付冷却水系统（含兼作冷却水系统的消防水系统）等。

7.2.2.5 海水冷却设备管束的选材

1.选材原则

从防腐蚀角度考虑，各种舰用冷却设备中以海水作为冷却介质的，与海水接触的结构件的材料应根据以下几个方面选取：

（1）在流动海水情况下，对于冷却水量和管束直径已经确定的冷却设备，应选择允许设计流速高于设备实际流速的材料；

（2）在以海水静泡为主要工况时，应选择耐点蚀性能、耐沉积腐蚀性能、耐脱成分腐蚀性能较好的材料；

（3）考虑到舰用冷却设备管子直径较小，通常为 DN16 mm，管束进出口端紊流较为严重等因素，冷却设备的几种管束材料的允许设计流速如表 7－4。但实际流速不得低于 1 m/s，否则铜合金管束的沉积腐蚀危险性将增大。表 7－4 中四种管材的耐局部腐蚀性能评价参见表 7－5。

**表 7－4　冷却设备管束材料的允许设计流速值**

| 材料 | HAl77～2A | B10 | B30 | TA2 |
|---|---|---|---|---|
| 允许设计流速/(m/s) | 1.0～1.8 | 2.3 | 2.75 | 4.3 |

**表 7－5　表 7－4 中四种冷却设备管束材料的耐局部腐蚀性能评价**

| 材料性能 / 材料 | 耐点蚀性能 | 耐沉积腐蚀性能 | 脱成分腐蚀性能敏感 |
|---|---|---|---|
| HA177－2A | 一般 | 差 | 有 |
| B10 | 一般 | 一般 | 轻 |
| B30 | 一般1) | 一般 | 轻 |
| TA2 | 优 | 优 | 无 |

注：1）在中低流速下成膜质量好时，耐蚀性能提高。

2. 上表中四种管束材料推荐使用范围

（1）HA177－2A 铝黄铜管束是火力发电厂经常采用的冷却管材料，因其允许使用流速较低，耐蚀性较差，在舰船上一般不推荐使用该管材。如因特殊原因使用该管材时，所需冷却水量应较小，并应特别注意如果管端部在胀管时存在残余应力，在污染海水中有因点蚀而导致应力腐蚀开裂的问题。

（2）B10 在流动海水中显著优于 HAI77－2A，耐沉积腐蚀和脱成分腐蚀性能也比 HA177－2A 好，在一般辅助舰船的不重要冷却设备上可酌情使用。

（3）大型水面舰船各类冷却设备应使用耐海水冲刷抗腐蚀能力强的管材。

（4）TA2 各项耐蚀性能和力学性能都显著优于 B30，虽然其导热性能比 B30 差，但可通过减薄管壁和提高管内海水流速予以补偿甚至提高。可推荐用于大型水面舰船的冷却设备上，特别是经常在污染水域停泊的舰船。但应考虑防海洋生物附着措施。

由于普通 B10，B30 管与冷凝用的 B10，B30 管有一定差别，因此，在选用时应特别注明为冷凝用 B10 或 B30 管。并指定向大型正规专业生产厂家订货。

7.2.2.6　排烟管选材及防腐技术要求

排烟管应选择耐热腐蚀性能和机械性能都能满足使用要求的材料。对耐热腐蚀性能方面，排烟管的材料应能满足：

（1）耐高温热腐蚀性；

(2)耐高温、高湿与冷热交替作用的热疲劳性;

(3)耐高温氧化性。

几种常用排烟管材料的最高耐氧化温度参见表7-6。

表7-6 几种管材最高耐氧化温度

| 钢与合金类别 | 主要钢种 | 最高抗氧化温度/℃ |
|---|---|---|
| 低碳钢 | Q235 #20 | 500 |
| 低合金钢 | 16Mn 16MnC 907A | 500~620 |
| 奥氏体不锈钢 | 1Crl8Ni9Ti | 900 |
| 铁基高温合金 | CH140 | 1050 |

### 7.2.3 舱室绝缘材料选材

仅从防腐蚀角度考虑,舱室绝缘材料宜选用吸水率低、线收缩率小、对船体结构腐蚀性小的绝缘材,应尽量选用闭孔泡沫材料,不宜用纤维性舱室隔热绝缘材料及用金属碰钉固定方式固定,防止吸湿和绝缘内部结露造成船体腐蚀而又无法进行防腐蚀防护维修。

### 7.2.4 潮湿舱室封面板选材

厨房、厕所、洗衣机室、烘干室等潮湿舱室,如设置舱室封面板(也称里子板或装饰板)时宜采用不锈钢材料,并对封面板的安装接缝用密封胶进行密封处理,防止向船体结构渗透蒸汽和水分引起船体结构腐蚀。冷库的封面板也应采用不锈钢材料,也同样要求对封面板的安装接缝用密封胶或可熔密封胶带进行密封处理。

### 7.2.5 露天部位活动紧固件选材

露天甲板舾装件和通风头上所采用的活动部件(包括螺栓、螺母、垫片和铰链等)、紧固件(如带舌插销、蝶形或翼形螺母及螺杆等,除有特殊要求外)应采用黄铜或镍铬不锈钢材料制作。舱面舾装件,也应尽可能选用镍铬不锈钢材料。

### 7.2.6 上层建筑上的某些舾装件选材

上层建筑上的某些用薄板制作的舾装件( 如水龙带箱、通风罩)可用难燃玻璃钢制作。

### 7.2.7 某些设备及设备关键件的选材

舰用冷却设备属于腐蚀事故多发的设备, 既有紊流海水的腐蚀作用, 又有异种金属的电偶腐蚀作用, 还有管端扩管残余应力的影响、设备内不同部位温差的影响以及海水中溶解氧、泥沙沉积、海生物附着、海水污染等的影响。冷却设备腐蚀破损后不仅会造成大量被冷却介质因渗入海水报废,而且对机电设备也会带来很大损害。因此舰用冷却设备是舰用设备中要重点考虑到腐蚀防护的主要设备之一。为提高舰用冷却设备的防腐蚀能力和使用寿命,曾使用过在管束扩管端的管板面上涂敷绝缘材料和在封头内表面涂塑等方法,但实际使用效果并不理想, 因为当涂层由于因某种原因脱落后会堵塞管束, 导致冷却效果明显下降。锌塞是解决封头、小室腐蚀的常用方法,但若由于更换不及时或设计不当使会封头部分烂穿。因此,解决舰船海水冷却器腐蚀问题成为目前舰船防腐蚀的首要问题,从系统防腐设计角度出发,在冷却器材料优选、电偶腐蚀控制、管系之间电绝缘、防腐方案确定等关键环节入手,积极采用新材料。舰船用冷却设备的主要腐蚀防护措施采用非金属复层保护。一般情况下,小型舰用冷却设备中管束采用 B10,B30 材料,管板根据管束材料采用钢 - 铜合金爆炸复合板,封头材料采用镍铝青铜或铝青铜。材料腐蚀实验结果表明,封头与管路直接相连势必造成连接部位的异金属腐蚀,必须采用电绝缘法兰连接。小型舰用冷却设备选择这些材料基本可解决冷却器的异常腐蚀问题。在大型舰用冷却设备中采用钢制封头时需要有足够的腐蚀余量,并且应采用橡胶衬里、涂料或环氧玻璃钢的非金属复合防护层进行腐蚀防护。

目前,舰船上应用的耐海水腐蚀的材料主要是铜、铜合金 B10,B30 管等。长期以来,舰艇水消防系统、水幕系统、日用海水系统和冷却水系统中,管路及其附件材料一般均为铜质。在长期的使用中,铜合金暴露了不少问题,如不耐硫化物的腐蚀、在流动海水中腐蚀率较高等。据调查,某舰的水消防管路为紫铜管,交舰不到一年,管路就因点蚀发生了泄漏;某舰海水系统 50% 以上的阀门产生了泄漏,其中相当一部分是阀盘腐蚀导致内漏或阀杆磨损造成泄漏,近年来新造舰船的海水系统虽然使用了 B10 管等新的材料,但腐蚀漏泄问题仍很严重。而在国外,使用蒙乃尔(Monel)合金已很普遍。蒙乃尔合金是以金属镍为主、金属铜为副(含 30% 左右铜)的镍合金,具有很好的物理性能、机械性能和化学性能。其耐腐蚀性能比铜、镍都好,在西方海军舰船上得到应用的主要是 Monel - 400 和 Monel K - 500 二种合金,目前这二种合金国内已有生产。

蒙乃尔合金的特点是在很宽的温度范围内都具有很好的耐腐蚀性,在各种空气、各类水质条件下均有极强的抗蚀作用,腐蚀速率不大于 0.03 mm/a。在严峻的温度变化、水流冲击、碳酸气侵蚀的情况下,腐蚀率不大于 0.025 mm/a。蒙乃尔合金与铜、黄铜、镍铝青铜、B10 合金、B30 合金等相比,其腐蚀率是最低的,且其腐蚀率几乎不受海水流速的影响。这是一般的铜合金包括铜镍合金所不具备的特性。蒙乃尔合金的主要成分是约 2/3 的镍和 1/3 的铜,它具有良好的耐海水、稀硫酸、强碱、磷酸 、脂肪酸等的腐蚀性能,直至 450 ℃以上还保持其强度和刚度。

蒙乃尔合金可用于舰船的泵轴、阀杆、螺旋桨、海水系统的紧固件、螺杆连接件、各种轴的关键件、汽油箱、淡水箱、热交换器、核设备构件等。

由于蒙乃尔合金价格较贵,在舰艇上大范围使用有一定的困难,但可应用在某些关键的零部件上。我国某新型舰在建造过程中,海水阀的阀盘、阀杆均采用蒙乃尔合金制造,对防止腐蚀泄漏取得了良好的效果。

螺旋桨材料除了要求高强度外,同时还要求在海水介质中有优异的耐冲刷腐蚀性能和抗空泡腐蚀性能,尤其是高速艇的螺旋桨。钛合金螺旋桨可很好地满足上述综合性能要求。经几百只钛合金螺旋桨长期使用证明,钛合金螺旋桨的使用寿命超过铜合金螺旋桨的 5 倍以上,而钛合金螺旋桨的质量只有铜合金螺旋桨质量的一半。

我国现已形成了较完整的舰船用耐蚀钛合金系列,对一些耐腐蚀性要求高的设备的关键部位和关键件可采用钛合金制造,如核潜艇的蒸发器,核动力压水堆一回路系统危急冷却器,二回路泵、阀,鱼雷发射高压气瓶,鱼雷发射水缸,舰船造水系统的盐水泵轴塞等等。

## 7.3 舰船防腐蚀设计

舰船的防腐蚀设计，就是预防舰船及其设施在腐蚀环境条件下造成腐蚀破坏和损失而在设计中采取的防腐蚀措施。

### 7.3.1 船体结构防腐蚀设计

#### 7.3.1.1 水面舰船船体结构防腐蚀设计

水面舰船船体结构防腐蚀设计应根据舰船的设计寿命考虑到腐蚀余量，以减少维修时因腐蚀破坏造成的钢板和型材的更换量。设计中不应有死角和无法进行腐蚀防护和维修的窄缝，需要封死的部位或固定机座内不可维修的部位应预先采取有效的防腐措施，如采用热喷涂、涂长效重防腐涂料、采用环氧胶泥密封、现场发泡（闭孔泡沫材料）填充、水泥填充或其他可达到同等防腐效果的填充物填充等。应明确规定结构构件制作加工时，构件的自由边、开口、上层建筑侧壁自由边、舷侧列板自由边等均应倒棱，应尽量避免出现棱角。舰船结构应便于涂料的涂装和维修保养，不应出现棱角及涂料无法施工和积水不能排除的部位。排水量大于2000吨的大中型水面舰船主船体内平台甲板或花铁板以下的舱底部位所有纵、横向非水密构件应开尺寸合适的流水孔，使积水能泄至舱底，经疏水系统排出船外，防止积水造成船体结构腐蚀。

小型舰艇纵横向结构的流水孔也应按上述要求设置，船底部纵、横向非水密构件、舷侧纵向构件、液舱中非水密纵横向构件等开流水孔。

舷侧无热绝缘的船体部位（如机舱、辅机舱、隔离舱、锚链舱、底部空舱等），会产生结露水，如果由于结露水或冲洗水聚积，则会造成船体和船体结构的腐蚀，因此船体结构应避免出现涂料涂刷不到和积水不能排除的部位，应有流水孔或疏水措施，防止结露水或冲洗水聚积。设备基座应有足够的厚度，大型基座的高度应不小于350 mm，并应在便于接近的部位开设人孔或手孔，小型基座的高度应不小于150 mm，并尽量设计成封闭式。机座结构的构件应考虑易于油漆和维修等。图7－1表示了几种结构合适和不合适的布置形式。

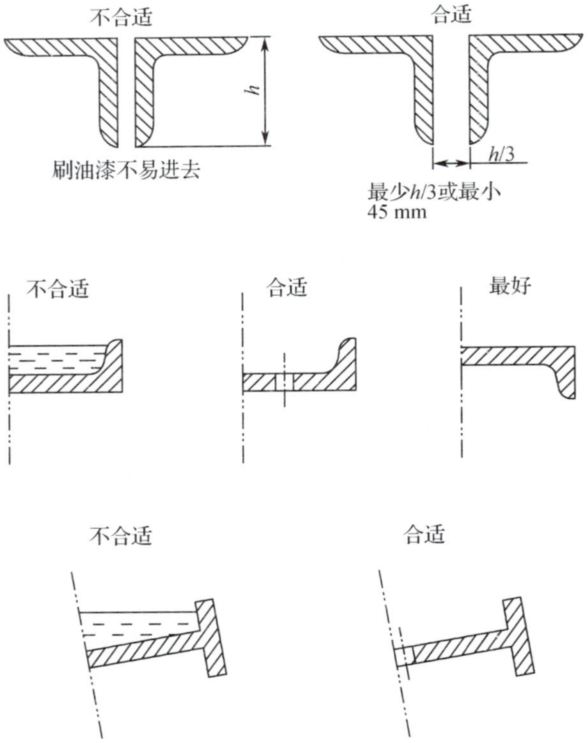

图7－1 几种结构安装的合适与不合适剖面图

在船体结构构件设计中，注意防止积水造成船体结构腐蚀的措施有：

（1）舰船主船体内所有纵、横向非水密构件（中内龙骨、旁内龙骨、纵向支骨、肋骨、肋板等)以及舷侧纵桁、纵向支骨等,均需在其和每档实肋骨或肋板两端相交的100 mm处与船体钢板连接部位处开有尺寸合适的流水孔,在与船体板连接的最低部位也应开尺寸合适的流水孔,保证将有可能积水的构架所构成的每一格间能泄水,一直泄至舱底的最低位置,经疏水系统排出船外。液舱内部的纵横向构件与船体外板连接处的最低部位,以及液舱纵横隔壁上的纵向构件与横向构件连接部位的两端均应开尺寸合适的流水孔。

(2)布置在舷侧的球扁钢、角钢,球缘和角钢自由端应朝下设置,在与垂向构件相交处应开切口或开流水孔,以防止结构积水锈蚀。

(3)主横隔壁在平台甲板或花钢板以下的舱底部位,钢板和构架的厚度应比上部增加1~2 mm作为结构防腐蚀余量。

(4)除主甲板外,各层甲板与舷侧外板连接的板列,其厚度应比中间部分的板列厚度增加1~2 mm。

(5)内底板厚度应比计算厚度增加1~2 mm,作为防腐蚀余量。

(6)排水量大于5000吨的舰船,在设有隔热绝缘的空调舱室中,其舷侧平台甲板上距舷侧约200 mm处需设置集水槽,集水槽的最低部位应装集水管,以便将舷侧的凝水导入该区段下层的舱底水收集部位,防止舱室凝水集聚或打扫舱室的污水流入舷侧,腐蚀舷侧钢板及构架。

(7)海底阀箱及污水井的钢板厚度应不小于该部位的船体外板或内底板的厚度。

(8)有积水的舱底,舱底水疏干头下方和液舱测深管下方的船体板应加焊$\phi$200 mm、厚度5 mm与船体结构材料相同的垫板,上边缘倒角,并满焊连接,以防船体钢板因电化腐蚀过快锈蚀。

7.3.1.2 潜艇结构防腐设计

通常避免钢结构腐蚀最经济、有效的方法是采用正确、合理的结构设计,使结构尽量避免发生腐蚀。控制潜艇结构的腐蚀与设计有着直接关系,因此在设计过程中就要考虑腐蚀问题。正确的结构设计不但要使潜艇满足使用功能、加工性能以及机械强度等的要求,同时也要考虑其结构腐蚀问题。因许多结构位于具有一定腐蚀性能的介质环境中,所处的环境更为恶劣。腐蚀将严重地影响潜艇性能的正常实现和发挥,所以预先要对其防腐蚀予以足够的重视。

在结构设计时考虑腐蚀问题是花费最少,却又能有效地控制腐蚀的最好方法。

1. 潜艇结构防腐设计原则要求

(1)结构选材应与潜艇主船体结构相一致,特别对于系统和设备,更应慎重选材,避免存在较大电位差;

(2)防止结构形成积水滞留,造成局部腐蚀加剧;

(3)防止产生电偶腐蚀;

(4)结构设计在满足总体性能要求的条件下要留有足够适量的腐蚀余量。

2. 潜艇结构设计内容

对常用的结构设计规则按其所涉及到的因素进行详细分类,通过分类选择获得这方面具体的结构设计原则,对结构设计应考虑的内容具体分类如下:

(1)材料因素;

(2)几何因素;

(3)力学因素;

(4)表面因素；
(5)相容性；
(6)生产因素；
(7)装配因素；
(8)腐蚀因素；
(9)可维修性；
(10)特别应注意的其他方面。
①简化形式；
②避免残余湿气和滞留水；
③防止电偶腐蚀；
④接合处特别要注意防止缝隙腐蚀；
⑤考虑由于腐蚀所造成的尺寸变化，适当增加尺寸的余量；
⑥考虑由于防护性覆盖层引起的尺寸变化。
对制作过程予以指导并加以注意（技术条件和要求）。

3. 潜艇防腐蚀特别采取的设计措施

潜艇防腐蚀设计，除要考虑到水面舰船的一些防腐设计措施外，还要特别重视下述的设计措施：

(1)防止缝隙腐蚀，控制缝隙腐蚀设计

①耐压船体内外管子螺纹、法兰盘接头、阀柱、阀体等有缝隙部位填塞胶泥，包敷绝缘密封材料；
②对舱内、舱外有可能造成水滞留的缝隙进行敷设环氧胶泥封闭处理；
③从结构设计上减少边角和狭缝；
④焊缝区域缝隙部位采用环氧胶泥填塞抹平。

(2)防止电偶腐蚀设计

①尽量减少异金属结构；
②对异金属材料之间的连接进行电绝缘设计，加绝缘衬垫。

(3)直角构件防腐蚀措施

上层建筑区域的流水孔、通气孔及格子板流水孔的开孔，凡是直角或锐角的孔边，均打磨成光滑的圆弧过渡。

(4)上层建筑区域防腐蚀设计，除上述各点外，还应注意到以下措施：

①流水孔的形式，除考虑降噪因素外，还应考虑焊接、除锈、涂装的方便性，部分构件在内场施工，涂装完整，最后上艇安装；
②可拆板的固定形式以及铰链、狗头闩的结构形式应灵活、方便耐用，具有很好的耐腐蚀性；
③增加肘板的腐蚀余量，采用双面连续焊形式，确保焊缝质量；
④防止缝隙腐蚀，控制缝隙腐蚀设计；
⑤基座材料采用与船体结构相同材料，减少“#”字结构的基座，基座与耐压船体焊接不允许单面焊和间断焊，采用封闭式连续焊。

### 7.3.2 管系防腐蚀设计

1. 舰船海水管系异种金属接触腐蚀的防护和设计

舰船海水管系所有通舷外口处与船体材料不同的金属制成的管路和附件(阀门、粗水滤器等)与船体之间必须进行电绝缘隔离;海水管系中不同金属管路、附件(阀门、泵、粗水滤器、冷却器、设备等)之间必须进行电绝缘隔离。若水泵与管路之间如采用橡胶挠性接头连接时则不必电绝缘处理。

海水管系法兰安装的电绝缘结构应具有管系腐蚀防护设计所要求的电绝缘性能,绝缘密封垫片和紧固件绝缘零件在绝缘工作表面间的电阻值均应不小于500 kΩ,绝缘密封垫片在海水介质中应有足够的化学稳定性和良好的电绝缘特性,垫片材料的电绝缘性能应不低于500 kΩ 的电绝缘性能要求。海水管系中使用的法兰密封垫片在电绝缘法兰处须使用特殊的外敷聚四氟乙烯芳纶橡胶合成纤维垫片,不能使用普通垫片、金属缠绕型密封垫片或金属型等导电类垫片,以免破坏电绝缘。绝缘法兰各易损绝缘零件达到更换周期后(一般在四年以上)应及时更换。海水管系与所有固定用吊、支架之间必须进行电绝缘,一般可用专用电绝缘吊、支架或衬橡皮垫的方式解决。

若海水管系在设计上如有特别要求时,除满足设计规定外,还应采取必要的防腐措施。

海水管系的防腐蚀可采用海军装备论证研究中心舰船所、交通部上海船研所、驻427厂军代表室研制的海水管系防腐蚀防海生物装置。该装置由专用电解电源、电解阳极、接线箱等组成。每个海底门安装特制的铜合金和铁合金电极各一只(或在海底门滤器内安装一支特制的铜铁混合电极)作为阳极,以船体钢板作为阴极,加上直流电源进行电解。其中,电解铁合金电极产生亚铁离子,电解铜合金电极产生亚铜离子,水泵将含有这两种离子的海水(电解液)抽出,分布到整个海水管路,亚铁离子以氢氧化物的形式吸附亚铜离子,并在海水管内壁上形成保护膜,既防止海水管路腐蚀,又防止海生物附着。防海生物效果达96%以上,可以延长管系寿命5倍以上。在选用螺栓绝缘衬套和螺栓绝缘垫圈时,在绝缘工作表面间的电阻和材料出厂的电绝性能应与上述绝缘密封垫片和紧固件绝缘零件一致,可选用聚碳酸脂塑料、聚丙烯塑料、聚四氟乙烯塑料、尼龙-11或12、聚乙烯塑料、4330酚醛玻璃纤维压制塑料等材料制作的螺栓绝缘衬套。

为了防止电绝缘接头处弄脏或因其他物体而发生闭合,在安装完毕后对部件表面涂漆时,不要在外伸的测量片上涂漆。也不可用任何一种润滑油涂抹电绝缘垫片、衬套和垫圈。

露天甲板、潮湿舱室,如厨房、配膳间、厕所、冷库、盥洗室、淋浴间等,其管子吊架和支架均应采用不锈钢材质或热浸锌防腐措施。

2. 管束的防腐蚀设计

船用冷却设备冷却管内表面的主要腐蚀问题是沉积腐蚀、冲刷腐蚀和污染海水腐蚀。在污染海水中的沉积腐蚀尤为值得关注。防止沉积腐蚀和污染海水腐蚀的方法,在管束选材时应选用耐沉积腐蚀和污染海水腐蚀的材料,此外,还可以考虑下列方法:

(1)由于沉积腐蚀主要发生于海水静泡和海水流速很低的情况下,因此通常取1 m/s的海水流速作为冷却设备管束内表面沉积物附着的上限。超过1 m/s的流速一般不会有沉积物附着,也不会有明显的海生物生长。

(2)舰船下水初期,海水冷却设备一开始接触海水时,就应使海水在冷却管束内处于流动状态。在有条件情况下,最好能在清洁海水中,以1~3 m/s的流速运行一个星期到一个月，从而使管束内表面生成完整的初始保护膜，安全度过最容易出现腐蚀隐患的早期阶段。

(3)在舰船停泊时，特别是停泊时间较长时，应不定期地开机让海水管路内的海水流动，以防止沉积物堆积和海生物附着，从而防止沉积腐蚀和点蚀。

3. 管系设计中，管壁厚度在设计时应考虑留有足够的腐蚀余量。在 GJB 4000 中，最小管壁厚度的腐蚀余量已有明确规定。

管系设计中要注意到在相同海水流速的条件下，弯管和三通等异型管件的腐蚀损耗比直管有所增加。以热浸锌钢管为例，在相同海水流速条件下，弯管的腐蚀损耗比直管增加30%左右，三通比直管腐蚀损耗增加一倍左右。因此，为尽量防止或减少局部流速的增大和紊流程度的增强，可采取下列做法：

(1)每一条管道线路都应沿着最短路线通过，尽量少用弯管，弯管半径应统一，弯管段间的直管段长度应不小于 1.5 ~2 倍的管径；

(2)尽量减少管路沿线的接头数量，特别是可拆接头数量；

(3)当海水流动方向发生变化时，尽量避免急转，允许在主管道上安装 90°支管，在其他情况下应考虑海水流动的方向，宜采用 Y 形三通；

(4)应尽可能采用标准异型管配件，严禁现场粗制滥造管配件；

(5)管系在舰船上安装要特别注意对其表面的保护和固定，应避免产生过大的内应力；当采用非可拆式管子连接时，宜采用套管连接少采用对接焊连接，以减少局部紊流的增大。

### 7.3.3 涂料保护防腐蚀设计

舰船从船体到管系，从设备到机座，从水面以上到水线以下各个部位，最主要的防腐蚀方法是采用涂料防腐，占第二位的是外加电流阴极保护和牺牲阳极保护，其次是热喷涂和防止电偶腐蚀以及其他方法。

涂层保护是指在舰艇船体结构及部件上涂覆对钢铁具有抗海水和海洋大气环境腐蚀和提高其他功能的有机或无机(金属)涂层，使其服役寿命延长及其他功能得到更充分地发挥。

对舰船钢结构进行涂层保护是一种经济易行，技术可靠的重要防腐蚀方法。为了使涂层满足技术条件和使用环境的要求，延长钢结构的使用年限，取得最佳的经济效果，必须精心地进行涂装设计。在涂装设计过程中，应着重地掌握涂料品质、涂装技术和涂装管理三个要素。涂料品种选择主要根据使用环境条件，耐用年限，涂料质量，施工性能，环保性能，以及经济性诸方面考虑。

采用涂料涂装防腐蚀是舰船防腐蚀设计中工作量最大的项目之一。涂料防腐蚀涂装设计工作包含不同部位对不同涂料和不同颜色的选用、涂料的正确配套、各种涂料和各种颜色的涂装面积与涂料重量的计算、涂装部位表面处理及二次除锈的等级要求、涂料的涂装工艺要求、涂装质量要求等等。

涂料通过涂装工艺完整地覆盖于船体和设备表面形成具有保护性、装饰性及特定功能(如防腐蚀、防污、隐身、热反射、导电、绝缘、标志等等)的薄膜覆盖层。在许多场合下往往有几道涂层，不同的部位又采用不同的涂层，从而构成一个整体系统涂层，包括底涂层、中间涂层和面涂层。

底涂层是整个涂层系统中极重要的基础，要求底漆有很好的附着力。其黏度不能过大，溶剂挥发不宜过快。涂刷后要有足够时间使漆料进入钢铁表面的微孔。底漆中的颜料最好不要有可溶于水的组分，以免导致漆膜起泡。

对于富锌底漆，若颜料体积浓度超过临界体积浓度，意味着漆膜中有空穴，因此机械强度很差，需要有面漆保护，而且在底漆与面漆之间要有中间层过渡，这层中间层采用环氧树脂类涂料稀释 40% ~50% 覆盖在底漆表面，起到封闭和连接底、面漆的作用。另外，由于富锌底漆通常较薄，并易受外部环境介质影响，一般不单独使用，必须配以适当的中间漆和面漆，以达到规定的厚度。

中间涂层的主要作用是使底漆及面漆附着良好。漆膜层间的附着力并非主要是靠极性基团之间的吸力，而是靠中间层所含溶剂将底漆溶胀，使两层界面的高分子链缠结密着。中间层可提供平整表面，除保持美观外，往往具有较好的弹性，能缓冲阻尼小物品的冲击破坏。

对于重防腐部位所用重防腐涂料，厚膜化是重防腐涂料的重要标志之一。重防腐涂料的干膜厚度一般要在 200 ~300 μm 之间，厚者可达 500 ~1 000 μm 甚至 2000 μm(2 mm)以上。但当涂层内存在缺陷微孔而使介质呈毛细扩散时，由于毛细扩散系数特别大，毛细扩散的影响就会大大抵消增加涂层厚度对延长扩散时间所起的作用。在这种情况下，涂层厚度就起不到“长效”作用了，因此，为了达到良好的涂层屏蔽性能，常用多道涂层形成厚涂层达到长效防腐作用。中间层的作用之一是能较多地增加涂层厚度以提高整个涂层的屏蔽性能。在整个长效涂层系统中往往底漆不宜太厚，面漆有时也不宜太厚，只将中间层涂料制成触变型高固体厚膜涂料，用无气喷涂获得所要求的厚膜。

面漆应该有较低的氧气和水的渗透率，并应赋于整个涂装体系适当的外观、硬度、耐磨性、耐冲击性等所要求的各种性能和特种功能性能。在选择面漆时，重要的是考虑在使用环境条件下的高稳定性和耐老化性。

#### 7.3.3.1 涂料选用原则

(1)设计中首先要对备选涂料的生产厂家的涂料性能和质量有深入的了解和掌握性能测试与实船使用情况的有关资料，综合比较后选取 2 ~3 家涂料厂商的产品与相应的涂料厂商技术人员商定出涂料配套方案；经审查后确定一套最佳配套方案。

(2)除特种性能涂料外的常规涂料，原则上尽量选用性能优、质量好、价格合理的一个厂家的产品，以其主要涂料品种作为配套，但不同厂家的同类高性能产品和特种涂料会有各自的特性和优势，根据设计寿命和使用要求，必要时不排除选用其他个别厂家的优势产品和几个厂家的特种涂料产品。

(3)底漆应选用能与大多数涂料配套的产品，对不同厂家的涂料配套，必要时先进行配套试验。

(4)选用新研制或改进的涂料应经舰船在南海、东海、北海三个海域实船试用或使用考核合格鉴定的产品。

#### 7.3.3.2 对涂料的主要性能指标要求

在选用涂料时，涂料生产厂家所提供的样本资料中，只有施工性能而无涂料的技术性能指标，一般生产厂家也提供不了。为了使设计者对涂料的技术性能指标要求有所了解，现选择部分主要涂料产品的通用技术条件或“八五”至“十五”期间国家舰船涂料攻关项目的研制技术要求或有的单位新研制生产的涂料已达到的技术性能指标，录入以下各类涂料的主要性能技术指标要求表中，供设计选用涂料时讨论技术协议和比较涂料性能优势时参考。

1. 车间底漆

应符合 4.4.1.1 节舰船用车间底漆的性能要求。必要时通过对舰船设计选定的钢板进行焊接试验筛选确定，向军方、舰船设计方和舰船建造方提供试验报告及结论并存留试验样品。船用车间底漆的通用技术指标要求见表 7－5。

**表 7－5　车间底漆主要性能技术指标要求**

| 序号 | 项目 | 技术指标 |
|---|---|---|
| 1 | 干燥时间[25 ℃ ±1 ℃表干(指触法)]/min | ≤5 |
| 2 | 附着力/级 | 2 |
| 3 | 漆膜厚度/μm<br>含锌粉的车间底漆<br>不含锌粉的车间底漆 | <br>15～20<br>20～25 |
| 4 | 耐候性(在海洋气候中生锈)<br>含锌粉的车间底漆 6 个月/级<br>不含锌粉的车间底漆 3 个月/级 | <br>3<br>4[1)] |
| 5 | 焊接与切割[2)] | 每边烧损量≤20 mm |
| 6 | 成型与弯曲[2)] | 裂纹＜3 mm |

注:1)耐候性指标中的 4 级是指出现锈点的面积不超过 50%;

2)均为保证项目。

船用车间底漆有含锌粉的车间底漆和不含锌粉的车间底漆两类。含锌粉的车间底漆常用的是环氧富锌车间底漆和无机锌底漆;不含锌粉的车间底漆常用的是磷化底漆和环氧无锌底漆。各种车间底漆性能比较列于表 7－6。

**表 7－6　各种车间底漆性能比较**

| 车间底漆名称 | 磷化底漆 | 环氧无锌底漆 | 环氧富锌底漆 | 无机锌底漆 |
|---|---|---|---|---|
| 主成分 | 铬酸锌、聚乙烯醇缩丁醛、酚醛树脂 | 环氧铁红、环氧树脂、聚酰胺树脂 | 锌粉、环氧树脂、聚酰胺树脂 | 锌粉、正硅酸乙酯 |
| 标准膜厚/μm | 13～15 | 20～25 | 15～20 | 15～20 |
| 室外防蚀期/月 | 3～4 | 4 | 6～9 | 6～9 |
| 干燥性能(25 ℃) | 一般,≤5 min | 一般,≤5 min | 一般,≤5 min | 快,1～2 min |
| 可焊性 | 优 | 良 | 一般 | 优 |
| 可割性 | 优 | 优 | 一般 | 优 |
| 环境污染性 | 小 | 小 | ZnO 浓度较大,易超标准 | 产生一定量 ZnO,通常不超过标准 |
| 耐热性 | 差 | 一般 | 良 | 优 |
| 耐电位性 | 差 | 良 | 优 | 优 |
| 耐溶剂性 | 一般 | 良 | 良 | 优 |
| 施工性能 | 一般 | 良 | 良 | 优 |
| 与防锈涂料的配套性<br>油性类<br>沥青类<br>氯化橡胶类 | <br>优<br>良<br>良 | <br>良<br>良<br>良 | <br>差<br>优<br>优 | <br>差<br>一般<br>良 |

表 7-6(续)

| 车间底漆名称 | 磷化底漆 | 环氧无锌底漆 | 环氧富锌底漆 | 无机锌底漆 |
|---|---|---|---|---|
| 乙烯类 | 优 | 良 | 良 | 良 |
| 环氧沥青类 | 一般 | 良 | 优 | 优 |
| 纯环氧类 | 一般 | 良 | 优 | 优 |
| 聚氨酯类 | 优 | 良 | 一般 | 良 |

2. 船用防锈漆

船用防锈漆的品种较多,目前尚无与所有后道涂料能配套的通用型船用防锈底漆,在选用防锈漆时,要求能尽量多的与选用的配套涂料可以配套的船用防锈漆,防锈期效应在 5 年以上,重防腐配套涂层防锈期效应在 10 年以上。船用防锈漆的主要性能指标要求可参考表 7-7。

**表 7-7　水线以上部位船用防锈漆的主要性能指标要求**

| 序号 | 项目 | 技术指标 | 试验方法 |
|---|---|---|---|
| 1 | 柔韧性/mm | 1 | GB/T 1731 |
| 2 | 冲击强度/50 cm | 通过 | GB/T 1732 |
| 3 | 附着力/MPa | ≥3.5(环氧漆可达到 15) | GB/T 5210 |
| 4 | 耐盐雾/500 h | 1 级 | GB/T 1771 |
| 5 | 耐盐水性(3% 氯化钠,40 ℃)/90 d | 不起泡、脱落,无锈蚀 | 1) |
| 6 | 腐蚀防护期效 | 5 年漆膜完好 | |

注:1)在 $\phi 10 \times 150$ 钢棒涂漆二度后干燥 1 日,浸泡于 40 ℃ 3% 氯化钠水溶液中,浸泡 3 个月后观察。

船用环氧防锈漆目前达到的技术指标见表 7-8。

**表 7-8　船用环氧防锈漆已达到的技术指标**

<table>
<tr><th>序号</th><th colspan="2">项目</th><th>技术指标</th><th>备注(参照标准)</th></tr>
<tr><td>1</td><td colspan="2">固体分含量/%</td><td>80</td><td>GB/T 1725</td></tr>
<tr><td>2</td><td colspan="2">附着力/MPa</td><td>≥15</td><td>GB/T 5210</td></tr>
<tr><td>3</td><td colspan="2">耐盐雾/h</td><td>2 000<br>不起泡</td><td>GB/T 1771</td></tr>
<tr><td>4</td><td colspan="2">划痕耐盐雾/h</td><td>1 000<br>无鼓泡,锈蚀深度≤1 mm</td><td>GB/T 1771</td></tr>
<tr><td>5</td><td colspan="2">耐盐水/3.5%,40 ℃,d</td><td>21<br>无起泡、无锈蚀</td><td></td></tr>
<tr><td>6</td><td colspan="2">海水浸泡/d</td><td>≥21<br>不起泡</td><td></td></tr>
<tr><td>7</td><td colspan="2">冲击强度/50 cm</td><td>通过</td><td>GB/T 1732</td></tr>
<tr><td>8</td><td colspan="2">柔韧性/mm</td><td>2</td><td>GB/T 1731</td></tr>
<tr><td>9</td><td>耐阴极剥离性/<br>-1.5 V<br>(相对 Ag/AgCl)</td><td colspan="2">无剥离,无鼓泡</td><td>GB/T 7790</td></tr>
<tr><td rowspan="2">10</td><td rowspan="2">干燥时间/h<br>(23 ℃)</td><td>表干</td><td>2</td><td rowspan="2">GB/T 1728</td></tr>
<tr><td>实干</td><td>8</td></tr>
</table>

3. 水线以下部位船底防腐涂料

水线以下部位船底防腐涂料，必须具有很好的湿态附着力，在长期浸水和水流冲击下不会起泡、脱落，漆膜耐水性好，透水性及氧气透过率小，与防污漆漆膜间的层间附着力好，不干扰防污漆的防污性能，漆膜具有良好的耐碱性和耐电位性，能与阴极保护装置配合使用等。常用的品种有氯化橡胶涂料、乙烯沥青涂料、环氧沥青涂料、纯环氧涂料等。以乙烯沥青长效船底防锈涂料为例，已达到的技术指标见表 7－9。

**表 7－9 乙烯沥青船底防锈涂料[1)]主要性能指标要求**

| 序号 | 项目 | 指标 | 检验方法 |
| --- | --- | --- | --- |
| 1 | 附着力/MPa<br>(划圈法)/级 | >3<br>1 | GB/T 5210<br>GB/T 1720 |
| 2 | 柔韧性 | 通过 $\phi 2$ | GB/T 1731 |
| 3 | 耐冲击性/50 cm | 通过 | GB/T 1732 |
| 4 | 耐水性 | 通过 2 周期 | GB/T 9260 |
| 5 | 耐盐雾性/h | 4 000 漆膜完好 | GB/T 1771 |
| 6 | 耐海水性<br>常温<br>40 ℃<br>80 ℃ | <br>5 年漆膜完好<br>300 天漆膜完好<br>2 h 漆膜完好 | |
| 7 | 耐阴极剥离性/－3 V<br>(相对于 Ag/AgCl) | 3 年漆膜完好 | GB/T 7790 |
| 8 | 耐大气老化性 | 6 年漆膜完好，颜色变深 | |

注：1）前道配套涂料：可直接涂复于经表面处理的裸钢板，也可涂复于环氧或聚氨酯类底漆上，后道配套涂料可与乙烯防污漆、丙烯酸酯防污漆、乙烯类面漆配套。

4. 水线漆

舰船水线区域的环境条件是最恶劣的，是舰船最严重的腐蚀部位之一。因此，对水线漆的主要性能技术指标要求也严格一些，要能够经受大气腐蚀、紫外线辐射、海水与淡水甚至被有油污的海水浸泡、海水飞溅、水流冲刷和磨蚀、水面漂浮物冲击、干湿交替、能防止海生物附着等。易皂化和水解的涂料严禁用于水线和接触水的部位。主要性能技术指标要求参见表 7－10。

**表 7－10 水线漆主要性能技术指标要求**

| 序号 | 项目 | 主要技术指标要求 |
| --- | --- | --- |
| 1 | 附着力/MPa | ≥2.94 |
| 2 | 冲击强度/50 cm | 通过 |
| 3 | 耐热盐水性(80 ± 2 ℃)/h | 48<br>漆膜不起泡、不脱落、不生锈 |
| 4 | 耐油水性(浸于柴油润滑油中)/h | 48<br>漆膜不起泡、不脱落、不生锈、无软化、无斑点 |

表 7-10(续)

| 序号 | 项目 | 主要技术指标要求 |
|---|---|---|
| 5 | 耐划水性[1)]/达到规定周期 | 漆膜不起泡、不脱落 |
| 6 | 耐盐雾性[1)](200 h)/级 | 1 |
| 7 | 耐候性[1)](广州地区天然曝晒 12 个月后测定)<br>漆膜颜色变化/级<br>粉化/级<br>裂纹/级 | <br>4<br>≤3<br>≤2 |
| 8 | 耐大气老化试验/h | >700<br>所测数据应达 1 级 |
| 9 | 耐海水浸泡/d | 21<br>漆膜不起泡、不脱落、不生锈 |
| 10 | 耐柴油浸泡/d | 21<br>漆膜不起泡、不脱落、不生锈 |
| 11 | 耐干、湿交替/5 周期以上<br>(每个周期为浸泡一天,然后曝晒一天)/级 | 所测数据 ≥2 |
| 12 | 防止海生物附着/3 个旺季 | 海生物附着面积<5% |

注:1)耐划水性、耐盐雾性、耐候性均为保证项目。

5. 防污漆

尽量选用环保型防污漆;要求在 3~5 年内有效防止海生物附着;漆膜具有一定的透水性,漆膜中可杀伤海生物的毒料能连续不断地向海水渗出;与防锈漆之间有良好的附着力;防污漆本身之间亦应有良好的层间附着力,层间稍能互溶;漆膜长期浸水不起泡、不脱落;具有良好的耐海水冲击性;涂层表面光滑或舰船航行中具有自抛光性,修补方便等。含有机锡和铜的防污漆的主要技术指标要求参见表 7-11,导电防污漆的主要性能技术指标要求参见表 7-12。

**表 7-11 含有机锡和铜的防污漆主要技术指标要求**

| 序号 | 项目 | | 主要技术指标要求 |
|---|---|---|---|
| 1 | 附着力 | | 与前道漆附着良好,应选用同一厂家配套的中间漆与底漆 |
| 2 | 耐海水冲刷和干湿交替 | | 按 18 m/s,200 h 动水试验后,海水浸泡一个月,再曝晒一个月,不开裂、不脱落、不影响防污性能 |
| 3 | 海港挂板/3 个旺季 | | 海生物附着面积不超过 5% |
| 4 | 耐海水、淡水浸泡/6 个月 | | 漆膜无变化 |
| 5 | 渗透率/[$\mu g/(cm^2 \cdot d)$] | 有机锡[1)] | >1 |
| | | 铜 | >5 |
| 6 | 自抛光防污漆降阻性 | | 与非自抛光防污漆相比,降低阻力 10% 以上 |
| 7 | 透声性/15~20 kHz 声压透射损耗值 | | <2%(与不涂漆相比) |
| 7 | 施工环境温度/℃ | | -5~40 |
| 8 | 防污期效 | | 3~5 年,三年期效的海生物附着不超过 5% |
| 9 | 维修性 | | 修补方便 |

注:1)国际海事组织(IMO)决定自 2003 年开始禁用有机锡防污漆,2008 年开始在全球所有船舶上最终禁用有机锡防污涂料。我们在舰船涂装设计中也尽量不要选用含有机锡的防污涂料。

表 7～12　导电防污涂料的主要性能技术指标要求

| 序号 | 项目 | 主要技术指标要求 | 试验方法 |
|---|---|---|---|
| 1 | 外观 | 表面光滑 | |
| 2 | 与底涂层层间附着力/MPa | >2.9 | GB/T 5210 |
| 3 | 柔韧性/mm | ≤2 | GB/T 1731 |
| 4 | 耐冲击/50 cm | 通过 | GB/T 1732 |
| 5 | 耐盐水(3% NaCl 室温)/月 | 24<br>不起泡、不脱落 | |
| 6 | 耐阴极电位<br>( -1.5V Ag/AgCl 电极)/d | 30<br>不起泡、不脱落 | |
| 7 | 导电层表面电阻/Ω | $<10^9$ | GB/T 1410 |
| 8 | 导电层体积电阻/(Ω·m) | $\leqslant 10^8$ | GB/T 1410 |
| 9 | 对防锈底漆要求 | 防锈底漆与船体是电绝缘层 | |
| 10 | 修补性 | 涂层破损后对电磁兼容和消磁效果没有明显影响,易于修补 | |

6. 船壳漆

用于舰船水线以上船壳和上层建筑的船壳漆,底漆的防腐期效应在 5 年以上,面漆使用 2～3 年漆膜完好,允许颜色变色轻微,粉化允许降一级,易于维修和整体重涂。用于舰船的船壳漆有普通船壳漆和太阳热反射船壳漆、高性能的氟碳船壳漆等。太阳热反射船壳漆可提高水面舰艇对红外跟踪的伪装能力,降低船壳外表面涂层吸热能力,对提高防红外跟踪能力和降低舱内温度等十分有利,氟碳船壳漆可延长维修间隔,降低维修强度和维修费用。普通船壳漆以耐候性和重涂性好的丙稀酸聚氨酯船壳漆为例,主要技术指标见表7－13,环氧船壳漆目前达到的技术指标见表 7－14,太阳热反射船壳漆的主要技术指标要求见表 7－15。氟碳船壳漆的主要技术指标要求见表 7－16。

(1)普通船壳漆主要技术指标

表 7－13　丙烯酸聚氨酯船壳漆主要技术指标要求

| 序号 | 项目 | 技术指标要求 | 试验方法 |
|---|---|---|---|
| 1 | 漆膜颜色和外观 | 海灰、浅灰、蓝灰 | 目测 |
| 2 | 附着力/MPa | >2.9 | GB/T 5210 |
| 3 | 冲击强度/cm | 50 | GB/T 1732 |
| 4 | 柔韧性/mm | 1 | GB/T 1731 |
| 5 | 耐碱性(5% 碳酸钠,40 ℃)/d | 10<br>不脱落、不起泡 | 1) |
| 6 | 耐盐水(3% 氯化钠,40 ℃)/d | 10<br>不起泡 | 2) |
| 7 | 耐油性/d | 10<br>不起泡、不变软 | 3) |

表7－13(续)

| 序号 | 项目 | 技术指标要求 | 试验方法 |
|---|---|---|---|
| 8 | 耐盐雾,(500h)/级 | 1 | GB/T 1771 |
| 9 | 干漆膜厚度/μm | <100 | |
| 10 | 曝晒试验/月 | 12<br>不龟裂,粉化允许降低一级、变色轻微 | 4) |

注:1)在$\Phi$10×150钢棒上先涂两道配套底漆和两道面漆干燥1天后,浸泡于40℃ 5%碳酸的溶液,10天后用自来水水冲洗干净观察;

2)用3%氯化钠溶液,其他同1);

3)制棒同1),将棒浸于柴油－水－气三相各占1/3的容器中,10天后观察;

4)在国家规定的海洋气候曝晒场曝晒。

(2)环氧船壳漆目前达到的技术指标

表7－14 改性环氧船壳漆已达到的技术指标

| 序号 | 项目 | 技术指标 | 备注(参照标准) |
|---|---|---|---|
| 1 | 固体分含量/% | ≥60 | GB/T 1725 |
| 2 | 漆膜外观 | 漆膜外观平整光滑 | GB/T 9761 |
| 3 | 细度/μm | 不大于40 | GB/T 1724 |
| 4 | 附着力/MPa | ≥5 | GB/T 5210 |
| 5 | 耐盐雾(500 h)/级 | 1 | GB/T 1771 |
| 6 | 光泽/% | ≤60 | GB/T 9754 |
| 7 | 海水浸泡/d | ≥21 不起泡 | |
| 8 | 冲击强度/cm | 50 | GB/T 1732 |
| 9 | 柔韧性/mm | 1 | GB/T 1731 |
| 10 | 耐水性/h | 168<br>不起泡,不脱落 | GB/T 1733 |
| 11 | 耐油性/h | 24<br>不发黏,不起泡 | |
| 12 | 耐碱性0.5% NaOH/h | 24<br>不起泡,不脱落 | |
| 13 | 耐湿热(168 h)/级 | 1 | GB/T 1740 |
| 14 | 人工老化/500 h | 漆膜颜色变化3级<br>粉化2级<br>失光3级<br>裂纹0级 | GB/T 14522 |

随着雷达制导和红外跟踪技术的发展,原来只具有视觉伪装功能的海灰船壳漆已经不能满足要求,而热反射涂料则可提高水面舰艇对红外跟踪的伪装能力。降低船壳外表面涂

层吸热能力,对提高防红外跟踪能力和降低舱室内温度等十分有利。美国海军已将太阳热反射船壳漆列入美军舰船涂料配套体系,我国也于20世纪末研制出太阳热反射船壳漆和甲板漆。

(3)太阳热反射船壳漆的技术指标要求

表7-15 太阳热反射船壳漆的技术指标要求

| 序号 | 项目 | 技术指标要求 | 试验方法 |
|---|---|---|---|
| 1 | 漆膜颜色 | 海灰 | 目测 |
| 2 | 附着力/MPa | ≥2.5 | GB/T 5210 |
| 3 | 冲击强度/50 cm | 通过 | GB/T 1732 |
| 4 | 柔韧性/mm | 1 | GB/T 1731 |
| 5 | 耐盐水(3.5%氯化钠,40 ℃)/d | 10<br>不起泡 | |
| 6 | 耐碱性(5%碳酸钠,40 ℃)/d | 10<br>不起泡 | |
| 7 | 耐盐雾,(500 h)/级 | 1级 | GB/T 1771 |
| 8 | 曝晒试验/月 | 12<br>不龟裂,粉化允许降低一级,变色轻微 | 1) |
| 9 | 红外反射率/% | ≥70 | 2) |

注:1)在国家规定的海洋气候曝晒场曝晒。
2)按参照美国MIL—E—46136A等军标要求研制的试验设备及方法。

(4)氟碳船壳漆的技术指标

表7-16 氟碳船壳漆[1)]技术指标要求

| 序号 | 项目 | 性能指标要求 | 测试方法 |
|---|---|---|---|
| 1 | 漆膜颜色及外观 | 海灰 | |
| 2 | 光泽/% | ≥75 | GB/T 9754 |
| 4 | 附着力,划圈法/级<br>拉开法/MPa | ≤1<br>≥3 | GB/T 1720<br>GB/T 5210 |
| 5 | 固体含量/% | ≥50 | GB/T 1725 |
| 6 | 柔韧性/mm | 2 | GB/T 1731 |
| 7 | 冲击强度/50 cm | 通过 | GB/T 1732 |
| 9 | 耐盐水性(3.5% NaCl 水溶液)/d | 30<br>允许轻微失光,发白 | |
| 10 | 耐碱性(5% $Na_2CO_3$ 水溶液)/d | 30<br>漆膜不起泡、不脱落 | |

表 7－16(续)

| 序号 | 项目 | | 性能指标要求 | 测试方法 |
|---|---|---|---|---|
| 13 | 耐候性 | UV 老化/h | 3 000<br>变色≤2 级<br>粉化≤2 级<br>裂纹≤1 级<br>失光≤2 级 | GB/T 14522 |
| | | 天然曝晒/12 个月 | | |
| 14 | 耐中性盐雾/h | | 2000<br>漆膜不起泡、不生锈、不脱落 | GB/T 1771 |
| 15 | 配套性 | | 与底漆附着良好 | GB/T 6753.6 |
| 16 | 遮盖力/($g/m^2$) | | ≤100 | GB/T 1726 |

注:1)氟碳涂料是近年来发展较快的新品种,船壳漆也已研制成功几年,在舰船领域的应用研究尚在进行之中。

(5)红外热反射和自清洁船壳漆

为满足美军对新型功能性船壳漆需求,英国 IP 公司首先对热反射、抗锈斑技术进行整合,开发出既具有热反射功能又具有抗锈斑能力的新型船壳涂料,供美军试用,通过在 12 艘舰艇的船舷和上层建筑外表面进行实船试验,结果证明可节约大量舰员维修工作日,舱室温度可降低 5 ℃～10 ℃。美国海军已在 MIL－PRE－24635 中增加了热反射和抗锈斑功能的涂料品种。我国也分别研制出了抗锈斑功能的自清洁(又称抗沾污)船壳漆和热反射抗锈斑综合功能的船壳漆,但目前在实船上应用的条件还不成熟,没有取得实船应用的锈转化剂有效转化锈斑能力的期效(即锈转化剂能高效、平稳渗出的渗出率及期效)和与相关涂料综合应用效果的结论。

红外热反射和自清洁船壳漆的主要技术性能要求见表 7－17。

**表 7－17　红外热反射和自清洁船壳漆的主要技术性能要求**

| 序号 | 项目 | 技术性能要求 |
|---|---|---|
| 1 | 颜色 | 海灰色 |
| 2 | 附着力<br>划圈法/级 | 拉开法/MPa<br>≤2<br>≥3 |
| 3 | 柔韧性/mm | 1 |
| 4 | 冲击强度/50 cm | 通过 |
| 5 | 耐盐水性(3.5% NaCl 水溶液浸泡)/d | 24<br>漆膜允许轻微失光、发白 |
| 6 | 耐碱性(5% $Na_2CO_3$ 水溶液浸泡)/d | 30<br>漆膜不锈蚀、不起泡、不脱落 |

表 7－17（续）

| 序号 | 项目 | 技术性能要求 |
|---|---|---|
| 7 | 耐中性盐雾/h | 1 000<br>漆膜不锈蚀、不起泡、不脱落 |
| 8 | 红外反射率/% | ≥70<br>舱内温度降低 5 ℃～15 ℃ |
| 9 | 耐老化性（广州地区曝晒）/月 | 12<br>无裂纹、无起泡、无脱落，<br>允许变色≤2 级，粉化≤1 级 |
| 10 | 抗锈蚀有效期/a | ≥2 |
| 11 | 修补性与重涂性 | 易于修补和重涂 |

7. 露天通用型甲板漆

要求使用期效在两年以上；有良好的附着力、耐碱、耐磨、耐油、耐海水、耐擦洗性；有良好海洋环境的耐候性等性能。目前已达到的技术指标见表 7－18。

表 7－18　露天通用型甲板漆已达到的技术指标

| 序号 | 项目 | 技术指标 | 试验方法 |
|---|---|---|---|
| 1 | 漆膜颜色和外观 | 表面平整、颜色按要求 | 目测 |
| 2 | 干燥时间/h<br>表干<br>实干 | <br><4<br><8 | GB/T 1728 |
| 3 | 附着力/MPa | >4 | GB/T 5210 |
| 4 | 冲击强度/50 cm | 通过 | GB/T 1732 |
| 5 | 柔韧性/mm | 1 | GB/T 1731 |
| 6 | 耐碱性，（5% $Na_2CO_3$，40 ℃）/d | 60<br>漆膜完好 | 室温，1） |
| 7 | 耐盐水性（3% NaCl，40 ℃）/d | 50<br>漆膜完好 | 室温，2） |
| 8 | 耐磨性（500 g/1 000 r）/mg | 4.8～7.4 | GB/T 1768 |
| 9 | 耐盐雾，（500 h）/级 | 1 | GB/T 1771 |
| 10 | 耐油性/d | 30<br>漆膜不变软，无起泡 | 3） |
| 11 | 耐擦洗（蘸 5% $Na_2CO_3$）/次 | 2200<br>漆膜完好 | |
| 12 | 曝晒试验/月 | 36<br>无龟裂、无脱落 | 4） |
| 13 | 干漆膜厚度/μm | <150 | |
| 14 | 防滑性 | 按设计需要 | |

注：1）用 φ10×150 钢棒，涂底、面漆各两道，干燥 7 天，浸泡到规定时间洗净擦干观察。

2）制棒同 1），浸泡于 3% NaCl 溶液到规定时间，用水冲洗净后观察。

3）制棒同 1），将棒 1/3 在气相，1/3 浸在柴油中，1/3 浸在水中，到规定时间后即取出观察。

4）在国家规定海洋气候曝晒场曝晒。

8. 导弹发射部位甲板漆

导弹发射部位周围甲板和围壁应采用耐高温、高速气流冲刷的特种涂料，除具有露天通用型甲板涂料的技术指标性能外，还应具有能耐受短时间2300℃火焰高温和800 m/s高速气流冲刷的联合作用的性能。

9. 露天甲板防滑漆

除具有露天通用型甲板涂料的技术指标性能外，还应具有良好的防滑性，要求摩擦系数≥0.6或者≥15 kg(GB 9263)，抗压强度≥2 MPa或能承受海上补给时重量1 000 kg以上的四轮小车推行不致破坏，使用寿命5年以上。

10. 直升机甲板防滑涂层

直升机甲板防滑涂层应具有良好的防滑性、良好的底层附着力和层间附着力、耐冲击、抗压、不裂、耐磨、耐碱、耐油、耐海水、耐擦洗、有良好的海洋环境耐候性、密度小、涂层总厚度薄、使用寿命长等性能。防滑粒料可用金刚砂或聚氨酯塑料粒或其他防滑粒料等。

直升机甲板防滑漆漆膜技术指标要求见表7-19。

**表7-19 直升机甲板防滑漆漆膜技术指标要求**

| 序号 | 项目 | 技术指标 |
|---|---|---|
| 1 | 固体分含量<br>A组分/% | 底漆≥60<br>中间层≥65<br>面漆≥55 |
| | B组分/% | 底漆≥52<br>中间层≥93<br>面漆≥52 |
| 2 | 附着力(拉开法)/MPa | 底漆≥9(底漆/钢)<br>面漆≥5 |
| 3 | 冲击强度/cm | 50 通过 |
| 4 | 干燥时间/h<br>表干<br>实干 | <br><6<br><24 |
| 5 | 耐碱性(10%碳酸钠,40 ℃)/d | 30 完好 |
| 6 | 耐油性(煤油或柴油)/d | >30 不变软,不起泡,不脱落 |
| 7 | 耐磨性(500 g/1 000 r)/mg | <15(面漆) |
| 8 | 防滑性,全向摩擦系数<br>干态<br>湿态<br>煤油态 | >0.7<br>≥0.85<br>≥0.75<br>≥0.70 |
| 9 | 柔韧性/mm | ≤2 通过 |
| 10 | 硬度(中间层 邵尔A)/度 | 65~75 |
| 11 | 断裂强度(中间层)/MPa | ≥3 |
| 12 | 延伸率(中间层)/% | ≥180 |

表 7－19(续)

| 序号 | 项目 | 技术指标 |
|---|---|---|
| 13 | 耐候性(面漆)/月<br>粉化/级<br>变色/级<br>裂纹/级 | >12 不龟裂、不脱落<br>≤2<br>≤3<br>≤2 |
| 14 | 耐盐水(3% NaCl,40±2 ℃)/d | 30 不变色、不起泡、不脱落 |
| 15 | 耐盐雾性 600 h/级 | 1 |
| 16 | 耐碱性(10% $Na_2CO_3$,40±2 ℃)/d | 10 漆膜完好 |
| 17 | 耐擦洗(醮 5% $Na_2CO_3$)/次 | >2 000 |
| 18 | 耐冷热交变/20 个周期<br>(－40℃/5 h～室温/2 h～80 ℃/5 h～室温,2 h 为一个周期) | 不变色、不龟裂、不脱落 |
| 19 | 耐燃性 | 难燃或不燃 |
| 20 | 干膜总厚度/μm(含防滑粒料) | <2 000 |
| 21 | 干膜质量/(kg/m²) | <3.5 |
| 22 | 使用温度/℃ | －40～80 |
| 23 | 使用寿命<br>非起降区/月<br>起降区/次 | >36 无开裂、无脱落<br>>5 000 |

11. 航母战斗机起降甲板涂层

航母战斗机起降甲板涂层由底层、中间层、面层涂料和防滑粒料构成,要求底涂层有良好的附着力,防腐蚀能力不小于 10 年,底涂层可采用长效防腐蚀涂料,也可采用热喷金属涂层。中间层应有良好的层间附着力和柔韧性,面涂层应有良好的防滑性、耐磨性、耐冲击性、耐燃性以及好的修补性,主要性能要求见表 7－20,其他常规性能可参见露天通用型甲板涂料和直升机甲板防滑涂层的技术要求。

**表 7－20 航母战斗机起降甲板涂层技术指标要求**

| 序号 | 项目 | 技术指标要求 |
|---|---|---|
| 1 | 摩擦系数<br>干态<br>湿态<br>油润态 | <br>≥0.9<br>≥0.85<br>≥0.75 |
| 2 | 磨损后摩擦系数<br>干态<br>湿态<br>油润态 | <br>≥0.85<br>≥0.75<br>≥0.65 |

表 7-20(续)

| 序号 | 项目 | 技术指标要求 |
|---|---|---|
| 3 | 耐磨性(磨耗率)/% | <30 |
| 4 | 附着力/MPa<br>底漆或热喷金属涂层<br>中间漆 | ≥10<br>≥2.8 |
| 5 | 耐冲击[1]/% | 完好率>70 |
| 6 | 耐介质性/d | 30<br>完好 |
| 7 | 耐燃性 | 燃烧时间265 s,平均烧焦长度<150 mm<br>或通过MIL-STD-1623标准的指标 |
| 8 | 耐冷热交变/周期<br>(-40 ℃/5 h→室温/2 h→80 ℃/5 h→室温/2 h为一个周期) | 20<br>涂层不软化、无开裂、无脱落 |
| 9 | 使用寿命<br>起降区/次<br>非起降区/月 | >5 000<br>>36 |
| 10 | 其他常规性能[2] | 符合甲板涂料和直升机甲板防滑涂层的技术指标要求 |

注:1)0.9 kg钢球,从2 m高落下,冲击25次,间距20 mm。

2)参考露天通用型甲板涂料和直升机甲板防滑涂层的技术指标要求。

12. 喷涂型聚脲聚氨酯舱室地板涂层

从环保和经济性考虑,可分档次选用舱室地板涂料,非生活舱和非工作舱可选用通用型地板漆,工作舱和生活舱可按需要选用无溶剂环氧地板漆,舰长室、政委室、会议室、餐厅等可采用喷涂型聚脲聚氨酯舱室地板涂层。以SPUA-301阻燃型喷涂聚脲材料为例,主要性能技术指标见表7-21。

表 7-21 SPUA-301阻燃型喷涂聚脲材料的主要性能技术指标要求

| 序号 | 项目 | 主要性能技术指标 |
|---|---|---|
| 1 | 凝胶时间/s | 27 |
| 2 | 拉伸强度/MPa | 8.5 |
| 3 | 断裂伸长率/% | 200 |
| 4 | 撕裂强度/(kN/m) | 30 |
| 5 | 硬度(邵A) | 82~7 |
| 6 | 氧指数 | 29 |
| 7 | 阿克隆磨耗/mg(1.6 km) | 240 |

表 7－21(续)

| 序号 | 项目 | 主要性能技术指标 |
| --- | --- | --- |
| 8 | 耐酸性(20%硫酸或10%盐酸浸泡) | 良好 |
| 9 | 耐油性(分别用汽油、柴油、煤油、矿物油、液压油浸泡) | 良好 |
| 10 | 耐碱性<br>(20%氢氧化钠或10%氢氧化钾浸泡)<br>(50%氢氧化钠或20%氢氧化钾浸泡) | <br>良好<br>良好、轻微变色 |

13. 水性舱室涂料技术性能指标要求

作为环境友好型的水性舱室涂料虽然目前还存在一些尚待解决的问题,但正在不断进行改性和试用,以水性丙稀酸改性醇酸内舱漆为例,技术性能指标要求见表 7－22。

**表 7－22 水性丙稀酸改性醇酸内舱漆技术指标要求**

| 序号 | 项目 | 技术指标 |
| --- | --- | --- |
| 1 | 固含量/% | ≥50 |
| 2 | 干燥时间/h<br>表干<br>实干 | <br>4<br>24 |
| 3 | 60°光泽 | 20～40 |
| 4 | 附着力(划格法)/级 | 1 |
| 5 | 弯曲性/mm | ≤2 |
| 6 | 冲击强度/50 cm | 通过 |
| 7 | 耐水性/d | 7<br>无生锈、不起泡、无脱落 |
| 8 | 耐温变性/循环,次 | 10<br>无开裂、无剥落 |
| 9 | 耐人工老化/600 h,级<br>粉化<br>变色 | <br>≤1<br>≤1 |

14. 蓄电池舱耐酸涂料

蓄电池舱工作伴有氢气和热量放出,同时有硫酸蒸气逸出,使得舱内温度较高,一般在 40 ℃～50 ℃之间,相对湿度在 60%～80%。由于船体摇摆及调整电瓶液浓度时,不可避免地会有水和硫酸溅出。因此蓄电池舱涂料要求具有长效的优良防锈性能,优良的耐酸性能,能经受得住 40%左右的硫酸液体的长期浸泡。同时,还必须具有优良的电绝缘性(防止电瓶起用时,涂层被击穿)。舰艇蓄电池舱耐酸涂料技术指标要求见表 7－23。

**表7-23 蓄电池舱耐酸涂料技术指标要求**

| 序号 | 项目 | | 技术指标 | 试验方法 |
|---|---|---|---|---|
| 1 | 漆膜颜色和外观 | | 浅灰色 | 目测 |
| 2 | 冲击强度/50 cm | | 通过 | GB/T 1732 |
| 3 | 柔韧性/mm | | 1 | GB/T 1731 |
| 4 | 附着力 划圈法/级 | | 1 | GB/T 1720 |
| 5 | 击穿电压/(kV/mm) | 常态 | ≥30 | HG—57 |
| | | 浸水 | ≥10 | |
| 6 | 体积电阻/(Ω·m) | 常态 | $\geqslant 10^{12}$ | HG—59 |
| | | 浸水 | $\geqslant 10^{10}$ | |
| 7 | 50%硫酸室温浸泡/月 | | >12 不起泡不脱落 | 1) |
| 8 | 耐酸、碱雾/($mg/m^3$) | | 5<br>完好 | |
| 9 | 20%氢氧化钠浸泡/月 | | >12<br>完好 | |
| 10 | 使用温度/℃ | | 0~50 | |
| 11 | 干漆膜厚度/μm | 舱底部 | 500 | |
| | | 舱壁及顶棚 | 250 | |
| 12 | 防腐期效/a | | 4~5 | 2) |

注:1)在 $\phi 10 \times 150$ 钢棒涂完最后一道漆后干燥10天,浸泡一年,用清水洗净观察。

2)由环氧沥青耐酸防腐底漆和环氧耐酸防腐磁漆作面漆配套的H90环氧耐酸防腐涂料长期耐酸、碱、醇、油、污水试验结果见表7-24。

**表7-24 H90环氧耐酸防腐涂料长期耐酸、碱、醇、油、污水试验结果**

| 序号 | 介质 | 漆膜状态 | 序号 | 介质 | 漆膜状态 |
|---|---|---|---|---|---|
| 1 | 75%硫酸24小时 | 完好 | 12 | 25%氢氧化钠液3年 | 完好 |
| 2 | 50%硫酸3年 | 完好 | 13 | 5%氢氧化钠液3年 | 完好 |
| 3 | 50%硫酸(50℃)<br>60天 | 完好 | 14 | 车用汽油3年 | 完好 |
| 4 | 39%硫酸3年 | 完好 | 15 | 航空煤油3年 | 完好 |
| 5 | 30%盐酸3年 | 完好 | 16 | 专用柴油3年 | 完好 |
| 6 | 20%盐酸3年 | 完好 | 17 | 食用油3年 | 完好 |
| 7 | 20%硝酸4个月 | 完好 | 18 | 95%乙醇20天 | 完好 |
| 8 | 10%磷酸2年 | 完好 | 19 | 工业丁醇3年 | 完好 |
| 9 | 50%磷酸2年 | 完好 | 20 | 石油污水3年 | 完好 |
| 10 | 蒸馏水3年 | 完好 | 21 | 生活污水3年 | 完好 |
| 11 | 50%氢氧化钠液2年 | 完好 | | | |

15. 防结露涂料分为保温性防结露涂料和吸水性防结露涂料，前者用于结露严重的地方，后者用于结露不太严重并有一定装饰性要求的地方。

防结露涂料主要用于舰船易结露的舱室和部位。如储藏室内壁、生活舱内壁、储水罐、海水压力罐、淡水罐外壁、上下水管道、通风空调管道等。舱室防结露涂料技术性能要求见表7-25。

表7-25 舱室防结露涂料技术性能指标要求

| 序号 | 项目 | | 技术性能指标 |
|---|---|---|---|
| 1 | 防结露性能/min | 初露点 | >2 |
| | | 滴露点 | >5 |
| 2 | 防霉性/级 | | 1 |
| 3 | 耐碱性(5%碳酸钠溶液浸泡)/d | | 10　不脱落 |
| 4 | 吸水量(水重:涂膜重) | | >2 |
| 5 | 耐燃性 | | 离火自熄 |
| 6 | 容重/($kg/m^3$) | 湿容重 | 600~650 |
| | | 干容重 | 180~190 |
| 7 | 涂层抗压强度/MPa | | >0.4 |
| 8 | 涂层导热系数/[W/(m·K)] | | ≤7.0 |
| 9 | 与底漆配套性 | | 涂在醇酸、酚醛、环氧、环氧酯、氯化橡胶、聚氨酯、丙烯酸酯等底漆上，在水中浸泡7天，不脱落 |

16. 为减轻舰船的重量，对防火要求等级不高的舱室部位、舱室绝缘饰布表面等处所常用防火涂料防火。舰船舱室舱防火涂料技术指标要求见表7-26。

表7-26 舱室防火涂料技术指标要求

| 序号 | 项目 | 技术指标要求 |
|---|---|---|
| 1 | 附着力/级 | 1 |
| 2 | 柔韧性/mm | 1 |
| 3 | 耐水性/h | 720<br>不脱落、干燥后不龟裂 |
| 4 | 耐油性/h | 720<br>不脱落、不龟裂 |
| 5 | 添加剂的水溶性 | 较小。(添加剂可采用多种措施，如微胶囊包覆，加密封层及其他措施等) |
| 6 | 容重/($kg/m^3$) | <1 200 |
| 7 | 干膜厚度/mm | <1.5 |
| 8 | 耐火时间/min | ≥60 |

表 7-26(续)

| 序号 | 项目 | 技术指标要求 |
|---|---|---|
| 9 | 烟密度($D_m$) | <50 |
| 10 | 毒性 | 常温满足水面舰艇或潜艇舱室有害气体容许浓度标准要求,燃烧时高温分解的有害气体不影响人员健康 |

17. 弹药舱、机舱用阻燃涂料

弹药舱涂料既要求阻燃,又要求耐水,能经受喷淋水的喷淋。机舱涂料既要求阻燃,又要求耐水和耐油,能经受经常擦洗并有一定装饰性。阻燃涂料的技术指标要求见表 7-27。

表 7-27 舱室阻燃涂料的技术指标要求

| 序号 | 项目 | 技术指标要求 |
|---|---|---|
| 1 | 表观 | 光滑平整 |
| 2 | 附着力/MPa | ≥3 |
| 3 | 耐冲击/cm | 50 |
| 4 | 耐盐雾/(500 h)级 | 1 |
| 5 | 耐热盐水/h | 336<br>涂膜无锈斑、无起泡、无龟裂、无剥落、无起皱 |
| 6 | 耐柴油性/(23 ℃ ±2 ℃),d | 180<br>涂膜无锈斑、无起泡、无软化、无剥落、 |
| 7 | 耐水性/h | 720<br>不溶胀、不脱落、干燥后不龟裂 |
| 8 | 阻燃性 | 不燃或离火自熄 |
| 9 | 烟密度($D_m$) | <50 |
| 10 | 毒性 | 常温满足水面舰艇或潜艇舱室有害气体容许浓度标准要求,燃烧时高温分解的有害气体不影响人员健康 |

18. 用于降低舰船结构躁声的阻尼涂料技术指标,以由无溶剂聚氨酯、片状填料和助剂等组成阻尼层和由无溶剂环氧树脂、颜填料和助剂等组成约束层的 T54/T60 舰用阻尼涂料为例,技术指标要求见表 7-28。

表 7-28 舰用舱室阻尼涂料的技术要求

| 序号 | 项目 | 技术指标 | |
|---|---|---|---|
| | | 阻尼层(T54) | 约束层(T60) |
| 1 | 材料自身损耗因子(-20 ℃ ~ +60 ℃) | 0.75~1.90 | 0.75~1.90 |
| 2 | 复合损耗因子(-10 ℃ ~ +50 ℃) | 0.15~0.35 | 0.10~0.25 |

表 7 – 28(续)

| 序号 | 项目 | 技术指标 | |
|---|---|---|---|
| | | 阻尼层(T54) | 约束层(T60) |
| 3 | 毒性 | 满足“水面舰艇或潜艇舱室空气组分容许浓度”标准及高温分解释放的有毒气体不危害人体健康 | |
| 4 | 阻燃性(氧指数)[1] | ≥36 | |
| 5 | 附着力(划格法) | 100% | |
| 6 | 冲击强度/(N·m) | 4.9 | |
| 7 | 耐海水/月 | 6<br>无锈蚀、不起泡、不脱落 | |
| 8 | 耐盐雾/h | >1000<br>无锈蚀、不起泡、不脱落 | |
| 9 | 耐#0 柴油/月 | 8<br>无锈蚀、不起泡、不脱落 | |
| 10 | 密度/(g/cm³) | 阻尼层　≤1.10 | |
| | | 约束层　≤1.50 | |
| 11 | 涂层总厚度 | 底材厚度的 1.5 ~ 2.0 倍 | |
| 12 | 施工温度 | 10 ℃以上[2] | |

注:1)除有阻燃性要求外,还应有烟密度($D_m$)指标要求,$D_m$ <50 较好,不宜超过 100。

2)当温度低于 10 ℃施工时,阻尼层中的乙组分需进行升温处理。

19. 衰减雷达波能量的舰船用吸波涂料技术指标要求

以 RAM – 200 舰船用吸波涂料为例,使用波段以 3 cm 为主,兼顾 2 cm 波段,频率范围为 5 ~ 18 GHz,适用于舰船设备的电磁隐身和电磁兼容处理。技术性能指标见表 7 – 29。

**表 7 – 29　RAM – 200 舰船用吸波涂料技术性能指标要求**

| 序号 | 项目 | 性能指标 |
|---|---|---|
| 1 | 频率范围/GHz | 5 ~ 18 |
| 2 | 吸波特性/dB | ≥10 |
| 3 | 厚度/mm | 2.0 ~ 2.2 |
| 4 | 密度/(g/cm³) | 2.1 +0.1 |
| 5 | 附着力/(划格法)级 | 1 |
| 6 | 耐海水/d | 180<br>不起泡、不脱落、无锈蚀 |
| 7 | 耐盐雾/h | ≥5 000<br>不起泡、不脱落、无锈蚀 |
| 8 | 使用温度/℃ | –30 ~ +80 |

20. 过热蒸汽管路和排烟管用常温固化耐高温涂层,以改性有机硅系列耐热涂料为主,可在400 ℃ ~800 ℃高温下长期连续使用,耐热防腐使用期效可达3 ~5 年。技术性能指标见表7 -30。

**表7 -30 核动力过热蒸汽管路用涂料技术性能指标要求**

| 序号 | 项目 | 技术性能指标 |
|---|---|---|
| 1 | 附着力(划圈法)/级 | ≤2 |
| 2 | 冲击强度/50 cm | 通过 |
| 3 | 柔韧性/mm | ≤3 |
| 4 | 耐热性,(400 ℃ ~800 ℃)[1)]/h | 200<br>漆膜完好 |
| 5 | 耐柴油:水(1:1,40 ℃ ±1 ℃)/d | 120<br>不起泡、无锈蚀 |
| 6 | 耐辐照性/拉特 | $10^7$(参考指标)<br>三年堆舱挂板试验通过 |
| 6 | 常温干燥时间/h<br>表干<br>实干 | <br>1<br>24 |

注:1)根据耐高温系列确定耐热性试验温度。

常用耐高温涂层的适用范围见表7 -31 所列。

**表7 -31 常用耐高温涂层的适用范围**

| 涂层种类 | 牌号举例 | 适用范围 |
|---|---|---|
| 有机硅耐高温涂层 | TH -6 -400 型有机硅耐高温涂层 | 与TH -2 型硅酸锌防锈涂料配套使用,用于涂覆在400 ℃以下长期工作的排烟管内外壁和过热蒸汽管路上。 |
| | TH -6 -500 型有机硅耐高温涂层 | 主要用于涂覆在500 ℃左右工作的排烟管内、外壁。 |
| | TH -6 -600 型有机硅耐高温涂层 | 主要用于涂覆在600 ℃左右工作的排烟管内、外壁。 |
| | TH -6 -800 型有机硅耐高温涂层 | 主要用于涂覆在800 ℃左右工作的排烟管内、外壁。 |
| 喷涂涂层 | 镍包铝粉末 | 用于铁或钢基零件在850 ℃以下工作的耐腐蚀涂层。 |
| | Ni -Cr 合金 +6% Al 复合粉 | 用于长期使用温度为900 ℃左右的耐腐蚀涂层 |
| 抗氧化用高温搪瓷涂层 | NBSA -19H | 用于保护780 ℃以下的低碳钢 |

21. 浅色导静电油舱涂料技术指标要求

浅色导静电油舱涂料是指不含石墨的白色、浅灰色等不污染油质的浅色导电油舱涂料。技术性能指标见表7 -32。

表 7-32 浅色导静电油舱涂料技术指标要求

| 序号 | 项目 | 技术指标 |
|---|---|---|
| 1 | 漆膜颜色 | 白色、奶白色、浅灰色或其他浅色 |
| 2 | 干燥时间(25 ℃)/h<br>表干<br>实干 | <br>2<br>24 |
| 3 | 附着力<br>拉开法/MPa<br>划圈法/级<br>划格法 | <br>≥5<br>1<br>100/100 |
| 4 | 柔韧性/mm | 1 |
| 5 | 冲击强度/cm | 50 |
| 6 | 表面电阻率/Ω | $<10^7$ |
| 7 | 体积电阻率/(Ω·m) | $<10^6$ |
| 8 | 耐碱性,5% NaOH 浸泡/天 | 180<br>无明显变化 |
| 9 | 耐盐水性,5% NaCl 浸泡/天 | 180<br>不起泡、不脱落 |
| 10 | 耐盐雾/h | 1 000<br>无明显变化 |
| 11 | 耐油性1)<br>10 号机油、航空燃料油浸泡/d<br><br>10 号机油<br>0 号柴油<br>90 号汽油<br>93 号汽油<br>煤油 | <br>120<br>漆膜、油质无变化<br>3 年无变化<br>3 年无变化<br>3 年无变化<br>3 年无变化<br>3 年无变化 |
| 12 | 耐溶剂性<br>二甲苯<br>甲苯<br>乙醇<br>丁醇 | <br>3 年无变化<br>3 年无变化<br>3 年无变化<br>3 年无变化 |

注:1)该项测试结果由海军油料研究所测试提供。

22. 油舱、压载水舱涂料技术指标

以 H84 油水舱漆为例,“H84 油水舱漆”为双组分环氧涂料,是海军舰用长效推广涂料,经实船应用证明,防腐寿命达 7 年以上。

该涂料适用于油舱、压载水舱的防腐,主要技术指标见表 7-33。

表7-33　油舱、压载水舱涂料主要技术指标要求

| 序号 | 检测项目 | | 指标 |
|---|---|---|---|
| 1 | 颜色 | | 铁红 |
| 2 | 干燥时间/h<br>指干<br>实干 | | <br>≤1<br>≤24 |
| 3 | 冲击强度/50 cm | | 通过 |
| 4 | 附着力(划圈法)/级 | | 1~2 |
| | 柔韧性/mm | | 1 |
| 5 | 甲组分固体含量/% | | ≥81 |
| 6 | 耐盐雾性(984 h)/级. | | 1 |
| 7 | 耐盐水性:(3%盐水泡,<br>25±1 ℃/d<br>80±2 ℃/d | | 21<br>漆膜不起泡,不脱落<br>2<br>漆膜不起泡,不脱落 |
| 8 | 耐油性(常温)/d | 耐汽油<br>耐煤油<br>耐柴油 | 21<br>漆膜不起泡,不脱落 |

23. 滑油舱漆技术指标要求

滑油舱漆要求附着力和耐油性良好,不污染油质。由漆酚改性的油舱漆、滑油舱漆因对人体有一定过敏性,成膜薄,要求涂装道数多,已逐渐被淘汰,可选用纯环氧漆。滑油舱漆技术指标要求见表7-34。

表7-34　滑油舱漆技术指标要求

| 序号 | 项目 | 技术指标 |
|---|---|---|
| 1 | 固含量/% | ≥57 |
| 2 | 附着力(拉开法)/MPa<br>(划圈法)/级 | ≥2.5<br>1 |
| 3 | 冲击强度/50 cm | 通过 |
| 4 | 耐海水(常温)/d | 60<br>无锈蚀、不起泡、不脱落 |
| 5 | 耐盐雾/d | 60<br>无锈蚀、不起泡、不脱落 |
| 6 | 耐油性(室温)/a<br>①耐#20船用机油、#40柴油机机油、#46汽轮机油、#30机油<br>②耐柴油、#80号汽油 | 5<br>无锈蚀、不起泡、不脱落,漆膜无变化<br>无锈蚀、不起泡、不脱落,漆膜完好,轻微变色 |

表 7-34(续)

| 序号 | 项目 | 技术指标 |
|---|---|---|
| 7 | 耐碱性,(3% NaOH 溶液)/d | 60<br>无锈蚀、不起泡、不脱落,漆膜无变化 |
| 8 | 耐冷、热交替[1)]/次 | 10<br>不起泡、不脱落,漆膜完好 |
| 9 | 贮存船用润滑油的理化性能影响[2)] | 经油样分析,对润滑油油质无影响 |

注:1)在100 ℃水中沸腾0.5小时,取出立即浸入15 ℃水中0.5小时为1次。

2)由海军后勤技术装备研究所油料应用研究室按舰船滑油舱贮存条件对油样的运动黏度、酸值、闪点、水分、机械杂质、腐蚀、水溶性酸或碱、破乳化、凝点等质量指标测定后认定。

24. 饮水舱漆技术指标要求

饮水舱漆除要求有良好的耐水性、防腐蚀性外,还要求具有厚涂性,气味小,毒性低,不影响水质,应有经海军医学检验所或省、市级卫生部门卫生鉴定颁发的卫生认可证书。饮水舱漆技术指标要求见表7-35。

**表 7-35 饮水舱漆技术指标要求**

| 序号 | 项目 | 技术指标要求<br>(按相应的国家标准测定) |
|---|---|---|
| 1 | 附着力/MPa | ≥3 |
| 2 | 柔韧性/mm | ≤2 |
| 3 | 耐水性(25±1 ℃蒸馏水浸泡)/d | >30<br>无生锈、无起泡、无剥落 |
| 4 | 耐盐雾性/(600 h),级 | 1级 |
| 5 | 无毒性 | 须经卫生鉴定,取得海军医学研究所或省、市级卫生防疫部门的检测报告和颁发的卫生许可证明。 |

25. 潜艇排烟管耐高温防腐蚀涂料技术指标要求

潜艇排烟管防腐蚀涂料的特殊要求是既要耐高温,又要耐海水冷热交变和高温烟气的冲刷,主要技术指标要求表7-36。

**表 7-36 潜艇排烟管耐高温防腐蚀涂料技术指标要求**

| 序号 | 项目 | 技术指标要求 |
|---|---|---|
| 1 | 附着力/MPa | ≥2.5 |
| 2 | 柔韧性/mm | ≤2 |
| 3 | 耐冲击/cm | ≥40 |
| 4 | 耐盐水<br>(3% NaCl,40 ℃)/d | 180<br>漆膜无变化 |

表7-36(续)

| 序号 | 项目 | 技术指标要求 |
| --- | --- | --- |
| 5 | 耐柴油:水<br>1:1(40 ℃)/d | 180<br>漆膜无变化 |
| 6 | 耐电位<br>(银/氯化银电极,-1.5 V)/d | 180<br>漆膜完好 |
| 7 | 耐冷热骤变/次<br>(常温~420±10 ℃) | 500<br>无龟裂、无脱落 |
| 8 | 耐低温性(-10 ℃)/d | 180<br>漆膜无变化 |
| 9 | 耐烟气冲刷(300 ℃~350 ℃,平均速度>40 m/s)/h | 800<br>无裂纹、不起泡、不脱落 |
| 10 | 耐酸性(10%硫酸),40 ℃/d | 180<br>无锈蚀 |
| 11 | 耐海水飞溅试验/a | 1<br>无锈蚀 |

7.3.3.3 涂料的配套

由于舰船采用的涂料品种多,设计应根据7.3.3.1节"涂料选用原则"作出涂料配套体系设计方案,再与驻厂军代表室和船厂涂装部门确定出最佳的配套方案。

1. 涂料配套体系的设计

涂料配套体系设计主要包含以下几个方面:

(1)不同使用部位的防腐要求;

(2)不同底涂层对表面处理的要求;

(3)涂层的配套体系设计;

(4)涂层品种的选用;

(5)各种所选涂料的使用面积及用量计算;

(6)涂装实施工艺的设计。

2. 在舰船涂料设计和编制相关文件时应考虑到以下一些方面

(1)详细消化所设计舰艇的《全舰综合腐蚀控制措施说明书》中关于涂料防腐蚀部分的各项内容,并贯彻到涂料设计和编制的相关文件中去。

(2)易皂化和水解的防腐蚀涂料严禁用于接触水的部位。

(3)若与防污漆配套的防锈漆选用焦油环氧或聚氨酯焦油,则必须涂一道防止焦油渗入防污漆的中间漆,以免降低防污漆的效用,同时还可增强防污漆与防锈漆之间的结合力。

(4)注意在船底有几个部位是不涂漆的:

①阴极保护用的锌板;

②螺旋桨;

③测深仪、定向仪以及计程仪的曝露部分;

④放水塞等。

(5)有色金属和镀锌零部件表面一般不涂漆,除非另外有要求。

(6)对有防核武器、防化学武器要求的舰船,表面涂料在沾染放射性物质和化学毒剂后应容易洗消。

(7)涂料面漆的颜色应符合海军《舰艇涂漆颜色规定》的要求。各道涂料应采用不同颜色,以免漏涂。

(8)根据舰船的排水量及使命,考虑防腐寿命、维修间隔,确定综合腐蚀防护方案,使设计既具有先进性,又具有经济性。

(9)设计部门提供的舰艇各部位涂漆明细表应包括油漆品种的代号和名称,底漆、中间漆、面漆的配套,二次除锈等级,涂漆面积,每道涂漆干膜厚度,涂漆道数,干膜质量,各种油漆理论定货量。同时提供主要施工工艺、检验、验收、保养及修补的文件等。

3. 涂料的配套方案

由于涂料的生产厂家和涂料品种繁多,舰船涂料涉及的涂料品种也比民船多,根据20世纪末对一些涂料的生产厂家和涂料品种的调研结果、"八五"~"十五"期间国家舰船涂料科技攻关成果和舰船实用的成熟产品以及海军推荐的舰船涂料配套等,推荐一些涂料品种配套的参考方案,见表7-37。

**表7-37 涂料配套参考方案**

| 涂漆部位 | 涂层名称 | | 配套体系 | 涂刷道数 | 干膜总厚度/μm | 附注 |
|---|---|---|---|---|---|---|
| 水线以下船壳(含附体) | 第1套 | 防锈漆 | 铝粉环氧沥青船底漆 | 2 | 100 | |
| | | 中间漆 | 铝粉氯化橡胶防锈漆 | 1 | 40 | |
| | | 防污漆 | 环氧长效防污漆 | 3 | 150 | 任选一种 |
| | | | 氯化橡胶防污漆 | 2 | 140 | |
| | 第2套 | 防锈漆 | 氯化橡胶沥青防锈漆 | 3 | 200 | |
| | | 中间漆 | 氯化橡胶铁红厚浆型防锈漆 | 1 | 50 | |
| | | 防污漆 | 丙稀酸长效厚浆型防污漆 | 2~3 | 200 | |
| | 第3套 | 防锈漆 | 环氧沥青防锈漆 | 2 | 100 | |
| | | 中间漆 | 氯化橡胶铁红厚浆型防锈漆 | 1 | 50 | 任选一种 |
| | | | 氯化橡胶铝粉厚浆型防锈漆 | 2 | 70 | |
| | | 防污漆 | 丙烯酸长效型防污漆 | 2~3 | 200 | 任选一种 |
| | | | 厚浆型环氧防污漆 | 2 | 150 | |
| | 第4套 | 防锈漆 | 环氧沥青防锈漆 | 2 | 300 | |
| | | 中间漆 | 乙烯沥青涂料 | 1 | 50 | |
| | | 防污漆 | 无锡自抛光防污漆 | 3 | 240 | |
| | 第5套 | 防锈漆 | 双组分环氧底漆 | 1 | 150 | |
| | | 中间漆 | 改性环氧中间漆 | 1 | 75 | |
| | | 防污漆 | 耐高速无锡自抛光防污漆 | 2 | 240 | |

表 7－37(续)

| 涂漆部位 | 涂层名称 | | 配套体系 | 涂刷道数 | 干膜总厚度/μm | 附注 |
|---|---|---|---|---|---|---|
| 舵板 | 内部 | 防锈漆 | 沥青防锈漆 | 1 | | 灌涂 |
| | 外部 | 防锈漆 | 环氧防锈底漆 | 1 | 50 | |
| | | 中间漆 | 聚脲弹性体涂层 | 1 | 1000 | |
| | | 面漆 | 无锡自抛光防污漆 | 3 | 300 | |
| 水线部位 | 水线面漆 | | 氯化橡胶水线漆 | 2 | 70 | 任选一种 |
| | | | 丙烯酸水线漆 | 2 | 80 | |
| | | | 环氧水线漆 | 1 | 100 | 防锈漆与防污漆配套相同 |
| | | | 自抛光防污漆 | | 与船底防污漆同 | |
| 水线以上船壳(含上层建筑)及舾装件(包括水密门、风雨密门、舱口盖、梯、桅、旗杆、天幕柱、钢质固定栏杆、钢质风暴扶手、箱柜、艇架、挡浪板,以及各种通风头和百叶窗等) | 第1套 | 防锈漆 | 氯化橡胶铝粉(或铁红)防锈漆 | 3 | 150～180 | |
| | | 面漆 | 氯化橡胶面漆 | 2 | 70 | 任选一种 |
| | | | 丙烯酸面漆 | 2 | 80 | |
| | 第2套 | 防锈漆 | 环氧富锌防锈漆 | 1 | 70 | |
| | | 中间漆 | 环氧云铁防锈漆 | 1 | 100 | |
| | | 面漆 | 丙烯酸面漆 | 2 | 80 | |
| | 第3套 | 防锈漆 | 双组分环氧底漆 | 2 | 200 | 钢质栏杆,天幕柱、艏艉旗杆等必须经过镀锌和磷化处理后再按舱面舾装件涂装要求进行涂装 |
| | | 面漆 | 丙烯酸聚氨酯面漆 | 1 | 50 | |
| | 第4套 | 防锈漆 | 环氧富锌防锈漆 | 1 | 70 | |
| | | 中间漆 | 环氧云铁防锈漆 | 1 | 100 | |
| | | 面漆 | 可复涂聚氨酯面漆 | 2 | 70 | |
| | 第5套 | 防锈漆 | 环氧云铁防锈漆 | 1 | 125 | |
| | | 面漆 | 环氧面漆 | 1 | 100 | |
| 热反射船壳(含甲板)部位 | | 防锈漆 | 双组分聚氨酯型涂料 | 2 | 100 | |
| | | 中间层 | 双组分聚氨酯型涂料 | 1～2 | 40～80 | |
| | | 面漆 | 双组分聚氨酯型涂料 | 2 | 60 | |

表 7－37（续）

| 涂漆部位 | 涂层名称 | | 配套体系 | 涂刷道数 | 干膜总厚度/μm | 附注 |
|---|---|---|---|---|---|---|
| 露天甲板 | 第 1 套 | 防锈漆 | 环氧铁红防锈漆 | 2 | 80 | 面漆耐磨性顺序为：聚氨酯 > 环氧 > 氯化橡胶 |
| | | 中间漆 | 氯化橡胶铝粉防锈漆 | 1 | 50 | |
| | | 面漆 | 氯化橡胶甲板漆 | 2 | 80 | |
| | 第 2 套 | 防锈漆 | 铝粉氯化橡胶防锈漆 | 3 | 105 | |
| | | 面漆 | 氯化橡胶醇酸甲板漆 | 2 | 70 | |
| | 第 3 套 | 防锈漆 | 环氧防锈底漆 | 3 | 200 | |
| | | 面漆 | 环氧甲板漆 | 2 | 100 | |
| | 第 4 套 | 防锈漆 | 环氧聚氨酯防锈底漆 | 2 | 105 | |
| | | 面漆 | 聚氨酯甲板漆 | 3 | 105 | |
| 防滑甲板 | 第 1 套 | 防锈底漆 | 环氧聚氨酯防锈底漆 | 3 | 总厚度约 1 500（含防滑粒料） | 防滑粒料为金刚砂或橡胶粒 |
| | | 中间层 | 聚氨酯弹性中间层 | 1 | | |
| | | 面层 | 聚氨酯甲板漆 | 3 | | |
| | 第 2 套 | 防锈漆 | 铝粉聚氨酯环氧防锈漆 | 2 | 180 | 面漆厚度不含防滑粒料 |
| | | 面层 | 聚氨酯甲板漆 | 2 | 170 | |
| 直升机起降甲板及机库甲板 | | 防锈底漆 | 环氧聚氨酯底漆 | 3 | 总厚度约 2 000（含防滑粒料） | 防滑粒料为金刚砂或橡胶粒或聚氨酯塑料粒 |
| | | 中间层 | 聚氨酯弹性中间层 | 1 | | |
| | | 面层 | 环氧聚氨酯面层 | 3 | | |
| 航空母舰舰载机起降甲板 | | 底层 | 热喷金属铝涂层 | | ≥120 | 防滑粒料用苯乙烯－丙稀晴微粒或其他改性树脂微粒 |
| | | 封闭层 | 环氧聚氨酯封闭漆 | | 厚度和总厚度按试验结果确定 | |
| | | 中间层 | 聚氨酯弹性中间层 | | | |
| | | 面层 | 环氧聚氨酯面层 | | | |
| 导弹、火箭弹、深弹等耐高温部位甲板 | | 底漆 | GM 型耐 2 300 ℃高温涂料底漆 | 2 | 70 | |
| | | 面漆 | GM 型耐 2 300 ℃高温涂料面漆 | 2 | 60 | |

表7－37(续)

| 涂漆部位 | 涂层名称 | | 配套体系 | 涂刷道数 | 干膜总厚度/μm | 附注 |
|---|---|---|---|---|---|---|
| 一般舱室地板 | 第1套 | 底漆 | 铝粉醇酸防锈漆 | 2 | 80 | 耐磨性顺序为：酚醛>环氧>醇酸 |
| | | 面漆 | 酚醛甲板漆 | 2 | 70 | |
| | 第2套 | 底漆 | 铝铁酚醛防锈漆 | 2 | 80 | |
| | | 面漆 | 酚醛地板漆 | 2 | 70 | |
| | 第3套 | 底漆 | 铁红醇酸防锈漆 | 2 | 80 | |
| | | 面漆 | 醇酸地板漆 | 2 | 70 | |
| | 第4套 | 底漆 | 环氧无溶剂防锈漆 | 2 | 80 | |
| | | 面漆 | 铁红环氧无溶剂地板面漆 | 2 | 80 | |
| 高档舱室地板 | | 底面合一 | SPUA100%固含量喷涂阻燃聚脲弹性涂层 | 1 | 3 mm | 用于舰长室、政委室、会议室、餐厅等部位 |
| 舱室部位（包括一般管路外部） | 第1套 | 防锈漆 | 铝粉铁红醇酸防锈漆 | 2 | 80 | 任选一种（酚醛类防锈漆适用于与舱室绝缘的酚醛胶配套） |
| | | | 铝粉醇酸防锈漆 | 2 | 80 | |
| | | | 铁红醇酸防锈漆 | 2 | 80 | |
| | | | 酚醛铝粉铁红防锈漆 | 2 | 80 | |
| | | 面漆 | 各色醇酸面漆 | 2 | 70 | |
| | 第2套 | 防锈漆 | 环氧保护底漆 | 2 | 80 | |
| | | 面漆 | 醇酸亚光漆 | 2 | 80 | |
| | 第3套 | 底层 | 阻燃醇酸腻子 | | | 用于绝缘装饰布表面 |
| | | 面漆 | 阻燃醇酸面漆 | 2 | 80 | |
| 作战指挥室、报房等 | | 防锈漆 | 电磁屏蔽涂料 | | | 用于门、窗、机柜外表。其余同舱室漆配套 |
| | | 面漆 | | | | |
| 弹药舱（含放置架） | 第1套 | 防锈漆 | 醇酸防锈漆 | 2 | 80 | 目前不推荐水溶性防火涂料 |
| | | 面漆 | 阻燃醇酸面漆 | 2 | 80 | |
| | 第2套 | 底面合一 | 阻燃型环氧涂料 | 2 | 200 | |
| 舱室防火部位 | | 底面合一 | 膨胀型醇酸防火涂料 | 3 | 300 | |

表 7-37(续)

| 涂漆部位 | | 涂层名称 | | 配套体系 | 涂刷道数 | 干膜总厚度/μm | 附注 |
|---|---|---|---|---|---|---|---|
| 机舱 | 花铁板以下 | 第 1 套 | 底面合一 | 焦油环氧 | 2 | 250 | |
| | | 第 2 套 | | 改性环氧 | 2 | 250 | |
| | 花铁板以上 | 第 1 套 | 防锈漆 | 醇酸防锈漆 | 2 | 80 | |
| | | | 面漆 | 阻燃型醇酸面漆 | 3 | 120 | |
| | | 第 2 套 | 防锈漆 | 环氧富锌底漆 | 1 | 50 | 若底漆干后立即涂面漆,可不涂中间漆；否则,或者底漆会长时间处于潮湿环境,则必须涂中间漆 |
| | | | 中间漆 | 环氧中间漆 | 1 | 25 | |
| | | | 面漆 | 阻燃型环氧面漆 | 1 | 120 | |
| 泵舱 | 花铁板以下 | 第 1 套 | 底面合一 | 焦油环氧 | 2 | 250 | |
| | | 第 2 套 | | 改性环氧 | 2 | 250 | |
| | 花铁板以上 | 第 3 套 | 底漆 | 醇酸防锈漆 | 2 | 80 | |
| | | | 面漆 | 醇酸面漆 | 2 | 80 | |
| 重防腐部位(舱室壁脚、潮湿舱室、隔离舱、难以维修和无法维修部位等处所) | | 第 1 套 | 底面合一 | 环氧沥青云母鳞片重防腐涂料 | 2~3 | 250~400 | 各道涂料用不同颜色区分 |
| | | 第 2 套 | 底面合一 | 环氧耐磨涂料 | 3 | 450 | |
| | | 第 3 套 | 底面合一 | 环氧沥青玻璃鳞片或不锈钢鳞片涂料 | 4 | 500 | |
| 饮、淡水舱 | | 第 1 套 | 底面合一 | 环氧聚酰胺涂料 | 2 | 250 | 要求具有饮用水卫生报告和证书。可用于压载水舱 |
| | | 第 2 套 | 底面合一 | 无溶剂纯环氧涂料 | 1 | 300 | |
| | | 第 3 套 | 底面合一 | 纯环氧涂料 | 3 | 300 | |
| | | 第 4 套 | 底面合一 | 酚醛环氧涂料 | 3 | 300 | |
| | | 第 5 套 | 底面合一 | 无机锌粉饮水舱涂料 | 2 | 140 | |
| 压载水舱 | | 第 1 套 | 底面合一 | 环氧沥青厚浆型防锈漆 | 2 | 250 | 要求使用浅色,便于施工和检查 |
| | | 第 2 套 | 底漆 | 环氧富锌防锈底漆 | 1 | 80 | |
| | | | 中间漆 | 环氧云铁防锈漆 | 1 | 80 | |
| | | | 面漆 | 无焦油环氧漆 | 2 | 200 | |
| | | 第 3 套 | 底面合一 | 焦油环氧 | | | 已很少使用 |

表7－37(续)

| 涂漆部位 | 涂层名称 | | 配套体系 | | 涂刷道数 | 干膜总厚度/μm | 附注 |
|---|---|---|---|---|---|---|---|
| 喷气燃料油舱 | | 底面合一 | 浅色导静电防腐涂料 | 环氧型 | 4 | 200 | 环氧型可厚涂 |
| | | | | 聚氨酯型 | | | |
| 燃油舱、滑油舱 | 第1套 | 底面合一 | 纯环氧涂料 | | 2 | 300 | |
| | 第2套 | 底面合一 | 酚醛环氧涂料 | | 3 | 300 | |
| | 第3套 | 底面合一 | 无机硅酸锌涂料 | | 1 | 300 | |
| 蓄电池舱 | | 底漆 | H90－1环氧沥青耐酸底漆 | | 2 | 120 | |
| | | 面漆 | H90－2环氧耐酸防腐磁漆 | | 2 | 120 | |
| 锚链舱 | | 底面合一 | 厚浆型环氧沥青漆 | | 2～3 | 250～300 | |
| 锚、锚链、锚链导管、导缆钳(孔)、带缆桩、锚链绞盘、拖曳绞盘和钢索卷车等 | 第1套 | 底面合一 | 煤焦沥青清漆 | | 2 | 60 | |
| | 第2套 | 底漆 | 耐磨环氧底漆 | | 1 | 40～70 | |
| | | 面漆 | 沥青面漆 | | 2 | 60 | |

表 7－37(续)

| 涂漆部位 | 涂层名称 | | 配套体系 | 涂刷道数 | 干膜总厚度/μm | 附注 |
|---|---|---|---|---|---|---|
| 过热蒸汽管路和排烟管耐高温涂层 | 第 1 套 | | TH－6－400 型有机硅耐高温涂层 | | 按产品说明书 | 与 TH－2 型硅酸锌防锈涂料配套使用，用于过热蒸汽管路和 400℃ 以下长期工作的排烟管内外壁 |
| | 第 2 套 | | TH－6－500～800 型系列有机硅耐高温涂层 | | | 主要用于涂覆在 500℃～800℃ 工作的排烟管内外壁 |
| | 第 3 套 | | 热喷镍包铝粉末涂层 | | | 用作铁或钢基材料在 850℃ 以下工作的耐腐蚀涂层 |
| | 第 4 套 | | Ni－Cr 合金＋6% Al 复合粉末涂层 | | | 用于长期使用温度为 900℃ 左右的铁或钢基材料 |
| 木质家具 | 第 1 套 | | 醇酸清漆 | 2～3 | | |
| | 第 2 套 | | 聚氨酯清漆 | | | |

7.3.3.4 涂装面积及油漆理论用量与干膜重量的估算

1. 方案设计阶段

(1) 涂装面积的估算

方案设计阶段涂装面积可用下式估算：

$$S_f = k_f \cdot S_m \tag{7-1}$$

$$k_f = \frac{\Delta_1}{\Delta_2} \tag{7-2}$$

上两式中 $S_f$——设计舰船的涂装面积，$m^2$；

$S_m$——相近母型舰船的涂装面积，$m^2$；

$k_f$——空船排水量比例系数；

$\Delta_1$——设计舰船的空船排水量，t；

$\Delta_2$——相近母型舰船的空船排水量，t。

(2)油漆理论订货量和油漆干膜质量估算

①设计舰船全船油漆理论订货量估算：

$$W_f = \sum_{i=1}^{n} k_f \cdot m_i \tag{7-3}$$

式中 $W_f$——设计舰船全船油漆理论订货量，kg；

$m_i$——相近母型舰船各类油漆理论订货量，kg；

$n$——相近母型舰船油漆种类数；

$k_f$——空船排水量比例系数，同(7-2)式。

②设计舰船全船油漆干膜理论质量估算：

$$G_f = k_f \cdot \sum_{i=1}^{n} g_i \tag{7-4}$$

式中 $G_f$——设计舰船全船油漆干膜理论质量，kg；

$g_i$——相近母型舰船各类油漆干膜理论质量，kg；

$n$——相近母型舰船油漆种类数；

$k_f$——空船排水量比例系数，同(7-2)式。

方案设计阶段估算的油漆理论订货量，供军方方案审查和船厂作初步报价用，估算的油漆干膜质量供提交全船重心资料用。

2. 技术设计阶段

(1)涂装面积的框算

技术设计阶段的涂装面积根据油漆的技术设计方案资料和技术设计总布置图纸的尺寸，框算出各类涂漆的平面面积，不考虑船体构件、机座、管系、放置架、舾装件以及水下部位船体的曲率等等。

$$S_j = \sum_{i=1}^{n} S_{ji} \tag{7-5}$$

式中 $S_j$——技术设计阶段框算的油漆涂装总面积，$m^2$；

$S_{ji}$——技术设计阶段初步选定的各类油漆的涂装面积，$m^2$；

$n$——技术设计选定的油漆种类数。

(2)油漆理论订货量

$$W_j = k_h \sum_{i=1}^{n} (1 + k_{mji}) \cdot Q_i \cdot d_i \cdot S_{ji} \tag{7-6}$$

$$\text{或 } W_j = k_h \sum_{i=1}^{n} (1 + k_{mji}) \frac{\delta_{gi} \cdot \gamma_i}{G_{Vi}\%} \cdot d_i \cdot S_{ji} \cdot 10^{-3} \tag{7-7}$$

式中 $W_j$——技术设计阶段油漆理论订货量，kg；

$Q_i$——每种油漆平均每道单位面积理论用量(湿膜)，$kg/m^2$；

$d_i$——涂漆道数；

$\gamma_i$——油漆密度,kg/L;

$G_{Vi}\%$——油漆的体积固体分含量百分比(例如,体积固体分含量 $G_{Vi}=70$,则体积固体分含量百分比为 70%;体积固体分含量百分比为 70%,则 $G_{Vi}=70$);

$\delta_{gi}$——每道油漆的干膜厚度,μm;

$k_h$——油漆损耗经验系数,取值范围 1.4 ~ 2.0;

$k_{mji}$——母型舰船各类涂漆的构架与平面之比的经验系数,取值范围 0.4 ~ 3.8,无构架的平面 $k_{mji}=0$;

$S_{ji}$——技术设计阶段选定的各类油漆的涂装面积,$m^2$;

$n$——技术设计选定的油漆种类数。

(3)全船油漆干膜理论重量计算

$$M_j = \sum_{i=1}^{n}(1+k_{mji})\cdot\frac{\delta_{gi}\times[\gamma_i-(100-G_i)\times 8.8\times 10^{-3}]}{G_i\times 10}d_i\cdot S_{ji} \tag{7-8}$$

式中 $M_j$——技术设计阶段全船油漆干膜理论质量,kg;

$\delta_{gi}$——该种油漆的干膜厚度,μm;

$\gamma_i$——该种油漆的密度,kg/L;

$G_i$——该种油漆的固体分;

$d_i$——每种油漆涂漆道数;

$k_{mji}$——母型舰船各部位各类涂漆的构架与平面之比的经验系数,取值范围 0.4 ~ 3.8,无构架的平面 $k_{mji}=0$;

$S_{ji}$——技术设计阶段选定的各类油漆的涂装面积,$m^2$;

$n$——技术设计选定的油漆种类数。

3. 施工设计阶段

(1)涂装面积的计算

施工设计阶段涂装面积的计算比技术设计阶段更为细化。除根据施工设计总布置图或结构图的准确尺寸框算出各涂漆部位平面面积外,还要考虑船体结构件、管系、放置架、舾装件、机座以及水下部位船体的曲率等等。

①各类涂漆部位的平面面积

$$S_s = \sum_{i=1}^{n}\cdot S_{si} \tag{7-9}$$

式中 $S_s$——施工设计阶段框算的各类油漆的涂装总平面面积,$m^2$;

$S_{si}$——施工设计阶段确定的各类油漆的涂装平面面积,$m^2$;

$n$——施工设计阶段确定的油漆种类数。

按甲板层和舱室各部位将所框算的各类油漆面积填入设计好的表格内后,计算出分类面积和。

②船体构架系数

$$k_{si} = S_{sz}/S_{si} = 2\left[\sum_{i=1}^{n}(B_i+b_i)\cdot l_i+\sum_{j=1}^{P}(H_j+h_j)\cdot l_j+\sum_{k=1}^{q}(a_k+b_k)\cdot l_k\right]/S_{si} \tag{7-10}$$

式中 $k_{si}$——船体构架系数;

$S_{sz}$——所计算各类油漆涂装平面内船体构架的展开面积之和,$m^2$;

$S_{si}$——所计算的平面内各类油漆的涂装平面面积，$m^2$；

$B_i, b_i, l_i$——分别为所计算的平面内球扁钢的背高、球缘宽和长度（或高度），m；

$H_j, h_j, l_j$——分别为所计算的平面内角钢两边的边宽和长度（或高度），m；

$a_k, b_k, l_k$——分别为所计算的平面内T型材面板和腹板或者扁钢的宽和长度（或高度），m，若为扁钢，$b_k=0$；

$n, p, q$——分别为球扁钢、角钢、T型材面板和腹板或者扁钢的根数；

若还有其他船体结构件，可忽略不计。无构架的平面，$k_{si}=0$。

船体构架系数不必按每个舱室的每一个面来计算，可采用如下简化方法计算：将船体分成若干区域，该区域各个舱室的加强结构类型相近。如每一层上层建筑或全部上层建筑。每一层甲板按艏、舯、艉三段各选取若干构架典型的舱室统计计算，取其平均值作为每一段各个舱室的船体构架系数。根据经验，驱、护舰上层建筑的船体构架系数为0.4～0.6，主船体的船体构架系数为0.8～1.8，船底的船体构架系数为2.0～3.8。

③船体水下部位的防污漆配套涂漆面积

可按以下二式之一计算：

$$S_{cs} = 1.7TL_{WL} + \Delta/(\gamma T) \tag{7-11}$$

$$或\ S_{cs} = L_{WL}B(1.22T/B + 0.46)(C_B + 0.765) \tag{7-12}$$

式中 $S_{cs}$——船体水下部位面积，$m^2$；

$T$——设计舰船的最大吃水，m；

$L_{WL}$——最大吃水水线长，m；

$\Delta$——最大排水量，t；

$\gamma$——海水密度，可近似取1.0t/$m^3$；

$B$——型宽，m；

$C_B$——方型系数。

④管系的涂漆面积和油漆用量

由于管系的涂漆面积涉及到常温、高温、不同介质、有绝缘、无绝缘、内表和外表、标记等多个方面，经管系设计人员和涂装设计人员协调后，由管系设计人员计算管系的涂漆面积 $S_{gsi}$ 和各种油漆用量 $W_{gi}$ 提交给涂装设计科组汇总。

⑤放置架涂漆面积和油漆用量

放置架是由各专业科组设计的，涂漆面积 $S_{fz}$ 和油漆用量 $W_{fz}$ 也是经各专业科组和涂装设计人员协调后，由各专业科组统计和计算后提交给涂装设计科组汇总。

⑥机座、舾装件及其他现场制作安装的部件、设备等的涂漆面积和油漆用量机座、舾装件及其他现场制作安装的部件、设备等的涂漆面积和油漆用量，不可能一一计算，只能根据具体情况，在相应的的油漆用量上乘上一个估计的经验系数。

（2）油漆的理论用量和干膜质量估算

①每种油漆的漆膜厚度及质量计算

a. 油漆的湿膜厚度与相应干膜厚度的换算

不加入稀释剂

$$\delta_S = \delta_g / G\% \tag{7-13}$$

加入稀释剂

$$\delta_{1s} = \delta_g \cdot (1 + X\%)/G\% \tag{7-14}$$

式中 $\delta_S$——不加入稀释剂油漆与设计要求的干膜厚度相应的湿膜厚度，μm；

$\delta_{1s}$——施工中加入稀释剂后，油漆与设计要求的干膜厚度相应的湿膜厚度，μm；

$\delta_g$——设计要求的油漆干膜厚度，μm；

$X\%$——稀释剂加入量百分比（例如：$X=5$，则稀释剂加入量百分比为5%）；

$G\%$—— 油漆的体积固体分含量百分比。

b. 单位面积每道油漆的干膜质量计算

$$M_g = \frac{\delta_g \times [\gamma - (1 - G\%) \times 0.88]}{G\%} \times 10^{-3} \tag{7-15}$$

式中　$M_g$——油漆的干膜质量，$kg/m^2$；

$\delta_g$——油漆的干膜厚度，μm；

$\gamma$——油漆的密度，kg/L；

$G\%$——油漆的体积固体分含量百分比。

c. 单位面积每道油漆的湿膜质量计算

$$M_s = \delta_s \times \gamma \times 10^{-3} \tag{7-16}$$

式中　$M_s$——油漆的湿膜质量，$kg/m^2$；

$\delta_s$——油漆的湿膜厚度，μm；

$\gamma$——油漆的密度，kg/L 。

②每种油漆理论用量

$$W_{yi} = (1 + K_{si}) \cdot Q_i \cdot d_i \cdot S_{si} \tag{7-17}$$

或

$$W_{1yi} = (1 + K_{si}) \cdot S_{si}/q_i \cdot d_i \tag{7-18}$$

或

$$W_{2yi} = (1 + K_{si}) \cdot \frac{\delta_{gi}}{G\%_i} \cdot \gamma_i \cdot d_i \cdot S_{si} \cdot 10^{-3} \tag{7-19}$$

③每种油漆订货量

$$W_{si} = (1 + K_{hi}) \cdot (1 + K_{si}) \cdot Q_i \cdot d_i \cdot S_{si} \tag{7-20}$$

或

$$W_{1si} = (1 + K_{hi}) \cdot (1 + K_{si}) \cdot (S_{si}/q_i) \cdot d_i \tag{7-21}$$

或

$$W_{2si} = (1 + K_{hi}) \cdot (1 + K_{si}) \frac{\delta_{gi}}{G\%_i} \cdot \gamma_i \cdot d_i \cdot S_{si} \cdot 10^{-3} \tag{7-22}$$

④全船油漆理论用量

$$W_{sy} = \sum_{i=1}^{n} (1 + K_{si}) \cdot Q_i \cdot d_i \cdot S_{si} \tag{7-23}$$

或

$$W_{1sy} = \sum_{i=1}^{n} (1 + K_{si}) \cdot S_{si}/q_i \cdot d_i \tag{7-24}$$

或

$$W_{2sy} = \sum_{i=1}^{n} (1 + K_{si}) \frac{\delta_{gi}}{G\%_i} \cdot \gamma_i \cdot d_i \cdot S_{si} \cdot 10^{-3} \tag{7-25}$$

⑤全船油漆的干膜理论质量

$$W_{sg} = \sum_{i=1}^{n} (1 + K_{si}) \cdot Q_i \cdot d_i \cdot S_{si} \cdot G\%_i \cdot 10^{-3} \tag{7-26}$$

或

$$W_{1sg} = \sum_{i=1}^{n} (1 + K_{si}) \cdot \frac{\delta_g \times [\gamma_i - (1 - G\%_i) \times 0.88]}{G\%_i} \cdot d_i \cdot S_{si} \cdot 10^{-3} \tag{7-27}$$

⑥全船油漆订货量

$$W_s = \sum_{i=1}^{n} (1 + K_{hi}) \cdot (1 + K_{si}) \cdot Q_i \cdot d_i \cdot S_{si} \tag{7-28}$$

或
$$W_{1s} = \sum_{i=1}^{n}(1 + K_{hi}) \cdot (1 + K_{si}) \cdot S_{si}/q_i \cdot d_i \qquad (7-29)$$

或
$$W_{2s} = \sum_{i=1}^{n}(1 + K_{hi}) \cdot (1 + K_{si}) \frac{\delta_{gi}}{G\%_i} \cdot \gamma_i \cdot d_i \cdot S_{si} \cdot 10^{-3} \qquad (7-30)$$

(7-17)~(7-30)式中 $W_{yi}$或$W_{1yi}$或$W_{2yi}$——每种油漆理论用量,kg 或 L 或 kg;
$W_{si}$或$W_{1si}$或$W_{2si}$——每种油漆理论订货量,kg 或 L 或 kg;
$W_{sy}$或$W_{1sy}$或$W_{2sy}$——全船油漆理论用量,kg 或 L 或 kg;
$W_{sg}$或$W_{1sg}$——全船油漆干膜理论质量,kg;
$W_s$ 或 $W_{1s}$或 $W_{2s}$——全船油漆的理论订货量,kg;
$Q_i$——每种油漆平均每道理论用量,kg/m$^2$;
$q_i$——每种油漆每道的理论涂布率,m$^2$/L;
$d_i$——每种油漆涂漆道数;
$\delta_{gi}$——每种油漆的干膜厚度,μm;
$G\%_i$——每种油漆的体积固体分含量百分比;
$\gamma_i$——每种油漆的密度,kg/L;
$K_{hi}$——每种油漆的损耗因数系数, 取值范围0.5~2.0(见"有关油漆损耗的一些因素"),该系数通常由船厂考虑并确定实际订货量,分批订货,科研设计单位可不考虑,只提供理论订货量(即取 $K_{hi}=0$);
$K_{si}$——设计舰船各类涂漆的构架与平面之比的经验系数,取值范围0.4~3.8;无构架的平面 $K_{si}=0$,防污漆涂漆部分虽无构架,但有附体,构架经验系数可取0.05~0.10;
$S_{si}$——施工设计阶段确定的各类油漆的涂装平面面积,m$^2$;
$n$——施工设计已确定的油漆种类数。

4. 有关油漆损耗的一些因素

(1)钢材涂装表面粗糙度损耗

油漆粗糙度损耗程度与所使用的磨料尺寸大小成正比,经验认为所"损耗"的干膜厚度等于钢材表面冲砂后粗糙度值的20%~40%。试验表明,干膜厚度中的"损耗"等于钢材表面粗糙度振幅的一半。油漆粗糙度"损耗"见表7-38。

**表7-38 油漆粗糙度"损耗"**

| 砂丸粒度及钢板表面 | 冲砂后钢板表面粗糙度/μm | 油漆干膜"损耗"/μm |
|---|---|---|
| 用圆形小钢丸处理的表面并涂上车间底漆后 | 0~50 | 10 |
| 细丸开启式喷砂 | 50~100 | 35 |
| 粗丸开启式喷砂 | 100~150 | 60 |
| "蜂窝状点蚀"的再处理钢板 | 150~300 | 125 |

(2)施工浪费损耗

施工中有一部分涂料没有落在工件表面,而是呈漆雾飞逸或滴落了。另外,由于施工表面的简单和复杂状态不同以及为了达到漆膜厚度合格率,会造成多耗用油漆,这与施工表面状态、施工方法、施工环境等有关。

①对于大的简单平面

a. 刷涂、滚涂　损耗5% ~15%；

b. 空气喷涂　在空气中的散失或滴落可达50%以上；

c. 高压无气喷涂　空旷有风环境，风速在3 m/s时，损耗20%左右；空旷大风环境（如海边）损耗100%以上。当风速大于3 m/s时，则不宜施工。无风环境，第一道漆损耗40% ~60%，第二道漆损耗26% ~40%，第三道漆损耗20% ~30%；

②大的带有复杂构件的表面　型钢损耗一般为20%，钢管直径在25 ~130 mm范围内，损耗为50% ~100%；

③厚度分布要求　分布要求为两个80%时，损耗约为10%，分布要求为两个90%时，损耗约为15%；一般总的分布不均损耗可按20% ~40%考虑。

(3)局部修补损耗　因涂料组分不同影响到损耗不同，一般单组分涂料为10%，双组分涂料为15%；

(4)容器及喷涂设备内残留损耗　一般按5%考虑。

公式中每种油漆损耗因数系数 $k_h$ 系指每种油漆上述各项损耗之和。例如，通常表面粗糙度为70 ~100 μm时，薄涂层 $k_1$ 取0.2，厚涂层 $k_2$ 取0.1；采用高压无气喷涂在平整表面上施工时，$k_3$ 取0.5 ~0.8；在复杂表面上施工时，$k_4$ 取0.8 ~1.0；手工涂刷 $k_5$ 取高压无气喷涂的一半；车间底漆 $k_6$ 取2.0左右……根据不同损耗因素选定 $k$ 值后相加，所得之和即为每种油漆损耗因数系数 $k_h$。

5. 舰船涂料的色彩和船舶管系的颜色标记

关于舰船涂料的色彩和管系的颜色标记在第4.6.4节已介绍过，本节不再重复。

### 7.3.4　舰船阴极保护防腐蚀设计

舰船阴极保护通常使用的是牺牲阳极阴极保护和外加电流阴极保护两种方法。前者靠牺牲阳极与被保护金属连接形成的原电池提供保护电流，后者是靠舰上电源经变压整流变成直流电提供保护电流。在进行阴极保护实际设计时，不论是牺牲阳极法，还是外加电流法，通过合理的设计均可获得良好的保护效果，但两者又各有特点，分别适用于不同的应用场合，要视具体情况而经济有效地选择。二者的主要优缺点概括地列于表7 -39。

**表7 -39　牺牲阳极保护法和外加电流保护法的比较**

| 牺牲阳极保护法 | 外加电流保护法 |
|---|---|
| (1)不需要外部电源，不需要管理<br>(2)结构简单、安装方便<br>(3)一次性投资小，按坞修要多次投资<br>(4)保护周期较短，需定期更换阳极<br>(5)阳极发生电流量小，安装数量多，质量大<br>(6)不能随外界条件的变化（如油漆状况、航速、温度的变化等）自动调节保护电流的输出<br>(7)适用于小型艇 | (1)需要外部电源，设备需要管理<br>(2)结构较复杂，需布设电缆<br>(3)一次性投资大，不需再次投资<br>(4)保护周期长，辅助阳极是一次性，不需更换<br>(5)阳极发生电流量大，阳极安装数量少，质量轻<br>(6)可随外界条件的变化（如油漆状况、航速、温度的变化等）自动调节保护电流的输出<br>(7)适用于大、中型舰船 |

#### 7.3.4.1　牺牲阳极阴极保护的设计与安装

1. 牺牲阳极阴极保护的设计

舰船牺牲阳极阴极保护主要应用于以下方面：

(1)小型和进坞间隔时间较短的舰艇的船体水下部位(含附体);

(2)设有外加电流阴极保护系统的中、大型舰艇,外加电流阴极保护系统保护不到的屏蔽区域,如海底门、海底阀箱、减摇鳍、尾轴管、声呐导流罩金属构架、潜艇的上层建筑等处所等,可布置牺牲阳极作为补充保护措施;

(3)设有外加电流阴极保护系统的中、大型舰艇,船舶建造阶段外加电流阴极保护尚未投入运行期间,对船体水下部位(含附体)应采用临时性牺牲阳极保护措施;

(4)压载水舱、污水舱和舱底易积水部位;

(5)海水冷却管系、消防管系等。

设计舰船牺牲阳极阴极保护方案时,应根据被保护构件的材质、表面涂层种类与破损情况、构件锈蚀状况、腐蚀介质特性、有效保护年限等因素,选取合适的保护电流密度。

2. 设计原则

(1)设计中,应尽量采用相应的国家标准、国家军用标准和行业规范,选用标准化产品,以提高设计和产品的标准化、通用化和系列化的程度,系统的机械环境、气候环境、电磁兼容性、设备空气噪声等应符合相应的国家军用标准规定;

(2)设计应符合海军提出的防腐蚀寿命及有关技术要求;

(3)舰船牺牲阳极阴极保护电位域为 -0.85 ~ -1.05 V(相对于铜/饱和硫酸铜参比电极),或者为 -0.80 ~ -1.00 V(相对于银/氯化银电极);

(4)设计中所选定的参数、材料、安装方式等应尽量采用新技术、新材料、新工艺,具有性能优异、经济实用、安装维修方便、不污染环境等;

(5)牺牲阳极的的安装按设计数量对称、均匀配置,确保舰船的保护电位分布均匀;

(6)系统的可用性应保证舰船在海水和淡海水介质中航行和停泊状态下,可连续使用。

3. 设计方法

(1)总保护面积的计算

总的保护面积应包括船体($S_1$)、推进器($S_2$)、舵($S_3$)、轴套($S_4$)舭龙骨等($S_5$)等部位的浸水面积。所以

$$S = S_1 + S_2 + S_3 + S_4 + S_5 \tag{7-31}$$

如无舭龙骨,则不考虑第5项(下同)。

①船体外板浸水面积计算:

按线型图精确计算或按公式(7-11)或公式(7-12)或按(7-32)计算。

$$S_1 = \frac{(4T + B)L/2}{1.625 - \delta} \tag{7-32}$$

上述两式中　$S$——总的保护面积,$m^2$;

$S_1$——船体浸水面积,$m^2$;

$T$——满载吃水,m;

$L$——满载吃水水线长,m;

$B$——型宽,m;

$\delta$——方形系数。

$$\delta = \frac{\nabla}{L \cdot B \cdot T} \tag{7-33}$$

式中　$\nabla$——型排水体积,$m^3$。

通常船体外板的浸水面积可按公式(7－11)进行近似计算。

②螺旋桨表面积按公式(7－34)计算：

$$S_2 = \frac{\pi \cdot n}{2} d_1^2 \eta + n\pi d_2 \cdot L \tag{7-34}$$

式中 $S_2$——螺旋桨表面积，$m^2$；

$n$——螺旋桨数量，支；

$d_1$——螺旋桨直径，m；

$\eta$——螺旋桨展开盘面比；

$d_2$——轴毂直径，m；

$L$——轴毂长度，m。

舵、轴套、舭龙骨、声呐罩、减摇鳍、海底阀箱等按实际结构尺寸分别计算面积 $S_3$，$S_4$，$S_5$，$S_6$，$S_7$，$S_8$ 等。

(2)保护电流密度的选取

选取保护电流密度时，应考虑如下因素：

①舰船船体各部件的材料、结构；

②舰船航行速度；

③舰船船体涂层种类和涂装质量；

④舰船航行地域的盐度和深度；

⑤维修间隔周期等。

通常可按表7－40和表7－41内选取。

**表7－40 钢质舰船的牺牲阳极保护电流密度[1)]**

| 被保护结构材料 | 表面状态 | 保护电流密度/($mA/m^2$) |
|---|---|---|
| 船体钢板 | 涂有防腐涂料 | |
| | 裸露 | |
| 黄铜、青铜、不锈钢 | 裸露 | 150 |
| 舵叶钢板 | 涂料已破损<br>裸露 | 25<br>100～250 |
| 螺旋桨 | | 300～500 |

注：1)阴极电位为－0.90 V(S.C.E.)。

**表7－41 铝质舰艇的牺牲阳极保护电流密度[1)]**

| 被保护结构材料 | 表面状态 | 保护电流密度/($mA/m^2$) |
|---|---|---|
| 硅铝 | 涂有良好防腐涂料 | 1 |
| 船体钢板 | 涂有良好防腐涂料 | 15 |
| 船体钢板 黄铜、青铜 | 裸露 | 350 |
| 不锈钢 | | 350 |

注：1)阴极电位为－0.99 V(S.C.E.)。

(3)总保护电流($I$)的计算

根据上述得出的船体、推进器、舵、轴套、舭龙骨等的保护面积和保护电流密度,可算出各自所需的保护电流,再总加在一起,即为总的保护电流。

$$
\begin{aligned}
I &= i_1S_1 + i_2S_2 + i_3S_3 + i_4S_4 + i_5S_5 \\
&= I_1 + I_2 + I_3 + I_4 + I_5
\end{aligned}
\tag{7-35}
$$

式中 $I$——总的保护电流;

$I_1,I_2,I_3,I_4,I_5$——分别为船体、推进器、舵、轴套、舭龙骨等的保护电流。

对于船体水下部分的其他部件,如减摇鳍、海底门、海底阀箱、声呐罩、压载水舱等所需的阳级,同样按上述方法,另行设计和加装。

船体能否达到充分的保护状态,是以船体的阴极极化电位为判据的,通常认为该数值除了与金属材料有关外,还与介质环境、表面涂覆状态有关。船体及附体的通用保护电位判据范围列入表7-42。

**表7-42 船体及附体的保护电位**

| 部位 | 涂漆钢质船体 | 铝质船体 | 铜质螺旋桨 | 钛质冷凝器 |
|---|---|---|---|---|
| 保护电位/V (Vs,CSE) | -0.85 ~ -1.10 | -0.95 ~ -1.00 | -0.5 ~ -0.65 | ≥ -0.80 |

(4)牺牲阳极规格的选择

可按舰船的种类和大小,根据电流密度或被保护部位的具体情况(表面涂层情况、保护年限、航行海区、航速等)按第5章中的表5-10~表5-12选择。考虑到各类牺牲阳极的实际电化学性能、经济性能、以及实船防腐效果,一般在设计舰船牺牲阳极阴极保护方案时,应优先选用高效铝合金阳极(Al-Zn-In-Mg-Ti合金)和高活化铝合金阳极(Al-Zn-In-Mg-Ga-Mn合金)。

如果没有合适的型号,可另行设计合适的形状、规格。船体外板、螺旋桨、舵、海底阀箱等的保护应选用平板状阳极,压载水舱应选用长条状阳极。值得注意的是:镁基合金阳极已不再使用,尤其在油舱严格禁止使用。铝基合金阳极在某些场合也限制使用。中国船级社《钢质海船入级与建造规范》(1989年)第二篇第一章1.7.3.6规定:

A 铝和铝合金的牺牲阳极允许在装油的油舱中使用,但仅限于势能不超过275 J的部位。阳极的质量应取装配时的质量,包括衬垫和装置设施。

B 阳极的高度通常应从液舱底部量至中心,如果牺牲阳极位于或紧靠近一个水平构架的上表面(如舱壁水平桁),而该水平构件的宽度不小于1.0 m,且有不小于75 mm向上的折边或面板时,则阳极的高度也可以从该水平构件上表面量起。

C 除非有邻近构件的保护外,铝阳极不得设在液货舱舱口或洗舱机开口下面。

挪威船级社(DNV)《钢质海船入级与建造规范》(1991年)第三篇第一章第二节D300/304规定:

在液舱中不能接受安装永久性的镁合金阳极。铝阳极通常可以被接受,但对于装载闪点低于60 ℃液货的液舱及邻近的压载舱,应放置于万一松动跌落而产生的动能不大于275 J的位置。

锌合金阳极的应用,各国船级社均没有限制。

(5)牺牲阳极数量的计算

首先将船体、推进器、舵、轴套、舭龙骨等各自所需的阳极块数算出,即可得到总阳极块数。

$$N = \frac{I_1}{I_a} + \frac{I_2}{I_a} + \frac{I_3}{I_a} + \frac{I_4}{I_a} + \frac{I_5}{I_a} = N_1 + N_2 + N_3 + N_4 + N_5 \quad (7-36)$$

式中 $I_a$——牺牲阳极的发生电流量。

牺牲阳极的发生电流量 $I_a$,一般可以从有关标准或标准附录中查到。有些规格的阳极如查不到 $I_a$,或另行特定设计的阳极,则其发生电流量可按(7-37)式进行计算:

$$I_a = \frac{\Delta E}{R} \times 1000 \quad (7-37)$$

式中 $I_a$——牺牲阳极的发生电流量,mA;

$\Delta E$——牺牲阳极的驱动电位,V;

选用锌合金阳极时,$\Delta E = 0.20$ V,选用铝合金时,$\Delta E = 0.25$ V。

$R$——牺牲阳极的接水电阻,Ω。

牺牲阳极的接水电阻 $R$ 可通过下列各式计算:

①对于长条形阳极(阳极离保护体表面距离大于 30 cm 时):

$$R = \frac{\rho}{2\pi L}\left(\ln\frac{4L}{r} - 1\right) \quad (7-38)$$

式中 $\rho$——海水电阻率,通常取值为 25 Ω·cm;

$L$——牺牲阳极的长度,cm;

$r$——牺牲阳极的当量半径,cm。

$$r = \frac{C}{2\pi}$$

式中 $C$——牺牲阳极的横截面周长,cm。

②对于平板状阳极(阳极紧贴被保护体安装时):

$$R = \frac{\rho}{2S} \quad (7-39)$$

式中 $\rho$——海水电阻率,通常取值为 25 Ω·cm;

$S$——阳极的当量长度,cm:

$$S = \frac{L + B}{2}$$

式中 $L$——阳极的长度,cm;

$B$——阳极的宽度,cm;

③对于其他形状或手镯状牺牲阳极的接水电阻:

$$R = \frac{0.315\rho}{\sqrt{A}} \quad (7-40)$$

式中 $\rho$——海水电阻率,通常取值为 25 Ω·cm;

$A$——阳极曝露面积,$cm^2$。

(6)牺牲阳极的寿命计算

牺牲阳极的使用寿命应达到舰船进坞维修间隔的整数倍。

牺牲阳极的寿命可按以下公式计算:

$$t = \frac{mQ \times 1000}{I_m \times 8760} \cdot \frac{1}{K} \tag{7-41}$$

式中 $t$——牺牲阳极的使用寿命,a;

$m$——每块牺牲阳极的净质量,kg;

$Q$——牺牲阳极的实际电容量,A·h/kg;普通铝合金阳极取 $Q$=2 400 A·h/kg,高效铝合金阳极取 $Q$=2 600 A·h/kg,锌合金阳极取 $Q$=780 A·h/kg。

$I_m$——牺牲阳极平均发生电流量,对于舰船 $I_m=(0.6\sim0.8)\ I_a$;对于保护年限较长的港工设施:$I_m=(0.5\sim0.55)I_a$;$I_a$(牺牲阳极的发生电流量)按(7-37)式计算,mA;

$\frac{1}{K}$——牺牲阳极的利用系数,取0.8~0.9,通常取0.85。

若估算的牺牲阳极寿命满足使用要求,则说明选择的牺牲阳极规格、型号合适,否则应重新选取。最后还应核算质量是否满足要求,应用下式核算:

$$N \cdot m \geqslant I' \cdot C \cdot Y' \cdot K \tag{7-42}$$

式中 $C$——牺牲阳极的消耗率,kg/(A·a);

$I'$——平均保护电流,A;

$Y'$——阴极保护有效设计年限;

$K$——(7-41)式中$\frac{1}{K}$的倒数。

4.阳极的安装

(1)阳极布置

①一般来说船体艉部和舵上安装的阳极数约占总阳极数量的50%~60%,其余均匀地布置在船体舭龙骨上及其前后船体外板上。对于万吨级以上的大型舰船,尤其是吃水深度变化较大的,可在舭龙骨上及其前后船体的标准和满载水线区内分层安装。

②舵上可按计算要求装在近推进器的一边,或与推进器所需之阳极均布置在附近的艉部船体上,船体部分的阳极应是顺流水方向安装,左右舷对称布置。海底阀箱、声呐换能器阱、艏推孔腔等所需的牺牲阳极应布置在箱、阱、孔腔内部。海水压载水舱防腐蚀用的牺牲阳极原则上均匀分布,舱底部可适当偏多。

对于船体水下部分的其他部件,如减摇鳍、海底门、声呐罩等所需的阳极,同样可按上述方法,另行设计和加装。

(2)牺牲阳极安装方法

牺牲阳极安装方式可采用焊接法或螺栓固定法。焊接固定法方法简单、安装牢度高、接触电阻小,而螺栓固定法则容易更换,更换时可不损坏周围钢板反面的涂层。

①焊接法 将阳极上的铁脚(ZAC-0~ZAC-5均是)如图7-2所示,直接焊接在船体上(均指钢质船体),这种方式安装简单可靠,有良好的导电性。

②螺栓固定法 此法通常用于铝质舰艇,见图7-3。

阳极和铝质船体靠螺栓导电,螺栓采用埋头螺栓,并在埋头孔内填满油灰,以防螺栓附近的阳极受到腐蚀而使螺栓松动。

安装牺牲阳极时,还必须注意以下几点:

①阳极安装前,其背面一定要涂1~2道防锈涂料,以防止阳极背面腐蚀而过早脱落,同

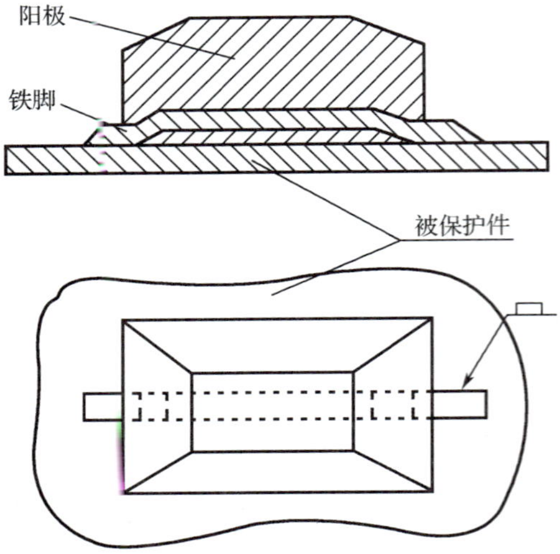


图 7－2 焊接法安装图

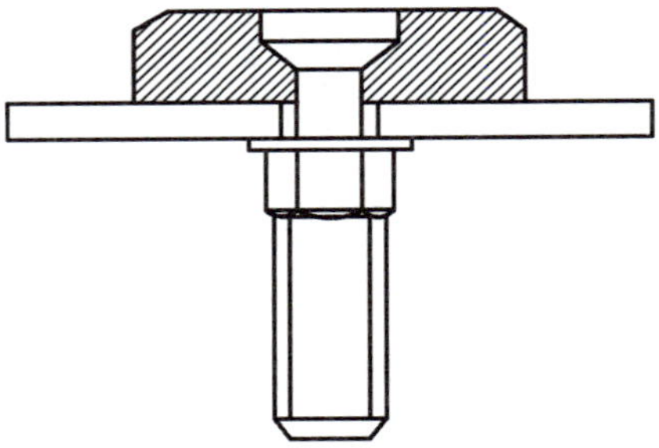

图 7－3 螺栓固定法安装图

时可使阳极电流分布得更远更均匀；

②阳极安装时，一定要与船体紧贴，尽量减少间隙，螺栓固定法安装时，要保证阳极与船体导电良好，电阻小于 0.005 Ω；采用焊接法或螺栓固定法紧贴式安装牺牲阳极，确保电性导通、安装牢固；

③对于高速快艇，牺牲阳极的安装应采用埋入式，将牺牲阳极嵌入设计好的船体穴位内，使牺牲阳极的外表面与船体外表面平齐、光顺；

④避免遮蔽作用，不准在阳极上加罩；

⑤阳极表面严禁涂料沾污，更不能将船体涂料涂于阳极表面，一经沾污，必须清除干净，才能下水，否则阳极不起作用；

⑥焊铁脚处的船体，必须补刷涂料；

⑦原则上，每次坞修时，阳极必须更换，尤其是一些溶解不均匀，甚至根本没有溶解的阳极更应换掉。

(2)应提供的技术文件

对新造舰船或改装服役的舰船进行牺牲阳极阴极保护时，应提供下列技术文件：

①设计单位要提供舰船牺牲阳极阴极保护方案设计书、施工图样等技术文件；

②产品制造单位应提供产品合格证书、军检证书，必要时还应提供牺牲阳极产品化学成分分析报告和电化学性能测试报告等技术文件；

③舰船建造或修理厂应提供实船安装质量检验报告和出厂前水下保护效果检测报告；

④海军使用部门应提供实船运行保护效果检测报告和评估意见等。

(3)海水压载舱阴极保护设计计算

①设计准则

a. 压载水舱宜采用牺牲阳极阴极保护。

b. 应针对不同压载水舱的工况条件、腐蚀环境分别计算设计。

②设计指标

a. 牺牲阳极阴极保护应使压载水舱在压水 24 h 内达到 －1.00 V。

b. 压载水舱的压载率≥50% 时，其保护度应大于 80%；压载水舱的压载率 <50% 时，其

保护度至少应比压载率高20%以上。

c. 牺牲阳极阴极保护的有效期应大于5 a。

③设计计算

a. 保护面积计算

根据压载水舱的具体结构和图纸资料计算需保护的压载水舱的总面积$S$,然后根据涂覆层破损率$\alpha$,计算有涂层覆盖的舱板面积$S_c$和裸板面积$S_b$,即

$$S_b = \alpha \cdot S \tag{7-43}$$

$$S_c = (1-\alpha) \cdot S \tag{7-44}$$

b. 保护电流密度的选取

应根据压载水舱的腐蚀调查情况适当选取保护电流密度,推荐的参数列于表7-43。

**表7-43 阴极保护参数**

| 部位 | 压载率/% | 保护电流密度/(mA/m²) | | 备注 |
|---|---|---|---|---|
| | | 涂漆板 | 裸板 | |
| 上边水舱 | ≤20 | 10~12 | 150~200 | 若压载时间小于5 d,保护电流密度提高10% |
| | >50 | 8~10 | 100 | |
| | 20~50 | 8~10 | 150 | |
| 下边水舱 | ≤20 | 10 | 150~200 | 若压载时间小于5 d,保护电流密度提高10% |
| | 20~50 | 8~10 | 100~150 | |
| | ≥50 | 8~10 | 80~100 | |
| 双层底舱 | - | 8~10 | 80 | - |

c. 保护电流的计算

$$I = S_c \cdot i_c + S_b \cdot i_b \tag{7-45}$$

式中 $I$——总的保护电流;

$i_c$——覆盖层部位的保护电流密度;

$i_b$——裸板(或破损)部位的保护电流密度。

d. 牺牲阳极型号、规格的选取

牺牲阳极型号、规格的选取参见第5章表5-11《压载水舱用铝合金牺牲阳极规格与型号表》。

7.3.4.2 外加电流阴极保护法的设计与安装

1. 外加电流阴极保护的设计

对于排水量大于2 000吨的中、大型和进坞间隔时间长的舰艇,应采用外加电流阴极保护装置。

(1)对外加电流阴极保护系统适用性的要求

①可靠性 系统平均无故障工作时间MTBF≥10 000 h。

②维修性 系统平均修复时间MTTR≤0.5 h。

③安全性

a. 舰船在干坞或上排时,恒电位仪严禁通电。

b. 舰船停泊状态进行电焊施工时,焊机必须接地良好,并将恒电位仪的工作方式由"自动"转换到"手动"位置。

④可用性　舰船在海水和淡海水介质中航行和停泊状态下，可连续使用。

⑤环境条件、电磁兼容、噪声应分别符合 GJB1060.1，GJB151A，GJB763.3 的规定。

(2)总保护面积 $S$ 的计算

总保护面积，应包括船体、推进器和舵叶、减摇鳍等的浸水面积。

从经验得出，裸露的铜合金推进器在旋转时及舵叶受推进器水流冲击时所需要的保护电流可近似地相当于船体水下表面积的 10% 所需要的保护电流，所以总的保护面积只要在船体水下表面积上，再增加 10% 即可。即

$$S = 1.1S_1 \tag{7-46}$$

式中　$S$——总的保护面积；

$S_1$——船体水下表面积，$m^2$。可按公式(7－10～7－11)或(7－32)计算。

(3)总保护电流 $I$ 的计算

总保护电流

$$I = D_i \cdot S \tag{7-47}$$

式中　$D_i$——保护电流密度

$S$——总的保护面积；

船体水下部分的保护电流密度 $D_i$ 通常取 0.03～0.05 $A/m^2$ 或按有关标准选定，对于特殊工程舰船可视其工作条件及允许进坞间隔期的长短，适当提高保护电流密度，直至 0.15 $A/m^2$。原则上舰船小、航速高、热带航区及涂料较差者，选取的电流密度略高一些，反之较低些。

(4)辅助阳极的选择和布置

根据舰船的类型，参考表 5－15《辅助阳极主要性能参数与规格》选择辅助阳极的型号。辅助阳极可采用条状或盘状。对于同一艘舰船，可采用一种或两种型号规格的辅助阳极，应根据保护电流大小和使用寿命要求来选择辅助阳极的材料、型号规格和数量，使船体的电位分布尽可能均匀。辅助阳极可选用铂/钛、铂/铌复合阳极和钛基金属氧化物阳极。战斗舰船应优先选用铂/钛、铂/铌复合阳极，其使用寿命一般应达到 20 a 以上。辅助船可选用钛基金属氧化物阳极。然后按总保护电流量 $I$ 和所选择的辅助阳极最大输出电流量 $I_a$ 算出辅助阳极的个数 $N$，即

$$N = \frac{I}{I_a} \tag{7-48}$$

由于近水面处氧的去极化作用较大，腐蚀比较严重，所以在垂直方向应该偏近水面，布置在标准排水量水线到船底基线弧长的三分之一处，一般在标准排水量水线 1.0 m 以下。原则上应保证辅助阳极不露出水面。在水平方向，为了能使船体获得比较均匀的电位分布，又考虑到艉部推进器和舵需要比较多的保护电流，所以按艉部偏多的安装方式，左、右舷对称安装。对于潜艇，要求安装在正常排水量水线 1.0 m 以下，避开最大舷宽处，且不应突出船体线型外面。

辅助阳极的安装必须保证水密和与船体的绝缘。辅助阳极电缆应与恒电位仪正极相连接。

(5)参比电极的选择和布置

参比电极应根据舰艇航行区域确定，对于在海水中的舰艇，可选用银/氯(卤)化银；对于既在海水中航行，也在淡水中航行的舰艇，应选用锌参比电极。参比电极可按表 5－16《参

比电极主要性能表》选型，其使用寿命应大于10 a。

配装数量，原则上是按每台恒电位仪至少两只参比电极，分别监测船体电位的上、下限。即参比电极一般应布置在阳极屏蔽层边缘和两只辅助阳极纵向的中间或相当于“中间”的位置，并且在辅助阳极的同一水平线上。参比电极导线应接于恒电位仪的“参比”端。参比电极的安装必须保证水密和与船体的绝缘。

阳极、阴极和参比电极的电缆应尽量短，并使左、右舷的辅助阳极电缆长度尽量相同；电缆应避免穿越油舱，若不可避免时，电缆应放在封闭电缆管中，两端以填料函密封或采用其他密封措施；参比电极的引线应为屏蔽线，所有的电缆接头均应保持良好的电性联接和密封。对潜艇，电缆应通过耐压船体和非耐压船体的环形管节和填料函密封进入舱内。

(6)恒电位仪的选择和布置

①恒电位仪的输出电流容量，可按照总保护电流量，适当放宽一些余量，取一个整数。可参考表5-17来选型；

②恒电位仪应设置在易通达、便于操作、通风良好的地方；

③恒电位仪的电源电压，根据舰船供电来确定；

④恒电位仪的给定电位范围，应由所选择的参比电极的种类而定；

⑤恒电位仪的辅助阳极分路应由辅助阳极个数来确定，各辅助阳极的分电流测量必须与之对应；

⑥恒电位仪的防护等级，应根据设备置放的环境条件来确定。置放在舱室内其防护等级为IP22；在机舱内有油雾、湿度大的地方防护等级为IP44；

⑦恒电位仪必须固定安装，要求干燥、通风、振动小，环境温度在-10 ℃~45 ℃之间；

⑧恒电位仪共有三个接地。即阴极输出接地(每个辅助阳极对应1个阴极接地)、参比电极零位接地和仪器机壳接地，它们必须分开地安装于船体钢板上；

⑨恒电位仪的正极应接在辅助阳极上，负极应接在船体上；

⑩恒电位仪的易损件应配有备品和备件。

(7)电缆压降的限制

由于恒电位仪是低压大电流输出，所以，系统的电阻压降必须予以重视。现规定辅助阳极的电缆压降应小于2 V。为了使各辅助阳极的输出电流比较平均，设计时，应使每个辅助阳极电缆压降尽量接近。阴极接地电缆的压降应小于0.1 V。对于有消磁要求的舰船，其辅助阳极电缆应是双芯电缆，其中一芯作阴极电缆，也要求压降小于2 V。参比电极电缆采用1.5 $mm^2$ 截面积已足够了，同时，应该采用屏蔽电缆。

(8)使舵、螺旋桨等轴接地装置与船体良好地电性接地。轴接地装置应使螺旋桨与船体之间的电位差小于60 mV，舵板接地装置应使舵板与船体保持同电位。

轴接地装置通常为碳刷铜滑环装置，碳刷多为银-石墨、铜-石墨复合材料；

舵及减摇鳍与船体电性联接应使用截面积为25 $mm^2$ 铜质软电缆，接地电阻应小于0.01 Ω。舵板接地装置应使舵板与船体保持同电位。

推进器必须采用铜环与碳刷构成的轴接地装置，其选用参照GB/T 3108的表6。并应保证在舰船停泊状态时，船体与轴系间的电位差低于0.1 V。

舰船推进器接地装置的碳刷数量：推进器的保护电流密度取0.5 $A/m^2$，碳刷取J164型铜碳电刷，以推进器对船体电位差小于0.06 V为基准。所需的碳刷数量一般为三副，两副与船体接地，另一副与船体绝缘，用于向仪器提供测量螺旋桨轴与船体的电位差信号。

(9)阳极屏蔽层大小的确定

阳极屏蔽层大小可按以下公式计算:

①圆形阳极屏蔽层(如图 7-4),其半径按(7-49)式计算:

$$r = \frac{I_a \rho}{2\pi(E_{min} - E)} \tag{7-49}$$

式中　$r$——圆形阳极屏蔽层的半径,m;

$I_a$——辅助阳极的额定输出电流,A;

$\rho$——海水电阻率,Ω·m;

$E_{min}$——船体在海水中的最小保护电位(绝对值),V;

$E$——离辅助阳极中心为 $r$ 处的船体电位,V;它取决于船体水下部位涂层的耐阴极电位值。

②长条形阳极屏蔽层(如图 7-5),其尺寸按公式(7-50)计算:

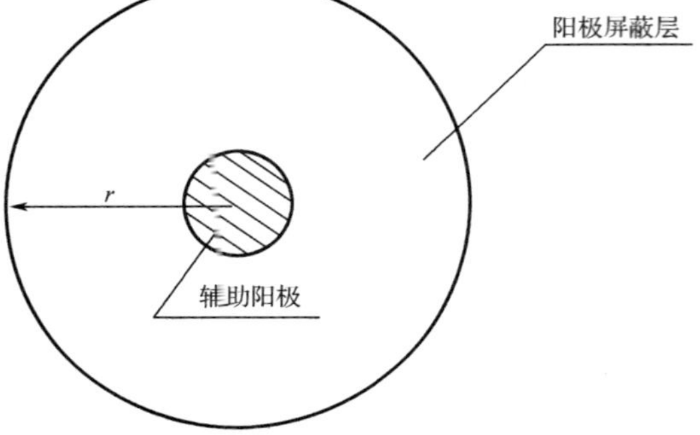


图 7-4　圆形阳极屏蔽层示意图

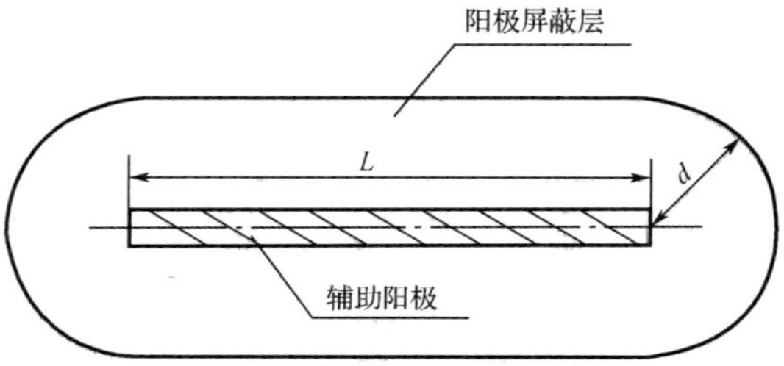


图 7-5　长条形阳极屏蔽层示意图

$$\ln\frac{2L}{d} = \frac{\pi L(E_{min} - E)}{I_a \rho} + 1 \tag{7-50}$$

式中　$L$——长条形辅助阳极的长度,m;

$d$——阳极屏蔽层边缘至辅助阳极轴线的最近距离,m;

$I_a$——辅助阳极的额定输出电流,A;

$\rho$——海水电阻率,Ω·m;

$E_{min}$——船体在海水中的最小保护电位(绝对值),V;

$E$——离辅助阳极中心为 $d$ 处的船体电位,V;它取决于船体水下部位涂层的耐阴极电位值。

阳极屏蔽层的使用寿命应大于 6 a。

(10)外加电流阴极保护系统的安装部位

外加电流阴极保护系统的水下部件一般不应安装在液舱、弹药舱及电子设备舱。阴极保护系统中的辅助阳极、参比电极、阳极屏蔽层等应在舰船下水前安装和施工完毕。

2. 应提供的技术文件

对新造舰船或改装的服役舰船进行外加电流阴极保护时,设计单位并要求相关单位提供下列技术文件:

(1)设计单位应提供舰船外加电流阴极保护方案设计书、施工图样等技术文件;

(2)要求产品制造单位应提供产品合格证书、军检证书,必要时还应提供产品性能检测报告等技术文件;

(3)要求舰船建造或修造厂提供实船安装质量检验报告和出厂前水下保护效果检测报告等;

(4)要求海军使用部门提供实船运行保护效果检测报告和评估意见等。

7.3.4.3 阴极保护系统的发展及应关注的问题

阴极保护作为行之有效的防腐蚀措施,在海军舰船上得到了广泛的应用,目前各型号舰船均装备了牺牲阳极、外加电流阴极保护系统。从设备运行及应用情况看,该系统设备性能稳定可靠,能够有效地防止舰船船体、螺旋桨等区域的腐蚀。在实艇应用过程中还发现,外加电流阴极保护系统除了有效地起到防止腐蚀的作用外,还具备一定的防污性能,因而在潜艇外加电流设计时,增加了螺旋桨防污保护。

近年来,随着科技的发展以及计算软件的推广与普及,牺牲阳极的计算已经不仅仅局限于采用传统的标准计算方法,开展了利用标准计算方法结合边界元进行牺牲阳极的计算与效果评估的研究工作,该项研究完成后不仅可以做到牺牲阳极安装布置优化,还可以根据腐蚀状态动态评估牺牲阳极的预期寿命分析以及保护状态分析。

此外,舰船腐蚀防护目前偏重于保护寿命的设计,对于由防腐引起的舰船周围的电场情况没有考虑,造成潜在的不安全性,这是应引起重视的。要注意到对舰船的外加电流阴极保护系统中保护电位指标值的选取和使用,既要做到正确控制,保证满足电化学防腐的要求,又要能满足电场防护的安全性的要求,使之达到舰船防腐与隐身双重效果。而对于潜艇,这是特别值得关注的一个问题,也就是腐蚀引起的静电场、腐蚀电流磁场以及极低频电磁场问题,其中外加电流阴极保护装置引起的极低频电磁场应引起广泛的重视,避免这些与腐蚀相关的电场、磁场信号成为潜艇的新的暴露特征。

### 7.3.5 潜艇紧固件防腐蚀设计

各类紧固件的腐蚀是舰船海洋环境腐蚀中诸多突出的腐蚀问题之一。海军舰船尤其是潜艇上固定马脚、卡环、电缆导管以及管系法兰联接处紧固件、基座固定用紧固件腐蚀严重,特别是潜艇上层建筑区域紧固件腐蚀尤为突出,一般在使用 1 年左右即开始出现明显的锈蚀,紧固件表面即出现锈层开裂和片状脱落,造成直径显著减小、强度大大降低,甚至出现失去机械强度的严重后果,修理时无法拆卸,必须通过气割吹掉。

海洋环境中紧固件早期严重腐蚀破坏主要有以下原因:

(1)腐蚀环境非常苛刻　例如,非耐压壳体内部相对封闭的高温、高湿、高盐雾的腐蚀环境,潜艇经常下潜和上浮而遭受海水间浸、干湿交替严酷腐蚀,海水飞溅等原因使材料表面经常处于腐蚀性很强的含氧充足的海水液膜状态;而舱底设备和通海舷侧阀等部位的紧固件长期处于海水、油、污水等混合介质浸泡的潮湿环境。

(2)现有紧固件材料耐海洋环境腐蚀性低。

(3)所采取的表面防护措施不能满足这种腐蚀环境要求。

(4)钢质紧固件与不同材质的法兰、管道、设备间存在的小阳极、大阴极的电偶腐蚀作用造成严重的异种金属接触腐蚀。

紧固件防腐设计的措施,归纳起来有两种解决方法:一种是采用耐蚀材料,如针对海洋环境的耐蚀高强钢,目前舰船紧固件用耐蚀高强钢方面还没有很好的替代材料,铜合金、高强度不锈钢、镍合金以及钛合金紧固件材料在耐蚀性方面可以很好的满足要求，但在材料配套体系、成本、强度、异种金属接触腐蚀等方面会存在问题。另一种方法是在钢质紧固件材料表面进行表面防腐处理，常规表面处理方法包括镀镉、电镀锌、热镀锌、铬酸盐处理、磷化处理以及采用表面涂层防护等措施。实际应用表明，以上镀镉、镀锌等表面处理工艺在海洋环境中的防腐效果不能满足要求，而且高强钢在电镀过程中有产生氢脆的危险，并且处理工艺中使用镉、铬酸盐会造成环境污染而被逐渐淘汰和禁止使用。

潜艇上以往应用粉末渗锌方法对上层建筑紧固件进行表面处理，提高钢质紧固件的耐蚀性，起到一定的防腐效果。但从总体使用效果来看，粉末渗锌技术在确保紧固件的强度、配合精度等标准的情况下，其防腐性能优于电镀锌紧固件，但防腐蚀期效仍然非常有限，无法取得预期的保护效果，在潜艇的使用工况条件下难以达到预期的防护寿命要求。

根据以上存在的问题，近年研制的采用"有机改性锌铝基复合涂层"技术对紧固件进行表面防腐处理可以得到良好的防护效果。复合涂层是一种将超细锌鳞片和铝鳞片叠合包裹在特殊黏结剂中的无机涂层和水性环氧涂层构成的，经过处理的层层叠合的锌、铝鳞片在钢铁基体和腐蚀介质之间形成良好的屏蔽层，锌、铝鳞片对基体具有一定的阴极保护作用。由于表面钝化形成氧化物可减缓涂层和基体的腐蚀。此外，涂层还具有自修复作用。当涂层受损时，锌氧化物和黏结剂中的缓蚀成分向涂层破损处移动，修复涂层恢复保护屏障。从应用效果看，复合涂层紧固件防腐性能明显优于渗锌紧固件，具有良好的实用性能，可以满足实艇紧固件防护和安装使用的要求。

目前潜艇紧固件的防腐已全面采用复合涂层紧固件，安装后按部位涂刷总体配套的防腐配套涂料体系，修理时根据腐蚀程度进行保养或更换。对于腐蚀严重区域的紧固件除采取复合涂层紧固件和涂装保护外，还应采用胶泥或腻子进行整体包敷处理，进一步隔绝腐蚀介质，提高防护效果。对于紧固件的电偶腐蚀，海水管系采用电绝缘技术，可以降低钢质紧固件的异种金属接触腐蚀。

另外，在一些特殊部位紧固件的绝缘、紧固方面，螺纹紧固胶也可以起到较好的密封、绝缘作用，可以有效地隔绝海水，保护紧固件免受电化学腐蚀破坏，在海洋船舶和钢结构方面也得到广泛地应用。

### 7.3.6 潜艇电绝缘及海水隔离密封设计

7.3.6.1 概述

潜艇长期处在海水和海洋大气环境中，结构、设备和管路极易受到腐蚀而导致破坏。潜艇选用的金属材料种类较多，当不同金属制成的零件和结构相互连接并浸在海水里时，就形成了原电池，如果未能很好地绝缘，会加速腐蚀，从而使腐蚀破坏速率加剧。

潜艇上电偶腐蚀的防护方法主要有：

(1)异金属构成的零件和结构电绝缘隔离，即断开阴极和阳极金属之间的电路；

(2)用密封材料把异质金属的连接同海水隔离绝缘。

7.3.6.2 电绝缘

异金属与船体结构(通常是基座)之间的螺栓连接，采取的电绝缘隔离措施较多，通常采用绝缘材料制成的垫片、套筒和垫圈、绝缘衬套、环氧腻子绝缘层、密封胶等来实现。见图(照片)7-6(a)。

在某些情况下，管路部件法兰连接中的电隔离绝缘，是通过在异质金属法兰之间安放电隔离环来达到目的。

这些绝缘垫片、套筒由玻璃钢、橡胶、硬质工程塑料制成。用于电绝缘的材料通常选择聚四氟乙烯、聚氨酯橡胶、聚酰亚胺、尼龙、聚苯硫醚等。

电绝缘典型节点结构见图 7－7(a)。

7.3.6.3　海水隔离密封保护

异质金属零件和结构的对接处，采用密封材料密封，以达到控制电偶腐蚀的目的。

选择合适的海水隔离密封材料对潜艇上层建筑内接头、法兰及其紧固件进行密封包覆，能有效隔绝海水介质，阻断电化学腐蚀通路作用，避免电位差和缝隙造成的腐蚀，是行之有效的防腐蚀保护手段，见图（照片）7－6(b)。

海水隔离密封材料分常温和高温材料两类。

常温隔离密封胶泥主要用于防止电偶腐蚀和缝隙腐蚀，对紧固件等进行包敷绝缘密封处理，用于温度低于 80 ℃的部位。目前已应用的常温隔离密封材料品种有聚氨酯胶泥、聚硫橡胶绝缘密封胶等。

高温隔离密封胶泥主要用于高温区域法兰、紧固件等异种金属部位，温度在 300 ℃左右。包敷海水隔离密封材料典型节点结构见图 7－7(b)所示。

**图（照片）7－6(a)　电绝缘结构**

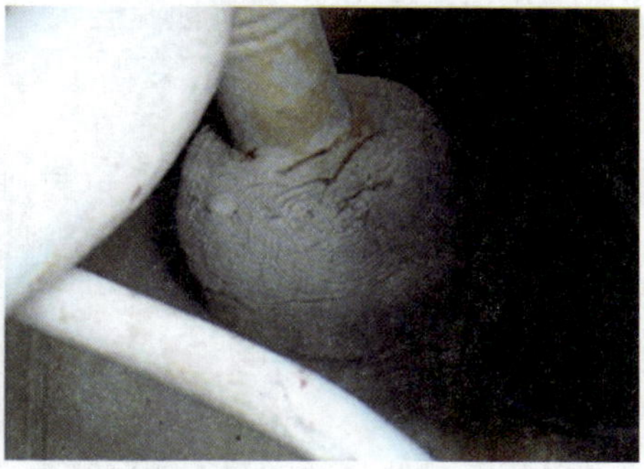

**图（照片）7－6(b)　包敷隔离海水密封材料**

7.3.6.4　典型节点结构设计

电绝缘及包敷海水隔离密封材料典型结构节点图如图 7－7 所示。

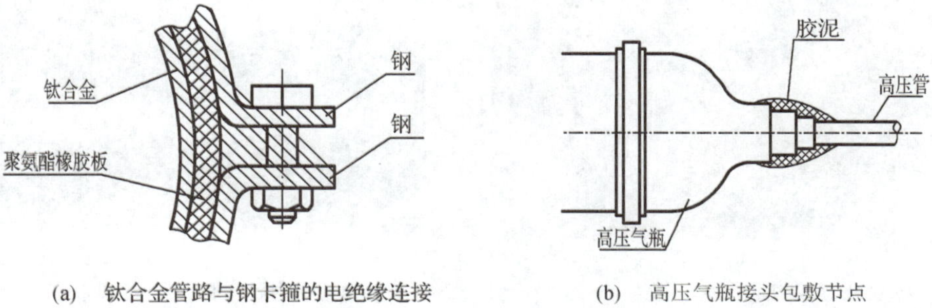


(a)　钛合金管路与钢卡箍的电绝缘连接　　(b)　高压气瓶接头包敷节点

**图 7－7　电绝缘及海水隔离密封材料包敷典型结构**

7.3.6.5　潜艇典型部位腐蚀防护实例

在 3.3 节中分析了潜艇腐蚀的基本特点和易腐蚀部位的分布，特别是重腐蚀区域，解决了这些部位结构、设备和系统的腐蚀问题，整个艇的腐蚀就能得到有效控制。

以下举几个潜艇典型部位腐蚀防护实例。

1. 甲板滑道

甲板滑道最初的沟槽式结构，处于甲板之下较隐蔽，但是该结构本身的防腐性能极差，不易涂装和维护，易积水、积杂物。解决这一问题的措施是改变沟槽结构方式，设计成滑轨式滑道，见图7－8。

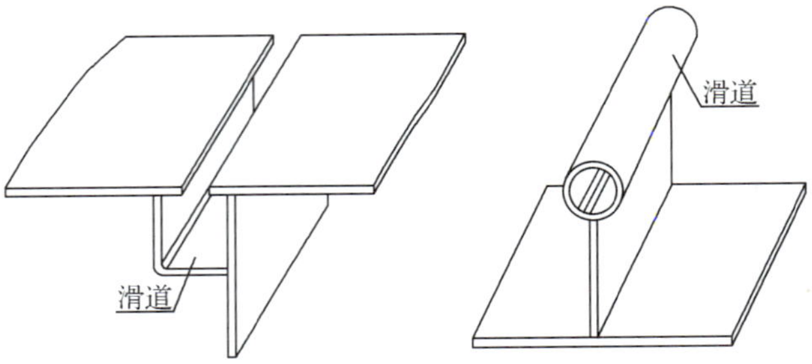


(a) 沟槽结构形式（不好） (b) 滑轨式滑道（好）

图7－8 甲板滑道

2. 高压空气瓶

高压空气瓶是潜艇上保障系统的重要装备，绝大部分安装在上层建筑内，经常处于海水浸泡或潮湿的海洋大气环境中。存在的腐蚀问题主要有：气瓶的金属减震垫与气瓶瓶体之间产生电偶腐蚀，气瓶瓶口异种金属电偶腐蚀、瓶体欠缺有效的防腐涂层保护。

在对高压空气瓶进行了腐蚀综合治理后，改进后的防腐措施明显提高了空气瓶的耐腐蚀能力。图(照片)7－9分别是某艇高压空气瓶小修时和经过腐蚀治理服役两年后的状态。

高压空气瓶的防腐蚀措施主要有：

(1)采用非金属绝缘隔振垫，既可起到隔振作用，又可达到有效的电绝缘目的；

(2)空气瓶外表面选用长效防腐涂料，对空气瓶表面进行涂层保护；

(3)对空气瓶安装固定用的紧固件进行防腐处理；

(4)在高压空气系统中配置空气干燥过滤装置，减少高压空气中的水分对空气瓶内壁的腐蚀；

(5)气瓶瓶口处包敷常温海水隔离密封材料进行介质隔离；

(6)高压气导管材料改进与选用。

(a) 原修理时腐蚀状态 (b) 经腐蚀治理服役两年后的状态

图(照片)7－9 高压空气瓶腐蚀治理前后的照片

### 7.3.7 潜艇海水管系防腐蚀设计

常规潜艇海水管路系统主要由管路、管路附件、海水泵、阀、海水滤器等部件组成。在潜艇全寿命周期内,海水管路系统长期受到高压、海水干湿交替、水流冲刷等复杂、恶劣的环境因素的综合作用。

南海某系列艇的海水管路部分紫铜管出现“砂眼”腐蚀问题,即腐蚀穿孔现象,主要表现为冲击和紊流引起的腐蚀状态。海水管路反映出来的腐蚀主要由于紫铜海水管路流速限速很低,在海水中使用,既存在材料本身耐蚀性较差,同时抗流体冲击性较差;管路附件的腐蚀主要集中在防蚀螺塞以及燃油补重管路的带铜衬套通舱管件等部位,表现为异种金属的电偶腐蚀。

对于潜艇海水管路系统曝露的腐蚀问题,可采取以下具体的防腐蚀改进保护措施:

(1)海水管路选材采用 BFe10 - 1.6 - 1(B10)管材,明确规定了规格和使用范围;

(2)优化海水管路设计,控制流速;

(3)B10 管配套应用措施,法兰采用 BFe30 - 1 - 1(B30)锻件加工,螺纹接头、弯头等采用 B30;

(4)异种金属之间进行电绝缘设计,采用绝缘套筒、绝缘垫片,舷侧阀法兰采用电绝缘陶瓷涂层;

(5)局部加装铁合金牺牲阳极;

(6)管路表面涂装长效防腐涂料,包敷常温海水隔离密封材料;

(7)改进焊接工艺,严格控制建造质量。

### 7.3.8 其他防腐蚀设计

#### 7.3.8.1 热喷涂层

热喷涂层是舰船钢结构长效防腐的有效的方法之一。舰船热喷涂层主要是热喷锌和热喷铝以及热喷陶瓷。锌、铝喷涂层可以单独作为防腐覆盖层,也可以在锌、铝涂层之上,先以有机涂层封闭,再以中间漆和面漆的涂装而形成的复合涂层来作为防腐覆盖层,其使用寿命可达 20 ~ 30 年。由于热喷涂不受几何尺寸限制的特点,因而特别适合用于舰船的长效防腐保护。国外已在舰船方面得到了较为广泛的应用。国外用纳米材料制造的涂层,既作为防腐涂层,又是具有一系列特殊功能的涂层。例如用纳米材料制造潜艇的外壳涂层,除具有防腐防污功能外,还可以灵敏地“感觉”水流 、水温、水压等极细微的变化,将这些变化及时反馈给中央计算机处理器,最大限度地降低噪声、节约能源。在潜艇潜望镜和桅杆涂覆陶瓷涂层还具有减少雷达散射截面的特性。同时,能根据水波的变化提前“察觉”来袭的敌方鱼雷,使潜艇及时采取规避动作,保护自己。美国纳米相技术公司研制的具有防污作用的氧化铜或掺杂氧化锌的纳米材料已经商品化。

纳米材料涂层主要应用于腐蚀环境中的设备以及易发生磨损和腐蚀的部件。由于纳米超细粉末具有很大的比表面积,能吸收电磁波,同时纳米粒子远小于红外及雷达波波长,对波的穿透率很大。因此,不仅能吸收雷达波,也能吸收可见光和红外线,由这种材料制成的涂层在很宽的频带范围内可以逃避雷达的侦察 ,可提高舰艇的隐蔽性,同时也具有一定的红外隐身作用。舰炮炮管内衬采用纳米结构涂层可大大提高防腐耐磨性和使用寿命,已在 2005 年开始用于服役的射程 54.5 km 的 MK45 改进 4 型舰炮炮管内。

我国舰船防腐热喷涂尚未正式推广应用，还处于试用阶段，可根据实船试用的经验和结果逐步推广应用。应用部位重点是船体水线区、潮湿舱内舱底与壁脚、烟囱、导弹发射部位、直升机及航母战斗机起降甲板、设备所遮挡部位的船体结构、舱面小型设备、露天甲板舾装件、不能采用封闭形式的基座、阀件、海底阀门以及其他难以维修的部位。

7.3.8.2　镀层

舰船舱面属具的钢质梯子、钢质栏杆、天幕柱钢管及其支柱、艏艉旗杆、钢质金属小链、钢质紧固件、主甲板舱面上的各种钢质通风头筒体等均应镀锌或热浸锌或镀铝处理后再涂漆。舱面舾装件及设备的基座和支架（包括电缆、管子支架等）应尽可能经过镀锌或热浸锌或镀铝处理后，再按照钢质舱面舾装件的涂装要求进行涂装。冷却水管应镀锌处理。

镀铝层比镀锌层耐大气腐蚀性能高 3 ~ 6 倍。镀锌层的厚度根据设计寿命确定，锌在海洋大气中的腐蚀速度为 2 ~ 7 μm/a，在海岸 <6 μm/a，有海浪飞溅的部位约为 15 μm/a。设计中一般要求镀锌层的厚度不小于 40 μm。舱面钢质舾装件的表面应适当增加镀锌层的厚度，以提高其抗腐蚀能力。

舱内除不锈钢、铜质材料之外的钢质小五金和装饰件可采用镀铬或镀隔并用磷酸盐或铬酸盐处理。

7.3.8.3　氧化防锈处理

当舷窗选用铝材质时，圆舷窗应选用压延防锈铝，不得使用非防锈铸铝。方舷窗的材质应选用防锈铝制作。铝质舷窗、铝质设备及部件等的表面应进行氧化防锈处理。

7.3.8.4　海水系统电解防污

由于海生物的附着和生长，会引起舰艇的海水冷却系统管路、设备的堵塞，造成冷却水流量不足而降低冷却效果，加速海水冷却系统腐蚀；潜艇的海底门污损会造成其关闭不严从而带来安全隐患。电解防腐防污装置主要用于解决舰艇海水管路、冷却设备、海底门等的海生物污损，同时可以降低以上部位的腐蚀。电解防腐防污装置适用于水面舰艇海水管路系统、海底门的防海生物污损，潜艇海水管路系统的防腐防污可参照使用。

舰船电解防腐防污装置主要分为 DCA 型电解铜 - 铝（铁）防腐防污装置、DHCA 型电解氯 - 铜、铝（铁）阳极联合防腐防污装置。电解防腐防污装置由产生防腐作用的 $Al^{3+}$（或 $Fe^{2+}$）的铝（或铁）阳极、产生防污 $Cu_2O$ 的铜阳极、电解海水制氯电极、电解电源和控制箱，以及阴极接地座构成。防腐防污阳极有两类，一类为可溶性阳极，包括铜、铝（铁）阳极，需根据使用年限和防腐防污系统参数要求进行阳极的设计和定期更换；一类为微溶性和不溶性阳极，包括铅银微铂阳极和金属氧化物阳极。电解防腐防污装置一般安装于海水系统的海底阀箱内靠近海水入口处，海底阀箱壁作为阴极；或安装于舰船海底门，海底门结构作为阴极。该装置利用低压直流电对防污铜阳极电解产生 $Cu_2O$，对防腐铝（铁）阳极电解产生 $Al^{3+}$（或 $Fe^{2+}$），通过控制电解电流实现对电解液浓度的控制，海水泵将含有电解离子的海水输送到海水系统中，防止海生物幼虫和孢子的附着污损。Al 阳极产生的 $Al^{3+}$ 离子与海水作用形成的 $Al(OH)_3$ 黏附在管道内表面保护层，保护管道不受腐蚀。对于采用铜及铜镍合金的海水管路，则采用铁阳极替代铝阳极，电解产生的 $Fe^{2+}$ 在管道内壁形成很薄的 $\gamma-Fe(OH)_2$，有效降低海水管路的冲刷腐蚀。电解氯 - 铜、铝（铁）阳极防腐防污装置除电解产生 $Cu_2O$ 防污剂外，通过电解海水电极产生有效氯，利用 $Cu_2O$ 和有效氯两种防污剂同时作用防止海生物污损，其联合防污效果比单独使用时效果更好。

7.3.8.5　防止电偶腐蚀

当异种金属彼此直接接触组成电偶曝露到电解质中时，会有电流从一种金属流到另一种金属，同时电位较负的金属腐蚀被加速，电位较正的金属腐蚀被减缓，在电偶中起阳极作用的电位较低金属上，按法拉第定律与电偶腐蚀电流相当的那部分腐蚀，即为电偶腐蚀。所以异种金属的连接要考虑到防止电偶腐蚀。

防止电偶腐蚀的主要方法如下：

(1)设计中应尽可能采用同一种材料制造金属结构，避免不同种类金属直接接触，特别是在电偶序中电极电位相差较大的金属材料之间应绝对避免直接接触。

所谓电偶序是指在某给定环境中，以实测的金属和合金的自然腐蚀电位正负，依次排列的顺序。

在特定介质中各种金属材料都有相应的电极电位，例如在海水中我们把不同金属和合金实测的腐蚀电位按其大小排列成表就得到了这些材料在海水中的电偶序，如表7－44所示。表中排在上面的每一种金属对于其下面的任何金属来说，由于电位总是负，所以是阳极。两种金属的电位差愈大，则电位负的阳极金属腐蚀就愈大。所以在选择材料匹配连接时应尽量使两种不同材料腐蚀电位尽量接近。由于不同介质中金属材料的电偶序会有变化，所以设计时必须注意介质条件，找到相应介质下的金属材料电偶序，如果查不到有关数据，则应用实验来确定。

(2)采用阴极极化率较大的金属制作结构的阴极性构件。如采用不锈钢或钛合金与碳钢或低合金钢偶合，比采用铜及其合金的耐腐蚀性会好得多。

(3)防止电偶腐蚀的最普通方法是电绝缘隔离，即在异种金属之间隔入一个有机材料的绝缘物。

如图7－10－a)是两种不同金属直接在介质中相接触，没有绝缘，所以负电位金属会严重腐蚀，而采用图7－10－b)中的设计方式则可有效地隔离开不同金属间的接触面。

图7－11是采用多种方式的绝缘隔离。图中：a)为绝缘垫片（如合成橡胶、聚四氟乙烯等）；b)为对线性延伸的接触面，用丁基橡胶布绝缘隔离。舰船上钢铝结构的连接，不锈钢、铜质材料部件与钢质部件等的连接，设计时均应采用有机材料绝缘物隔离。例如，甲板上的管路铜质铭牌安装前，应在甲板上安装部位涂敷厚度为2 mm的防腐蚀绝缘涂料后，再安装铜质铭牌；铝质梯与船体连接可垫以多硫橡胶；污水井吸干头采用工程塑料材质防止电化学腐蚀；污水井内的吸入口和舱底疏排水系统的吸入口应设置在舱底最低处；吸入口应采用工程塑料，如果采用钢或铜合金制造，则必须进行整体涂塑处理，以避免与船底板或双层底内底板形成电位腐蚀；在铜制海水管路和钢制海水滤器之间采用电绝缘法兰连接等。

**表7－44　金属和合金在海水中的电极稳定电位 $E_H$ 升高的序列[1)]**

| 金属 | $E_H$/V | 金属 | $E_H$/V |
|---|---|---|---|
| 镁 | −1.45 | 镍（活态） | −0.12 |
| 镁合金（6% Al，3% Zn，0.5% Mn） | −1.20 | α 黄铜（30% Zn） | −0.11 |
| 锌 | −0.80 | 青铜（5% ~10% Zn） | −0.10 |
| 铝合金（10% Mg） | −0.74 | 铜锌合金（5% ~10% Zn） | −0.10 |
| 铝合金（10% Zn） | −0.70 | 铜 | −0.08 |
| 铝 | −0.53 | 铜镍合金（30% Ni） | −0.02 |

表 7－44（续）

| 金属 | $E_H$/V | 金属 | $E_H$/V |
|---|---|---|---|
| 镉 | －0.52 | 石墨 | ＋0.02～0.3 |
| 杜拉铝 | －0.50 | 不锈钢 Cr13（钝态） | ＋0.03 |
| 铁 | －0.50 | 镍（钝态） | ＋0.05 |
| 碳钢 | －0.40 | 因科镍（11%～15% Cr，1% Mn，1% Fe） | ＋0.08 |
| 灰口铁 | －0.36 | Cr17 不锈钢（钝态） | ＋0.10 |
| 不锈钢 Cr13 和 Cr17（活态） | －0.32 | Cr18Ni9 不锈钢（钝态） | ＋0.17 |
| Ni－Cu 铸铁（12%～15% Ni，5%～7% Cu） | －0.30 | 哈斯特洛伊（20% Mo，18% Cr，6% W，7% Fe） | ＋0.17 |
| 不锈钢 Cr19Ni9（活态） | －0.30 | 蒙乃尔 | ＋0.17 |
| 不锈钢 Cr18Ni12Mo2Ti（活态） | －0.30 | Cr18Ni12Mo3 不锈钢（钝态） | ＋0.20 |
| 铅 | －0.30 | 银 | ＋0.12～0.2 |
| 锡 | －0.25 | 钛 | ＋0.15～0.2 |
| α＋β 黄铜（40% Zn） | －0.20 | 铂 | ＋0.40 |
| 锰青铜（5% Mn） | －0.20 | | |

注：1）a. 表中电位数值，有时还有金属排列次序都是大体上的，因为根据金属的纯度、海水的组分，主要地根据充气程度和金属表面状态，它们的电位能在不同程度上变化。

b. 表中不锈钢的钝化状态通常相应于流动迅速充气较好的海水条件下建立的电极电位；相反，活性状态是对应于该金属在微弱充气的海水停滞区域建立的电位。

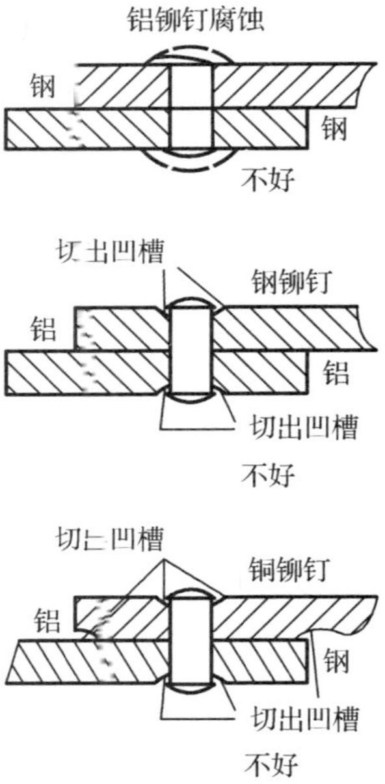


(a)未绝缘

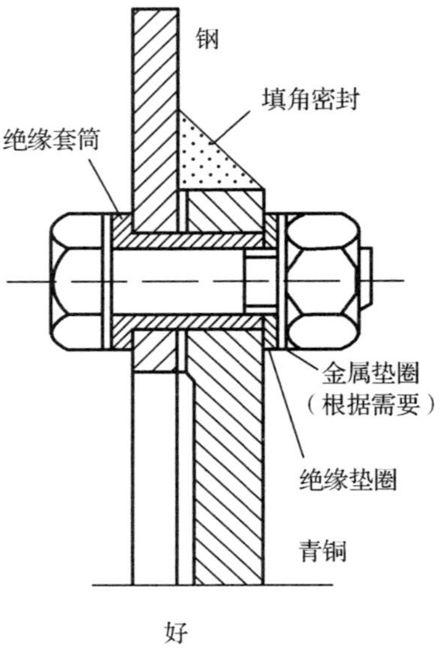


(b)采用了绝缘垫

图 7－10 不同金属间采用隔离绝缘垫的设计

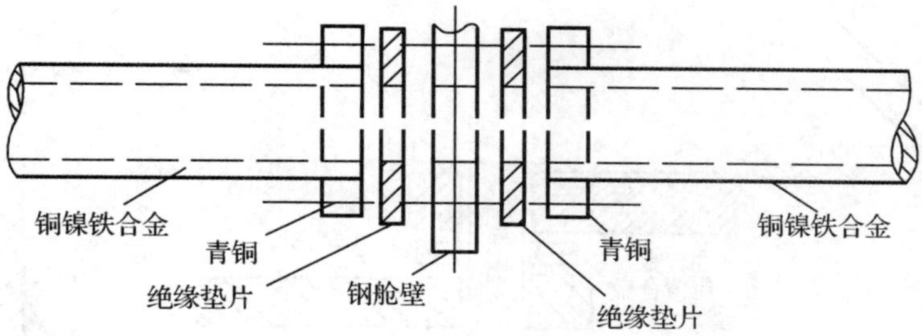


(a) 绝缘垫片

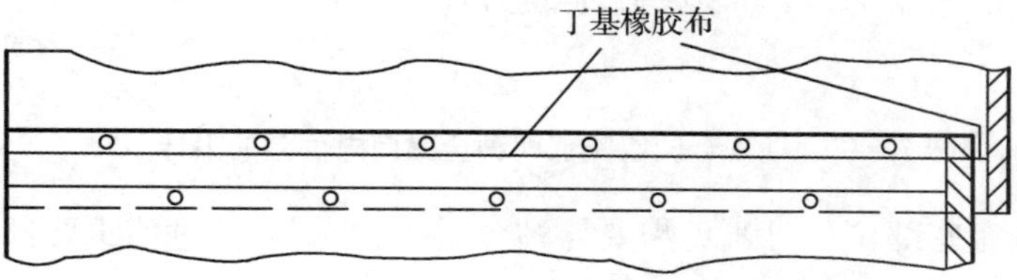


(b) 丁基橡胶布绝缘

**图7-11 多种方式的隔离绝缘设计**

图7-12是考虑了绝缘层应有足够的厚度与覆盖面以及防止冷凝物形成电偶而在拐角处用填角料密封的设计。

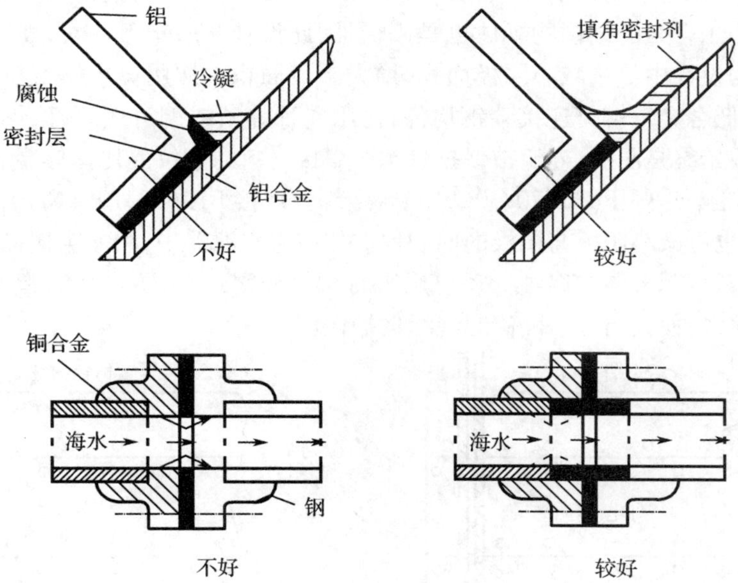


**图7-12 考虑有足够厚度与填角密封的绝缘以防止电偶腐蚀的设计**

(4)可以在两种异种金属材料偶接处加入第三种金属,这样会使两种金属间电位差降低,如图7-13所示。还可在不同金属材料中加入中间部件,这种中间部件加大了尺寸,而且腐蚀后易于更换。解决异金属管路间的电偶腐蚀,还可在海水管路中加装牺牲阳极,如在海水管路中加装锌塞,可有效防止紫铜管对 HPb59-1 焊缝的电偶腐蚀问题。

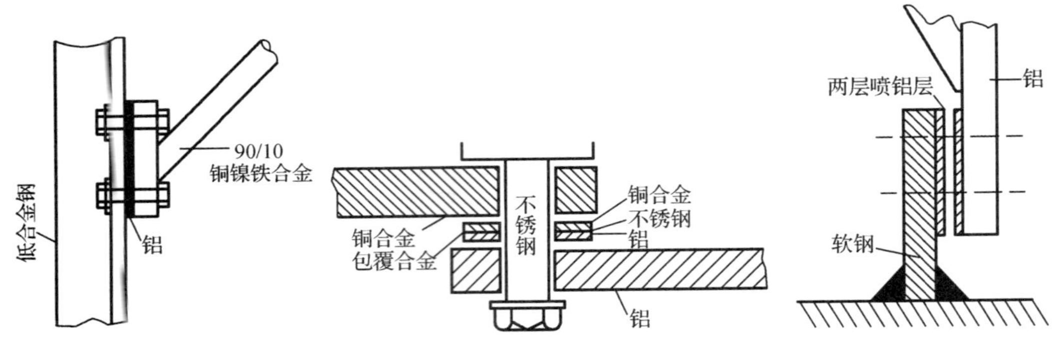


(a)隔离金属块　(b)复合金属的叠层结构　(c)两种金属连接处的热喷金属涂层(固着的和可拆的)

**图 7-13　插入金属以降低两种金属间电位差的设计**

(5)如果设计中有些部位不可避免需要异种金属接触时,应注意使重要部件为自然腐蚀电位较正的材料,并一定要考虑阴阳极面积比。

所谓自然腐蚀电位,是指金属在给定腐蚀体系中,没有净电流从金属表面流入或流出时的电极电位。

当阳极面积比阴极面积显著小的情况,使阳极的电流密度急剧增加,腐蚀速度加速,小阳极面积相对地腐蚀可增大 100~1 000 倍,所以应该尽量避免不适宜的大阴极小阳极的面积组合,图 7-14 示出了两种情况:如图 7-14(a)所示,结构物的钢铆钉为小阳极,镀锌钢钢套管相对蒙乃尔合金的结构物本体也是阳极,因此设计时应千万注意;而图 7-14(b)则比较合理。结构设计中尽量减小阴极面积,增大阳极面积。如用奥氏体不锈钢焊条焊接低合金钢构件,用低合金钢铆钉连接碳钢构件,比用同种焊条或铆钉还要好,焊缝或铆钉相对被联接金属应该始终是阴极,处于被保护状态。焊接材料的电位要比基体金属的电位高,一般应高 5 mV 以上,如采用 B30(70/30CuNi)合金焊丝焊接 B10(90/10CuNi)合金管材、管件。涂装阴极构件,也可减小阴极与阳极的面积比。如在海水滤器中,用非金属涂层涂装不锈钢滤器,会减轻滤器钢制缸体的腐蚀。还可用密封材料如密封胶、防水性油脂、腻子等对异种金属结构表面涂敷,使其与海水隔离起绝缘保护作用。

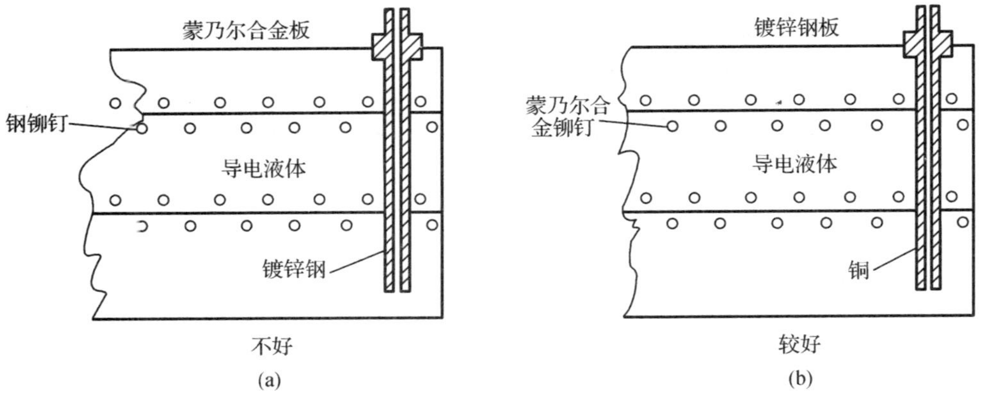


**图 7-14　大阴极-小阳极和小阴极-大阳极结构设计对比图**

(6)采用电位差较小的材料制造金属结构,并使重要部件采用电位较高的材料,如海水冷却装置的水室、管板采用B10合金制造,管束采用B30合金制造。

(7)采用阴极极化率较大的金属制作结构的阴极性构件。如采用不锈钢或钛合金与碳钢或低合金钢耦合,比采用铜及其合金会好得多。

在防止电偶腐蚀时应特别注意:

①在用焊接或铆接连接金属结构时,焊缝材料和铆钉材料绝对不能相对被连接金属为阳极。

②在使用非金属涂层防蚀时,绝不能仅涂阳极性构件,应优先涂装阴极性构件,或同时涂在阴、阳极表面上,否则将会导致严重的局部腐蚀。

③用来涂装电偶阴极性构件的涂料必须是耐碱性的,因为腐蚀电偶阴极区的海水碱性会增大。

④曝露在海水腐蚀介质中的金属结构,不能采用阴极性金属复层来防蚀,一旦复层破损,将会导致金属复层与破损处基体金属之间形成大阴极小阳极的电偶腐蚀。

⑤在用石墨作润滑剂或使用石墨填充剂的塑料以及金属填充的树脂材料时,石墨是很强的阴极性材料,要注意到石墨及填充金属与金属构件形成腐蚀电偶,从而导致构件产生严重腐蚀。使用时应对与其连接的金属进行防护。因此用石墨作导电材料的导静电涂料不可用于舰船的航空燃油舱,否则会由于石墨向内外表面迁移而影响航空燃油的油质以及腐蚀油舱舱壁。

(8)采用密封隔离措施控制电偶腐蚀。在异质金属零件和结构的对接处或者易积水处的金属构件,用密封材料如密封胶、密封漆、胶泥(或腻子)、黄油等使其与海水隔离,也可达到控制电偶腐蚀的目的,但在露天部位采用黄油与海水隔离的有效保护期限很短,易失去保护作用,应采用黄油以外的密封材料密封。

选用密封胶时,应考虑以下因素:

①使用条件;

②密封垫片材料;

③密封面状态;

④介质类型;

⑤固化条件。

密封胶主要适用于静密封,可根据使用部位选用不同类型的密封胶。对于不经常拆卸的部位,可选用干性附着型密封胶;对间隙较大、有坡度、振动较大的部位,可选用干性可剥型密封胶;对需要经常拆卸、振动和冲击较大的部位,可选用非干性黏弹型或半干性黏弹型密封胶;对经常拆卸、间隙较大、有坡度、振动和冲击较大的部位,可选用硅酮型密封胶;对不经常拆卸的平面密封部位或螺纹密封部位,可选用厌氧型密封胶。

## 7.4 与防腐蚀措施有关的总体设计要求和工艺要求

### 7.4.1 与防腐蚀措施有关的总体布置要求

舰艇总布置设计除要求满足舰艇的战术技术指标外,还应当把舰艇结构和总布置的防腐要求放在重要的位置，以提高舰艇的全寿命周期效费比，降低维修时间和费用。

1. 机械舱室机械设备、装置的布置要求

(1)机械舱室设备、装置布置时要留出可供人员较方便进行必要的维修保养工作空间，使每个部位都能得到有效的维修和保养，在进行舰艇总体布置设计时，舱室布局应充分考虑维修中人员的可达性，以便舰员能较方便地对船体结构及舱室设备、装置的维修保养工作。

如个别部位因设备布置原因留出船体结构维修空间特别困难，则对设备所遮挡部位的船体结构应进行重防腐处理，重防腐处理的防腐蚀期效应不少于一个中修期。

(2)机械设备、装置基座底部结构高度至少应保证在 350 mm 以上，机械设备、装置四周与船体结构或机械设备、装置之间应留 350 mm 以上的安装和维修保养空间，使人员能顺利钻进基座下部和设备、装置之间进行维修保养作业。如基座高度不允许过高时，而基座下部又不需要进行机械维修保养时，可将基座设计成封闭式，不容易维修保养的小型基座、支架应尽量设计成封闭式的。封闭式的基座、支架及被其遮挡部位船体结构应进行重防腐处理。如重防腐涂料、热喷涂、用闭孔的有机或无机材料填充等，以保护船体结构不被锈蚀。

2. 系统管路的布置要求

(1)管路之间，管路、管排与船体结构之间都应留有适当的距离，管径在 100 mm 以下的管路，相互之间的距离应不小于 50 mm，管径在 100 ~ 300 mm 的管路，相互之间的距离应不小于 100 mm。单根管路与船体结构间的距离应不小于 100 mm，管排宽度在 500 mm 以下时，管排之间及管排与船体结构间的距离应不小于 200 mm，管排宽度为 500 ~ 1 000 mm 时，管排之间及管排与船体结构间的距离应不小于 300 mm，管排宽度 1 000 mm 以上时，管排之间及管排与船体结构间的距离应不小于 350 mm，以保证管路及船体结构的防腐涂装和维修操作。

(2)管路如采用法兰连接或管接头连接方式，则两个相互靠近的法兰盘之间或两个相互靠近的接头间的距离应在 50 mm 以上。

(3)在排水量大于 5 000 吨的舰艇上，设有隔热绝缘的空调舱室中，其舷侧平台甲板上距舷侧约 200 mm 处应设置集水槽，集水槽的最低部位应装集水管，以便将舷侧的凝水导入该区段下层的舱底水收集部位，防止舱室凝水集聚或打扫舱室的污水流入舷侧，腐蚀舷侧钢板及构架。

(4)甲板疏水管的位置一定要选在该区域的最低处。

(5)有积水的舱底水疏干头下方、液舱测深管下方的船体板应加焊与船体结构材料相同的垫板。

(6)空调机室地板上最低部位处应设置空调凝水疏排水管，将空调凝水经疏排水管排放到该舱段的舱底疏水部位。

(7)厨房、盥洗间、浴室污水排出管的管径应止防因管径过小，管路积垢后发生堵塞，造成舱室积水使船体结构遭受腐蚀。

3. 生活舱室设备布置要求

(1)生活舱室设备布置时应考虑船体结构的防腐维修保养问题，留出必要的维修保养空间。如舱室设备布置留有维修保养空间特别困难时，应对舱室设备背后的船体结构采取重防腐措施，重防腐处理的防腐蚀期效应不少于一个中修期。

(2)厨房、厕所、浴室、盥洗间、空调，通风机室等舱室的结构、设备及其布置都要考虑到这些舱室容易积水的特点，进行合理的选择和布置。这些部位四壁及顶棚的船体结构应进行重防腐处理。

### 7.4.2 设备及设备与舰船接口有关的防腐蚀要求与措施

舰船上的各个专业设备品种和数量加起来十分庞杂,腐蚀防护要求和措施也各不一样,但总的都是要求耐海洋大气的腐蚀和防止电化学腐蚀。舱室设备要求防潮、防霉、耐振动,露天设备都要求防滴、防溅、防水等,这既是腐蚀防护对设备的要求,也是设备自身其他性能的要求。对重要的和关键设备的壳体、盖、轴、阀杆等设备和部件应根据前面有关章节的相关内容,选用耐腐蚀、抗磨损的高性能材料或采用相应的措施使其具有这样的性能。这些要求要由各设备厂家在设备的研制生产中考虑到并落实到产品中去。或者事先由总体研究设计单位和设备研制生产单位在设备规格书或订货单中约定应达到的腐蚀防护要求。

在电气设备方面,露天设备外表采用与上层建筑或露天甲板部位相同的涂料保护;设备罩壳材料可采用高强耐温塑料,岸电箱采用不锈钢,蓄电池箱采用玻璃钢;紧固件、连接件等采用不锈钢或铜质材料;安装不同材质的部件、仪器设备时,二者之间采用非金属材料隔离;露天电缆外加阻燃、低烟、低毒、无卤的交联聚乙烯或交联聚稀烃材料的屏蔽层外护套。

螺旋桨、舵、轴隧应防腐接地,使其电位为零。

螺旋桨轴与海水接触的部位要采用玻璃钢防腐,并采用铜滑环接地。

通海阀箱、海水粗滤器内层采用喷塑或镀层防腐。

所有通舷外口处与船体材料不相同的金属材料制成的管路和附件(阀门、粗水滤器等)与船体之间必须采取电绝缘隔离措施;海水管系中不同金属管路与附件(阀门、泵、粗水滤器、冷却器、设备等)之间也必须进行电绝缘隔离。

与电磁兼容系统相关的机壳、栏杆、扶手及其他设施和部位等,均应电气接地使其电位为零,以防止电化学腐蚀。

航空部门的露天控制箱减震器采用耐腐蚀性好的高碳钢涂油或合适的胶黏剂保护;灯体外壳若采用铸铝材料则不耐腐蚀,采用硅铜材料则可提高其耐腐蚀性。

直升机的着舰格栅不允许腐蚀,要求采用专门为舰船直升机着舰格栅研制的特种不锈钢材料;直升机用系留座不宜采用甲板埋入式安装,否则,由于窝座内积水,使窝座腐蚀无法维修,可采用系留座凸出甲板安装。若必须采用甲板埋入式安装,应采用有效的腐蚀防护措施;直升机的助降网应采用浸油蔴绳制作。

舰船通用海水和淡水离心泵、漩涡泵的泵体、泵盖、叶轮材料应选用 ZcuSn3Zn8Pb6Ni1,ZcuAl8Mn13Fe3Ni2,ZcuZn16Si4,淡水离心泵、漩涡泵的泵体、泵盖、叶轮材料除可选用海水离心泵、漩涡泵的泵体、泵盖相同的材料外,也可选用 1Cr18Ni9Ti。泵轴应选用 Cr17Ni2。海水泵的叶轮和泵轴也可选用 HDR 双相钢。

海水系统中金属波形膨胀节的材料应选用 00Cr17Ni14Mo2,在工况条件苛刻的情况下,可选用 0Cr25Ni20 或耐蚀合金 NS111。

燃气透平排气管道用波纹管材料可选用 GH3036 高温合金。

海水喷淋头宜采用硅铜制作。

海水冷却设备水室内的所有腐蚀问题,均可采用牺牲阳极保护解决。包括异种金属材料间的电偶腐蚀问题、管束和管板间的缝隙腐蚀问题、管束进口端的冲击腐蚀问题以及管束、管板、封头材料的自然腐蚀电位相差较大的问题。

镀锌管件和热喷涂部位一般不允许再行焊接、火焰校正、割刀开孔等。在特殊情况需要进行焊接时，应经军事代表认可，并在焊接后及时认真清洁焊缝处，用环氧富锌底漆涂覆。

管路系统、辅机及舰船机械设备中往复、旋转、泵、阀门、轴等的防腐防漏采用密封填料密封，是目前解决舰船防腐防漏问题的主要手段之一。填料密封是一种接触式密封，即在轴与壳体之间充填弹性密封材料，当填料受到轴向压力压紧后紧贴于轴表面，利用密封材料的弹性变形补偿密封面的磨损，使被密封面的空间与外界隔绝，达到防止腐蚀和泄漏。填料装入填料腔后，经压盖对它作轴向压缩，填料的塑性使它产生径向力，并与轴紧密接触形成所谓“轴承效应”和“迷宫效应”。填料良好的密封在于维持轴承效应和迷宫效应，即保证良好的润滑和适当的压紧。润滑不良或压得过紧，都可能造成填料与轴承之间的干摩擦，最后导致烧轴和出现严重磨损，因此选用填料时要选取合适的柔软系数和压盖旋加给填料的合适压力。密封填料应根据不同的使用工况、不同介质、工作压力、工作温度来选用。如碳（化）纤维编织填料，适用于 260 ℃ ~345 ℃以下、工作压力为 20 ~25 MPa 的热水、蒸汽、油类、有机溶剂、酸、碱等各类介质；聚四氟乙烯编织填料、环形填料适用于 260℃以下、工作压力为 15 ~30 MPa 的各种强腐蚀介质；芳纶纤维编织填料适用于 260 ℃、工作压力 25 MPa 以下的水、蒸汽、有机溶剂、酸、碱等介质；酚醛纤维编织填料适用于 250 ℃、工作压力 20 MPa 以下的蒸汽、石油产品、酸、碱及有机溶剂等介质；聚四氟乙烯碳化纤维混编填料适用于 260 ℃、工作压力 25 MPa 以下的蒸汽、油类、化工产品等介质；柔性石墨填料环适用于 850 ℃、工作压力 25 MPa 以下的热水、高温蒸汽、热交换液、油类产品、石油化工产品等介质；柔性石墨复合填料适用于 550 ℃、工作压力 25 MPa 以下的蒸汽、热交换液、油类产品、石油化工产品等介质。

核潜艇燃油系统法兰间的垫片，可采用蒙乃尔合金 - 聚四氟乙烯金属缠绕垫片或芳纶橡胶垫片；接触高温废气的接头垫片和排气系统中接头垫片可采用柔性石墨金属缠绕垫片或高温高压金属缠绕垫；进气系统中的接头垫片可采用芳纶耐油橡胶垫；疏水注水系统、排气管路冷却系统、舌阀及其传动装置润滑系统以及螺纹接头中的垫片可采用芳纶橡胶垫片或烧结型聚四氟乙烯不锈钢缠绕垫片；液压操纵系统接头垫片可采用聚四氟乙烯不锈钢缠绕垫或或烧结型聚四氟乙烯不锈钢缠绕垫；压缩空气操纵系统接头垫片可采用烧结型聚四氟乙烯不锈钢缠绕垫。对于含非金属材料的垫片，应将垫片在 100 ℃ ~120 ℃的环境条件下存放 20 天，冷却后按 GB/T 12622《管法兰用垫片压缩率及回弹率试验方法》和 GB/T 12385《管法兰用垫片密封性能试验方法》的要求进行加速老化性能试验，试验后的垫片不应产生永久变形，其他机械性能、密封性能下降不超过 10%。对于可能用于放射性环境条件下的各种含非金属材料垫片，还应按 GB/T 12622 和 GB/T 12385 的要求进行辐照或放射性试验，经 4 ×105 Gy 辐照计量辐照后，垫片不应产生永久变形，其他机械性能、密封性能下降不超过 10%。潜艇穿耐压体杆件应采用编织成型密封填料密封。编织成型密封材料宜选用碳化纤维浸渍四氟乙烯编织成型环、碳素纤维聚四氟乙烯热压烧结成型环等，不可使用油浸石棉填料及油浸棉麻填料。

对于需要密封又难于用其他方法密封或难于施工的间隙或者为防止可拆连接件在冲击振动下活动松脱，可采用密封胶密封。密封胶的选用，应根据使用条件、密封件材料、密封面状态、密封介质的种类和特性以及涂敷工艺要求等综合考虑。当受到的冲击力及交变力较大时，应选用强度较高的密封胶；当交变温差较大时，应选用耐温和韧性好的密封胶；非金属件可选用低强度密封胶；金属件则需要高强度密封胶；间隙较大或表面粗糙时选用黏度较大的密封胶；密封面积大或表面光滑时选用黏度小的密封胶；密封气体时选用成膜性良好的密封胶;密封液体时要注意选用与所密封介质相容的密封胶。

采用含铬18%以下的不锈钢,其在海洋大气和海水中耐腐蚀性不高,除在油中工作外,应进行表面防腐处理。采用含铬18%以上的不锈钢,表面一般可不加防护层,但应进行钝化处理,以提高其防腐蚀能力,特别是抗点蚀能力。

若选用钢质紧固件,则必须选用进行过某种镀层防腐处理的,如:镀锌、镀镍、镀铬、镀镉、镀镉钛、渗锌、磷化等防腐处理。

对于舰船设备及其与舰船接口的腐蚀防护要求不可能一一列举,但总的要求只有一个,都要选用耐腐蚀性能好的材料,采取有效的腐蚀防护措施和合理的防蚀工艺。

### 7.4.3 与工艺有关的防腐蚀措施

1. 焊接型式

以下部位的焊缝应采用双面连续焊,不允许采用间断焊、交错焊或单面焊:

(1)主船体构件与船体钢板间的焊接;

(2)小型舰艇主船体内平台甲板或花铁板以下距船底板500 mm以下部分的舱底部位,所有纵、横向非水密构件(中内龙骨、旁内龙骨、纵向支骨、肋骨、肋板等)、舷侧纵向构件等与船体外板之间的焊接;

(3)容易积水的主辅机舱、泵舱、尾轴填料函下部等部位,船体结构构件与船体外板间的焊接,污水井结构本身及其与船体结构的焊接;

(4)压载水舱、炉水舱、淡水舱、喷气燃料舱和燃油舱内,所有纵、横向构件与船体外板或液舱壁板、顶板的焊接;

(5)厨房、厕所、盥洗室、洗衣烘衣室、空调器室、蓄电池室内所有构架与隔壁、天棚钢板间的焊接;

(6)易遭受上浪的外走道及露天部位的外露结构的焊接;

(7)露天部位的舾装件与基座的焊接;

(8)管系、电缆穿梁的焊接(特别是露天部位);

(9)所有基座结构、垫板;

(10)污水井结构本身及其与船体结构的焊缝以及疏水管与船体连接部位;

(11)在已经涂装好涂料的部位再焊接碰钉、马脚或返工气割、焊接后,必须按原涂装要求补涂涂料;

(12)液体管路通过机械设备舱和生活舱室时,应采取良好的密封措施,防止管路泄漏。日用蒸汽管路通过生活舱室时应尽量减少管路接头或采用焊接接头。

2. 舱室绝缘

无地板覆盖的舱室,如果绝缘材料是非闭孔纤维材料,舱壁下部不应与地板相连接,应留有100 mm的间距,或用闭孔材料替代,以防地板潮湿时吸湿腐蚀壁脚部位钢壁。舱室绝缘材料涂胶粘贴,原则上要求100%贴合,以防未贴合处结露腐蚀舱壁。粘贴舱室绝缘材料的胶黏剂,应选择对钢板无腐蚀或腐蚀性小的非水性胶黏剂。固定绝缘的木方结构,与舱壁钢板接触部位应涂2 mm厚树脂胶黏剂进行绝缘防腐。未敷设绝缘的裸露部分钢板应进行重防腐处理。

3. 舱室地板覆盖

在甲板上没有设置集水槽的生活舱室、工作舱室、潮湿舱室,其地板覆盖材料与舱壁相交处，都应连续向舱壁上延伸 80 ~ 100 mm，再与船体结构用胶黏剂粘贴牢固，在隔壁四角处应当用塑料焊接材料将 PVC 地板毡的接缝焊合，使地板覆盖形成封闭的盒形，以防止舱室清洁时水流入横隔壁或舷侧绝缘根部，引起钢板锈蚀。如采用其他地板覆盖时，应对地板覆盖与船体结构相连接部位的缝隙采取封闭措施。舱室设备支脚、座椅风暴挂钩底座处的 PVC 地板毡的开孔缝隙应用防水填充材料封闭。

4. 管子吊架

管子吊架与管子接触部分应垫以多层橡胶类绝缘材料，以防止直接接触和电化学腐蚀。

5. 铭牌安装

甲板上的管路铜质铭牌安装前，应在甲板上涂敷厚度为 2 mm 的防腐蚀、绝缘涂料后，再安装铜质铭牌，以防止甲板腐蚀。

## 7.5 防腐蚀设施的维护与保养

舰船防腐设计的一个重要部分，包括施工建造阶段的防腐蚀设施的保护，以及在服役阶段的维护保养和更换要求，就是从全寿命周期的角度进行设计和管理。

### 7.5.1 建造阶段防腐蚀管理要求

(1) 阴极保护用的牺牲阳级，外加电流的辅助阳极、参比电极，在全面涂装前应作好遮蔽、避免油漆沾污或误涂，进坞时牺牲阳极消耗到一定程度的应及时更换，外加电流阳极屏脱落的应修补好，外加电流按使用说明书进行通电检查，发现问题应及时修理。

(2) 流水沟、蓄电池舱舱底部位、舱底积水部位等采用环氧胶泥或其他材料密封处，如有损坏要及时修补。

(3) 缝隙部位、管子接头等缝隙部位的密封胶泥或其他材料如有脱落、损坏应及时修补。

(4) 进坞时应对异种金属的电绝缘垫片进行检查，需要更换的应予以更换。

### 7.5.2 使用及维护保养防腐蚀管理要求

舰船在服役使用期间的防腐蚀管理是一项重要的日常任务，特别是核动力舰艇在服役期间，对系统、设备的维护、管理是一项极其重要的工作，需要有相应的措施保证。良好的日常防腐蚀管理能有效延长舰船和舰船设备的腐蚀防护寿命，也是提高舰艇在航率和顺利完成作战使命的保证之一。

服役使用期间舰艇防腐涂料和防腐设施应定期进行检查和必要的维护，主要包含以下方面：

(1) 出海回到码头，应检查涂层是否有碰坏破损，如果有碰坏破损应及时进行修补；检查隔离密封材料的情况，有破损应进行修补或更换。

(2) 在码头也应开启外加电流保护装置，并定时观察系统的使用情况。

(3) 快艇出海回到码头期间，应对牺牲阳极进行清理，用钢丝刷等用具清除阳极表面的污染物或疏松腐蚀产物，保持阳极表面处于干净的状态。

(4) 对有要求用刮船器定期清理船体水下部位污损海生物的大型舰船，应定期进行清理。

(5)对高速艇,应经常检查防污漆的有效性。执行任务期间或停靠码头时,应每隔一定时间起吊到艇架上对艇体水下部位污损海生物进行冲刷擦洗,始终保持艇体的光滑,防止污损海生物影响航速。若发现海生物污损部位面积超过艇体涂有防污漆部位面积的5%时,应全部重涂防污漆。

(6)异种金属的电绝缘垫片使用达到更换期时应及时更换。

(7)日常注意电绝缘连接处的清洁,及时清除灰尘、污渍和保持连接处的干燥。

## 7.6 结束语

舰船腐蚀防护是一项多方面的、复杂的、综合性的防护技术,所涉及的涂料、涂料性能、检测仪器及标准、涂装设备及工艺、电化学保护、镀层与热喷涂等的施工工艺及检测方法和相关标准、防腐蚀设计的要求、具体方法和一些具体规定、防腐蚀管理与维护等等,本书所编写的内容中不可能完完全全的涵盖,只能靠工作中不断补充和完善。随着科学技术日新月异的进步,新技术、新涂料、新材料、新工艺不断出现,各类标准不断更新,设计要求不断提高、完善,舰船腐蚀防护设计人员的设计思想也应与科技的飞速发展与时俱进。

# 附录

## 附录 A　船舶涂料英文字母代号

表 A－1－(1)　按基料类型划分

| 代号 | 涂料名称 |
|---|---|
| A | 丙烯酸树脂涂料( acrylic resin paint) |
| B | 常规涂料(conventional paint) |
| C | 沥青系涂料(bituminous paint) |
| C/R | 氯化橡胶系涂料(chlorinated rubber paint) |
| P/E | 纯环氧涂料(pure epoxy paint) |
| T/E | 环氧沥青系涂料(coal tar epoxy paint) |
| V/T | 乙烯沥青系涂料(vinyl tar paint) |
| V/P | 乙烯树脂涂料(vinyl paint) |
| P/U | 聚氨酯涂料(polyurethane paint) |
| I/Z | 无机硅酸锌涂料(Inorganic zinc silicate paint) |
| SPC | 自抛光防污漆(self polishing copolymer antifouling paint) |
| TF SPC | 无锡自抛光防污漆(tin free SPC) |
| B/E | 漂白型环氧沥青涂料或改性环氧涂料(bleached type tar epoxy or modified epoxy paint) |

表 A－1－(2)　按用途划分

| 代号 | 涂料名称 | 代号 | 涂料名称 |
|---|---|---|---|
| A・C | 防腐漆(anti－corrosive paint) | O・R | 耐油漆(oil resistance paint) |
| R・P | 防锈漆(rustpreventive paint) | A・R | 耐酸漆(acid resistance paint) |
| A・F | 防污漆(anti－fouling paint) | R・I | 防锈油(rustinhibitive oil) |
| B・T | 水线漆(boottopping paint) | A・P | 铝粉漆(aluminium paint) |
| T・S | 干舷漆(topside paint) | H・B | 厚膜型(high－builttype) |
| D・P | 甲板漆( deck paint) | N・S | 防滑型(non－silp type) |
| F・P | 面漆(finish paint) | W・S | 水溶性涂料(water soluble type paint) |
| U・C | 底漆或中间漆(under coat paint) | G・P | 镀锌件底漆(paint for galvanized parts) |

表 A－1－(2)(续)

| 代号 | 涂料名称 | 代号 | 涂料名称 |
|---|---|---|---|
| B·C | 过渡层漆(binder coat paint) | N·B | 非渗色型(non－bleed type) |
| H·P | 货舱漆(hold paint) | S·P | 车间底漆(shop primer) |
| H·R | 耐热漆(heatresistance paint) | | |

# 附录 B 部分涂料和涂装的国际、国家、行业标准(摘录)

(标准查新截止时间:2009 年 3 月)

表 B－1－(1) ISO 国际标准

| 标准号 | 标准名称 |
|---|---|
| ISO 8501－1:2007 | 涂覆涂料前钢材表面处理 表面清洁度的目视评定 第 1 部分:未涂装的钢材和全面清除原有涂层后钢材的锈蚀等级和除锈等级(参考性补充:1994 不同磨料喷射清理所致钢材表观改变的典型样板照片) |
| ISO 8501－2:1994 | 涂覆涂料前钢材表面处理 表面清洁度的目视评定 第 2 部分:已涂覆过的钢材表面局部去除原有涂层后钢材的除锈等级 |
| ISO 8501－3:2001 | 涂覆涂料前钢材表面处理 表面清洁度的目视评定 第 3 部分:焊缝、切割边缘和其他有表面缺陷区域的处理等级 |
| ISO 8501－4:2006 | 涂覆涂料前钢材表面处理 表面清洁度的目视评定 第 4 部分:与高压水喷射处理有关的初始表面状态、处理等级和闪锈等级 |
| ISO 8502－2:1992 | 涂覆涂料前钢材表面处理 表面清洁度评定试验 第 2 部分:清理过的表面上的氯化物实验室测定 |
| ISO 8502－3:1992 | 涂覆涂料前钢材表面处理 表面清洁度评定试验 第 3 部分:涂料涂覆前钢材表面上的灰尘评定(压敏胶带法) |
| ISO 8502－4:1993 | 涂覆涂料前钢材表面处理 表面清洁度评定试验 第 4 部分:涂料涂覆前凝露可能性的评定导则 |
| ISO 8502－5:1998 | 涂覆涂料前钢材表面处理 表面清洁度评定试验 第 5 部分:涂料涂覆前钢材表面氯化物测定(离子探测管法) |
| ISO 8502－6:1995 | 涂覆涂料前钢材表面处理 表面清洁度评定试验 第 6 部分:分析用可溶性杂质的取样 Bresle 法 |
| ISO 8502－8:2001 | 涂覆涂料前钢材表面处理 表面清洁度评定试验 第 8 部分:现场湿气的折射分析方法 |
| ISO 8502－9:1998 | 涂覆涂料前钢材表面处理 表面清洁度评定试验 第 9 部分:水溶性盐的现场电导率测定法 |
| ISO 8502－10:1999 | 涂覆涂料前钢材表面处理 表面清洁度评定试验 第 10 部分:水溶性氯化物的现场滴定测定法 |

表 B－1－(1)(续)

| 标准号 | 标准名称 |
|---|---|
| ISO 8502－12:2003 | 涂覆涂料前钢材表面处理　表面清洁度评定试验　第12部分:水溶性铁离子现场滴定测定法 |
| ISO 8503－1:1988 | 涂覆涂料前钢材表面处理　喷射清理的钢材表面粗糙特性　第1部分　磨料喷射清理后的钢材表面粗糙度的ISO表面粗糙度比较样块的技术要求和定义 |
| ISO 8503－2:1988 | 涂覆涂料前钢材表面处理　喷射清理的钢材表面粗糙特性　第2部分　评定喷射清理的钢材表面粗糙度分级方法(比较样块法) |
| ISO 8503－3:1988 | 涂覆涂料前钢材表面处理　喷射清理的钢材表面粗糙特性　第3部分　ISO表面粗糙度比较样块的校准和表面粗糙度测定方法　调焦显微镜法 |
| ISO 8503－4:1988 | 涂覆涂料前钢材表面处理　喷射清理的钢材表面粗糙特性　第4部分　ISO表面粗糙度比较样块的校准和表面粗糙测度定方法　触针法 |
| ISO 8503－5:2003 | 涂覆涂料前钢材表面处理　喷射清理的钢材表面粗糙特性　第5部分　表面粗糙度的复制胶带测定法 |
| ISO 8504－1:2000 | 涂覆涂料前钢材表面处理　表面处理方法　第1部分:总则 |
| ISO 8504－2:2000 | 涂覆涂料前钢材表面处理　表面处理方法　第2部分:磨料喷射清理 |
| ISO 8504－3:1993 | 涂覆涂料前钢材表面处理　表面预处理方法　第3部分:手工和动力工具清理 |
| ISO 11124－1:1993 | 涂覆涂料前钢材表面处理　喷射清理用金属磨料的技术要求　第1部分　总体介绍和分类 |
| ISO 11124－2:1993 | 涂覆涂料前钢材表面处理　喷射清理用金属磨料的技术要求　第2部分　冷硬铸铁砂 |
| ISO 11124－3:1993 | 涂覆涂料前钢材表面处理　喷射清理用金属磨料的技术要求　第3部分　高碳铸钢丸和砂 |
| ISO 11124－4:1993 | 涂覆涂料前钢材表面处理　喷射清理用金属磨料的技术要求　第4部分　低碳铸钢丸 |
| ISO 11125－1:1993 | 涂覆涂料前钢材表面处理　喷射清理用金属磨料的试验方法　第1部分　抽样 |
| ISO 11125－2:1993 | 涂覆涂料前钢材表面处理　喷射清理用金属磨料的试验方法　第2部分　颗粒尺寸分布的测定 |
| ISO 11125－3:1993 | 涂覆涂料前钢材表面处理　喷射清理用金属磨料的试验方法　第3部分　硬度测定 |
| ISO 11125－4:1993 | 涂覆涂料前钢材表面处理　喷射清理用金属磨料的试验方法　第4部分　表观密度测定 |

表 B－1－(1)(续)

| 标准号 | 标准名称 |
| --- | --- |
| ISO 11125－5:1993 | 涂覆涂料前钢材表面处理　喷射清理用金属磨料的试验方法　第 5 部分　缺陷颗粒的百分比和微观结构的测定 |
| ISO 11125－6:1993 | 涂覆涂料前钢材表面处理　喷射清理用金属磨料的试验方法　第 6 部分　外来杂质测定 |
| ISO 11125－7:1993 | 涂覆涂料前钢材表面处理　喷射清理用金属磨料的试验方法　第 7 部分　含水量测定 |
| ISO 11126－1:1993 | 涂覆涂料前钢材表面处理　喷射清理用非金属磨料的技术要求　第 1 部分　总体介绍和分类(技术更正 1:1997,技术更正 2:1997) |
| ISO 11126－3:1993 | 涂覆涂料前钢材表面处理　喷射清理用非金属磨料的技术要求　第 3 部分　铜精炼渣 |
| ISO 11126－4:1993 | 涂覆涂料前钢材表面处理　喷射清理用非金属磨料的技术要求　第 4 部分　煤炉渣 |
| ISO 11126－5:1993 | 涂覆涂料前钢材表面处理　喷射清理用非金属磨料的技术要求　第 5 部分　镍精炼渣 |
| ISO 11126－6:1993 | 涂覆涂料前钢材表面处理　喷射清理用非金属磨料的技术要求　第 6 部分　炼铁炉渣 |
| ISO 11126－7:1995 | 涂覆涂料前钢材表面处理　喷射清理用非金属磨料的技术要求　第 7 部分　熔融氧化铝(技术更正 1:1999) |
| ISO 11126－8:1993 | 涂覆涂料前钢材表面处理　喷射清理用非金属磨料的技术要求　第 8 部分　橄榄石砂 |
| ISO 11126－9:1999 | 涂覆涂料前钢材表面处理　喷射清理用非金属磨料的技术要求　第 9 部分　十字石 |
| ISO 11126－10:2000 | 涂覆涂料前钢材表面处理　喷射清理用非金属磨料的技术要求　第 10 部分　铁铝石榴石 |
| ISO 11127－1:1993 | 涂覆涂料前钢材表面处理　喷射清理用非金属磨料的试验方法　第 1 部分　抽样 |
| ISO 11127－2:1993 | 涂覆涂料前钢材表面处理　喷射清理用非金属磨料的试验方法　第 2 部分　颗粒尺寸分布的测定 |
| ISO 11127－3:1993 | 涂覆涂料前钢材表面处理　喷射清理用非金属磨料的试验方法　第 3 部分　表观密度测定 |
| ISO 11127－4:1993 | 涂覆涂料前钢材表面处理　喷射清理用非金属磨料的试验方法　第 4 部分　通过玻璃载片试验评定硬度 |
| ISO 11127－5:1993 | 涂覆涂料前钢材表面处理　喷射清理用非金属磨料的试验方法　第 5 部分　含水量测定 |

表 B－1－(1)(续)

| 标准号 | 标准名称 |
|---|---|
| ISO 11127－6:1993 | 涂覆涂料前钢材表面处理　喷射清理用非金属磨料的试验方法　第6部分　水溶性杂质的电导率测定法 |
| ISO 11127－7:1993 | 涂覆涂料前钢材表面处理　喷射清理用非金属磨料的试验方法　第7部分　水溶性氯化物的测定 |

表 B－1－(2)　中国国家标准、国家军用标准、船舶行业标准

(1)关于船舶涂料的标准、涂料基础标准:

| 标准号 | 标准名称 |
|---|---|
| GB/T 1720—1979 | 涂膜附着力测定法 |
| GB/T 1723—1993 | 涂料黏度测定法 |
| GB/T 1724—1979 | 涂料细度测定法 |
| GB/T 1725—2007 | 色漆、清漆和塑漆不挥发物含量的测定 |
| GB/T 1726—1979 | 涂料遮盖力测定法 |
| GB/T 1728—1979 | 漆膜、腻子膜干燥时间测定法 |
| GB/T 1730—2007 | 漆膜硬度测定法　摆杆阻尼试验 |
| GB/T 1731—1993 | 漆膜柔韧性测定法 |
| GB/T 1732—1993 | 漆膜耐冲击测定法 |
| GB/T 1733—1993 | 漆膜耐水性测定法 |
| GB/T 1735—1979 | 漆膜耐热性测定法 |
| GB/T 1740—2007 | 漆膜耐湿热测定法 |
| GB/T 1741—2007 | 漆膜耐霉菌测定法 |
| GB/T 1762—1980 | 漆膜回粘性测定法 |
| GB/T 1766—2008 | 色漆和清漆　涂层老化的评级方法 |
| GB/T 1768—2006 | 色漆和清漆　耐磨性的测定　旋转橡胶砂轮 |
| GB/T 1771—2007 | 色漆和清漆　耐中性盐雾性能的测定 |
| GB/T 1865—1997 | 色漆和清漆　人工气候老化和人工辐射暴露(滤过的氙弧辐射) |
| GB/T 2705—2003 | 涂料产品分类、命名和型号 |
| GB/T 3181—2008 | 漆膜颜色标准 |
| GB/T 4653—1984 | 红外辐射涂料通用技术条件 |
| GB/T 5208—2008 | 涂料闪点测定法　快速平衡闭杯法 |
| GB/T 5209—1985 | 色漆和清漆　耐水性的测定　浸水法 |
| GB/T 5210—2006 | 色漆和清漆　拉开法附着力试验 |
| GB/T 5369—1985 | 船用饮水舱涂料通用技术条件 |
| GB/T 5370—1985 | 防污漆样板浅海浸泡试验方法 |

表 B-1-(2)(续)

| 标准号 | 标准名称 |
| --- | --- |
| GB/T 6739—2006 | 色漆和清漆　铅笔法测定涂膜硬度 |
| GB/T 6742—2007 | 色漆和清漆　弯曲试验(圆柱轴) |
| GB/T 6744—2008 | 色漆和清漆用漆基　皂化值的测定　滴定法 |
| GB/T 6745—2008 | 船壳漆 |
| GB/T 6746—2008 | 船用油舱漆 |
| GB/T 6747—2008 | 船用车间底漆 |
| GB/T 6748—2008 | 船用防锈漆 |
| GB/T 6749—1977 | 漆膜颜色表示方法 |
| GB/T 6750—2007 | 色漆和清漆　密度的测定　比重(密度)瓶法 |
| GB/T 6753.2—1986 | 涂料表面干燥试验　小玻璃球法 |
| GB/T 6753.6—1986 | 涂料产品的大面积刷涂试验 |
| GB/T 6807—2001 | 钢铁工件涂装前磷化处理技术条件 |
| GB 6822—1986 | 船底防污漆通用技术条件 |
| GB/T 6823—2008 | 船舶压载舱漆 |
| GB/T 6824—1986 | 船底防污漆铜离子实海渗出率测定法 |
| GB/T 6825—1986 | 船底防污漆有机锡单体实海渗出率测定法 |
| GB/T 7788—2007 | 船舶及海洋工程阳极屏涂料通用技术条件 |
| GB/T 7790—2008 | 色漆和清漆　暴露在海水中的涂层耐阴极剥离性能的测定方法 |
| GB/T 7791—1987 | 自抛光防污漆降阻性能试验方法　圆盘转矩法 |
| GB/T 9260—2008 | 船用水线漆 |
| GB/T 9263—1988 | 防滑甲板漆防滑性的测定 |
| GB/T 9264—1988 | 色漆流挂性的测定 |
| GB/T 9274—1988 | 色漆和清漆　耐液体介质的测定 |
| GB/T 9276—1996 | 涂层自然气候曝露试验方法 |
| GB/T 9286—1998 | 色漆和清漆　漆膜的划格试验 |
| GB/T 9754—2007 | 色漆和清漆　不含金属颜料的色漆漆膜的20°、60°和85°镜面光泽的测定 |
| GB/T 9761—2008 | 色漆和清漆　色漆的目视比色 |
| GB/T 10834—2008 | 船舶漆耐盐水性的测定　盐水和热盐水浸泡法 |
| GB/T 11185—1989 | 漆膜弯曲试验(锥形轴) |
| GB/T 11186.1～3—1989 | 漆膜颜色的测量方法 |
| GB/T 13351—1992 | 船底防锈漆通用技术条件 |
| GB/T 13452—2008 | 色漆和清漆　漆膜厚度测定 |
| GB/T 14528—93 | 船舶涂料修补性能测定法 |
| GB/T 14616—1993 | 机舱舱底涂料通用技术条件 |

表 B－1－(2)(续)

| 标准号 | 标准名称 |
|---|---|
| GB/T 16168—1996 | 海洋结构物大气段用涂料加速试验方法 |
| GJB 150.5—1986 | 涂层耐温度交变性能试验方法 |
| GJB 384A—1996 | 各色环氧硝基磁漆 |
| GJB 461—1988 | L44－87 铝粉沥青船底漆 |
| GJB 731A—2007 | 声呐导流罩防污漆通用技术条件 |
| GJB 820—1990 | 潜艇反应堆舱涂料通用技术条件 |
| GJB 985.1A—1997 | 潜艇导弹发射系统耐高温涂料　环氧有机硅涂料规范 |
| GJB 1503—1992 | J41－36 紫红氯化氯丁橡胶防污水线漆规范 |
| GJB 1600—1993 | 潜地导弹发射装置用有机硅酸盐涂料规范 |
| GJB 2864—1997 | 舰船船底防锈涂料通用技术条件 |

(2)船舶涂料参照测试标准和方法：

| 标准号 | 标准名称 |
|---|---|
| GB/T 1410—2006 | 固体绝缘材料体积电阻率和表面电阻率试验方法 |
| GB/T 8323—1987 | 塑料燃烧性能试验方法　烟密度法 |
| GB/T 9266—1988 | 建筑涂料　涂层耐洗刷性的测定 |
| GB/T 9268—2008 | 乳胶涂料耐冻融性的测定 |
| GB/T 9780—2005 | 建筑涂料涂层耐粘污性试验方法 |
| GB 12441—2005 | 饰面型防火涂料 |
| GB/T 13452.4—2008 | 色漆和清漆　钢铁表面的丝状腐蚀试验 |
| GB/T 14522—2008 | 机械工业产品用塑料、涂料、橡胶材料人工气候老化试验方法 荧光紫外灯 |
| HG/T 3330—1980 | 绝缘漆漆膜击穿强度测定法 |
| HG/T 3331—1978 | 绝缘漆漆膜体积电阻系数和表面电阻系数测定法 |
| | 导电性能测试：参照 GB1410 标准进行<br>人工老化试验：参照 GB1865 和 ASTM G—53 标准进行 |

(3)关于表面处理与涂装的标准

| 标准号 | 标准名称 |
|---|---|
| GB/T 8923.2—2008 | 涂覆前钢材处理　表面清洁度的目视评定　第 2 部分：已涂覆过的钢材表面局部清除原有涂层后的处理等级 |
| GB/T 13288.1—2008 | 涂覆前钢材表面处理 喷射清理后的钢材表面粗糙度特性　第 1 部分：用于评定喷射清理后钢材表面粗糙度的 ISO 表面粗糙度比较样块的技术要求和定义 |
| GB/T 17849—1999 | 涂覆涂料前钢材表面处理　喷射清理用非金属磨料的试验方法 |
| GB/T 17850.1—2002 | 涂覆涂料前钢材表面处理　喷射清理用非金属磨料的技术要求　导则和分类 |
| GB/T 17850.3—1999 | 涂覆涂料前钢材表面处理　喷射清理用非金属磨料的技术要求　铜精炼渣 |

（续）

| 标准号 | 标准名称 |
|---|---|
| GB/T 18570.2—2001 | 涂覆涂料前钢材表面处理　表面清洁度评定试验　清理过的表面上氯化物的实验室测定 |
| GB/T 18570.3—2005 | 涂覆涂料前钢材表面处理　表面清洁度的评定试验　第3部分：涂料涂覆前钢材表面的灰尘评定(压敏粘带法) |
| GB/T 18570.4—2001 | 涂覆涂料前钢材表面处理　表面清洁度评定试验　涂覆涂料前凝露可能性的评定导则 |
| GB/T 18570.5—2005 | 涂覆涂料前钢材表面处理　表面清洁度的评定试验　第5部分：涂料涂覆前钢材表面的氯化物测定(离子探测管法) |
| GB/T 18570.6—2005 | 涂覆涂料前钢材表面处理　表面清洁度的评定试验　第6部分：可溶性杂质的取样 Bresle 法 |
| GB/T 18570.8—2005 | 涂覆涂料前钢材表面处理　表面清洁度的评定试验　第8部分：湿气的现场折射测定法 |
| GB/T 18570.9—2005 | 涂覆涂料前钢材表面处理　表面清洁度的评定试验　第9部分：水溶性盐的现场电导率测定法 |
| GB/T 18570.10—2005 | 涂覆涂料前钢材表面处理　表面清洁度的评定试验　第10部分：水溶性氯化物的现场滴定测定法 |
| GB/T 18570.12—2008 | 涂覆涂料前钢材表面处理　表面清洁度的评定试验　第12部分：水溶性铁离子的现场滴定测定法 |
| GB/T 18838.1—2002 | 涂覆涂料前钢材表面处理　喷射清理用金属磨料的技术要求　导则和分类 |
| CB* 3230—1985 | 船体二次除锈评定等级(正在修订) |
| CB 3375—1991 | 修船船体除锈质量要求 |
| CB/T 3513—1993 | 船舶除锈涂装质量验收技术要求 |
| HJB 5—1987 | 海军舰船维修除锈标准 |
| GB 553—1983 | 锚链涂漆和标志 |
| GB 3033.1—2005 | 船舶与海上技术　管路系统内含物的识别颜色　第1部分　主颜色和介质 |
| GB 3033.2—2005 | 船舶与海上技术　管路系统内含物的识别颜色　第二部分　不同介质和(或)功能的附加颜色 |
| CB/T 765—1997 | 电器、仪表和武备涂料涂覆技术条件 |
| CB/T 3367—92 | 成品油轮货油舱涂装工艺技术条件 |
| CB/T 3617—94 | 管子及附件特种涂装质量要求 |
| CB/T 3718—95 | 船舶涂装膜厚检测要求 |
| CB/T 3798—97 | 船舶钢质舾装件涂装要求 |
| CB/Z 235—1987 | 船舶涂装设计技术要求 |

(4)关于与防腐蚀设计有关部分的标准及其他标准

| 标准号 | 标准名称 |
| --- | --- |
| GB/T 4948—2002 | 铝—锌—铟系合金牺牲阳极 |
| GB/T 4950—2002 | 锌—铝—镉合金牺牲阳极 |
| GB/T 7388—99 | 船用辅助阳极技术条件 |
| GB/T 3108—99 | 船体外加电流阴极保护系统 |
| GB/T 7387—99 | 船用参比电极技术条件 |
| GB/T 8642—2002 | 热喷涂　抗拉结合强度的测定 |
| GB/T 9793—1997 | 金属和其他无机覆盖层　热喷涂锌、铝及其合金 |
| GB/T 11373—1989 | 热喷涂金属件表面预处理通则 |
| GB/T 11374—1989 | 热喷涂层厚度的无损测量方法 |
| GB/T 12607—2003 | 热喷涂涂层命名方法 |
| GB/T 12608—2003 | 火焰和电热喷涂弧喷涂用线材、棒材和芯材　分类和供货技术条件 |
| GB/T 15748—1995 | 船用金属材料电偶腐蚀试验方法 |
| GJB 157A—2008 | 水面舰船牺牲阳极保护设计和安装 |
| GJB 524.16—88 | 快艇(滑行艇)系泊和航行试验规程 锌、铝、镉合金牺牲阳极阴极保护试验 |
| CB＊3220—84 | 船用恒电位仪技术条件 |
| CB/T 3366—1998 | 钢管涂塑技术要求 |
| CB/T 3455—92 | 船用阳极阳极屏蔽层设计与涂装 |
| CB/T 3579—1994 | 船体牺牲阳极更换技术要求 |
| CB/T 3855—89 | 海船牺牲阳极阴极保护设计和安装 |
| CB/Z 197—82 | 潜艇船体三元锌阳极安装技术条件 |
| GB/T 17435—1998 | 船用电解海水防污装置设计和安装 |
| CB* 3335—1988 | 船用火焰粉末喷涂工艺 |
| CB/T 3712—95 | 船体杂散电流腐蚀的防护方法 |
| GJB/T 1720—1993 | 异种金属的腐蚀与防护 |
| GJB/T 12385—2008 | 管法兰用垫片密封性能试验方法 |
| GJB/T 12622—2008 | 管法兰用垫片压缩率及回弹率试验方法 |
| HJB316—2005 | 海军舰艇外加电流阴极保护系统修理技术要求 |
| HJB37A—2000 | 舰船色彩标准 |
| JB/T 8427—96 | 钢结构腐蚀防护热喷涂锌铝及其合金涂层选择与应用导则 |
| YS/T 541—2006 | 金属热喷涂层表面洛氏硬度试验方法 |

# 附录C 主要船级社及与涂装相关的船级规范(摘录)

1. 主要船级社

(1)ABS 美国船级社

(2)BV 法国船级社

(3)GL 德国劳氏船级社

(4)IACS 国际船级社协会

(5)LR 英国劳氏船级社

(6)NK 日本海事协会

(7)DNV 挪威船级社(协会)

(8)RS 俄罗斯船级社

(9)ZC 中国船级社

2. 关于表面处理的规范

(1)ABS (甲板)钢板在敷盖之前应用碱溶液彻底清洗。

(2)BV 金属部分应彻底清洁,并全部去掉轧钢氧化皮。

(3)GL

①板、薄板和型钢表面,应该去锈与清洁,然后按照制造者的说明,在干燥状态下,涂以认可的涂料。

②评价生锈程度和涂层质量时,以 SIS 055900 为指导。除另有规定,表面除锈度至少须达到 Sa2.5。

(4)LR 需要提交采用涂层方式(抑制腐蚀措施之一)的表面处理详情。

(5)NK 钢质表面应彻底清洁,除去浮锈、油渍和其他有害的黏结剂。船体外板水线以下表面至少应有效地去除锈和氧化皮。

(6)ZC 所有表面应干燥,彻底除去铁锈及油污,并应采用有效的方法清除钢板的氧化皮。

3. 关于车间底漆的规范

(1)BV (对铝合金)底漆成分必须对金属能起到钝化作用,涂底漆主要使整个涂层容易黏着。

(2)GL

①车间底漆的应用不得损害焊接接头的质量,船厂必须提供证据证明该车间底漆使用容易,且不会影响焊缝质量。在必要时,方法试验须包括车间底漆。

②要求车间底漆试验的申请书,须送船级社(GL)总部,包括以下资料:涂料生产厂家和牌号(适用的厂颁发特许单位);涂料系统类型和结构;使用的领域和焊接工艺;使用说明(表面处理、涂层厚度);提供的试验、试验物和试验日期。

(3)LR

①底漆应在钢表面准备之后和装配之前涂刷,涂料的成分应对以后的焊接工作无显著的有害影响,且与以后所用的涂料和以后所用的与认可的抑制腐蚀系统相联系的涂料相适配。

②为确定底层涂料对焊接性能的影响，应进行试验。试验应在本船级社 LR 验船师在场的情况下进行，或由专门从事该项工作的独立试验室进行。试验报告应连同 X 射线拍片和宏观照片提交审查。

(4) DNV

①在以后需焊接区域里所用的保养底漆，其质量应由本船级社确认为对完工焊缝无不良影响。

②若此车间底漆不在《认可的制造厂及形式认可的产品形式一览表——焊接消耗材料、保养底漆和焊接车间》(DNV)中，则须提交认可。

(5) ZC 钢材表面处理后，应立即涂车间底漆。底漆的成分不影响以后的焊缝质量，也不至于在以后的焊接工作中产生重大的有害影响，并应与以后使用的腐蚀控制有关的涂料相适应。

4. 关于涂料的安全性的规范

(1) BV 用于外露的内部表面上的和其他表面涂料，应具有抗火焰传播性。在失火时，应不会产生过量的烟或其他毒性。

(2) GL 在液货舱内，液货舱处的液舱甲板上，泵舱内及其他可能聚集可燃气体的处所，不应采用含铝漆。

(3) IACS 同 GL 要求。

(4) LR 在拟载闪点低于 60 ℃(闭杯试验)货油的船上，通常不准在油气可能积聚处采用含铝涂料，除非已通过适当的试验证明该涂料不会增加诱发火花的危险。

(5) NK 使用在内部外露表面的涂料、清漆和其他表面饰层，应为本协会所认同，应不易燃烧，不致产生过量烟雾和有毒物质。

(6) DNV

①铝粉漆通常不准用于装载闪点低于 60 ℃的液货的液舱、邻近的压载舱、隔离舱、泵舱或上述舱室以上的甲板，也不准用于油气可能积聚的其他任何区域。但是，如通过试验表明这种涂料不会导致火花危险的增加，则铝粉漆可用于上述部位。

②内部外露使用的涂料、清漆和其他涂料均应为非易燃品。

(7) SOLAS（国际海上人命安全公约）用于外露的内部表面上的涂料、清漆及其他表面涂料，应具有主管机关认为不会造成过度失火的危险性能，并不致产生过量的烟。

(8) SBG（德国海上职业联合会）在起居处所、服务处所、控制站和机器处所内，所使用的涂料和类似的涂料必须是不易燃烧的，并取得主管机关的认可。

(9) ZN

①同 LR 要求。

②同 NK 要求。

③涂层(在冷藏货舱)应不致释放会引起货物污染或腐蚀变质的气味。

5. 关于涂装与防蚀的关系的规范

(1) ABS

①除另经认可外，所有钢结构均应适当涂刷漆或其他等效涂料。

②压载水舱的所有内表面均应有防蚀涂层。油舱或兼装干散货及油货的货舱不必涂漆。

(2) BV 船体上不敷水泥的部分，至少应涂两度成分合适的漆。如果从下水到交船相隔相当一段时间，则有必要在投入运行之前将船舶的水下部分再涂一遍漆。

(3) GL 用在船体水下部分的底漆和涂层，必须是非水解的或可皂化的。在阴极保护组合使用时，涂层不应对阴极载荷敏感。

(4) LR

①如果用涂料系统控制腐蚀时，该涂料必须根据特定处所所载运的货物种类进行认可。对于一切允许扣除尺寸的一切构件表面均应涂刷涂料，并应提交包括下列资料在内的技术文件：a. 表面处理细节；b. 车间底漆的名称和类型；c. 防腐蚀涂料的名称和类型；d. 涂刷方法、涂层的层数和总的干膜厚度；e. 载运的液体或货物的详细情况。

②当涂料的性能取决于营运的特殊条件（如货物的类型及载运的持续时间）时，a ~ e 的资料连同制造商肯定该涂料适用于所拟载货物的报告，包括试验数据、使用经验一起送审，且在涂料实施前，制造厂应通知船级社、船东已确认将遵守因涂料造成的对货物类型的任何营运约束。

③如装有阴极保护系统，则液舱内所有高于正常液位的表面积（最少不小于顶部 1.5 m 范围以内的所有表面积）均应覆着涂料。涂料和早先覆着的底层涂料应与所采用的阴极保护系统相适配。液舱的其余部分应由牺牲阳极保护。

(5) NK

①除油舱钢制件以外，均应涂以优质漆。

②甲板涂料应对钢无害，或由合适的保护层将涂料与钢甲板有效隔离。涂料应有效地涂覆在甲板上，不应产生裂纹和剥落。

(6) DNV 除液舱内部以外，所有钢材表面均应涂以适当成分的漆或其他有效涂层以防止腐蚀。

(7) ZC

①同 LR①要求。

②涂料应与早先涂刷的底层涂料相适应。

③对于专运原油且具有指定压载的油舱，允许在涂层和阴极保护之间采用选择性的腐蚀控制系统，见表 C-1。

**表 C-1 具有指定压载的原油运输船腐蚀控制系统**

| 项目 | 涂层保护 | 阴极保护 |
|---|---|---|
| 压载舱 | 所有表面 | 标准液面[1)]以上的所有表面用涂层保护，标准液面以下采用阴极保护 |
| 原油兼压载舱 | 标准液面以上的所有表面，以及舱内其余所有水平构件的上表面，也包括船底板、船底纵骨和船底纵骨顶部水平面以下的船底纵桁 | 标准液面以上的所有表面用涂层保护，标准液面以下采用阴极保护 |
| 原油舱 | 标准液面以上的所有表面，船底板、船底纵骨和船底纵骨顶部水平面以下的船底纵桁 | 不适用 |
| 干舱 | 所有表面 | 不适用 |

注：1）标准液面系指压载或货油的规定液面，至少为舱顶以下 1.5 m。

④与LR③要求相似。

6. 关于专用海水压载舱防腐蚀系统的若干规定

(1)国际海事组织(IMO)A.798(19)决议的附件“专用海水压载舱防腐蚀系统的选择、涂装和维护导则(摘录):

①船东应选择、维护一种可对海水压载舱进行充分保护的防腐蚀系统。

②涂料生产厂应能就其产品质量和满足船东要求的能力提供证明。

③建议使用具有对比颜色的多层涂层进行涂装。为了便于进行使用中的检查,最好使用浅色涂层作为表面涂层。

④对将要用于阳光晒热的甲板或作为热货限界面的横舱壁的涂料,应具备承受持续或重复受热而不脆化的能力。

⑤对钢表面的准备,应能使所选择的涂层均匀分布并形成要求的干膜厚度,应通过去除毛边、磨掉焊珠、清洗飞溅和其他表面污物,使表面具有足够的附着力。

⑥如果舱柜结构完成后进行喷砂清洗,应避免出现冷凝。因此,应避免在如下条件下进行喷砂工作:相对湿度大于85%以上;或钢材表明温度低于露点以上3℃;或钢材表明可能是潮湿的,或有水痕,或在涂装底漆前出现冷凝。

⑦应将涂层厚度控制在涂装说明所规定的范围内。可按80/20规则来掌握,即80%的测点厚度值应大于等于名义干膜厚度(DFT),其余20%的测点厚度值不应小于80%的DFT。

⑧应注意不要过分增加涂层厚度。过分的厚度可能导致危险的后果,如:溶剂和稀释剂的滞留、漆膜开裂、气囊等。应在涂装过程中检查湿膜的厚度。

⑨维护

a. 应将对防腐蚀系统的维护纳入船舶的整个保养计划。防腐蚀系统的有效性应在船舶的整个寿命之中得到验证,特别是通过主管机关或其认可的组织根据散货船和油船检验期间的“加强检验计划”而进行的检验后得到证明。

b. 保持防腐蚀系统的最有效的方法是及时修复在营运检验中发现的缺陷(例如点蚀、扶强材边缘的局部剥落等等)。应根据生产厂的说明书对有缺陷的表面进行再涂装。

c. 应使用与建造时使用的涂层相容的硬质涂层。应由参与再涂装的船东和涂料生产厂核实这种相容性。

d. 如果原涂料的施涂条件达不到。可使用一种能容忍低质量的表面处理、不严格的湿度和温度要求的涂料代替,只要按照涂料生产厂的要求进行涂装和保养。

e. 当用阴极保护来对涂层进行补充保护时,维护计划中应包括对阳极托架附近的涂层进行检查和更换牺牲阳极的要求。

(2)国际海事组织(IMO)海上安全委员会(MSC)47(66)决议的附件“1974年国际海上人命安全公约(SOLAS)的修正案”中对“第3-2条 海水压载舱的防腐”增加的规定:

①本条适用于1998年7月1日或以后建造的油船和散货船。

②所有专用海水压载舱应有一个有效的防腐系统,例如硬保护涂层或等效物。这些涂层宜为浅色,该防腐系统的选择、应用和维护方法应根据本组织通过的导则经主管机关批准。如适合,牺牲阳极也应采用。

(3)国际船级社联合会关于海水压载舱的文件(摘录)

SC122 海水压载舱的防腐(第II-1章,第3-2条)

涂料配套的选择、施工和维护必须按照 IMO A798(19)的要求进行,至少包括下列内容:

①对涂料配套的选择、施工和维护,船东、油漆商和船厂需达成一致意见;

②每个舱涂料配套的详细资料,包括涂料颜色和涂层系统是否是坚实的涂层;

③牺牲阳极的布置,如果安装的话;

④油漆商提供的每种油漆产品的技术资料;

⑤油漆商提供产品质量性能保证,以能够满足船东要求;

⑥船厂或分包商的施工经验证明;

⑦表面处理工艺和标准,包括检测点和方法;

⑧涂装施工工艺和标准,包括检测点和方法;

⑨表面处理和涂装检验报告格式;

⑩油漆商提供的每种油漆产品的安全资料和船东、油漆商和工厂按当局要求有明确的协议,采取安全预防措施,以减少健康和安全隐患;

⑪涂料配套的维护要求。

# 附录 D　船舶保护涂层性能新标准(PSPC)

由于腐蚀对船舶安全构成严重的威胁,国际海事组织(IMO)于 2006 年 12 月在第 82 届海上安全委员会会议上以 MSC 215(82)决议通过了《所有船舶专用海水压载舱和散货船双舷侧处所保护涂层性能标准》(英文缩写 PSPC),并且同时以 MSC 216(82)决议通过了 SOLAS 公约第 II - 1/3 - 2 条修正案,从而使该标准成为国际公约框架内的强制性要求。根据该公约修正案的要求,PSPC 标准将强制适用于 2008 年 7 月 1 日及以后签订建造合同的新造船舶。

制定和实施 PSPC 标准的基本目标,是“使保护涂层系统的性能达到 15 年的目标使用寿命,这是从最初的涂装开始,涂层系统维持‘良好’状态的持续时间”。确立这一目标的出发点是希望在整个船舶生命周期内,压载舱和双舷侧处所只须重新涂装一次。

鉴于上述目标,PSPC 标准在许多方面规定的技术要求与目前船舶涂装所使用的标准和施工惯例比较有明显提高。其中主要有:

1. 涂层系统

(1)涂层的合格预试验和验证 用于船舶专用海水压载舱和散货船双舷侧处所的保护涂层(含车间底漆)必须按规定的程序进行合格预试验或验证,并提交型式认可证书或符合报告。

(2)涂层厚度与控制 保护涂层的名义干膜厚度 NDFT 为 320 μm,膜厚分布符合 90/10 规则,即所有测量点的 90% 测量结果应大于或等于 NDFT,余下 10% 测量结果均应不小于 0.9 × NDFT。

2. 涂装施工

(1)分段二次表面处理　被破坏的车间底漆和焊缝处理达到 Sa2½;如车间底漆未通过涂层合格证明预试验,完整底漆至少要去除 70%,达到 Sa2。

(2)结构表面缺陷处理　去除毛边,打磨焊珠,去除焊接飞溅物和任何其他的表面污染物,使之达到 ISO 8501 - 3 标准 P2 级。涂装前,结构边缘处理成半径至少为 2 mm 的圆角或经过三次打磨,或至少经过等效的处理。

(3)涂装前表面可溶性盐限制　在钢材预处理以及分段二次除锈后,可溶性盐均应达到不大于 50 mg/m$^2$(相当于氯化钠)的要求。

(4)灰尘等级　根据 ISO 8502－3,颗粒大小为'3'、'4'或'5'级的灰尘分布量为 1 级。

(5)合拢后的表面处理　分段间大接缝处要求 St3,或可行时 Sa2½。小面积破坏区域不大于总面积的 2% 时:St3。毗邻的破坏区域的面积超过 25 m$^2$ 或超过舱室总面积 2% 时,应采用喷砂方式处理,并达到 Sa2½。

(6)涂层检查人员的资质　涂层检查人员具有 NACE II 级,FROSIO III 级资格或主管机关承认的同等资格。

上述 PSPC 涂层性能新标准,虽然是 IMO 主要针对民用船舶制定的,但是其规定的技术要求对于军用舰船的涂层保护也具有重要的指导意义。军用舰船的压载舱以及涂层维修困难、防腐要求较高部位的涂层保护,按该标准实施后,将可大大提高涂层保护效果,延长维修时间,对于提高舰船在航率和作战性能具有重要作用。

# 附录 E　颜色色名和孟塞尔符号的对照关系

表 E－1　颜色色名和孟塞尔符号的对照关系表[1)]

| 编号 | 名称 | 孟塞尔符号 |
|---|---|---|
| 1 | 粉红 | 10RP4.5/13 |
| 2 | 覆盆子红 | 10RP3.5/6 |
| 3 | 茜色(深红) | 1.5R3.5/7 |
| 4 | 淡玫瑰红 | 2.5R8.5/2<br>(10RP9/2.5) |
| 5 | 石竹红 | 2.5R8/5 |
| 6 | 樱桃红 | 2.5R7/6 |
| 7 | 蔷薇红 | 2.5R6/10 |
| 8 | 老玫瑰红 | 2.5R5/6<br>(R6/6.5) |
| 9 | 西班牙红 | 5R4.5/13 |
| 10 | 红 | 3R5/10 |
| 11 | 玫瑰洋红 | 2.5R4/13<br>(3R4/13.5) |
| 12 | 哈瓦那玫瑰红 | 5R4.5/4 |
| 13 | 深洋红 | 5R3/12<br>4.5R4/10 |

表 E－1(续)

| 编号 | 名称 | 孟塞尔符号 |
| --- | --- | --- |
| 14 | 天竺葵红 | 6R5/14<br>5R4/12 |
| 15 | 浅粉红 | 6.5R8/4<br>3.5R8.5/4 |
| 16 | 珊瑚红 | 7.5R7/8 |
| 17 | 玫瑰粉红 | 7.5R6/3 |
| 18 | 深玫瑰红 | 7.5R5.5/9 |
| 19 | 绯红 | 7.5R5/16<br>7R5/14 |
| 20 | 法兰西米红 | 7.5R5/14<br>6R5.5/13.5 |
| 21 | 碧玉红 | 7.5R5/11 |
| 22 | 玫瑰桃红 | 7 .5R4 .5/4 |
| 23 | 琥珀红 | 7.5R4/10 |
| 24 | 深绯红 | 7.5R3/10 |
| 25 | 印第安红 | 7.5R2.5/5 |
| 26 | 浅桃红 | 8R8/2 |
| 27 | 橙红 | 10R8/6 |
| 28 | 桃红 | 10R5/8 |
| 29 | 火红 | 10R6.5/8 |
| 30 | 粉红 | 10R7/9 |
| 31 | 橘红 | 10R6.5/10<br>5.5YR7/6 |
| 32 | 丹红 | 10R5.5/13 |
| 33 | 砖红 | 10R5/6 |
| 34 | 铜褐 | 10R4/6<br>(8.5R3.5/5.5)<br>(10R4/5) |
| 35 | 栗[2]色 | 10R3.5/5 |
| 36 | 光谱橙 | 2YR6/4 |
| 37 | 富铁锻黄土 | 2YR3.5/6 |
| 38 | 烧橙 | 2YR4.5/10 |
| 39 | 海贝壳粉红 | 3.5YR8/4<br>(5YR8/5) |

表 E-1(续)

| 编号 | 名称 | 孟塞尔符号 |
| --- | --- | --- |
| 40 | 树蜜[3]橙 | 3. 5YR7 .5/8 |
| 41 | 玫瑰琥珀 | 3.5YR5.5/12 |
| 42 | 赭石 | 3.5YR4.5/8 |
| 43 | 黄褐 | 3 .5YR4 .5/6 |
| 44 | 赭 | 3.5YR3.5/4 |
| 45 | 摩洛哥橙 | 4YR6.5/14 |
| 46 | 黄栌 | 4YR6/4 |
| 47 | 皮革褐 | 4YR5/6 |
| 48 | 香草色 | 5YR8.5/4 |
| 49 | 玉米皮色 | 5YR8/6 |
| 50 | 杏 色 | 5YR7.5/11<br>5YR7.5/10 |
| 51 | 浅 橙 | 5YR7/6 |
| 52 | 法兰西灰褐色 | 5YR7/3<br>(1Y6.5/2.5) |
| 53 | 肉桂色 | 5YR6.5/6 |
| 54 | 琥珀色 | 5YR5.5/6<br>(8.5YR5.5/6.5) |
| 55 | 黄褐色 | 5YR5/9<br>6.5YR5/6 |
| 56 | 煅赭土色 | 5YR3.5/5 |
| 57 | 褐[4]茶色 | 5YR2.5/3<br>5YR3.2/2 |
| 58 | 驼色 | 6YR6/4 |
| 59 | 枯叶色 | 6YR4/4 |
| 60 | 金黄 | 9YR6.5/10 |
| 61 | 淡[5]黄褐色 | 10YR8/3 |
| 62 | 枫叶色 | 10YR7.5/4 |
| 63 | 蜜[3]黄 | 10YR7/4.5 |
| 64 | 浅黄 | 10YR6.5/7<br>(8.5YR5.5/4) |
| 65 | 浅褐色 | 10YR6/2.5 |
| 66 | 乌贼墨色 | 10YR2.5/2 |

表 E－1(续)

| 编号 | 名称 | 孟塞尔符号 |
|---|---|---|
| 67 | 杏黄 | 1Y8.5/8<br>(10YR8/7 .5) |
| 68 | 奶油色 | 1Y9/3 |
| 69 | 黄赭石 | 1Y6.5/9 |
| 70 | 橄榄褐 | 1Y3.7/4 |
| 71 | 象牙白 | 1.5Y8.5/2.5<br>(2.5Y8/1.5) |
| 72 | 玉米色 | 1.5Y8 .5/7 |
| 73 | 深铬黄 | 1.5Y8/13<br>(10YR7.5/12.5) |
| 74 | 金黄 | 1.5Y 6.5/9.5 |
| 75 | 橄榄绿 | 1.5Y4.7/4.5 |
| 76 | 浅橄榄绿 | 4Y3.5/3 |
| 77 | 芥末色 | 5Y7.5/7<br>(3.5Y7/6) |
| 78 | 灰褐色 | 5Y5.5/2.5 |
| 79 | 青铜色 | 5Y1.7/6 |
| 80 | 柑桔色 | 7.5Y9/4 |
| 81 | 牡蛎白 | 7.5Y8.7/2 |
| 82 | 油黄色 | 7.8Y7/7.5 |
| 83 | 苔绿色 | 7.5Y6/6(2.5GY5/5) |
| 84 | 老苔色 | 7.5Y5.5/3 |
| 85 | 亮青铜色 | 7.5Y2/2 |
| 86 | 柠檬色 | 10Y7.5/8<br>(1GY7.5/8) |
| 87 | 柠檬绿 | 10Y5/4 |
| 88 | 芽 色 | 3.5GY7.5/4 |
| 89 | 豌豆绿 | 5GY6/7 .5 |
| 90 | 黄绿色 | 5GY4.5/5 |
| 91 | 春绿色 | 6.5GY7/8 |
| 92 | 柳绿色 | 7.5GY7/4 |
| 93 | 草绿色 | 7.5GY5/4 |

表 E－1(续)

| 编号 | 名称 | 孟塞尔符号 |
|---|---|---|
| 94 | 仙人掌绿色 | 7.5GY5/4<br>7.5GY5/5 |
| 95 | 山鸠绿色 | 7.5GY5/2 |
| 96 | 尼罗河绿色 | 9GY8/2 |
| 97 | 水绿色 | 1G6.5/7 |
| 98 | 苔藓绿色 | 2.5G9/3 |
| 99 | 灰绿色 | 2.SG8/2 |
| 100 | 海浪绿色 | 2 .5G6 .5/2 |
| 101 | 翡翠色 | 2.5G6/84G6/8 |
| 102 | 草绿 | 2.5G5/4<br>(5G5/5) |
| 103 | 灰绿 | 2.5G5/3 |
| 104 | 孔雀石绿 | 2.5G4/6<br>(3.5G4.5/7) |
| 105 | 森林绿 | 2.5G3/14 |
| 106 | 瓷绿 | 5G7.5/6 |
| 107 | 蛋黄绿 | 5G7/2 |
| 108 | 光谱绿 | 5G5.5/8<br>(2.5G5/9) |
| 109 | 深绿 | 7 .5G3/2.5 |
| 110 | 硫磺绿 | 10 G5/6<br>2.5BG5/6 .5 |
| 111 | 暗绿 | 10G2/2<br>1BG2.5/2.5 |
| 112 | 威尼斯绿 | 4BG7/6 |
| 113 | 蓝 绿 | 5BG5/10<br>2 .5BG4 .5/8 |
| 114 | 蓝绿松石 | 10BG5/8<br>2.5B5/8 |
| 115 | 绿松石蓝<br>深蓝绿 | 10BG7.5/4.5<br>2.5B/5 |
| 116 | 孔雀绿 | 4B4/5<br>4B8 .5/4 |

表 E-1(续)

| 编号 | 名称 | 孟塞尔符号 |
|---|---|---|
| 117 | 浅蓝绿色 | 5B8.5/4<br>6.5B8/4 |
| 118 | 宝石蓝 | 5B6 .5/4 |
| 119 | 暗蓝绿色 | 5B4/4 |
| 120 | 浅 蓝 | 7.5B4.5/8 |
| 121 | 钢 蓝 | 7.5B4.5/1.5 |
| 122 | 浅天蓝 | 7.5B4.5/2 |
| 123 | 浅蓝色 | 7.5PB4.5/2 |
| 124 | 蛋蓝 | 2.5PB5.5/6 |
| 125 | 光谱蓝 | 2. 5PB4.5/10<br>2.5PB4/10 |
| 126 | 维多利亚蓝 | 2.5PB4/10 |
| 127 | 纯群青 | 2.5PB2.5/6<br>5PB3.5/9 |
| 128 | 深 蓝 | 5PB2.5/7 |
| 129 | 天 蓝 | 6PB7/5 |
| 130 | 绀 青 | 6PB4/6 |
| 131 | 群 青 | 6PB3.5/12<br>7.5PB3.5/10.5 |
| 132 | 青玉色 | 6PB3/12<br>5PB3/4 |
| 133 | 海军蓝 | 6PB2.5/3<br>6PB2.5/4 |
| 134 | 青褐色 | 6PB2.5/3 |
| 135 | 浅紫色 | 9PB5.5/4 ? |
| 136 | 龙胆紫 | 9PR5/6<br>9PB4.5/7.5 |
| 137 | 风铃草 | 9PB3/10 |
| 138 | 苏格兰蓝 | 9PB2/4 |
| 139 | 虹 色 | 10PB7.5/5 |
| 140 | 翠菊色 | 2P4.5/4 |
| 141 | 玉米花 | 2P3.5/8 |

表 E-1(续)

| 编号 | 名称 | 孟塞尔符号 |
|---|---|---|
| 142 | 淡 紫 | 2.5P6.5/4<br>10PB6 .5/6.5 |
| 143 | 红紫色 | 3.5P8/3 |
| 144 | 紫罗兰 | 5P68/3 |
| 145 | 铅色 | 6.5P7/3 |
| 146 | 浅淡紫 | 7.5P8/4 |
| 147 | 石南红紫 | 7.5P4/8<br>5P4.5/9.5 |
| 148 | 石英紫色 | 7.5P4/6 |
| 149 | 木 紫 | 7.5P3/10 |
| 150 | 蓝紫色 | 10P7/6 |
| 151 | 法兰西紫 | 10P6/5 |
| 152 | 皇家紫 | 10P3/8 |
| 153 | 牡丹紫 | 2.5RP5.5/13<br>3RP5/14.5 |
| 154 | 老 紫 | 2.5RP5/2 |
| 155 | 苋 紫 | 5RP5/10 |
| 156 | 葡萄紫 | 5RP4/4 |
| 157 | 洋红 | 5RP4/ ? 2<br>2.5RP3.5/11 |
| 158 | 天竺牡丹紫 | 5RP3/6 |
| 159 | 李子紫 | 5RP2.5/6 |
| 160 | 紫 | 5RP2/5 |
| 161 | 曙光色 | 7.5RP8/4 |
| 162 | 玫瑰粉江 | 7.5RP7.5/6<br>10RP7/8 |
| 163 | 仙客来紫 | 7.5RP4.5/9<br>2.5R6.5/7.5 |
| 164 | 哥林多紫 | 7.5RP4.5/9 |
| 165 | 深石英紫 | 7.5RP4.5/3 |
| 166 | 浅葡萄紫 | 8RP3/5 |
| 167 | 黄灰色 | 3Y 4/0.5 |
| 168 | 沙 灰 | 5Y6/0.5<br>N-5 |

表 E-1(续)

| 编号 | 名称 | 孟塞尔符号 |
| --- | --- | --- |
| 169 | 鼠 灰 | 5GY6/0.5<br>3G5/1 |
| 170 | 橄榄灰 | 5GY4.5/0.5 |
| 171 | 银灰色 | 6PB7/0.5<br>N-6.5 |
| 172 | 珍珠灰 | N-8.5 |
| 173 | 橡树灰 | N-3.2 |
| 174 | 黑 | N-1.0 |
| 175 | 矿石灰 | N-5 |

注:1)此表摘自参考文献[18],有删减。

2)原文为"粟"。

3)原文为"密"。

4) 原文为"华"。

5)原文为"炎"。

# 参考文献


[1]刘俊哲. 实用涂料涂装手册[M]. 沈阳:辽宁科学技术出版社,1988.

[2]中国腐蚀与防护学会《金属防腐蚀手册》编写组. 金属防腐蚀手册[M]. 上海:上海科学技术出版社,1989.

[3]汪国平,洪栋煌. 船舶与钢结构的涂装及防蚀技术[M]. 北京:国防工业出版社,1993.

[4]马庆麟. 涂料工业手册[M]. 北京:化学工业出版社,2001.

[5]王锡春,何鼐,綦云露. 涂装技术(第二册)[M]. 北京:化学工业出版社,1988.

[6]刘国杰. 特种功能性涂料[M]. 北京:化学工业出版社,2002.

[7]林安,周苗银. 功能性防腐蚀涂料及应用[M]. 工业装备与信息工程出版中心,2004.

[8]庞启财. 防腐蚀涂料涂装和质量控制[M]. 工业装备与信息工程出版中心,2003.

[9]姜英寿. 涂料工艺(增订本)(第五分册)[M]. 北京:化学工业出版社,1996.

[10]化学工业部涂料工业研究所. 涂料产品分类、命名和型号名称表[S]. 北京:中国标准出版社,1982.

[11]胡士信. 阴极保护工程手册[M]. 北京:化学工业出版社,1999.

[12]侯保荣,等. 海洋腐蚀环境理论及其应用[M]. 北京:科学出版社,1999.

[13]朱湘荣,王相润,等. 金属材料的海洋腐蚀和防护[M]. 北京:国防工业出版社,1999.

[14]赵文轸. 材料表面工程导论[M]. 西安:西安交通大学出版社,1998.

[15]宾胜武,等. 刷镀技术[M]. 北京:化学工业出版社,2003.

[16]薛朝华. 颜色科学与计算机测色配色实用技术[M]. 北京:化学工业出版社,2004.

[17]胡威捷,等. 现代颜色技术原理及应用[M]. 北京:北京理工大学出版社,2007.

[18]叶洪盘. 颜色科学[M]. 北京:轻工业出版社,1988.

[19]江苏省建筑工程局. 建筑装饰美术[M]. 北京:中国建筑工业出版社,1992.

[20]张文毓. 我国舰船涂料总体研究进展[J]. 上海涂料,2006,(6).

[21]张勇,姜国峰. 钛合金在舰船腐蚀上的应用[J]. 世界有色金属,2006,(5).